中国近代史研究回顾与展望

Review and Prospect of the Studies on Modern Chinese History, 2012 - 2014

（2012—2014年卷）

中国社会科学院近代史研究所　主编

中国社会科学出版社

图书在版编目(CIP)数据

中国近代史研究回顾与展望.2012—2014年卷/中国社会科学院近代史研究所主编.—北京：中国社会科学出版社，2019.3
ISBN 978-7-5203-3853-0

Ⅰ.①中… Ⅱ.①中… Ⅲ.①中国历史—近代史—研究 Ⅳ.①K250.7

中国版本图书馆 CIP 数据核字(2018)第 292213 号

出 版 人	赵剑英
责任编辑	刘志兵
特约编辑	张翠萍等
责任校对	朱妍洁
责任印制	李寡寡

出　　版	中国社会科学出版社
社　　址	北京鼓楼西大街甲 158 号
邮　　编	100720
网　　址	http://www.csspw.cn
发 行 部	010-84083685
门 市 部	010-84029450
经　　销	新华书店及其他书店

印刷装订	北京君升印刷有限公司
版　　次	2019 年 3 月第 1 版
印　　次	2019 年 3 月第 1 次印刷

开　　本	710×1000　1/16
印　　张	22.25
插　　页	2
字　　数	368 千字
定　　价	89.00 元

凡购买中国社会科学出版社图书，如有质量问题请与本社营销中心联系调换
电话：010-84083683
版权所有　侵权必究

目　　录

第一章　晚清政治史 ……………………………………………… (1)
　2012 年度 ……………………………………………………… (1)
　　(一)辛亥革命史研究 ………………………………………… (1)
　　(二)太平天国史研究 ………………………………………… (5)
　　(三)晚清制度史研究 ………………………………………… (7)
　2013 年度 ……………………………………………………… (11)
　　(一)关于晚清事件史的研究 ………………………………… (11)
　　(二)关于晚清制度史的研究 ………………………………… (16)
　　(三)关于晚清历史人物的研究 ……………………………… (18)
　2014 年度 ……………………………………………………… (21)
　　(一)甲午战争研究 …………………………………………… (21)
　　(二)晚清制度史和政局研究 ………………………………… (23)
　　(三)晚清人物研究 …………………………………………… (26)
　　(四)晚清政治学术史研究 …………………………………… (29)

第二章　近代经济史 ……………………………………………… (32)
　2012 年度 ……………………………………………………… (32)
　　(一)理论、方法与史料 ……………………………………… (32)
　　(二)财政、金融与货币 ……………………………………… (34)
　　(三)工商业、贸易及区域经济 ……………………………… (38)
　　(四)农业经济与粮食问题 …………………………………… (41)
　　(五)经济、思想与社会 ……………………………………… (45)
　2013 年度 ……………………………………………………… (47)
　　(一)经济史理论与范式的拓展 ……………………………… (48)

  （二）地权、乡村经济与乡村社会 …………………………………（50）
  （三）近代工商、金融与市场发展 …………………………………（54）
  （四）计量经济与量化研究 …………………………………………（58）
 2014年度 …………………………………………………………………（62）
  （一）研究热点与重要问题 …………………………………………（63）
  （二）财税、银行与货币研究 ………………………………………（65）
  （三）商会、工商业与区域经济研究 ………………………………（69）
  （四）土地、农村经济与社会变迁研究 ……………………………（73）
  （五）经济思想与人物研究 …………………………………………（75）

第三章　近代社会文化史 …………………………………………………（77）
 2012年度 …………………………………………………………………（77）
  （一）社会与文化史研究的理论探索 ………………………………（77）
  （二）社会结构、社会生活与社会转型 ……………………………（79）
  （三）社会生活、女性与法律 ………………………………………（85）
  （四）教育与宗教信仰 ………………………………………………（91）
  （五）文化传播与文化观念 …………………………………………（96）
  （六）结语 ……………………………………………………………（100）
 2013年度 …………………………………………………………………（100）
  （一）理论方法讨论热点 ……………………………………………（101）
  （二）城市与乡村研究 ………………………………………………（102）
  （三）社会群体、结构与社会流动 …………………………………（106）
  （四）生活、习俗信仰与社会记忆 …………………………………（109）
  （五）社会问题与社会控制 …………………………………………（111）
  （六）灾荒救济与慈善医疗 …………………………………………（113）
  （七）问题与反省 ……………………………………………………（115）
 2014年度 …………………………………………………………………（116）
  （一）社会史理论与方法 ……………………………………………（116）
  （二）家族、群体与社团 ……………………………………………（117）
  （三）城市与乡村社会 ………………………………………………（120）
  （四）社会秩序与社会治理 …………………………………………（123）
  （五）生活、习俗与社会文化 ………………………………………（124）
  （六）医疗、卫生、环境与慈善救济 ………………………………（127）

（七）问题与反思 …………………………………………………（129）

第四章　近代思想史 …………………………………………………（131）
　2012 年度 ………………………………………………………………（131）
　　（一）……………………………………………………………………（131）
　　（二）……………………………………………………………………（131）
　　（三）……………………………………………………………………（135）
　　（四）……………………………………………………………………（140）
　2013 年度 ………………………………………………………………（144）
　　（一）……………………………………………………………………（145）
　　（二）……………………………………………………………………（148）
　　（三）……………………………………………………………………（152）
　2014 年度 ………………………………………………………………（156）
　　（一）……………………………………………………………………（156）
　　（二）……………………………………………………………………（159）
　　（三）……………………………………………………………………（161）
　　（四）……………………………………………………………………（164）

第五章　马克思主义史学理论 ………………………………………（168）
　2012 年度 ………………………………………………………………（168）
　　（一）中国近代史话语权问题 …………………………………………（168）
　　（二）有关社会形态问题的讨论 ………………………………………（169）
　　（三）关于"碎片化"的讨论 …………………………………………（172）
　　（四）近代史分支领域相关理论问题 …………………………………（173）
　2013 年度 ………………………………………………………………（180）
　　（一）唯物史观相关问题 ………………………………………………（180）
　　（二）后现代思潮之影响 ………………………………………………（182）
　　（三）有关历史学家社会责任之讨论 …………………………………（184）
　　（四）公众历史学与大众化问题 ………………………………………（186）
　　（五）数字史与环境史 …………………………………………………（188）
　　（六）具体理论方法探讨 ………………………………………………（189）
　2014 年度 ………………………………………………………………（191）
　　（一）唯物史观与时代精神 ……………………………………………（191）

(二)"后—后现代史学理论":历史记忆与历史叙事 …………… (193)
(三)公众历史学与大众化问题 …………………………………… (195)
(四)灾荒史与环境史 ……………………………………………… (201)
(五)其他理论方法探讨 …………………………………………… (203)

第六章 革命史 …………………………………………………… (205)
2012—2014 年度 ………………………………………………… (205)
(一)建党和大革命时期的研究 …………………………………… (205)
(二)苏维埃革命研究 ……………………………………………… (209)
(三)抗日战争时期 ………………………………………………… (213)
(四)三年内战时期 ………………………………………………… (225)

第七章 民国政治史 ……………………………………………… (235)
2012 年度 ………………………………………………………… (235)
(一)辛亥革命与清末民初的政治转型 …………………………… (235)
(二)民初政治和北洋军阀 ………………………………………… (237)
(三)国民党政权的组织和动员 …………………………………… (241)
(四)民国政治与社会、文化、经济等其他方面的互动关系 …… (242)
(五)国共内战时期 ………………………………………………… (244)
(六)蒋介石研究的进一步深入 …………………………………… (244)
(七)探讨民国史研究的方法和路径 ……………………………… (246)
2013 年度 ………………………………………………………… (247)
(一)关于民国史研究方向的反思 ………………………………… (248)
(二)孙中山研究进一步深化 ……………………………………… (249)
(三)北洋史研究逐渐升温 ………………………………………… (251)
(四)国民政府史研究的新动向 …………………………………… (253)
(五)抗战研究开始"预热" ………………………………………… (254)
(六)关于战后对日处置问题 ……………………………………… (257)
2014 年度 ………………………………………………………… (258)
(一)民国建立与北洋政治史 ……………………………………… (258)
(二)国民政府时期的政治史研究 ………………………………… (262)
(三)以人物为中心的政治史研究 ………………………………… (266)

第八章 近代中外关系史 (272)

2012 年度 (272)
- (一)外交理论与体系 (272)
- (二)晚清时期的对外关系 (275)
- (三)民国北京政府时期的对外关系 (278)
- (四)南京国民政府时期的对外关系 (279)
- (五)解放战争时期的对外关系 (284)

2013 年度 (286)
- (一)晚清时期的对外关系 (287)
- (二)民国北京政府时期的对外关系 (289)
- (三)南京国民政府时期的对外关系 (290)
- (四)战后中外关系 (291)
- (五)近代史研究所中外关系史学科的年度研究 (292)

2014 年度 (296)
- (一)两次鸦片战争前后的中外关系 (296)
- (二)甲午战争前后的中外关系 (299)
- (三)清末十年的中外关系 (300)
- (四)民国北京政府时期中外关系研究 (302)
- (五)南京国民政府初期的中外关系 (305)
- (六)抗日战争时期的中外关系 (307)
- (七)解放战争时期的中外关系 (309)

第九章 台湾史 (311)

2012 年度 (311)
- (一)台湾通史与资料 (311)
- (二)台湾政治史与经济史 (312)
- (三)两岸关系与台湾对外关系 (314)
- (四)台湾族群与社会文化史 (317)
- (五)台湾思想史与人物研究 (320)

2013 年度 (322)
- (一)台湾通史 (323)
- (二)台湾政治、军事史与经济史 (323)
- (三)两岸关系与台湾对外关系 (327)

（四）台湾族群、教育与社会文化史 ……………………………（330）
　　（五）台湾思想史与人物研究 ………………………………（334）
　　（六）台湾史资料 …………………………………………（335）
2014年度 …………………………………………………（336）
　　（一）台湾史综论 …………………………………………（336）
　　（二）台湾政治史与经济史 …………………………………（338）
　　（三）两岸关系与台湾对外关系 ……………………………（341）
　　（四）台湾文艺史与文化、教育史 …………………………（342）
　　（五）台湾思想史与人物研究 ………………………………（345）
　　（六）台湾史文献资料 ………………………………………（348）

第一章

晚清政治史

2012 年度

检视2012年度国内晚清政治史研究，大致呈现出以下三个特点：第一，承去年辛亥革命100周年之余绪，有关辛亥革命时期的历史继续受到学界重视，发表了比较多的有影响的学术论文；第二，受2011年太平天国金田起义160周年余热的影响，太平天国史的研究有所回暖；第三，沿袭近年学界研究兴趣和取向，晚清制度史的研究继续得到学界重视，有较多论文发表。下面就本年度晚清政治史研究中所表现出来的这些特点和内容，做一简要介绍，以窥一斑。

（一）辛亥革命史研究

继2011年辛亥革命100周年出现的辛亥革命史研究热，本年度的晚清政治史研究仍受其余热的影响，辛亥革命史的研究继续在学界独领风骚。而从历史的角度来看，尽管标志辛亥革命的武昌起义发生在1911年10月10日，但民国的成立和清帝的退位都是1912年初发生的事情，因此，将2012年继续看作辛亥革命的百年纪念年，似也不为过。

在去年举办的众多纪念辛亥革命的学术会议中，由中国社会科学院和湖北省政府联合主办，中国史学会、中国社会科学院近代史研究所和湖北省社会科学界联合会、武昌辛亥革命研究中心联合承办的"辛亥革命与百年中国暨纪念辛亥革命一百周年"国际学术讨论会最具学术价值和影响力。该会于2011年10月12—15日在武汉东湖宾馆举行，有来自中国大陆、香港、澳门、台湾和日本、美国、法国、俄罗斯、蒙古国和澳大利亚等国家和地区的183名学者与会，收到论文153篇。与会学者就辛亥革命时期的政治、经济、社会和文化，以及100年来各界对这场革命的纪念和阐释等为主题，展开热烈讨论。其中，在关于新政改革与辛亥政局的关系、辛亥革命之进程和辛亥时期思想之变动，以及民初政局和社会及辛亥革命时期的财政和经济、辛亥时期历史人物的再研究、辛亥革命的纪念与阐释及辛亥革命的意义和历史遗产等方面，多有创见，极大地深化和丰富了辛亥革命史研究。①

发生在1912年2月12日的清帝逊位事件，既是辛亥革命的一个具体成果，也是晚清政治史上一件具有划时代意义的事情，它标志着清朝统治的终结。2012年6月16—18日由中国人民大学清史研究所在北京蟹岛举办的"清帝逊位与民国肇建一百周年"国际学术研讨会，则是本年度国内学界举办的比较有影响的与辛亥革命有关的学术会议，共有来自国内外专家学者90余人参加此次会议，收到论文70余篇。与会学者主要围绕清末最后十年政局及一些重大历史事件和人物展开热烈讨论。

就本年度公开发表的论文来看，既有继续探讨革命党人方面的论文，但鉴于以往学界对辛亥时期革命组织和活动已有比较成熟的研究，本年度论文更多还是聚焦于对革命对立面清朝政府的考察。

就探讨革命方面的论文来看，比较而言，以下四位学者的论文显得较有深度和学术价值：一是李长莉对1905—1911年同盟会东京本部存续期间何天炯的活动及其作用的研究具有补白意义。作者认为何天炯作为同盟会创建与发展的参与者及革命后方基地的守护人，他对于同盟会东京本部在生存条件恶劣、内部派系纷争及组织涣散之下维持生存作出了独特贡献，特别是对平衡孙黄两派关系、调和内部矛盾、弥补领袖缺失、维护组织团结发挥了一定作用。并且，何天炯的活动也反映出，东京本部虽后期组织趋于涣散，但仍作为同盟会革命活动的一个后方基地，对于维系革命组织、聚合革命队伍、支援武装起义发挥着无可替代的作用。② 二是秦宝琦从孙中山在革命初期受到海外洪门的热情帮助、美洲洪门致公堂接受同盟会纲领并且与同盟会合并，以及建立洪门筹饷局为国内武装起义筹集经费和洪门志士回国参加反清武装起义四个方面，对海外洪门对辛亥革命的贡献做了较为系统的论述。③ 三是林广志对澳门华商与孙中山的行医及革命活动的关系做了深入考察，指出孙中山早年在澳门的活动，包括进入镜

---

① 有关这次会议的学术成果详见会议学术组《"纪念辛亥革命一百周年国际学术研讨会"综述》，《近代史研究》2012年第2期。
② 参见李长莉《何天炯与同盟会东京本部》，《近代史研究》2012年第3期。
③ 参见秦宝琦《海外洪门对辛亥革命的贡献》，《清史研究》2011年第4期。

湖医院、开办药局、推广西医，乃至开展革命活动，均与澳门华商有密切关系。由于受葡医、中医的排挤与忌妒，以及在华商中找不到政治运动的"热心同志"，孙中山于1894年初带着遗憾离开澳门。辛亥革命后，以卢廉若兄弟为代表的澳门新一代华商对孙中山的革命伟业有了新的认识，出资出力，甚至加入同盟会或国民党，逐渐转变为革命的"热心同志"。孙中山早期在澳门的活动，推动了近代澳门华人社会的开放与进步。① 四是熊月之从思想史角度对华盛顿形象的中国解读及其对辛亥革命的影响做了具体的考察和分析，指出晚清以来国人对美国开国总统华盛顿形象的多维解读，对于国人了解美国历史，改变中国人的异域人物观念，对于反清革命动员，都有重要价值。受中国缺少民主传统影响，国人对于华盛顿传贤不传子印象深刻，而在制度上、思想上对民主理解不深；华盛顿形象深入中国人心的部分，主要是民主政治的形式。民国初年中国人对帝制敏感，对专制不敏感，以及袁世凯洪宪帝制的命运，一定程度上便是华盛顿形象在中国产生实际影响的一种体现。② 上述四位学者的论文深化和丰富了对革命党人在海外活动及与海外关系的研究。

就探讨清政府方面的论文来看，既有专门研究清末政局与辛亥革命关系的，也有考察清朝统治阶级不同群体及个别重要官员对革命的反应的。如罗志田从宏观视野对清末最后十年政局做了综合分析，从中探讨辛亥革命的形成，指出清季十年间，朝廷正以前所未有的速度和广度推行全面改革，并无太多特别明显的暴戾苛政和"失道"作为，却爆发了革命，且能较为轻易地速成，原因在于帝国主义的全面入侵，造成中国权势结构前所未有的巨变；中外竞争的新局面使朝野面临着政治方向、政治结构和政治伦理的根本变革；而变革所遭遇的困境，终使改革不得不让位于被认为更迅捷更有效的革命。③ 王爱云对经济困境与辛亥革命结局的关系做了考察，认为辛亥革命发生、发展及结果，均与经济因素密切关联。正是武昌起义后南北双方均陷于经济困境，才导致各派妥协让步，达成南北议和、清帝退位的结局。④ 桑兵则通过对亲历者日记所见所闻、言论、行事、感受及情感变化的考察，从中揭示辛亥政权鼎革之际清朝官员及士绅等不同身份

---

① 参见林广志《澳门华商与孙中山的行医及革命活动》，《历史研究》2012年第1期。
② 参见熊月之《华盛顿形象的中国解读及其对辛亥革命的影响》，《史林》2012年第1期。
③ 参见罗志田《革命的形成：清季十年的转折（上）》，《近代史研究》2012年第3期。
④ 参见王爱云《经济困境与辛亥革命》，《史学月刊》2012年第10期。

人物的不同反应，由此还原作为历史主体的人的个体差异。① 李细珠对辛亥政权鼎革之际地方督抚群体的反应及清末权力结构的变动做了深入考察和分析，认为辛亥鼎革之际真正转向革命阵营或死命对抗革命的督抚只是极少数，大多数督抚还是存效忠清廷之心。清末形成的"内外皆轻"权力格局，才是清廷中央与地方均无法有效地应对革命的一个重要原因。② 王春林对辛亥革命期间的亲贵捐输活动做了考察，指出辛亥革命爆发后清廷为应付财政困窘和挽救危局而推出的"爱国公债"，从推行之初便演变为对亲贵们的强制捐输。固然多数亲贵对捐输敷衍了事，但也不乏少数亲贵热心捐输的事例；社会各界对满族亲贵在捐输问题上的激烈批评，实因亲贵声名狼藉而被放大，不但折射了彼时各界对亲贵弄权、国事日非的痛恨，而且夹杂着袁世凯集团与亲贵的矛盾纠葛，借机打击满族亲贵势力，以达夺权之目的。③ 骆宝善、刘路生及丁健和马忠文等学者的论文，分别对辛亥革命前后袁世凯的活动做了重新考察和评价，认为袁世凯在促成南北议和、清帝退位和创立民国过程中也有顺应历史潮流的一面，起过一些积极作用，不宜一概否定。④ 张永江的论文对蒙古镶黄旗升允的旗籍及辛亥革命前后的主要经历及活动做了详尽考论，不但订正了有关他的旗籍出身、活动经历上的一些错误记载，并从民族意识和国家认同视角对其辛亥革命后远赴外蒙古库伦、求助俄蒙、致函日本政府并登陆日本、回国后继续为复辟奔走等一系列重要政治活动进行解读，认为升允的活动固然表明他保有民族认同和地域认同，但这两种认同都服从于他对恢复清朝统治的政治和文化认同；他的复辟实践，不是出自一般意义上的功名利禄等个人利益，而是出自个人的政治理想，尽管这一理想与时代的潮流格格不入。⑤ 这些学者的论文，极大地丰富了辛亥革命的历史影像。

---

　　① 参见桑兵《走进新时代：进入民国之共和元年——日记所见亲历者的心路历程》，《华中师范大学学报》（人文社会科学版）2012年第1期。
　　② 参见李细珠《辛亥鼎革之际地方督抚的出处抉择——兼论清末"内外皆轻"权力格局的影响》，《近代史研究》2012年第3期；《晚清地方督抚权力问题再研究——兼论清末"内外皆轻"权力格局的形成》，《清史研究》2012年第3期。
　　③ 参见王春林《爱国与保皇：辛亥革命期间的亲贵捐输》，《清史研究》2012年第1期。
　　④ 参见《袁世凯与辛亥革命》，《史学月刊》2012年第3期；《辛亥武昌起义爆发后民众视野里的袁世凯》，《史学月刊》2012年第4期；《从清帝退位到洪宪帝制——〈许宝蘅日记〉中的袁世凯》，《北京师范大学学报》（社会科学版）2012年第2期。
　　⑤ 参见张永江《民族认同还是政治认同：清朝覆亡前后升允政治活动考论》，《清史研究》2012年第2期。

(二) 太平天国史研究

太平天国运动是中国历史上规模最大的一次农民战争，也是中国近代史上最后一场大规模农民战争。在以往中国近代史学科中，太平天国作为中国近代第一次革命高潮受到学界的充分重视，有关太平天国史的研究基本趋于成熟，近年有关这方面的研究日益趋于沉寂。本年度受去年太平天国金田起义160周年余热的影响，太平天国史的研究虽然不及辛亥革命史研究热闹，但还是较前几年有所回暖，相关学者发表了一些比较有学术价值或新意的论文。

首先，有些学者在前人研究的基础上，就太平天国的一些史实做了重新考证。如姜涛研究员依据确凿的史料，就太平天国开国史的一些相关史实提出与历史学家罗尔纲不同的见解。罗尔纲曾以道光三十年十二月初十日（1851年1月11日）金田揭帜起义为中心，就太平天国的开国史勾勒出"集结团营→揭帜起义→登极建元"的发展脉络。姜涛研究员则在考辨后指出：天王洪秀全早于道光三十年二月二十一日（1850年4月3日）即已秘密登极，其后才是同年十月初一日杨秀清等人于金田等处发动的公开揭帜起义、十二月初十日在金田的祝寿建元等一系列事件，因此，太平天国开国的真实历史进程应是"天王登极→起义勤王→祝寿建元"。[①] 袁尚然、吴善中则对罗尔纲的太平天国历法及纪年研究大加赞扬，认为罗尔纲先生数十年锲而不舍地研究太平天国历法及纪年，细心排比，用翔实的史料证明了太平天国历法纪日干支、礼拜较阴、阳历"差一天"的事实及其原因，将太平天国纪年下限定为太平天国己巳十九年（1869）四月十一日，体现了罗尔纲先生在天历纪年研究上摈弃封建正统观念、实事求是和坚持真理的精神。[②] 此外，朱从兵对太平天国"翼王"爵号的诞生做了考证，并对永安封五王诏提出质疑，指出：根据太平天国早期历史的相关文献，洪秀全封东西南北翼五王有一个先封东西南北四王后封翼王的过程，而且封五王诏的时间有可能被前移，形成了

[①] 参见姜涛《太平天国开国史的再辨析——天王登极、金田起义与祝寿建元》，《广东社会科学》2012年第2期。

[②] 参见袁尚然等《罗尔纲先生与太平天国历法及纪年研究》，《扬州大学学报》（人文社会科学版）第16卷第4期（2012年7月）。

所谓的"永安封五王诏"。① 邓攀就咸丰三年（1853）二月初十日太平军破南京仪凤门的地段、方式和选择仪凤门的原因等做了具体考辨，细化了当年太平军攻陷南京的场景。②

其次，一些学者就太平天国的某些政策及对江南社会的影响做了重新考察和评论。如李喜所将洪秀全拜上帝看作另一种"师夷之长技"，并对洪秀全利用一知半解的基督教知识附会上帝、创立政教合一的政治体制并迅速向专制独裁转化的过程做了具体剖析，认为洪秀全作为一位决心为民众创建绝对平等、人人富有的"天国"美好社会的政治领袖，不经意间就演变为独裁专制的帝王，如此180度的逆转，归根结底是理想主义和政治宗教使然。③ 夏春涛对太平天国筹饷政策的演变及其影响做了考察和论述，指出对太平天国来说，筹饷属军事、经济问题，同时也是政治问题，既反映了其战略思想、战局演变以及社会经济状况，又折射出军队精神面貌、官场风气以及军民、官民关系；太平天国从起初主要靠攻陷城池接收官库、剥夺官绅浮财以及绅民进贡来筹措军饷，定都年余后确定"照旧交粮纳税"政策，以田赋为固定饷源，并推行轻徭薄赋以争取民心，到后期为近乎竭泽而渔式的强制征敛所取代，此一转变对战局影响甚巨；它从侧面反映了太平天国战略思想的片面性，尤其是在乡村治理上的失策，以及其内部存在的腐化享乐意识膨胀、拥兵自重、人心涣散等严重问题。④ 方英对太平天国时期安徽士绅的分化及其原因和对地方社会的影响做了比较全面的分析，指出太平天国战争期间安徽士绅阶层内部所发生的严重分化主要表现为，大部分士绅在借对抗、镇压农民起义军实现了向上的社会流动并进而成为既有统治秩序的坚定维护者的同时，也有一部分士绅支持和响应起义队伍，走向了统治者的对立面。安徽士绅阶层内部之所以会发生这种严重分化，与当时复杂的生存环境和政治生态有着密切关联。士绅分化对地方社会和政局所产生的影响一是导致地方宗族势力的分化，二是促成地方势力的兴起，三是影响

---

① 参见朱从兵《太平天国"翼王"爵号诞生考——对永安封五王诏的质疑》，《广东社会科学》2012年第2期。
② 参见邓攀《太平军破南京仪凤门之战若干史实考证》，《清史研究》2012年第2期。
③ 参见李喜所《洪秀全拜上帝："师夷长技"以"称帝"——兼析政治宗教的独裁本质》，《广东社会科学》2012年第2期。
④ 参见夏春涛《太平天国筹饷问题及其对战局的影响》，《安徽大学学报》（哲学社会科学版）2012年第2期。

地方局势的发展,四是引发基层社会的裂痕。①

(三) 晚清制度史研究

随着晚清史的研究从中国近代史和革命史向晚清史的回归,有关晚清制度史的研究近年来受到学界的高度重视,本年度的晚清史研究也不例外,制度史的研究继续受到热捧,发表了不少制度史方面的论文,内容涉及科举制和晚清教育制度、法律制度、官制和财政制度等各个领域。

在科举制和晚清教育制度史领域,张振国的论文以中国第一历史档案馆所藏"朱批奏折"和"录副奏折"为主要材料,结合其他文献,就清代举人大挑的次数与频率做了详尽的考辨和分析,颇有学术价值。作者认为,乾隆十七年(1752)只是大挑制度初步确立的时间,此时大挑制度的基本内容虽然已经具备,但并未定制。最为关键的是,"大挑"这一核心词汇还没有出现。若以"大挑"一词的出现为大挑制度正式确立的时间,那么大挑制度应确立于乾隆三十一年(1766)。从是年开始,每隔一段时间即举行一次大挑。从乾隆三十一年开始,至光绪三十一年(1905)科举制度终止,前后139年的时间内,共举行过17次举人大挑。两次大挑之间间隔的时间并不完全一致,有间隔6年和7年的,也有间隔8年的,还有间隔9年的。就整体而言,大挑间隔的时间可分为两个阶段,嘉庆十三年(1808)之前为一个阶段,间隔时间不确定;嘉庆十三年之后为一个阶段,间隔时间皆为9年。也就是说,以嘉庆十三年为分界线,之前大挑时间不定,之后固定地以9年为一周期。其他说法均不准确。② 马镛对清代科举的官卷制度的创设③及官卷取中定额的变化做了具体考察,并予充分肯定,认为清代设立官卷,是为了维护科场秩序和平民考生的合法权益。官卷设立之后,与民卷分别录取,使大臣子弟不能占用民卷的录取名额,这是官卷制度所起的积极作用。针对录取条件过优的官卷弊端,则通过严格的中额和录取比例,以使其弊病处于可控状态,与官卷所发挥的积极作用相比,显然是利大于弊。④ 赵永翔对清代

---

① 参见方英《太平天国时期安徽士绅的分化与地方社会》,《安徽史学》2012年第5期。
② 参见张振国《清代举人大挑的次数与频率》,《史学月刊》2012年第10期。
③ 按:清代为防科举舞弊,避免大臣子弟夤缘幸进,妨碍寒门士子进身之路,在乡试时将大臣子弟另编字号,使其在官卷内竞争和择优录取,是为官卷制度。
④ 参见马镛《清代科举的官卷制度》,《历史档案》2012年第3期。

"重赴鹿鸣宴"①的程序、人数和寓意做了具体考察和分析，指出虽然重宴鹿鸣的人数极少，但清代重赴鹿鸣宴制度有以下三重政治寓意：第一，向社会宣扬伦德治国方略；第二，鼓励向学，培植人文气息；第三，为即将进入仕途的新举人提供了向前辈学习的机会。②这三位学者的论文丰富或深化了对晚清科举制的研究。

在晚清教育制度史领域，安东强和霍红伟分别就清末教育转型过程中传统学政的改制和职能的转变做了探讨，具体揭示了改制过程中中央与地方及枢臣、部臣、疆吏、学政及在野舆论之间的角力，以及清朝传统学政制度与近代教育行政设制之间的差异③，认为清政府裁撤学政，在各省设提学使，作为督抚下属，负责一省之教育事务，体现了清代社会由以科举为重心向以教育为重心的转变，亦是晚清由传统教育向新式教育转型的主要一环④。刘伟则对清末兴学热潮中州县出现的一个新机构——劝学所的内部组织、经费、活动和性质等做了一个综合研究和分析，指出虽然劝学所总董和劝学员由本地人担任，办学经费主要是自筹，职权上包揽地方一切办学事务，具有很强的自治特点。但是，由于当时地方自治并未成立，劝学所更多的是秉承提学使指令，并在地方官的监督下开展工作，所以只是一个半官治半自治的机构。与此同时，伴随劝学所的出现，州县社会中也出现了一个劝学绅董群体，他们的权力直接来自官府的札委，职责范围涉及官办学务和自治学务两个方面。虽然他们并没有被纳入正式官员的行列，却具有正式权力，成为半官半绅、亦官亦绅的双面人物。劝学所的这一特点充分反映了清末地方机构改革中新旧交替的内在矛盾和基本特征。⑤高俊则以宝山县为个案，着重对清末劝学所的缘起和其在督办地方学务中的作用做了具体考察和分析，认为劝学所作为管理地方教育的专职机构，是清末教育改革中的一项重要举措，它在清末最后数年间在改良私塾、规范学堂，以及推广社会教育等方面进行了较为充分的实践，累积了许多有益的经验，为地方教育事务的发展奠定了基础。民国初年，劝学所废而复

---

① 按：所谓"重赴鹿鸣宴"制度，即根据清代规定，科举中式举人满六十年周甲仍健在者，可重赴该科乡试鹿鸣宴。
② 参见赵永翔《清代"重赴鹿鸣宴"制度》，《历史档案》2012年第2期。
③ 参见安东强《清末各省学政的改制方案及纠葛》，《学术研究》2012年第3期。
④ 参见霍红伟《清末教育转型中学政的角色转变与裁改》，《学术研究》2012年第3期。
⑤ 参见刘伟《官治与自治之间：清末州县劝学所述评》，《近代史研究》2012年第4期。

设，也显示了其在客观上适应形势发展的需要。①

在法制史研究领域，韩涛的论文以大理院司法文书为中心，从实体方面对晚清中央审判中的法律渊源及其适用方法进行具体考察和实证研究，指出大理院适用的实体法源已呈现出明显的多元化趋势，除了《大清律例》《大清现行刑律》、恩赦条款、宗室觉罗律例章程、蒙古律例及情理、习惯等非成文法源之外，具有代表性意义的是各种章程的广泛应用。这些章程作为法律改革成果的体现，在有效推动成文法发展的同时，呈现出轻刑化的人道主义气息，它们是大理院法律渊源中最有活力的一部分。在法律适用方法上，大理院严格遵守成文法典，在法律不备的情况下，在刑事案件中适用比附援引，在民事案件中准情酌理，与传统的司法审判方式并无不同。晚清大理院司法实践中的实体法律渊源及其适用方法，体现出过渡时代法律活动的鲜明痕迹，是法律近代化的历史进程在中央司法实践中的折射。② 史新恒对清末司法官制改革中的臬司（按察使）甄别动议的形成、甄别方案的出台及其甄别过程和结果做了扼要考察和梳理，指出臬司甄别最后无果而终，体现了清末司法官制改革过程中旧有臬司与提法使之间职能的差异，以及清朝中央与地方督抚之间的矛盾和清廷权威的式微。③ 毛立平的论文从民事案件审理过程中县官对女性当事人的裁决和妇女对县官的回应及互动两个角度，对清代嘉道时期下层妇女的法律地位和法律意识做了有益探讨，指出尽管县官在裁决中往往对妇女予以"优待"，但其实质是妇女本身不被视作完全的法律行为责任人，法律权利和地位极其有限，仍体现为男性的附属物。而县官在审理女性案件时，其重心也往往不在于司法公正，而在于整饬人伦风化。另外，民事案中的多数下层妇女对于自身的法律地位十分明了，并具有一定的法律意识。她们利用供词和诉状等形式积极地与县官沟通，并巧妙利用自己的弱势地位博得同情、逃脱惩处，最大限度地为自己争得利益。④ 艾晶对清末女监制度做了详尽的考察和论述，认为清末女监改良虽然因条件所限，收效甚微，但它们无疑给

---

① 参见高俊《清末劝学所督办地方学务述论——以宝山县为个案》，《史林》2012年第3期。
② 参见韩涛《晚清中央审判中实体法的适用——以大理院司法文书为中心的考察》，《历史档案》2012年第3期。
③ 参见史新恒《清末司法官制改革中的臬司甄别》，《历史档案》2012年第3期。
④ 参见毛立平《"妇愚无知"：嘉道时期民事案件审理中的县官与下层妇女》，《清史研究》2012年第3期。

犯罪女性提供了更多宽宥的机会，为推动近代法制的发展以及维护妇女的权益起到了重要的作用。①

在晚清地方官制方面，本年度有两位学者的论文较有学术价值。一是苟德仪依据清代巴县档案，对清代川东道衙门的布局及书吏与差役进行个案研究，指出川东道衙内的基本布局包括头门、仪门、大堂、厨房、账房、签押房、上房、书吏房等；川东道衙内不仅有掌印官长，还有七房书吏、衙役、长随、幕友、仆从等，共同组成道衙的内部组织系统，协助道台完成行政事务。其中，书吏与衙役是道衙主要的职员，担负着许多具体事务。书吏分典吏、经书、清书、官代书等文案事务，在光绪二十八年（1902）未裁革书吏之前，书吏数量是69名（实际应该超过此数），收入的来源主要有饭食银（后裁）、交代册费、陋规、红银等，并享有差徭的优免权，任期满5年的典吏可考职。衙役主要承担各种差务，数量长期保持在39名，清末增加到49名（实际应该超过此数），收入来源主要是官府发给的工食银、陋规等，较书吏为低。②该文的研究，有助于具体揭示清代道台衙门内部机构形态及其运作方式。二是王宏斌对广州府海防同知职能演变所做的系统考察，为我们揭示了广州府海防同知是如何一步步丧失对澳门的控制权。作者指出，广州府海防同知系在虎门和澳门受到英国、西班牙等国兵舰威胁情况下设立，自1744年4月被批准设立之日起至1849年8月葡萄牙人"钉关逐役，抗不交租"为止，广州府海防同知对于澳门的行政管理起了非常重要的作用，权责十分明确，有效地捍卫了中国主权。而从1849年到1887年，该海防同知尽管从法理上仍然拥有对澳门民番事宜的行政、司法管理权以及对进出口澳门港船只的稽查权，但实际上已经无法履行其职责，名不副实。从1887年到1911年，该海防同知完全丧失了对澳门的控制权，只有一些兼辖事务，形同虚设。③

在晚清财政制度史研究方面，倪玉平对曾国藩在两江总督任上对两淮盐政所进行的改革做了较为深入的研究，就曾国藩的改革归纳为三个方面：一是力图收复川盐济楚失地；二是在淮南推行保价整轮；三是在淮北实施改票轮售，并认为曾国藩的改革承前启后，是晚清盐政史上的重要环

---

① 参见艾晶《清末女犯监禁情况考述》，《清史研究》2011年第4期。
② 参见苟德仪《清代道台衙门的书吏与差役——以川东道衙为考察中心》，《历史档案》2012年第2期。
③ 参见王宏斌《简论广州府海防同知职能之演变》，《广东社会科学》2012年第2期。

节，也成为梳理两淮盐政改革脉络的基石，虽然曾国藩的改革取得了税收上的成功，但也彻底颠覆了原有票法的精髓，并充分显示出他对市场经济的怀疑。[①] 另有三位学者则对晚清关税制度所出现的一些变化做了有益探讨。廖声丰和廖慧贞依据中国第一历史档案馆所藏关税档案及其他相关史料，对晚清常关衰落的原因做了重新分析，认为近代交通格局的变化、交通工具的变迁、海关税和子口税对常关税的掠夺、厘金税对常关税的瓜分、战争的影响等各种因素是导致近代常关衰落的主要原因，不能将近代常关衰落的原因仅仅简单归结为不平等条约以及海关子口税对常关税的侵夺。[②] 陈勇对晚清海关洋税分成制度的实施情况及其影响做了有益研究，认为第二次鸦片战争之后海关洋税分成制的实施，是清政府有意将经制外的新增税项纳入经制管理轨道、加强中央对财政集中掌控所做的一个努力，它的实施一方面使中国关权受损，导致外籍税务司全面介入中国关税的征收，但同时也使清廷得以"以税司之报告，核监督之账目"，基本解决了关税征收过程中存在的信息不对称问题，达到了将海关经费纳入正式经费系列的目的，并在一定程度上改变了关税分配过程中存在的"激励不兼容"状况。而甲午战争之后清政府的各种财政摊派，则使分成制遭到严重破坏。[③]

（执笔人：崔志海）

2013 年度

随着近年国内中国近代史研究学术兴趣和重心的后移，更多转向民国史研究，又加之没有相关的"历史周年纪念"活动的推动，过去一年的国内晚清史研究相对来说，是比较沉寂的一年。以下从事件史、制度史和人物研究三个维度，就 2013 年度国内学界发表的晚清政治史论著做一扼要介绍。

（一）关于晚清事件史的研究

晚清政治史总离不开对一些重大历史事件的研究。围绕鸦片战争史研

---

① 参见倪玉平《曾国藩与两淮盐政改革》，《安徽史学》2012 年第 1 期。
② 参见廖声丰等《浅析晚清常关衰落的原因》，《历史档案》2012 年第 2 期。
③ 参见陈勇《晚清海关洋税的分成制度探析》，《近代史研究》2012 年第 2 期。

究，王宏斌从"重治吸食"角度，对两次鸦片战争期间禁烟的困境做了具体考察，指出两次鸦片战争期间清政府的禁烟政策遇到内外两种阻力：一方面，英国政府极力庇护中国沿海地区的鸦片走私贸易，企图劝诱中国官员承认鸦片贸易合法化；另一方面，贩卖鸦片利益集团、受贿的不法官吏、鸦片吸食者和各级行政司法官员构成来自中国内部四种禁烟运动的阻力。在此背景之下，《查禁鸦片烟章程》对鸦片吸食者判处死刑的条款在执行过程中难以得到有力贯彻，禁烟运动也因此逐渐形成"明禁暗弛"的局面。从实施效果看，主张用死刑对付吸食者的建议并不完全可取，而反对"将食烟之人拟以死罪"，主张慎刑并以"常例治之"的看法则有一定合理性。[①] 王瑞成则通过对第一次鸦片战争后失事官员责任追究的考察，透视清朝中央政府的战后反应及在追责过程中中央与地方督抚之间的矛盾，指出鸦片战争结束后清政府对战败责任所进行的道德和法律追究，目的是要强化政权固有的合法性，以直接当事人责任追究方式来转嫁战败的后果，寻找替罪羊，并由此重申和坚守国家之根本，将对战败的反思转变成对具体责任人的道德评判。而承担责任的地方官员，对一场力量悬殊的中外战争中职守责任的理解则与朝廷存在差异，他们更关注如何应对战后外部的压力和复杂的局面，要求朝廷能做一些变通。在责任追究过程中中央和地方所表现出的这一矛盾，实质便是根本之守与应时之变的冲突。[②]

就太平天国史研究来说，本年度出版了两部相关著作。一是吴善中等著《太平天国史学述论》（社会科学文献出版社2013年版），按史学史的基本理路，从"印书、文书的搜集与整理""专题史研究述论""纲领研究述论""人物研究述论""罗尔纲先生笺注《李秀成自述》述评""典章制度研究述论举例"六个方面，对中华人民共和国成立后太平天国的研究作阶段性或专题性的述评，为太平天国史研究的一部学术史著作。二是黄中宪翻译的美国学者史蒂芬·普拉特（Stephen R. Platt）的《太平天国之秋》（卫城出版社2013年版）。该书从国际关系的角度切入太平天国运动，特别着重英美各国在外交与军事上对太平天国战事的影响，着力呈现出中国的统治者和其民众的命运如何受到英国外交与商业利益的摆布，如何受

[①] 参见王宏斌《两次鸦片战争期间禁烟的困境——以"重治吸食"为中心的考察》，《历史研究》2013年第1期。

[②] 参见王瑞成《根本之守与应时之变——鸦片战争后失事官员责任追究透视》，《宁波大学学报》（人文科学版）2013年第5期。

到太平天国本身的非正统宗教和政治理念的影响,在一定程度上可补以往国内研究之不足。该书原著英文名为"*Autumn in the Heavenly Kingdom: China, the West, and the Epic Story of the Taiping Civil War*",2012年由美国Knopf出版社出版,并获得2012年度坎迪尔奖(Cundill Prize)。

除著作之外,刘晨的论文则在前人研究的基础上,对太平天国中洪宣娇其人的真实身份、地位和她与杨秀清、萧朝贵等人的关系进行重新考证,认为虽经众多学者研究证实,"洪宣娇"原型实系《天兄圣旨》中的黄权政之女"杨宣娇",但关于杨宣娇是"上帝第六女"的说法值得商榷,杨宣娇与杨秀清的暧昧关系的记述也不实,"私通"之事并无确证,也无从查实。事实是由于萧朝贵与杨宣娇珠联璧合,在会内声望日隆,严重影响了杨秀清的地位,杨宣娇与杨秀清有着水火难容的矛盾,并因此遭后者严厉排挤和打压,最终抑郁而终。[①] 夏春涛对洪秀全登极暨金田起义时间进行考释,认为这两件事实际上都是一个过程,并非具体发生在某一天。洪秀全至迟在己酉年(1849)冬已秘密称王登极,次年二月黄袍加身,后在金田公开称王建号。完整的"金田起义"以各地召集人马赴金田团营为序曲、以十二月初十在金田庆贺洪秀全生日和起义胜利为尾声,是一个时间持续数月、由一系列活动和斗争交织而成的一个过程。[②]

关于中日甲午战争研究,葛夫平利用法国外交文件,对法国在中日甲午战争中的态度和反应做了具体考察,认为法国在中日甲午战争爆发前后虽一再宣称在朝鲜问题上没有直接利益,表面上持观望态度,但实际上,法国从一开始就将中日战争视为巩固法俄同盟和进一步侵略中国西南边疆的天赐良机,乐见中日开战,并始终与俄国保持一致立场,抵制英国在调停中扮演主导角色。在战争胜败趋于明朗和日本侵略中国的野心暴露之后,法国从观望走向干涉,先后积极参加俄、英、法和俄、法、德三国干涉行动,并希望阻止日本占领中国台湾和澎湖列岛,以维护欧洲整体利益和巩固法俄同盟,防止日本取代欧洲主宰中国,同时从中国索取回报。在还辽条件谈判过程中,法国捐弃与宿敌德国的矛盾,尽力调解德、俄分歧,维持三国的共同行动,并主张以牺牲中国的利益满足日、俄两方的要

[①] 参见刘晨《再探"洪宣娇"》,《清史研究》2013年第1期。
[②] 参见夏春涛《洪秀全登极暨金田起义时间考释》,《安徽大学学报》(哲学社会科学版)2013年第4期。

求，以促使辽东问题尽快解决。①

就戊戌变法史研究来说，马勇对戊戌维新期间的胶州湾事件做了重新解读，指出1897年底发生的胶州湾事件严重影响了甲午战后中国历史的进程，使刚刚启动的维新运动面临一次巨大考验，康有为、谭嗣同等年轻一代知识人普遍认为中国又到了一个生死存亡关头。但实际上，胶州湾事件的政治色彩并不那样浓厚，德国有在中国寻找一个海军基地的意思，也有就近维护其在远东利益、在中国的投资，以及与列强抗衡的目的。清朝政府并不完全拒绝德国的要求，只是在怎样解决这个问题上始终没有理清一个共赢思路。②此外，国内学者就戊戌维新时期的人物进行了较为深入的探讨，有关这方面的研究详见有关历史人物研究部分内容。

关于义和团运动期间的东南互保事件，戴海斌通过对赵凤昌所撰《庚子拳祸东南互保之纪实》进行笺释，具体论述了"上海中外官绅"在1900年东南互保和勤王运动中扮演的角色和所起的作用，深化了对东南互保事件中各色人物的行事轨迹和心路历程的研究。③此外，戴海斌还就"东南互保"究竟有没有"议定"约款问题做了具体探讨，指出在"东南互保"的既有叙事中，往往有"议定""订立""签约"一类的表述，从而造成约款已既成事实的印象。中方在对外交涉之初，确实设定目标为"订约"，在沪代表也拟议了具体章程及其附件的草案，但由于各国政府基于本身利益的考虑，以及战争形势的变化，中方提出的章程条目未被接受，交涉的主题渐由"签约"向"换文"转移。"东南互保"最终没有"议定"所谓的约款，而是以互换照会的形式确立了某种和平性质的原则，从而达成中外保护的谅解。因此，"东南互保"的局面虽然基本维持了下来，但这一格局却并不稳固，不断面临来自外部的冲击。④

清末十年新政改革为近年国内晚清史研究中的一个热点问题，本年度也不例外，多有论著发表。本年度出版的专著有迟云飞的《清末预备立宪研究》（中国社会科学出版社2013年版）和关晓红的《科举停废与近代

---

① 参见葛夫平《法国与中日甲午战争》，《中国社会科学》2013年第3期。
② 参见马勇《胶州湾事件：缘起、交涉及症结》，《华东师范大学学报》（哲学社会科学版）2013年第4期。
③ 参见戴海斌《"上海中外官绅"与"东南互保"——〈庚子拳祸东南互保之纪实〉笺释及"互保"、"迎銮"之辨》，《中华文史论丛》2013年第2期。
④ 参见戴海斌《"东南互保"究竟有没有"议定"约款》，《学术月刊》2013年第11期。

中国社会》（社会科学文献出版社 2013 年版）。其中，迟著从立宪改革的舆论和背景、中央官制改革、地方官制改革、宪法与三权分立、预备立宪与清朝的覆灭五个方面，对清末预备立宪的历史做了较为深入的考察和论述，具有一定的学术价值与现实意义，入选国家社科基金后期资助项目。关著则在充分挖掘史料特别是使用大量媒体史料的基础上，将科举停废与晚清整个社会变革联系起来考察，既对清末科举制从改到废的过程及善后措施做了深入的考察和论述，同时对中国士绅对废科举的反应及废科举对中国近代社会的影响也做了深入的探讨，代表了近年国内这方面的最新研究成果。该著既是 2007—2011 年国家社会科学基金项目，同时又入选国家哲学社会科学成果文库，得到学界同行的肯定。

此外，围绕新政史研究，国内学者还发表了一些专题论文。如崔志海对清末十年新政改革与清朝覆灭的关系做了考察和分析，指出 1901—1911 年的新政既是一场具有资本主义性质的改革，也是清朝统治阶级的一场自救运动。清末十年新政改革之所以没有挽救清朝的统治，反而加速清朝的灭亡，首先，在于其整体改革方案远远超出了当时清朝政府所能承担的国力和财力，极大地加重了人民的负担，致使新政改革不但得不到广大民众的拥护，反而成为"扰民"之举，激化了官民矛盾；其次，清政府在存在严重争议的情况下启动预备立宪政治改革，不但打乱了清末新政改革计划，而且诱发和激化了清朝统治集团内部的权力斗争以及清朝政府与国内立宪派之间的矛盾和冲突，由此葬送了整个新政改革事业以及清朝的统治；最后，也是由于新政的改革内容本身就具有革命性，具有颠覆清朝统治的内在动力。就此来说，新政所产生的实际效果、影响与辛亥革命的方向在很大程度上是并行不悖的，都具有革命性和进步性。[①] 李永胜对摄政王载沣罢免袁世凯事件进行重新考察，提出自己的观点，认为戊戌政变期间袁世凯告密出卖光绪帝和对袁权势之盛心存疑忌，是载沣罢免袁世凯的主要原因。而罢袁事件前夕，袁争夺财政权和竭力主张中美互派大使的行为，以及言官弹劾袁权高震主的奏折，又促使载沣作出罢袁决定。所谓载沣拟议将袁世凯处死或审讯治罪的说法并不合情理；有关所谓联美制日外交政策失败导致袁下台的观点也有悖史实。日本政府乐于见到袁世凯被

[①] 参见崔志海《清末十年新政改革与清朝的覆灭》，《社会科学辑刊》2013 年第 2 期。

罢，但并未参与罢袁阴谋。① 孙宏云对日本人有贺长雄与清末预备立宪的密切关系做了具体考察和分析，指出有贺长雄为考察政治大臣端方和戴鸿慈起草了考察政治报告，之后又为考察宪政大臣达寿和李家驹讲解欧美、日本的宪法与官制，并对清政府筹备立宪提出较为系统的建议，核心是建立"责任内阁制"。其观点与建议，在考政大臣有关预备立宪的奏折中有明显体现，与预备立宪的整体思路乃至官制编纂、宪法拟定有很大关联性。受有贺长雄、穗积八束等人影响，清末预备立宪倾向于模仿日本明治维新后的"大权政治"模式，但如何处理大权政治下君主与内阁以及满汉官僚之关系，是困扰清末官制改革的主要症结。②

（二）关于晚清制度史的研究

从"事件史"转向"制度史"的研究，是近年国内晚清政治史研究的一个趋向，本年度国内学者继续在制度史研究方面发表了一些有一定学术价值的论文。如刘伟、刘魁对晚清州县办公经费存在的问题及改革措施做了一个长时段的考察和探讨，指出虽然清朝自同治以来至宣统年间对州县办公经费一再进行改革，但都因各种原因而未能达到既定目标。③ 关晓红对戊戌前朝野对官制改革的讨论做了考察，认为朝野在官制改革方面表现出来的分歧和矛盾实为戊戌改制失败埋下了隐患。④ 王鸿志对清季外官改制过程中各省设置实业机构劝业道的情况做了考察和分析，认为各省的情况是各寻其源，所立新制看似划一，实则有异。⑤ 吴昌稳则考察了协饷制度在清末所遭遇的困境及清政府改革的无奈。⑥ 金泽璟考察了奉天警察制度的建立与旧有地方行政的关系，认为两者之间并非单纯的对立竞争关系，而是对旧有地方行政的有益补充。⑦ 李卫华对清末制度变革中督抚报刊管理权限的变化做了探讨，指出随着清末最后十年清廷开启的大幅度的制度变革，督抚管理报刊的制度安排亦因之发生相应的变化，主要体现

---

① 参见李永胜《摄政王载沣罢免袁世凯事件新论》，《历史研究》2013 年第 2 期。
② 参见孙宏云《清末预备立宪中的外方因素：有贺长雄一脉》，《历史研究》2013 年第 5 期。
③ 参见刘伟、刘魁《晚清州县的办公经费与公费改革》，《安徽史学》2013 年第 3 期。
④ 参见关晓红《戊戌前朝野的官制议论》，《学术研究》2013 年第 5 期。
⑤ 参见王鸿志《变差为缺与裁旧立新：清季直省实业、交通行政制度嬗递考察——以添置劝业道为中心》，《学术研究》2013 年第 9 期。
⑥ 参见吴昌稳《清末新政时期协饷制度的危局与末路》，《广东社会科学》2013 年第 2 期。
⑦ 参见金泽璟《清末奉天警察制度的建立与地方行政》，《清史研究》2013 年第 3 期。

在：一些独立于督抚制度之外的专门性行政机构得以建立，它将原来属于督抚管理报刊职能范围内的部分行政事务分离出来，是对督抚的分权；以三权分立精神筹建的咨议局制度开始运转，在制度安排上有了对督抚的监督，督抚管理报刊的权力有时也会受到制约；清末报律颁布，督抚管理报刊的权限有了法律的界定。上述这些对督抚管理报刊行政权的分权、制约和界定，体现出督抚报刊管理权弱化的趋势。① 阎立利用台湾中研院近代史研究所档案馆的档案，对《大清国籍条例》的制定过程和各个部门在国籍条例制定过程中所起的作用做了具体考察和分析，指出《大清国籍条例》采取血统主义（属人主义）原则，目的是要确保华侨的固有国籍。②

军事近代化是晚清政治史中的一个重要内容，本年度国内学界发表了数篇与晚清军事改革有关的论文。其中，陈先松对北洋海军军费遭挪用问题做了重新考证。传统观点认为慈禧太后修建颐和园工程的经费主要来自海防经费，进而严重影响了北洋海军的发展，而陈在对相关史料进行解读后指出，颐和园工程经费约为 8145148 两白银，主要出自海军衙门经费和总理衙门经费，分别为 7375148 两白银和 770000 两白银，而"挪用"的海防专款数额不会超过 668265 两白银；颐和园工程与北洋海军虽无直接关联，但清政府挪用大量海军衙门经费、总理衙门经费修建颐和园而非补贴北洋海防建设，显然不利于北洋海军的发展。③ 同时，陈先松和陈兆肆还对 1875—1894 年北洋收存海防经费的挪用问题做了考察，指出在这 20 年里李鸿章因种种原因共挪用海防经费 842875 两白银，相对于北洋海防经费 4321 万余两白银来说，仅占 1.9%，无须过于苛求。④ 苏小东对晚清海军护商护侨实践及其得失做了考察和分析，指出晚清海军护商护侨的实践过程大致经历了从无意到有意的练习舰远航实习、海军编队远航训练与护商护侨相结合、定期遣舰慰侨与"海圻"舰针对墨西哥迫害华侨事件的美洲之行等阶段；晚清海军的护商护侨行动虽然大多效果不彰，基本上没有达到预期的目的，但其意义仍不可低估。⑤ 滕德永对清末新政期间列强

---

① 参见李卫华《清末制度变革与督抚报刊管理权限的变化》，《厦门大学学报》（哲学社会科学版）2013 年第 3 期。
② 参见阎立《〈大清国籍条例〉制定过程之考证》，《史林》2013 年第 1 期。
③ 参见陈先松《修建颐和园挪用"海防经费"史料解读》，《历史研究》2013 年第 2 期。
④ 参见陈先松、陈兆肆《北洋收存海防经费的挪用问题（1875—1894）》，《安徽史学》2013 年第 2 期。
⑤ 参见苏小东《晚清海军护商护侨实践及其得失》，《安徽史学》2013 年第 1 期。

对中国军火市场的争夺做了考察,指出列强对中国军火市场的激烈争夺,给清政府的外购军火带来诸多问题;对此,清政府缺乏有效的应对,他们试图改变地方外购军火混乱无序的局面,但最终归于失败。①

(三) 关于晚清历史人物的研究

人是历史活动的主体,历史研究尤其是政治史研究离不开对人物的研究。在本年度的晚清政治史研究中,人物研究也是其中的一个亮点,有不少值得介绍的论文。其中,姜鸣通过考察光绪七年(1881)左宗棠出任军机大臣的台前幕后历史,不但展示了左宗棠生动而丰满的性格和形象,同时也揭示了晚清官场错综复杂的人际关系。② 朱浒根据甲午战后盛宣怀的两湖灾赈及实业活动,对盛宣怀与张之洞的关系做了重新解读,指出使盛宣怀从战后危机中解脱出来的人是王文韶而非张之洞。③

在人物研究中,戊戌时期的人物研究长期来为学界所重视,本年度也不例外。其中,茅海建对康有为在筹备上海强学会和《强学报》期间与张之洞初识的缘起及最初产生分裂的原因做了具体探讨。④ 茅海建的另一篇文章又对康有为一派对陈宝箴父子政治态度的变化及误解做了具体考察,有助于澄清康有为一派与陈宝箴父子的真实关系。⑤ 桑兵对康梁并称的缘起与流变做了考察和分析,指出尽管梁启超不喜欢康梁并称,却不得不一直笼罩在康有为的身影之下。⑥

马忠文通过翁同龢开缺前后朝野的即时反响,对翁同龢开缺前的政治倾向做了重新探讨,指出由于戊戌政变后康、梁在海外极力宣扬翁同龢积极"支持"变法,清廷也以翁曾"力陈变法,密荐康有为"为由将其革职,翁氏支持改革的新派形象由此得以树立,并对后世产生了广泛的影

---

① 参见滕德永《清末新政期间列强对中国军火市场的争夺》,《军事历史研究》2013年第1期。
② 参见姜鸣《左宗棠入军机的台前幕后》,《近代史研究》2013年第4期。
③ 参见朱浒《投靠还是扩张?——从甲午战后两湖灾赈看盛宣怀实业活动之新布局》,《近代史研究》2013年第1期。
④ 参见茅海建《张之洞、康有为的初识与上海强学会、〈强学报〉》,《华东师范大学学报》(哲学社会科学版)2013年第1期。
⑤ 参见茅海建《康有为一派对陈宝箴父子政治态度的误解与夸张》,《社会科学》2013年第8期。
⑥ 参见桑兵《康梁并称的缘起与流变》,《近代史研究》2013年第2期。

响。但就当时朝野的反响来说,各界对其罢官原因的推测虽有不同,但几乎所有人都视翁同龢为守旧者。事实上,翁氏在政变后被打入"康党"是各种力量政治斗争的产物;翁氏并非因支持康、梁变法而成为"康党",而是在被打成"康党"后变成"新派"人物的。翁同龢身上的"新"色彩是被强加上去的,带有鲜明的政争意味。①

贾小叶对戊戌时期由康门师徒构成的"康党"与其他变法派官绅关系的离合做了具体考察和分析,指出甲午战败后在民族危机的逼迫下,酝酿已久的维新力量渐趋活跃。各路维新志士函电往返,分析时局,商讨对策。1895年后一个有着共同变法意愿的群体,逐渐登上中国社会的政治舞台。然而,这一由民族危机催生出来的变法群体颇为复杂。其中,由康门师徒构成的"康党"与其他变法派官绅关系的离合对戊戌维新的命运产生了深远的影响。而造成双方关系离合转变的关键在于"康党"有着与其他变法派不尽相同的学术思想、变法理论和结党做派。②贾小叶还对梁启超出任湖南时务学堂总教习首荐人做了考证,指出以往学界主要依据熊希龄当时与事后的叙述,认为最早推荐梁启超出任时务学堂中文总教习是黄遵宪的观点并不准确,根据其他多位当事人的叙述,并结合当时湖南官绅此一决策的全过程,可发现最早提议聘请梁启超为时务学堂总教习者并非黄遵宪,而是蒋德钧。与黄遵宪相比,蒋德钧在时务学堂初创之际所起的作用更大。③王大文对康有为改组"保皇会"前后史事做了考察和论述,指出清廷党禁的持续、革命形势的变化和帝国宪政会的自身局限等多种合力,造成了保皇会第一次改组后即面临认同危机:革命派等其他政治势力未接受其新形象,帝国宪政会内部也没有形成新的完整的身份认同。1912年,康有为等计划改帝国宪政会为国民党的计划也最终夭折。④

义和团运动之后的清末历史人物研究,也是近年国内学界的一个关注点。戴海斌就义和团运动时期奕劻的政治态度与孔祥吉先生进行了有益的商榷,认为孔祥吉《奕劻在义和团运动中的庐山真面目》一文根据披露庚

---

① 参见马忠文《从朝野反响看翁同龢开缺前的政治倾向》,《南京大学学报》(哲学·人文科学·社会科学版) 2013 年第 2 期。
② 参见贾小叶《"康党"与戊戌时期变法派官绅的关系离合》,《中山大学学报》(社会科学版) 2013 年第 6 期。
③ 参见贾小叶《梁启超出任湖南时务学堂总教习首荐人考》,《历史档案》2013 年第 2 期。
④ 参见王大文《康有为改组"保皇会"前后史事考辨》,《清史研究》2013 年第 4 期。

子召见单,质疑学界关于奕劻对义和团持反对立场的既有认知为"误读""无稽之谈",并认为奕劻、载漪处于"同一阵营",而慈禧在用人态度上亲奕劻而疏荣禄的观点缺乏说服力,批评孔祥吉对单件史料的解读存在过度诠释。① 赖钰匀对端方之死的一些细节,诸如被杀时间和地点、经过和原因等,一一做了考证,并对端方之死对清代遗民圈的影响做了有益探讨,指出端方被杀时间为宣统三年(1911)十月初七,地点在资州东大街天上,其他诸说皆不可信;曾广大实未下手诛端,至于其他各说,则皆可存之,因为诛端的行动,显然绝非一人能独立完成;至于端方被杀之因,革命党人策划说、"勤王遭拒"说、"闹饷勒银"说和"欲谋独立"说四种说法皆有可能,彼此并不相矛盾。而辛亥革命后清遗民群体对端方的纪念活动,则体现了端方在遗民心中兼具政治与文化双重代表性。②

沈洁通过对辛亥时任杭州驻防旗营协领贵林之死的真正起因和具体过程的史实考辨,揭示了辛壬之际中国政治和种族的复杂关系,指出贵林之死有汉人对他者的敌视,并带来满人的身份恐惧;有革命与共和作为普遍价值的一往无前,也有固执的、忠义的王朝守节者;有革命与立宪的冲突,以及新晋的军人团体与耆老旧绅之间的宿怨;有除旧布新的朝气和欣悦,也有谣言、杀戮、抢掠的乱世景象。③ 周增光对奕劻在清帝逊位问题上的态度及其原因做了具体考察和论述,认为奕劻力主清帝逊位,并不是人们通常所说,因为受了袁世凯的贿赂,而是在环视列强态度、国内舆情、清廷自身力量后,出于最大化保护自身利益考虑而做出的举措。④ 汤开建依据各种报刊、档案及文献材料,并结合本地掌故资料,对晚清澳门华人巨商何连旺家族的兴衰过程及原因做了详尽的考察和论述,有助于推进对澳门华商人物的研究。⑤ 谭世宝和林广志就孙中山的行医及革命活动与澳门华商的关系问题进行了有益的学术商榷。⑥ 范铁权和孔祥吉根据近

---

① 参见戴海斌《也说义和团运动中的奕劻》,《近代史研究》2013年第1期。
② 参见赖钰匀《端方死事补证——兼论端方之死对清代遗民圈之影响》,《近代史研究》2013年第3期。
③ 参见沈洁《从贵林之死看辛壬之际的种族和政治》,《史林》2013年第4期。
④ 参见周增光《奕劻与清帝逊位》,《清史研究》2013年第1期。
⑤ 参见汤开建《晚清澳门华人巨商何连旺家族事迹考述》,《近代史研究》2013年第1期。
⑥ 参见谭世宝《孙中山早年与澳门的一些历史问题考辨——兼与林广志先生商榷》;林广志《关于澳门华商与孙中山问题的再认识——以谭世宝先生之商榷为中心》,《历史研究》2013年第2期。

年来搜罗的信札，并结合中日两国档案，从早年东京留学、主持《译书汇编》、重返东京和终遭迫害四个方面，对革命党人戢翼翚的一些重要史实和活动做了考述，指出1907年戢翼翚突遭革职回湖北原籍的处置，其幕后黑手为袁世凯和那桐。①

（执笔人：崔志海）

2014年度

检视2014年度国内晚清政治史研究，大体呈现以下几个特点：第一，适逢甲午战争120周年，甲午战争史研究受到特别重视。第二，制度史和晚清政局的研究继续受到学界关注。第三，在晚清历史人物研究中，除了像张之洞、慈禧太后这些重要人物之外，一些次要人物的研究也受到重视。第四，晚清政治学术史研究取得突破。下面就本年度晚清政治史研究中所表现出来的这些特点和内容，做一具体介绍和展现。

（一）甲午战争研究

本年度适逢中日甲午战争爆发120周年，受史学界固有的"历史周年纪念"及现实中日关系的影响，中日甲午战争成为晚清政治史研究中的最大热点问题。为纪念中日甲午战争爆发120周年，相关组织举办众多以纪念甲午战争为主旋律的学术研讨会、报告会。如2月28日，全国台联在北京主办"甲午战争与近代中国"学术报告会；7月15日，上海科学社会主义学会与华东政法大学联合举办"甲午战争与中国梦的觉醒"学术研讨会；8月9日，中华日本学会、中国日本史学会、全国日本经济学会与大连大学联合主办"甲午战争以来的中日关系"学术研讨会；8月28—29日，海军和军事科学院在威海共同举办甲午战争120周年研讨会。不过最具学术价值和影响力的，还是9月17—19日由中国社会科学院和山东省人民政府主办，中国史学会、中国社会科学院近代史研究所、山东省社会科学界联合会和威海市人民政府联合承办的"甲午战争与东亚历史进程——纪念甲午战争120周年国际学术研讨会"。此次大会吸引了来自中

---

① 参见范铁权、孔祥吉《革命党人戢翼翚重要史实述考据》，《历史研究》2013年第5期。

国大陆、香港、澳门和台湾地区，以及日本、韩国和新加坡的 150 余名专家学者与会，提交论文 100 余篇，有效丰富和拓展了甲午战争史的研究视域。

在"历史周年纪念"活动的推动下，本年度大陆学界发表相关论文及文章多达 200 余篇。有的从不同角度探讨甲午战争爆发的原因，强调这场战争是日本长期准备、精心谋划、决然发动的一场侵略中国的战争，有其特定的心理机制与逻辑基础，是日本国内资本主义扩张的逻辑必然，是东亚朝贡体系的式微和日本崛起的结果，也是列强争夺远东与殖民中国的进一步演进，绝非所谓的"突发"事件或"非计划的、非预谋的事件"。[1] 有的对清军在海陆战中失败的原因分别做了探讨，指出清军在海战中失败的原因在于没有建成近代化的海军，缺乏工业基础体系支持，晚清海军几乎是"买来的"[2]；或认为清政府在甲午海战中的失利是由政治、经济、军事、外交、文化等多种因素造成的[3]；或认为北洋海军在黄海海战中采用"夹缝雁行阵"这一"最糟糕与最合理的怪异组合"，是由中日双方火力的强弱失衡而非吨位和火炮数量差异造成的。[4] 或认为清军陆战失败的根本原因是清政府封建统治的昏庸腐败，具体体现在战争中无明确的战略方针、战术失误、无视民众的作用和缺乏统一的组织指挥。[5] 还有学者对中日甲午战争前后日本政府窥伺、窃取钓鱼岛及其附属岛屿的过程进行了考察和揭露。[6] 崔志海则从国际关系角度探讨了美国在中日甲午战争中所扮

---

[1] 参见关捷《甲午战争前日本的战备及其战略计划——兼驳"甲午战争突发论"》，《山东社会科学》2014 年第 6 期；关捷《日本蓄谋已久挑起甲午战争——驳日本发动甲午战争是"非计划的、非预谋的事件"》，《社会科学战线》2014 年第 8 期；张炜《略论日本的甲午战争准备及启示》，《军事历史》2014 年第 3 期；李永晶《甲午战争与日本的世界认识》，《学术月刊》2014 年第 7 期；周峰《世界体系视域下的甲午战再反思》，《东南学术》2014 年第 4 期。

[2] 参见李泉《技术转移对晚清海军建设及甲午海战的影响》，《军事历史》2014 年第 4 期。

[3] 参见桑宝忠《多因素致北洋水师海战失利》，《中国社会科学报》2014 年 7 月 25 日第 5 版。

[4] 参见倪乐雄《中日甲午黄海海战战斗队形与火力再探讨——最糟糕与最合理的怪异组合——"夹缝雁行阵"》，《军事历史研究》2014 年第 3 期。

[5] 参见关捷《甲午清军陆战评价的几个问题》，《军事历史研究》2014 年第 3 期；《甲午战争中旅大地区清军两次阻击的考察》，《大连干部学刊》2014 年第 10 期。

[6] 参见殷昭鲁、张生《甲午战争前后日本窥伺窃取钓鱼岛述论》，《南京政治学院学报》2014 年第 4 期；袁成亮《甲午战争前后日本对钓鱼岛行政管辖权的转移及其影响》，《华中师范大学学报》（人文社会科学版）2014 年第 2 期；刘江永《古贺辰四郎最早开发钓鱼岛伪证之研究——兼论日本政府购买钓鱼岛的非法性》，《清华大学学报》（哲学社会科学版）2014 年第 4 期。

演的角色，认为美国表面声称奉行中立，实则偏袒日本，进行拉偏架调停，并帮助日本逼迫清政府签订《马关条约》，但美国试图通过日本之手进一步打开中国大门的愿望只能与虎谋皮，搬起石头砸了自己的脚。[①] 近代史研究所研究员张海鹏等合编的《甲午战争的百年回顾》（中国社会科学出版社 2014 年版），作为向甲午战争 120 周年献礼的重要学术论文选编，精心撷取了中华人民共和国成立以来有关甲午战争的代表论文 59 篇，分作"甲午战争的起因及过程研究""甲午战争中人物研究""甲午战争与日本研究""甲午战争与国际关系研究""《马关议和》与《马关条约》研究""马关签约与割让台湾研究""甲午战争的影响研究"七个专题，介绍了相关研究领域的主要学术成果，内容广博，观点权威，是本年度国内中日甲午战争史研究中最有学术价值的论著。

此外，为勿忘国耻，吸取甲午战败教训，中央主流媒体也积极参与。2014 年春夏，《参考消息》报社先后与新华社解放军分社、中国史学会，联袂推出"军事名家的甲午殇思"与"学术名家的甲午镜鉴"两组大型专栏，并结集为《甲午殇思》《甲午镜鉴》，由上海远东出版社出版。7 月 30 日，《参考消息》报社、新华社解放军分社又携手中国政策科学研究会国家安全政策委员会、中国史学会、中国国家图书馆、上海世纪出版集团，在北京共同举办"殇思·镜鉴——甲午战争 120 周年研讨会"，再次审视甲午战争对当今中国与东亚的警示意义。《人民日报》《光明日报》等国家权威刊物及《中国社会科学报》，也不断集中刊发与甲午战争相关的各类研究、纪念文章，在梳理历史思绪的同时，期望能激发国人热血，增强了国人的历史担当与时代担当。

（二）晚清制度史和政局研究

本年度国内晚清政治史研究的第二个特点，是制度史研究继续受到重视。在晚清行政机构领域，李文杰研究了清末民初外务部的人事嬗替与结构变迁，认为晚清总理衙门、外务部与民国初年外交部在人事关系上一脉相承，但随时代变迁、制度因革，其官员来源与结构有着巨大差异。但在 1906 年科举停废后，留学生、驻外人员、同文馆与译学馆学生、举贡考试合格者，通过奏调或考试、掣签的方式，进入外务部任职，后科举时代外

---

① 参见崔志海《甲午战争中美国的角色》，《国家人文历史》2014 年第 18 期。

务部官员结构逐渐多样化。辛亥革命之后经南北和议成立的民国政府，将外务部改组为外交部，人员多从外务部留任，但大量裁汰原总理衙门官员、举贡考试人员及留日学生，通晓外语、有驻外经验者构成外交部官员的主体，并逐渐形成一个成长、选任皆具相对独立特征的职官群体。① 张季则通过从总理衙门到外务部用人模式的沿革考察，进而认为总理衙门的设立是清廷官制改革的开端，不仅反映了官制改革进程中职官体系职能分工的专职化及选材用人的专门化，同时也反映了在官制改革与铨选制度变革之间存在相互影响和制约的关系。② 张振国根据中国第一历史档案馆所藏档案考证，认为责任内阁由四类官员组成，分别为高级官员、次高级官员、中级官员和下级官员。官员的级别不同，其来源、职掌、数额和结构迥异。通过精算和估量可知，四级官员之总和达 640 人之多，规模庞大，编制复杂。③

在晚清财政制度史研究方面，黄鸿山、王卫平基于以前学术界对厘金起源的看法歧异，通过考证，认为"一文愿"是清代民间举办慈善公益事业时经常采取的筹资办法，并可视作厘金的主要源头。④ 刘增合接连发表两篇关于太平天国时期的财政史论文，在《太平天国运动初期清廷的军费筹济》一文中着力研究了太平天国运动对清廷财政制度的影响。他认为清廷的财政制度经历了三个阶段，尤其是咸丰三年（1853）夏季后的放权变制促成咸、同、光数十年间军政制度的新格局，对此后数十年间的战局演进、国省关系、军制形态、督抚朝臣之权限消长，甚至省内行政架构、财源结构等均产生巨大影响。⑤《咸丰朝中后期联省合筹军饷研究》又研究了咸丰朝中后期联省合筹军饷制度。这一军费咨商协解新谕令很快促成了"联省合筹"军饷计划的运行，前期的江南大营、曾江阵营、庐州大营等，积极筹划联省供饷；后期的长江五省合筹共剿计划也费心筹划。然而，受安全利益、人脉交谊、省区财源等因素的影响，这类联省合筹计划或微有成效，或仅限于筹议。它反映了战时环境下，军饷筹饷新制与据册酌拨旧

---

① 参见李文杰《继承与开新之间——清末民初外务（交）部的人事嬗替与结构变迁》，《社会科学》2014 年第 6 期。
② 参见张季《从总理衙门到外务部——清季部院用人体制改革初探》，《历史档案》2014 年第 2 期。
③ 参见张振国《清末责任内阁人员编制考》，《历史档案》2014 年第 4 期。
④ 参见黄鸿山、王卫平《厘金源于林则徐"一文愿"考》，《历史研究》2014 年第 1 期。
⑤ 参见刘增合《太平天国运动初期清廷的军费筹济》，《历史研究》2014 年第 2 期。

规混合并存的状态。① 王静雅研究了太平天国战时曾国藩对饷盐借销的经营,认为太平天国战争爆发后,清廷财政匮乏,户部令统兵大臣就地筹饷。湖南因省库空虚,邻省协济难恃,曾国藩于劝办捐输之外,采取以盐抵饷的方式获取饷源,先后借销浙盐、粤盐,成效不菲。曾氏苦心筹谋,表明军队统兵大臣与省际间利益的复杂情态,也反映了晚清自筹军饷的不确定性。②

在晚清政局研究方面,郭卫东通过对1860年7月至1861年5月曾国藩于安徽所设祁门大营的考察,揭示了晚清省区军事化加强,地方势力坐大,"勇营"正规军化,国家权力下移,内轻外重格局,满汉权势变迁局面的形成。③ 张海荣通过对甲午战后津芦铁路修筑过程的考察,认为清政府在甲午战后并没有停止洋务,而是应将甲午看作改革的再启④。戴海斌对"东南互保"期间清朝中央政府与东南地方政府的关系做了重新考察和论述,认为"互保"之创议和实行固然为东南自行其是,但一个不能忽视的前提是,当时中央政府仍然存在,并且不断向地方发号施令。东南督抚行事不乏自主决定的一面,但无论如何"违旨"或"僭越",均不能掩盖其忠于清王朝的另一面,只是其中多了"权宜应之""因势利导"的"达变"成分。因此,不能将"东南互保"看作中央与地方的割裂。⑤ 邱涛、郑匡民利用中、日、英档案史料,在详细考察庚子事变中肃王府战斗后认为,荣禄系严格遵照慈禧意旨指挥的围攻使馆,并非假攻,而是真打,战斗异常激烈,但这些战斗均服从并服务于慈禧"以战逼和"的政治决策及其变化,因此严重影响到清军进攻的路线和效率。围攻使馆之役具有城市街垒攻坚战的特点,清军不具备这样的近代军事素质,军纪、训练差,对先进武器掌握差,清军自身优势难以发挥,火炮的种类和性能不利于城市街垒战,造成使馆久攻不下。⑥ 吴昱以中央与直省官员在清末"裁撤驿站"改革上不同的态度,展示在清末制度转型中中央政制设计与直省新政施行

---

① 参见刘增合《咸丰朝中后期联省合筹军饷研究》,《近代史研究》2014年第4期。
② 参见王静雅《太平天国战时曾国藩对饷盐借销的经营》,《广东社会科学》2014年第1期。
③ 参见郭卫东《转折之地:曾国藩在祁门》,《安徽史学》2014年第3期。
④ 参见张海荣《从津芦铁路看甲午战后清朝改革的再启》,《安徽史学》2014年第4期。
⑤ 参见戴海斌《试析1900年"东南互保"中的几个问题》,《历史档案》2014年第1期。
⑥ 参见邱涛、郑匡民《庚子肃王府之战》,《近代史研究》2014年第3期。

之间不同步的现象及两者之间的利益冲突。① 颜军考察了清末地方自治改革与清朝灭亡的关系，认为清末地方自治具有浓厚"官治"色彩，激化了社会矛盾，成为清朝灭亡的诱因。② 潘崇的学术专著《清末五大臣出洋考察研究》，则在大量利用时人文集、日记、档案、报刊等第一手资料的基础上，对清末五大臣出洋考察做了比较系统的研究，内容涉及五大臣出洋考察的历史背景、出洋考察群体的构成和考察经过、不同政治力量的态度和反应，以及对清末宪政改革的影响，是一项富有价值的实证研究。③

在晚清政局研究方面，马平安发表的两部专著从不同角度，做了比较宏观的考察和论述。其中，《中国近代政治得失》（华文出版社2014年版）一书，选取全球变局潮中的官方回应、早期自强、腐败、高层争斗、中央与地方制衡、边疆政策与治理、民间动荡与政府应对策略、新生利益集团的政治诉求、新政得失以及全球化时代如何提升综合国力十大问题进行探讨，对晚清时期中央政府在治国理政过程中所犯的一些错误加以剖析，揭示了导致清政府垮台的自身因素。他的另一部专著《晚清变局下的中央与地方关系》（新世界出版社2014年版），则从军权、财权、外交权及中央与边疆地区关系等角度，集中探讨了晚清变局下的中央与地方关系，揭示了导致清王朝灭亡的基本原因，指出中央与地方关系的平衡与协调，取决于中央政府是否有足够的权威与处理问题的意识和能力，并进而提出如何根据自己的实际情况，处理好中央与地方的关系，是我们总结历史、立足现实的一个重大课题。

（三）晚清人物研究

本年度国内晚清政治史研究的第三个特点，是在相关历史人物研究方面发表了一些比较有学术价值的成果。如顾建娣的专著《吴棠与咸同政局》（中国社会科学出版社2014年版）对以往不被关注的封疆大吏吴棠做了比较全面、系统的研究，认为吴棠是咸同"中兴"时期一位重要的历史人物，其权力鼎盛时期，以漕运总督节制所有江北文、武各员及军务、地

---

① 参见吴昱《直省先行：清末"裁驿"的态度、举动及反响》，《学术研究》2014年第7期。
② 参见颜军《"自治"与"官治"：从地方自治改革看清朝的灭亡》，《广东社会科学》2014年第6期。
③ 参见潘崇《清末五大臣出洋考察研究》，中国社会科学出版社2014年版。

方一切事宜，掌控着淮安、扬州、徐州诸府，在曾国藩、李鸿章因镇压太平军和捻军而总督两江或巡抚江苏之时，吴棠成为清廷在江苏境内与湘淮集团抗衡的地方势力。吴棠与曾国藩、李鸿章、左宗棠等人的关系体现了清廷与地方实力派之间争夺地方权力的复杂关系。她的研究填补了以往晚清人物研究中的一个空白。刘晨的《萧朝贵研究》深入研究了"天兄"下凡始末，太平天国早期主要领导人在宗教、政治等多个层面的复杂关系，萧朝贵及其妻子洪宣娇的生平事迹，太平军长沙战役的具体经过和战略战术，萧朝贵的形象、品性、才具，太平天国宗教体系的发展脉络，萧朝贵生前身后的兴衰荣辱等问题，理性评价了萧朝贵在太平天国政治和宗教中的地位，萧朝贵对太平天国的历史贡献等，填补了国内萧朝贵研究的空白。[①] 潘一宁对英国人包腊在中国外交中的作用进行了研究，指出他在赫德的安排和指导下，参与了两次重要的中国外交活动：1866年斌椿使团出访欧洲和1873年维也纳世博会中国展；其参与中国外交的动机和目的对中国是友好的，在参与过程中尽心尽责，不遗余力，最终达到了促进中西相互了解、改善关系的效果。[②]

在戊戌变法人物研究方面，茅海建的专著《戊戌变法的另面："张之洞档案"阅读笔记》（上海古籍出版社2014年版）通过对国内外有关张之洞档案材料的仔细研读，描绘了晚清政治生态中的"坐京"等制度，以及张之洞与陈宝箴、黄遵宪等人的关系，扭转了此前的诸多错误理解，为我们理解戊戌变法中的核心细节提供了有力证据，给今人提供了观察戊戌变法的新角度，有助于重建戊戌变法的史实。马忠文利用台北"故宫"清代档案，对维新运动中的特殊人物——王照的历史真相做了还原，指出王照在流亡日本期间与犬养毅的笔谈揭露了康、梁魏钊密诏的内幕，而笔谈的传播从客观上澄清了光绪帝参与"围园密谋"的冤情，在朝野上下造成了广泛共鸣，而他家族的广泛人际（如与李鸿藻、那桐）使他回国隐居和投案自首成为可能。[③] 张海荣就晚清举人邱菽园对"公车上书"的两次追忆做了具体考察和论述[④]。

[①] 参见刘晨《萧朝贵研究》，九州出版社2014年版。
[②] 参见潘一宁《海关洋员包腊与晚清中国外交》，《学术研究》2014年第9期。
[③] 参见马忠文《维新志士王照的"自首"问题》，《近代史研究》2014年第3期。
[④] 参见张海荣《晚清举人邱菽园对"公车上书"的两次追忆》，《历史档案》2014年第1期。

在清末历史人物研究方面，吕柏良对清末咨议局中的旗籍议员群体及其作用做了考察，认为在某些省份，旗籍议员才是真正能够左右政局的关键者，他们的积极作为对清末民初的中国社会是一种进步的力量。① 李在全考察了清末刑官唐烜在司法变革过程中的经历和心路历程，从中揭示清末首批"新式"司法官的一些共性，认为在面对伴随官制改革而来的司法变革时，唐烜除有意识了解些许新式法政知识外，主动因应这场变革的意识与举动并不多。官制改革后，身为推事的唐烜，总体上仍属刑官之范畴，其知识主体依旧是传统律学，司法推理、审案方式也变化无多，可谓身已新而心依旧。② 李细珠对慈禧太后做了比较客观的评价，认为她在洋务运动、戊戌维新和清末新政中的所作所为，既有顽固保守的一面，也有被迫顺应潮流之举，她以洋务运动的形式开启了中国近代化，却以预备立宪的形式制约了中国近代化的进程，使清朝一再错失近代化的机遇。慈禧太后的统治，缺乏近代政治家的政治智识，是一种典型的"老人政治"模式，主要靠的是老辣的政治经验与高超的政治手腕，可以维稳而难以开新，她关注清王朝的皇位统治更胜于关注近代中国的前途与命运。③ 尚小明通过研究藏于北京大学历史系的多件青柳笃恒致总统府秘书曾彝进的密函，认为曾为袁世凯顾问有贺长雄助理的早稻田大学教授青柳笃恒，实际上是袁在1913—1914年重金收买的密探。其最初的任务是破坏革命党和日本财界的联系，旋因"二次革命"失败后大批党人流亡日本，其主要活动变为刺探流亡党人行踪，破坏其反袁活动，同时收集日本朝野与革命党的关系及对袁态度等方面的情报，并设法通过多种途径在日本进行有利于袁的宣传。青柳收集的情报有不少受到袁的重视。通过青柳的活动，可以看出袁对流亡党人的行踪甚为了解，对于改变其在日本朝野的负面形象极为注意。同时亦可看出，"二次革命"失败后，革命党内部分裂加剧，争权斗争达到了相当严重的程度。④

---

① 参见吕柏良《清末咨议局中的旗籍议员》，《清史研究》2014年第1期。
② 参见李在全《亲历清末官制改革：一位刑官的观察与因应》，《近代史研究》2014年第2期。
③ 参见李细珠《一个人与一个时代——论慈禧太后及其统治的是非功过》，《安徽史学》2014年第3期。
④ 参见尚小明《青柳笃恒：一个被湮没的袁世凯的高等间谍》，《近代史研究》2014年第6期。

（四）晚清政治学术史研究

自1949年中华人民共和国成立以来，晚清政治史研究在中国近代史学科体系之下已走过60余年，很有必要做一比较系统的学术史梳理和回顾。在这一学术领域，中国社会科学院近代史研究所政治史研究室及其同仁在本年度做了一些有益的工作。由该室同仁合著的《晚清政治史研究的检讨：问题与前瞻》（社会科学文献出版社2014年版）一书分别对近年国内外晚清政治史研究中的一些热点问题做了回顾和总结，内容涉及晚清政治史研究的理论和方法、近五年的国内晚清政治史研究、晚清政治变革视角下的史学、晚清秘密社会史研究、海内外满汉关系史研究、第一次鸦片战争史研究、太平天国史研究、捻军史研究、同光新政与派系纷争研究、戊戌变法史研究、清末袁世凯集团研究、清末新政研究、立宪运动史研究和辛亥革命史研究，并就这些专题研究中存在的问题及未来的发展方向做了初步探讨和分析，为国内学者追踪和了解国内外晚清史研究的最新进展提供了一个简捷路径，受到国内学界的好评。

在政治史研究室的组织和推动下，近代史所学者还发表了一系列专题学术史论文。如葛夫平分别对中华人民共和国成立以来的第二次鸦片战争史和中法战争史研究做了回顾和总结。其中，《建国以来的第二次鸦片战争史研究综述》（《史林》2014年第2期）以时间为经、以专题史研究为纬，对中华人民共和国成立60多年来大陆的第二次鸦片战争史研究进行了系统梳理，内容涉及战争起因问题研究、相关战役与战败原因研究、关于清政府对战争的态度及外交转型研究、相关人物研究、列强与第二次鸦片战争、火烧圆明园问题研究等，认为60多年来国内学界的第二次鸦片战争研究呈现鲜明的时代特色，前30年与后30多年存在较大差异：头30年只讲帝国主义侵华，而后30多年则更多地进行自我批评与谴责，这种差异反映了特定的时代背景和史家价值观念的变化。从总体上看，第二次鸦片战争史研究虽然取得了一些成绩，但与晚清历史上其他重大事件的研究相比，仍是晚清政治史研究中的一个薄弱环节，有待从加强研究队伍建设、挖掘新史料、提出新问题和改变思维方式与研究方法等方面，推动国内的第二次鸦片战争史研究。《新中国成立以来的中法战争史研究》（《史学月刊》2014年第7期）一文从中法战争史研究概况，中法战争的背景、性质和分期，战争的结局与影响，以及相关战役、外交问题、清政府的战争对策和相关人物研究等方面，回顾 60 余年来国内学界所走过的研究历程，指出中法战争是近代以来中国与列强间的第三次战争，对晚清内政、外交和边疆均产生深刻的影响。自中华人民共和国成立以来，国内学界的中法战争史研究从资料整理、出版到专题论著的发表，均取得不俗成绩，但相比晚清一些其他重要历史事件，中法战争史研究还比较薄弱，今后可在外方资料的挖掘和整理，对法方和越方的研究，以及研究队伍的建设等方面，做进一步的努力。邱志红对中华人民共和国成立以来的国内洋务运动史研究做了回顾和总结，指出洋务运动作为清政府的第一次改革运动，也是中国近代化的开端，在中国近代史上具有重要的地位。纵观 1949 年以来的国内洋务运动史研究，大致经历了学术"冷宫"—洋务研究"热"潮—冷却后的再出发这样一个发展轨迹，学界对洋务运动评价的否定肯定之起伏转变，亦成为洋务运动史研究自身迂回曲折命运之缩影。[①]

崔志海就中华人民共和国成立以来的义和团运动史和清末新政史研究，分别做了回顾和总结。其中，《新中国成立以来的义和团运动史研究》[②] 一文从义和团运动史研究概况、义和团组织源流和兴起原因、义和团运动与国内政局关系、义和团运动时期的中外关系、义和团运动史实考析、义和团运动的历史评价等方面，回顾了国内学界所做的研究，指出义和团运动作为中国近代史上一场反帝爱国运动和最后一场传统意义上的农民运动，自中华人民共和国成立以来一直受到国内学界的重视；回顾 60 余年来的国内义和团运动史研究，大致经历了一个由单纯政治事件史向社会史和文化史研究的转变过程，并取得丰硕成果。但鉴于义和团运动作为中国近代一场反帝爱国运动，它本质上也是一场比较奇特的中外战争，加强对义和团运动时期列强方面的研究和中外关系史的研究，既是国内义和团运动史研究中的一个难点，同时也是一个突破点。国内的义和团运动史研究在进行社会史、文化史和思想史的拓展之后，有必要重新回归政治事件史的研究。《建国以来的国内清末新政史研究》[③] 则从清末新政史研究概况、政治改革、法制改革、军事和警政改革、教育改革和经济改革等方面，追溯了既往学界的研究成果，指出清末新政是继洋务运动和戊戌变法

[①] 参见《60 余年来国内洋务运动史研究述评》，《兰州学刊》2014 年第 12 期。
[②] 参见崔志海《新中国成立以来的义和团运动史研究》，《史学月刊》2014 年第 9 期。
[③] 参见崔志海《建国以来的国内清末新政史研究》，《清史研究》2014 年第 3 期。

之后，清政府在其统治的最后十年发动的第三次也是最后一次改革运动，在晚清改革史和中国现代化史上占有十分重要的地位。回顾中华人民共和国成立以来国内60多年来的清末新政史研究，大致经历了从被忽视到依附于辛亥革命史研究和成为一个独立研究领域的发展过程，并在专题史的研究上取得丰硕成果。既往国内新政史研究存在的一个最大缺陷是就事论事，忽视新政各项改革之间的相互关系。因此，在既往研究的基础上，撰写一部综合性的、能够揭示各项改革之间相互关系的新政改革史著作，应是未来国内新政史研究的一个努力方向。

纵观2012—2014年国内学界的晚清政治史研究，一方面沿袭21世纪初以来的研究趋势，摆脱中国近代史学科的革命史研究范式，研究重心转向对革命对立面清朝政府方面的考察和分析及晚清制度史的研究，这是一个可喜现象，也是学术研究的一个自然发展结果，但重建晚清政治史学科体系仍然是国内学界所面临的一个重大挑战，可谓任重而道远。

（执笔人：崔志海、任智勇、顾建娣、张海荣）

第二章

近代经济史

2012年度

2012年度，中国近代经济史研究取得了丰硕成果。据笔者不完全统计，国内各重要学术期刊发表的近代中国经济史的论文近200篇。发表在《中国社会科学》《历史研究》《近代史研究》《中国经济史研究》《中国社会经济史研究》《抗日战争研究》《学术月刊》《清史研究》《史学月刊》《史林》《中国农史》《上海财经大学学报》以及《复旦学报》等主要学术刊物上的重要论文近百篇。此外，本年度出版了近30部中国近代经济史专著。从各类研究成果的内容来看，本年度中国近代经济史研究呈现出以下几个特点：第一，传统研究领域继续往纵深发展；第二，涌现出一批采用新理论、新方法的研究成果；第三，学者们不但从政治、社会的角度深化与经济相关问题的研究，而且从经济的角度探讨政治和社会背后的深层原因。

（一）理论、方法与史料

经济史是一门既注重理论也注重史实的学科，兼顾了经济学和历史学的不同特征。2012年度学者们在理论、方法和史料上都提出了新的见解：有学者对过去几年GDP热进行了反思，提出质疑；有学者提出应对中国市场近代化作出新的解释；有学者提出在近代中国乡村史研究中应采用整体史研究方法，应注意学术史的范围；有学者提出应注意利用新史料，注意史料的使用办法。

近年来，中国经济史的"GDP"研究有升温之势。[①] 针对这种研究可

[①] 参见刘巍《近代中国50年GDP的估算与经济增长研究（1887—1936）》，经济科学出版社2012年版。

能出现的问题，关永强和杜恂诚等人分别从资料和理论角度做了阐释。关永强提出，在使用民国时期的大量社会经济调查报告研究近代中国经济史诸问题时，应注意诸如调查质量参差不齐和取样不够完整等问题。由于中国地域和行业的复杂性，对国民收入GDP进行整体性的估算时，更需要注意对其进行甄别、修正和折算。① 杜恂诚、李晋认为，经济史学界对GDP研究存在的问题在于，认识和估算的思路进入了误区，偏离了GDP的规范定义，有碍于更加真实地认识中国古代、近代社会和进行跨国家、跨社会的比较。在运用计量模型推导GDP时，在模型设计和数据积累方面都存在诸多问题。他提出，不宜把GDP作为将中国古代传统社会或中国近代二元转型社会与西方资本主义国家作比较时的主要普世价值评价标准，尤其不宜用偏离定义或模型有缺陷的估计或计量方法得出的GDP数字来进行比较。②

谢亮认为，以经济理论中有关以工业产品价格变动决定商品市场的农产品价格变化作为市场近代化标准的理论根据是值得商榷的。粮食和布棉在近代华北民众生产和消费中占据了绝对优势地位，"粮棉价格"波动所产生的民众收入和支出变化势必导致市场对商品棉布的需求亦随之变动。近代华北市场形成了以"粮棉"为核心的农业部门结构和商品结构，"以粮棉"为核心的工农产品价格比波动必定是市场价格变动的重要因素之一。随着农业整体性商业化的加剧，农业的部门结构及其商品流向、流量和价格变动能对整个商品市场价格结构变动产生主导性影响的趋势日益明显。积累剩余能力的增强，是工业品市场得以扩展的真正基础。因此，从这个意义上讲，若仅就商品市场变动中的价格结构变动而言，华北市场已经开始了其近代化转型，至少也应是近代化市场的早期阶段。③

郑起东认为，中国乡村史研究应注意研究方法，坚持整体史观，把区域研究和全国研究结合起来，把短时段研究和长时段研究结合起来，把个别研究和综合研究结合起来，把农业资源优化配置作为农业发展的综合指

---

① 参见关永强《浅议近代中国GDP核算中调查资料的使用问题》，《中国经济史研究》2011年第4期。
② 参见杜恂诚、李晋《中国经济史"GDP"研究之误区》，《学术月刊》2011年第10期。
③ 参见谢亮《试论近代中国的商品价格结构变动及其市场发展之近代化命题——以华北市场"粮棉"价格为例》，《中国经济史研究》2012年第2期。

标，对近代中国农村经济进行正确评估。① 李金铮认为中国近代乡村经济史研究的学术史不能仅仅局限于中华人民共和国成立后，而应扩大视野，拉长时段，追溯到20世纪二三十年代。只有在前行的同时适当回顾，方可实现真正的学术创新。②

史料以及如何使用史料的问题受到学者们的关注。王力提出，应注意利用日本农商务部对华经济调查资料。③ 卢忠民以北京档案馆馆藏旅京冀州商帮所营之万和成五金商铺及其联号账簿为例，探讨了账簿对中国社会经济史研究的重要史料价值。④ 胡英泽认为，在利用鱼鳞册对太湖地区地权的研究中，一些关键概念的理解和数据统计方面存在值得商榷之处。他提出在使用鱼鳞册时，应高度重视对其进行考辨，正确理解关键概念。⑤

此外，2011年12月18日，在清华大学召开的"比较视野下的经济史论坛"，展示出未来中国经济史研究的新方向可能是，数据整理与计量分析和区域间互动与经济比较。⑥

（二）财政、金融与货币

2012年度，近代财政史研究关注了宣统年间各省财政清查⑦、国立大学经费⑧、两淮盐政改革⑨以及海关监督考证⑩等方面的问题。⑪ 较有代表

---

① 参见郑起东《"整体史观"与近代中国乡村史研究》，《天津社会科学》2012年第3期。
② 参见李金铮《中国近代乡村经济史研究的十大论争》，《历史研究》2012年第1期；《追溯先辈之识见：中国近代乡村社会经济史研究的"新"和"旧"》，《史学集刊》2012年第5期。
③ 参见王力《近代日本农商务省的对华经济调查》，《历史档案》2012年第3期。
④ 参见卢忠民《也谈商业账簿与经济史研究——以近代旅京冀州商帮所营之万和成及其联号五金商铺账簿为中心》，《中国经济史研究》2011年第4期。
⑤ 参见胡英泽《理论与实证：五十年来清代以降鱼鳞册地权研究之反思》，《近代史研究》2012年第3期。
⑥ 参见赵亮《研究方法及视角的拓展与经济史的反思——"比较视野下的经济史论坛"会议纪要》，《中国经济史研究》2012年第2期。
⑦ 参见刘增合《清季中央对外省的财政清查》，《近代史研究》2011年第6期。
⑧ 参见蒋宝麟《财政格局与大学"再国立化"——以抗战前中央大学经费问题为例》，《历史研究》2012年第2期。
⑨ 参见倪玉平《曾国藩与两淮盐政改革》，《安徽史学》2012年第1期。
⑩ 参见任智勇《道光、咸丰朝的粤海关监督考》，《中国经济史研究》2012年第1期；《晚清海关再研究——以二元体制为中心》，中国人民大学出版社2012年版。
⑪ 此外，还有如下两本专著：杨梅《晚清中央与地方财政关系研究：以厘金为中心》，知识产权出版社2012年版；张立杰《南京国民政府的盐政改革研究》，中国社会科学出版社2011年版。

性的是税收问题的研究,这些研究以个案为主,侧重分析税收变化背后的影响。赵思渊论述了光绪二十五年(1899)刚毅南巡时对苏南地区田赋的清理,采取以提高总征收比例的方式达到增加税收的目的,未能缓解苏南赋税负担的不公平。[1] 周祖文考察了抗日根据地时期中共政权如何在战争的环境下,以村庄为中介,巧妙地利用征收公粮的契机,通过把村庄作为公粮征收单位,构建了一个个"封闭的村庄",并充分利用"封闭的村庄"内部的宗族、租佃关系等矛盾,成功地把国家与农民勾连起来,从而为充分地动员农民打下了坚实的基础。[2] 另有两篇关注城市税收的论文。一是柯伟明对1939—1949年重庆营业税的考察,认为其受到四川省政府、中央政府、商人团体和参议会的分割、侵蚀,直接导致了地方财政困难。[3] 二是宋美云、王静论述了1931年天津油行牙税转变为营业税背后的原因在于,1925年后牙税改为招商投标承包征收,包征商肆意增加税额以谋取利润,引起商民抗议。[4]

近代金融问题继续受到学界关注,论及诸如近代银企合作模式[5]、钱业与贸易关系[6]以及银行票号概况[7]等问题。杜恂诚专文讨论了金融业在近代中国的正面作用。他认为金融业在近代中国经济中的正面作用是围绕储蓄转化为投资这一核心功能展开的。金融业是举借外债的平台,外债大部分是为了解决中国政府的财政问题,但也有相当部分进入铁路、电力等基

---

[1] 参见赵思渊《苏南赋税征收与地方社会——以光绪二十五年刚毅南巡清理田赋为中心》,《中国社会经济史研究》2011年第4期。

[2] 参见周祖文《封闭的村庄:1940—1944年晋西北救国公粮之征收》,《抗日战争研究》2012年第1期。

[3] 参见柯伟明《民国时期地方税收权力的流失——以1939—1949年重庆营业税为中心的考察》,《安徽史学》2012年第1期。

[4] 参见宋美云、王静《民国时期天津牙税向营业税的过渡——以油行为例》,《史林》2011年第6期。

[5] 参见别曼《近代中国银企合作模式与风险管理——以金城银行与永久黄集团的历史实践为考据》,《求索》2012年第5期;徐锋华《借贷之间的银企关系与实业发展——以1928—1937年的交通银行为中心》,《社会科学》2012年第8期。

[6] 参见方前移《浅析钱业与商品贸易互动关系——以芜湖中转市场为例》,《中国农史》2012年第3期。

[7] 参见刘志英《抗战大后方金融网中的县银行建设》,《抗日战争研究》2012年第1期;王士花《北海银行与山东抗日根据地的货币政策》,《史学月刊》2012年第1期;张晓辉、屈晶《抗战时期广东省银行农贷研究》,《抗日战争研究》2011年第4期;张朝晖《试论抗战时期大后方金融网的构建路径及特点》,《抗日战争研究》2012年第2期;陈晓荣《民国小区域流通货币研究》,中国社会科学出版社2012年版;王红曼《中国近代货币金融史论》,上海人民出版社2011年版。

础产业部门。金融业通过投融资行为，对推动技术进步和人力资本的培养发挥了重要作用。金融业大力支持支柱产业的发展，如棉纺织业、面粉业及稍后的化学工业，影响产业结构的演变。金融业优先构建社会信用体系，在弱政府的背景下以习惯法进行行业治理，并且履行部分公共职能，努力实现经济的稳定发展。[1]

王玉茹、苗润雨运用1918—1936年33家全国性中资银行数据，从银行产业组织理论视角并结合历史事实，检验了中国近代银行业格局的变化。文章认为，在没有政府过度干预的条件下，银行集中度会随着经济增长而逐渐降低，说明在相对自由的市场环境中竞争性银行业结构更适合当时的国民经济发展。[2] 此外，近代银行的个案研究继续涌现。[3]

债务问题受到关注，不仅涉及外债、内债[4]，而且涵盖了企业债务问题。苏全有考察了邮传部借债筑路政策，认为其主要失误在经济领域，首先，所借外债大大超过内资。其次，借款效率低，筑路成本高，运营效益低。[5] 朱荫贵以1937年前轮船招商局所借债款概况为例，讨论了近代中国资本市场的若干特点。晚清时期贷款主要来自政府、钱庄和外国银行，民国时期主要来自华资银行、外资银行和钱庄。近代中国资本市场具有以下特点：第一，招商局融资，尤其是民国后都是通过资本市场进行的；第二，都有抵押品；第三，融资方式多种多样。[6]

近代货币问题颇受学界关注。赵留彦、隋福民两位学者重新解释了20世纪30年代早期美国的白银收购政策对中国经济和币制改革的影响。他们通过统计数据和计量方法研究世界经济大萧条期间中国的宏观经济状况，进而探讨1935年中国法币改革的原因。他们重新估算了这一时期的货币存量，结合利率和物价指标，断定国际银价的提高以及中国白银大量外流之后，中国出现了严重的通货紧缩。他们认为，中国当时的

---

[1] 参见杜恂诚《金融业在近代中国经济中的地位》，《上海财经大学学报》2012年第1期。
[2] 参见王玉茹、苗润雨《经济发展与中国近代银行业结构的演化——基于1918—1936年市场集中度的实证分析》，《财经研究》2011年第6期。
[3] 参见石涛《南京国民政府中央银行研究（1928—1937）》，上海远东出版社2012年版。
[4] 参见金普森《近代中国外债研究的几个问题》，浙江大学出版社2011年版；蒋立场《上海银行业与国民政府内债研究（1927—1937）》，上海远东出版社2012年版。
[5] 参见苏全有《论邮传部的借债筑路政策》，《历史教学》2012年第4期。
[6] 参见朱荫贵《从轮船招商局的债款看近代中国的资本市场》，《社会科学》2012年第10期。

"自由银行模式"并未像此前不少研究者认为的那样有效地防止了通货紧缩，货币冲击不仅具有名义效应，还具有实际效应。① 戴建兵认为，从严格意义上来讲，近代中国货币的构成实质是白银核心型货币体系。该体系深受外国势力影响，白银由外部供给，而国际白银市场被西方操纵，外商银行控制了中国国内白银以及相应的白银制度，给中国社会经济带来了负面影响。②

陈昭、刘巍构建了近代中国市场的两个假设条件，即：商品经济取代自给自足的自然经济并占一定地位；商品化程度变化缓慢。在此基础上建构了供求决定价格的模型，利用该模型估算了1887—1909年中国近代狭义货币供给量。根据白银进出口流量进行了验证，认为效果良好，具有较高的可信度。③ 郝雁以近代中国宏观经济运行为背景，运用现代经济学研究方法，对近代中国进出口贸易对经济货币化的作用机制及作用效果进行逻辑分析和实证检验。文章显示，近代中国进出口贸易的增长正向地推进了货币化的进程，出口贸易和进口贸易是货币化比率的granger原因；但由于近代中国仍处于经济货币化的起步阶段，因此货币化比率对出口贸易和进口贸易的弹性是比较小的。④ 蒋清宏通过对罗斯基中国近代货币供给估计的两个版本进行修正和认定，考察货币供给曲线与中国近代经济周期变化的契合和背离状况，最后得出中国近代经济周期形成的货币决定论的重要结论。⑤ 笔者认为，这些文章虽然在数据、理论、论证各方面尚存在诸多待解决问题，但在中国近代经济史研究中具有积极的探索价值。

此外，有学者注意到抗战时出现的具有货币作用的粮食库券。郝银侠专门研究了抗战时期国民政府为避免因征购粮食所付货币太多引起通货膨胀采取的粮食库券制度。粮食库券由财政部和粮食部联合发行，以每年田

---

① 参见赵留彦、隋福民《美国白银政策与大萧条时期的中国经济》，《中国经济史研究》2011年第4期。
② 参见戴建兵《中国近代的白银核心型货币体系（1890—1935）》，《中国社会科学》2012年第9期。
③ 参见陈昭、刘巍《对1887—1909年中国狭义货币供应量M1的估计》，《中国经济史研究》2011年第4期。
④ 参见郝雁《近代中国进出口贸易与经济货币化分析》，《学术研究》2011年第12期。
⑤ 参见蒋清宏《货币供给水平与中国近代经济周期的契合和背离——货币数量论的解释》，《江海学刊》2012年第2期。

赋征实的实物做抵押,两年或五年后开始返还,分五年平均偿还。它有助于政府把握粮源,供应军粮民食,控制粮食市场,稳定货币。但国民政府未能及时合理地返还粮食库券,不仅严重损害了各个粮户的利益,也损害了自身信誉。[1]

需指出的是,除上述研究成果外,还有一些从政治、外交的角度对近代财政、金融、货币等问题进行的研究。[2] 由于篇幅所限,此不详述。

(三) 工商业、贸易及区域经济

2012年,企业史研究取得了丰硕成果。[3] 柯华在诺思产权—国家—意识形态的制度变迁理论框架的基础上,以企业代替国家为制度变迁的主体,重点从意识形态视角进行研究,并通过对荣家企业的案例分析,为近代企业史研究提供了一个内在逻辑一致的理论框架。[4] 樊果研究了美商上海电力公司获得供电特许权期间,即1930—1942年,电费的调整状况,包括基本费率调整、汇率附加费和燃料附加费的征收,分析了电力公司调价的特点和工部局监管的特点。[5] 徐锋华讨论了1935年荣氏申新七厂被拍卖事件背后所隐含的企业、政府和银行之间的利益纠葛。1935年,荣氏申新七厂被汇丰银行拍卖、日商低价购买。荣氏兄弟利用舆论,请求政府、银行施援。华资银行界出于自身利益袖手旁观、唯求自保。南京国民政府

---

[1] 参见郝银侠《抗战时期国民政府粮食库券制度之研究》,《抗日战争研究》2012年第2期。

[2] 具有代表性的论文包括:吴景平《抗战时期天津租界中国存银问题——以中英交涉为中心》,《历史研究》2012年第3期;姚会元、马长伟《梁士诒与中华银公司》,《中国社会经济史研究》2012年第2期;王丽《1933年中美棉麦借款再探》,《史学月刊》2012年第6期;韩祥《1843年户部银库亏空案及其影响》,《史学月刊》2012年第6期;李楠夫《两个地方性金融机构所起的"超地方"影响——周学熙在清末创办北洋银元局和天津官银号论述》,《历史教学》2012年第8期;刘凤华《日本军银系统对国民政府币制改革的抵制与破坏》,《抗日战争研究》2011年第4期;杨涛《民初北京政府整理滥币问题研究》,《安徽史学》2012年第5期。

[3] 涌现出来的专著包括:庄维民《中间商与中国近代交易制度的变迁:近代行栈与行栈制度研究》,中华书局2012年版;王颖《近代家族性联号企业:一种非企业集团的中间性组织》,复旦大学出版社2011年版;张晓辉《近代香港与内地华资联号研究》,广西师范大学出版社2011年版;金京玉《民国时期工业企业劳资关系研究(1912—1937)》,经济科学出版社2012年版;王海澜《首钢简史:日本侵华时期的石景山制铁所》,人民出版社2012年版。

[4] 参见柯华《基于诺思制度变迁框架的中国近代企业史研究——以荣家企业制度变迁为例》,《财经研究》2012年第2期。

[5] 参见樊果《近代上海公共租界中的电费调整及监管分析:1930—1942》,《中国经济史研究》2011年第4期。

迫于舆论压力加以过问，但内部难以达成一致，其迁延不决的做法一度将申七推向危险的边缘。在民族主义浪潮下，荣氏申新七厂暂时得以保全。国民政府借此展开对国内银行业的彻底改组，成为这一事件的最大赢家。①罗萍研究了1919—1937年裕华、大兴、大华三个民族棉纺织企业在内地设立的雄踞华中、辐射华北和西北的裕大华纺织集团。②

近代工业发展中的技术因素受到了学界关注。③ 彭南生、严鹏以丰田织布机这一工业技术的物化载体为例，剖析了20世纪前半期近代东亚工业技术演化的三条路径，即发明创新、逆向工程与技术转让。④ 近代铁路史研究出版了一系列专著。⑤ 熊亚平、安宝研究了创立于1913年的国内铁路联运制度，认为其虽然推动了整个铁路运输业的发展，但对营业收入的贡献并不突出。⑥

商人、商会研究是中国近代经济史研究的传统领域，2012年该领域得以继续拓展和深化。⑦ 吴义雄研究了西方商人集团在鸦片战争前夕的中西关系体制再构建过程中扮演的关键性角色。鸦片战争前的一个时期，广州

---

① 参见徐锋华《企业、政府、银行之间的利益纠葛——以1935年荣氏申新七厂被拍卖事件为中心》，《历史研究》2011年第6期。
② 参见罗萍《城乡产业互动与近代内地民族棉纺织企业的发展——以裕大纺织集团为中心（1919—1937）》，《江汉论坛》2012年第7期。
③ 参见左峰《中国近代工业化研究：制度变迁与技术进步互动视角》，上海三联书店2011年版。
④ 参见彭南生、严鹏《近代东亚工业技术的演化：以丰田织布机为例》，《安徽史学》2012年第5期。
⑤ 合肥工业大学出版社出版了中国铁路史系列丛书，彰显了该领域里的学术进展。庞广仪《粤汉铁路艰难的筹建与"国有化"》，合肥工业大学出版社2011年版；黄华平《国民政府铁道部研究》，合肥工业大学出版社2011年版；朱从兵《张之洞与粤汉铁路：铁路与近代社会力量的成长》，合肥工业大学出版社2011年版。此外，还有熊亚平主编《铁路与华北乡村社会变迁（1880—1937）》，人民出版社2011年版。
⑥ 参见熊亚平、安宝《民国铁路联运制度与铁路运输业的发展——以1913—1933年间的华北各铁路为中心》，《史学月刊》2012年第7期。
⑦ 参见樊卫国《"共同体化"、"社会化"与"国家化"：论近代中国行业组织变迁之阶段性特征——以近代上海为中心》，《中国经济史研究》2012年第2期；彭南生《行小善：近代商人与城市街区慈善公益事业——以上海马路商界联合会为讨论中心》，《史学月刊》2012年第7期；张维缜《民国时期东沙群岛海产纠纷刍议——以中国海产商人内争为中心》，《史学月刊》2012年第8期；徐涛、张加富《近代上海的自行车行》，《史林》2012年第4期；杨学新、史佳《"冀州帮"与保定近代商业》，《河北学刊》2012年第1期；朱英、孙自俭《南京国民政府时期铁路员工消费合作社述论》，《史学月刊》2012年第6期；周膺《晚清民国杭商研究》，杭州出版社2011年版。

中西贸易实际上处于中西共管的状态，代表西方利益的商会在其中起到重要作用。来华西方商人及其团体，利用各种手段，对清政府的一系列制度和规章进行了多种形式的侵蚀。[1] 黄忠鑫以福州古田会馆留存的三通碑刻为史料，不仅归纳出该会馆建造所经历的三个阶段，而且从年度捐输金额大致推测出古田商帮各行业在清末民初的经营态势。[2] 魏文享、王增峰研究了1946—1949年上海渔会与渔业经济的关系，上海渔会在与政府交涉、争取与维护渔业利益方面有所作为，在行业内部的渔业金融、经营秩序、渔业教育等方面也有所建树。但受制于渔会内部组织问题及抗战之后整个经济和政治环境，渔会尚难承担振兴渔业经济的重任。[3]

区域经济史研究取得了一定成果，有两部专著问世[4]，还有一些论文发表。就内容而言，这些论文分别论及近代云南的省际贸易[5]，山西商品市场的区域差异性[6]，近代以来安徽旅游业在津浦铁路、江南铁路和淮南铁路相继通车后的发展[7]。其中具有特色的研究如下所述。刘恋以三都澳海关十年报告为基础，认为1899—1931年自开商埠的三都澳未能发展成为典型的近代贸易港口的原因在于，其腹地闽东北的区域经济结构及经济类型长期得不到改变。三都澳一直扮演着闽东北经济与外界联系的中转站的角色，仅仅组织腹地货物外运，而非作为枢纽站通过港口经济辐射腹地，带动区域经济转型。[8] 姚永超研究认为，近代东北港埠经济区近代化程度差异较大，东北南部港埠经济区的发展绩效远高于其他港埠经济区。其原因与近代东北地理环境、港埠区位、日俄争霸的地缘政治以

---

[1] 参见吴义雄《商人集团与中西关系建构——鸦片战争前中西关系体制的再认识》，《史学月刊》2012年第3期。
[2] 参见黄忠鑫《清末民初福州的古田商帮——以福州古田会馆碑刻为中心的考察》，《中国经济史研究》2012年第1期。
[3] 参见魏文享、王增峰《抗战后的上海渔会与渔业经济（1946—1949）》，《中国社会经济史研究》2011年第4期。
[4] 参见邹怡《明清以来的徽州茶业与地方社会（1368—1949）》，复旦大学出版社2012年版；勉卫忠《近代青海民间商贸与社会经济扩展研究》，人民出版社2012年版。
[5] 参见林文勋、马琦《近代云南省际贸易研究》，《中国边疆史地研究》2011年第4期。
[6] 参见贺文乐《近代山西商品市场的区域差异性分析》，《山西大同大学学报》（社会科学版）2012年第4期。
[7] 参见章建《铁路与近代安徽旅游业的兴起》，《安徽史学》2012年第4期。
[8] 参见刘恋《论近代三都澳自开商埠与闽东北区域经济发展——基于三都澳海关十年报告（1899—1931）的考察》，《华侨大学学报》（哲学社会科学版）2012年第3期。

及资源配置制度等因素有关。① 刘凤华从东北各种势力政策变化和势力消长的角度，研究了东北油坊业发展的历程。② 谭刚研究了抗战时期西北皮毛贸易与大后方经济变动的关系。皮毛是西北最重要的出口物质。抗战时期，西北皮毛出口量减少，苏联取代美国成为中国最大皮毛进口国。出口量减少迫使部分皮毛转为内销，推动了大后方毛纺织业的发展。③ 邵俊敏采用产业经济学的投入产出分析法，以及定量分析与定性分析相结合的方法，分析了20世纪20年代末期无锡各行业之间的关联性。他认为，近代无锡虽然在工商业方面取得了长足的发展，起到基础性作用的还是农副业，社会仍然是以农业文明为主的社会，社会性质并没有发生根本性改变。④

此外，有两篇研究辛亥革命与中国经济的论文。朱荫贵认为，辛亥革命是近代中国市场经济的重要发展节点。辛亥革命推翻清王朝统治，建立中华民国，在经济领域推动建立近代中国经济法律法规并形成体系，推动机器制造业迅速成长，推动以铁路、轮船为首的近代交通运输工具和电讯邮政等的发展，以及建立银行、保险、交易所等新式金融结算体系。这些措施奠定了近代中国市场经济的基础和框架，并使之初步成型。⑤ 王翔认为，直至辛亥革命，作为中国最主要的丝绸织造中心，江浙地区丝织业并未迈出实质性的一步。辛亥革命期间，江浙丝织业遭受严重冲击，迫使其合群抱团，奋力抗争，一面推动"服用国货"，维护丝织业的市场地位和销售份额，一面开始"建厂购机"，拉开了传统丝织业近代转型的帷幕。⑥

（四）农业经济与粮食问题

农业问题是近代中国经济史研究的重要领域，2012年学者们对土地

---

① 参见姚永超《近代东北港埠经济区的时空格局与其成因》，《史学月刊》2012年第7期。
② 参见刘凤华《东北油坊业与豆油输出（1905—1931）》，《中国经济史研究》2012年第1期。
③ 参见谭刚《抗战时期西北皮毛贸易与大后方经济变动》，《中国历史地理论丛》2012年第1辑。
④ 参见邵俊敏《1920年代末期无锡的经济结构研究》，《中国社会经济史研究》2012年第1期。
⑤ 参见朱荫贵《辛亥革命与近代中国市场经济的发展》，《学术月刊》2012年第7期。
⑥ 参见王翔《辛亥革命期间的江浙丝织业转型》，《历史研究》2011年第6期。

开发①、农业物种引进②、农业改良③、农村合作事业④、农村家庭养老⑤等问题进行了研究。更重要的是，对地权、租佃关系、土地买卖、粮食、农业生产和农贷等方面进行了讨论。

2012年，农村地权问题仍为学界关注热点。李金铮以定县土地分配关系为例，解释了近代中国土地分配状况。传统观点认为，地权日益集中、地主富农占有土地的百分之七八十。定县的实际状况是，自有田产者占绝大多数，自耕农比例居优势，中农、贫农阶层占地比例较大。土地分配的演变趋势也处于分散或稳定状态。他认为这种地权分散仅具有相对意义，从绝对意义而言，仍是较为集中的，如地主富农占地较多，无田或低于土地平均数的农户占有不小比例，基尼系数偏高等。⑥ 与此种土地分配关系相应的是，定县纯粹的出租地主很少，纯佃户也不多见，租佃关系更多表现为你中有我、我中有你的普通农民之间的复杂关系。此外，地租率变化不大，主佃关系缓和。⑦

刘克祥以问题讨论的形式，与李德英先生商榷了押租和近代封建租佃制度的若干问题。押租原是地主防止佃农欠租而预收的保证金，是经济强制取代非经济强制的产物，不久蜕变为名目繁多的高利贷剥削。成都平原和四川的押租最为流行和苛重。"押扣"不过是地主榨取押租的一种手段。租佃制度历史久远，产生的根本原因是土地与生产者的分离，同市场或市场经济没有内在联系。近代特别是民国时期，增押增租、频繁撤佃成为地主压榨佃农的主要途径，押租、地租交替上升，进一步加剧了佃农的贫困

---

① 参见李为《清代粮食短缺与东北土地开发》，吉林人民出版社2011年版；慈鸿飞《20世纪河北与内蒙古地区土地政策变迁及其实效》，中国财政经济出版社2011年版。
② 参见戴建兵、王晨《抗战前河北外来物种引进浅析（1912—1937）》，《民国档案》2012年第3期。
③ 参见范虹珏、盛邦跃《近代太湖地区的蚕业教育与蚕种改良（1897—1937）》，《中国农史》2012年第1期；吴春梅、孟凡胜《近代安徽的农业改革——以农业试验、农业推广为中心的考察》，《民国档案》2012年第3期；余涛《试论抗战前浙江省政府挽救农村副业的努力（1931—1937）——以蚕、棉、桐为例》，《古今农业》2011年第4期。
④ 参见丁德超《20世纪三四十年代河南农村合作事业探析》，《历史教学》2012年第2期；李义波、王思明《民国时期长三角棉业组织研究》，《中国农史》2012年第3期。
⑤ 参见周祖文《清代存留养亲与农村家庭养老》，《近代史研究》2012年第2期。
⑥ 参见李金铮《相对分散与较为集中：从冀中定县看近代华北平原乡村土地分配关系的本相》，《中国经济史研究》2012年第3期。
⑦ 参见李金铮《矫枉不可过正：从冀中定县看近代华北平原租佃关系的复杂本相》，《近代史研究》2011年第6期。

化和贫农雇农化，押租和封建租佃制度已经成为农业生产和社会经济发展的桎梏。①

以往研究中，租佃制被视作地主经济乃至封建制度的基本要素。张一平从产权结构和功能的角度对此进行了新的阐释，发现了本土色彩浓厚的独特构造：从租佃制的形态看，租佃比例和地租率反映了土地占有权和收益权的分割，而一田多主则体现了占有、使用、收益、处置等权利的复杂化；从租佃制的功能看，租佃经营不仅是一种组合各类要素的生产方式，更是以土地为中介的资金运作方式，发挥着现代金融工具产生前的财富保值增值功用；从地权构造的内涵来看，无论是权利的类别与主体，还是权能大小、时间长短、交易和衍变过程，租佃制度都具有相当大的弹性，是与中国实际相适应的反映生存智慧的产权形式。②

土地买卖问题受到学者关注。首先，农地买卖研究有所进展。刘克祥在深入发掘屯溪档案的基础上，以皖南徽州为例，描述了永佃制下土地买卖演变的全过程：从"收苗管业"的土地买卖到"收租管业"的租权买卖；从依存于土地的租权买卖到剥离土地的地租买卖；从以田地丘块为单元的地租整卖到分拆零卖，最后达致地租买卖的零碎化、日常化。通过阐释其性质和影响，他认为土地买卖变化的实质是地权的债权化。地权蜕变为放本取息的债权，增强了土地的日常性金融调剂功能，改变了土地（田底）的占有形式和地权分配态势，导致部分田产"合业"的产生和地权的相对分散。③

其次，近代城市化过程中农田转为城市用地问题受到学界关注。④ 杜恂诚利用30卷《上海道契，1847—1911》等第一手资料，分析了在上海城市早期扩张过程中，农田转化成为租界道契的过程。鸦片战争以后，上海作为通商口岸被迫对外开放。随着洋人租界的建立及随后的不断扩张，相应的农田转化成了租界道契土地。由于租界当局和外国房地产商掌握租界扩张和城市建设的核心信息，他们在土地交易中是得益最大的群体；中

---

① 参见刘克祥《关于押租和近代封建租佃制度的若干问题》，《近代史研究》2012年第1期。
② 参见张一平《近代租佃制度的产权结构与功能分析——中国传统地权构造的再认识》，《学术月刊》2011年第10期。
③ 参见刘克祥《永佃制下土地买卖的演变及其影响》，《近代史研究》2012年第5期。
④ 参见王瑞庆《涨价归公与南京国民政府时期土地征收地价补偿研究》，《中国社会经济史研究》2012年第1期。

国中间商或为洋商充当购地中介，或参与炒地，先买后卖，也是获利丰厚的利益群体；相比之下，卖地的中国原住居民由于信息蒙蔽，他们是早期城市化过程中得益最少的群体。①

粮食问题继续为学界所关注。首先，关注粮价波动。对地区粮价变动趋势及相关影响因素的分析，不仅能够了解地区粮食市场的发展历程、运行机制，而且能够了解经济繁荣或衰退之于民生的影响。马国英、陈永福、李军研究了1875—1908年山西粮食价格的三次波动，认为粮价受市场供求、流通渠道及商业资本的影响逐步增强，政府行为如常平仓储对控制粮食价格波动发挥了一定的作用，但是影响日渐式微。②

其次，对粮食生产的具体状况做了考证。③ 朱汉国考察了民国时期河北省的主要粮食作物是谷子、高粱、玉米、小麦等。粮食作物种植对农家的食粮影响甚大。受商品经济影响程度的制约，各地反映的情况也有所差异。④ 黄鸿山利用晚清苏州丰备义仓资料中稻谷加工数据，计算出稻谷的出米率及加工费用。据估算，丰备义仓历年的稻谷出糙米率为51.90%，出白米率为45.39%，糙米出白米率为87.56%。同治至光绪初年，丰备义仓自行加工稻谷的加工费为每石白米125.89文，而光绪后期委托加工时，加工费则折合为每石白米74文。⑤

最后，对粮食流通状况进行研究。徐畅认为，近代中国粮食流通格局的多层级性、长距离性和量大值低性，决定了粮食市场具有重叠性、寄生性和不成熟性；粮食运输方式的缺乏系统性、新旧并呈性和线路曲折性，在一定程度上导致了粮食流通成本高昂；粮食流通的高成本，又导致了流通的低效率，限制了国内粮食自我调剂的能力，从而为外国粮食进口创造有利条件。⑥

---

① 参见杜恂诚《近代上海早期城市化过程中的农田收购与利益分配》，《中国经济史研究》2012年第3期。
② 参见马国英、陈永福、李军《晚清山西粮食价格波动、市场成因及政府行为（1875—1908）》，《中国经济史研究》2012年第3期。
③ 参见陈爱娟《19世纪50—80年代芜湖米市米源地稻米生产能力的历史考察》，《安徽史学》2012年第3期。
④ 参见朱汉国《关于民国时期河北省粮食作物种植与农家食粮的考察》，《史学月刊》2012年第2期。
⑤ 参见黄鸿山《晚清稻谷出米率与加工费小考——以苏州丰备义仓资料为中心》，《古今农业》2012年第3期。
⑥ 参见徐畅《近代中国国内的粮食流通与粮食进口》，《东岳论丛》2011年第11期。

还有学者对中外农业生产状况进行了比较研究。郭爱民估算出1840年前后长三角户均食用粮折算混合谷物1375公斤，20世纪30年代户均数值为1375公斤，基本没有变化。工业化初期英格兰户均食粮水准为2292公斤，工业化晚期户均2922公斤，提高了31%。食粮水平提高的根本原因在于农业生产效率的提高。据此计算，英格兰每个农家的农业劳动效率提高了1402%，而长三角几乎处于停滞状态。运用 Agr 和 Nagr 模型，他分析近代长三角产业分工几乎处于停滞，而工业化时期英格兰的农业家庭比重由初期的44.1%下降为晚期的3.7%。[①]

民国时期国家农贷引起学者关注。易棉阳研究了政策和实践之间存在的悖论现象。民国时期历届政府都试图通过国家金融机构举办农贷，来解决困扰中国农村经济发展的金融枯竭问题，但实践运作往往南辕北辙。这种农贷悖论体现于三个方面：农贷旨在解决农村金融枯竭，但真正需要者却难以得到农贷资金；促进了农业的发展，但广大贫农从农业发展中的得利甚少；遏制了旧式高利贷却制造了新式高利贷。[②] 黄正林研究了20世纪三四十年代国民政府在甘肃推行的农贷政策，认为其促使甘肃农业和农村经济总体呈上升趋势，也使抗战时期成为近代以来甘肃农业和农村经济发展状况最好的一个时期。[③] 20世纪二三十年代，一批商业银行出于业务经营及服务社会的双重动机，进行了一场颇受时人关注的"商资归农"活动。许永峰认为，在系统性风险巨大特别是缺乏相应制度环境情况下，这场活动具有以下一些特征：数额微小、地域集中、竞争无序、干预合作社之组织与指导、注重对物信用、期限短促、手续繁杂、利率高于农业利润。[④]

（五）经济、思想与社会

本年度经济思想史的研究数量不多，学者们关注的问题集中于经济民

[①] 参见郭爱民《民众食粮水准、农业劳动效率与产业分工关系的量化辨析——近代长三角与工业化时期英格兰的比较》，《中国经济史研究》2011年第4期；《近代长三角地区农业劳动生产效率的量化分析》，《社会科学》2012年第4期。

[②] 参见易棉阳《民国时期国家农贷中的农贷悖论解读》，《中国社会经济史研究》2011年第4期。

[③] 参见黄正林《农贷与甘肃农村经济的复苏（1935—1945年）》，《近代史研究》2012年第4期。

[④] 参见许永峰《20世纪二三十年代"商资归农"活动运作的特点》，《中国经济史研究》2012年第2期。

族主义、地价税思想以及经济学的演进。熊秋良、李玉探讨了晚清经济民族主义思潮产生的缘由。他们认为，赔款、外债造成的晚清财政负担最终转嫁到国民身上，洋货与洋企的肆虐使民众利益进一步受损，从根本上讲，晚清经济民族主义是国人感受民族危机的结果，而不是"想象的共同体"。[①] 刘莘探讨了甲午战前的中国近代经济民族主义的诉求主要限于经济方面，而忽略了政治取向，在中国近代民族主义发展的过程中具有过渡性质。[②]

王昉、熊金武探讨了民国时期的地价税思想。自孙中山提出地价税思想后，地价税成为20世纪上半期解决土地问题的重要制度选择。民国时期的地价税研究，相当程度上存在着运用现代经济理论的术语和西方地价税研究的体系来进行分析的现象。相比于孙中山的论述，采用更为现代化的分析方法，更具逻辑性，已经完全不同于传统中国的经济思维方式。[③]

任金帅、王先明从近代学术转型的角度讨论了西方经济学在清末民初的历史演进。他们认为，近代以降，寻觅富强之道以实现民族国家救亡图存的重任急如星火，使经济学学科的重要性为学人所共识，并在国内得到传播。然同样基于"救时"心态的影响，经济学知识传播与学科制度建构并非西学之简单"移植"，亦非学科自身发展的逻辑要求，而是受制于"寻求富强"的时代主题及由此形成的学科社会认同。[④] 此外，杨艳萍从学科史的角度，系统分析了近代中国商学的兴起和发展。[⑤]

此外，本年度中国近代经济史研究中，还有两种有意思的研究取向，一是利用个人生活资料来研究社会经济状况，二是政治史研究中注意具体数量的统计。

张宏杰利用曾国藩的资料讨论了当时京官的经济生活状态。他从三个方面分析了曾担任京官期间的家庭经济收支：一是入京前他如何通过拜客

[①] 参见熊秋良、李玉《面对被侵略的共同体认——晚清经济民族主义思潮发生缘由蠡测》，《安徽史学》2012年第4期。

[②] 参见刘莘《经济诉求与政治取向——论甲午战前的中国近代经济民族主义》，《重庆师范大学学报》（哲学社会科学版）2012年第3期。

[③] 参见王昉、熊金武《民国时期地价税思想研究——中国传统经济思想现代化变迁的一个微观视角》，《复旦学报》（社会科学版）2012年第1期。

[④] 参见任金帅、王先明《从"生计"到"经济"——西方经济学在清末民初的历史演进》，《历史教学》2012年第6期。

[⑤] 参见杨艳萍《近代中国商学兴起研究》，经济科学出版社2012年版。

谋取收入为京官生活做财政准备；二是以道光二十一年（1841）为中心观察他做京官期间的收入和支出结构，并对比他与李慈铭生活状态的异同；三是他出任乡试主考过程中所获收入。从此可以看出，清代京官的实际收入数额及渠道都与表面规章有很大不同。官员入仕所带来的直接经济收益十分有限，在初始阶段通常需要家族或他人的资助。但潜在收益却非常巨大，包括筹资能力的增长、陋规等巨额灰色收入，以及干预地方事务所获报酬。不过，潜在收益的开掘受诸多条件的制约：理学修养、个人操守、个人及亲属的办事能力等，因此官员入仕所带来的间接经济收益具有极大的弹性空间。①

姜良芹、朱继光利用国内现存档案材料，描述了抗战前后各方对南京大屠杀期间市民财产损失的调查统计状况，并依据相关调查统计数据算出大屠杀期间 5865 户南京市民家庭的财产损失数额为 1.67 亿元，户均损失为 28474 元，相当于战前南京全部市民家庭约 678 个工作日的收入。② 孙艳玲初步统计抗战时期苏联为中国共产党提供的资金援助至少为 131.3123 万美元，这笔资金对中国共产党坚持抗战起到了一定作用。目前仍难解释这批数额巨大的资金是如何运用的，以及是如何发挥作用的。③

以上是对 2012 年中国近代经济史研究的简要总结。总体而言，近代经济史学科在既有学术积累基础之上又取得了相当进展。不过，该领域的研究仍面临着一些问题。首先，理论和方法创新单一，很多问题仍须做大量基础性工作。其次，近代中国经济的重要问题仍缺乏有分量的研究，例如市场、国际贸易和财政等领域。

（执笔人：杜丽红）

2013 年度

经济史在历史研究领域内属于一门专门史学科，近二十来年国内经济

---

① 参见张宏杰《以曾国藩为视角观察清代京官的经济生活》，《中国经济史研究》2011 年第 4 期。
② 参见姜良芹、朱继光《南京大屠杀期间市民财产损失的调查与统计——基于国内现存档案资料的分析》，《历史研究》2012 年第 2 期。
③ 参见孙艳玲《抗战期间苏联向中共提供资金援助问题初探（1937.7—1942）》，《抗日战争研究》2011 年第 4 期。

史学界的研究主流在于中国经济史，而中国经济史中又以近代部分研究最盛。近五年来的学术成果已经显示出在研究中使用的概念、方法和分析正在发生细微变化。2013年度中国近代经济史的研究能充分体现出这一变化：首先，学者的研究视野扩大，先前一些很少为人所注意的领域和问题得到研究；其次，学界对传统领域的探索进一步深化；最后，计量经济学的方法得到更加广泛的应用。

（一）经济史理论与范式的拓展

2012年，时值《中国社会经济史研究》创刊三十周年，因有这样的契机，中国经济史学界对于理论与方法的讨论在2013年度的公开出版物上颇为集中。[①] 赵德馨将经济史学科分为经济史学和经济史学概论两部分：经济史学由经济史和经济史论两部分组成——所谓经济史就是由研究者建构的经济史实，经济史论则是对经济史实进行的高度精练的分析、概括，以及更加抽象化的理论与模式的集合；经济史学概论，是经济史学史和经济史学理论的结合，探讨学科的定义、构成、学术源流、研究方法等内容。[②] 作者强调中国经济史学研究应更具理论色彩，认为学科的每一次重大进步都是以理论为先导的，然而多年以来学界对于经济史理论创新及经济史学科本身的研究却少有建树，因此要特别注重理论创新。陈争平提出研究经济史"一通""二合""三侧重"的基本取向，即重视历史连续性，熔社会经济史、经济思想史研究于一炉，规范分析与实证分析相结合而侧重实证分析、短期考察与中长期考察相结合而侧重中长期考察、突变因素与渐变因素的考察相结合而侧重渐变因素的考察。[③] 作者并且认为，经济史研究要有"人"，"人"大致可包括研究"人物"、"人心和人文"（思想、文化等）、"人群"（包括企业、工商社团等）、"人口"、"人力"（包括劳动、人力资本）等方面。对于近几年较为流行的近代中国GDP核算问题，作者提出不妨可再做一套GDC（Gross Domestic Commodity Economy）

[①] 2012年12月13日至14日，由《中国社会经济史研究》编辑部与厦门大学人文学院历史学系共同主办的"《中国社会经济史研究》创刊三十周年暨中国经济史研究再出发"学术讨论会在厦门举行。经济史学界诸多著名学者在会议上的讨论情况参见陈瑶、张霞、万来志《而立之年的回顾与展望》，《中国社会经济史研究》2013年第1期。相关专论亦皆发表于同期刊物上。

[②] 参见赵德馨《让中国经济史学研究的理论色彩更浓厚一些》，《中国社会经济史研究》2013年第1期。

[③] 参见陈争平《经济史研究若干基本问题探讨》，《中国社会经济史研究》2013年第1期。

即国内商品经济总值数据库,GDP 与 GDC 结合,可以帮助我们"更加真实地认识中国古代、近代社会和进行跨国家、跨社会的比较",可以更好地衡量中国经济的发展水平,分析中国近代二元经济结构的演变。王日根认为,应加强对社会与经济相结合的研究(衡量社会发展与进步的指标是综合性的,既有经济性的指标如 GDP 等,也包括人的寿命、幸福指数等,倘若增加了 GDP 而造成环境的破坏,缩短了人的寿命,降低了人的素质,这可能是社会退步的表现);应将经济制度与经济制度运行结合起来进行研究;理性行为与非理性行为结合起来进行研究;有关社会单位、社会组织史的研究大有可为;应加强陆地史与海洋史的结合。①

关于中国近代时期的经济发展,刘文波、柯华尝试从近代制度变迁与政府管理作用角度切入,认为在近代中国经济发展中宏观上的正式制度与非正式制度变迁以及政府管理(如立法、社会经济管理模式的转变等)对经济增长起到了巨大作用,但另一方面,也存在违反市场规律强制推行制度变迁的结果,造成政府无效率地主导经济和垄断经济,民营企业受到弱化和压制,结果产生中国式政治性周期。由此,近代中国政府对于经济发展尽管起到了一定促进作用,但总体上是缺位和失灵的。② 苏小和将对民国时期的经济解释概括为三种路径,并认为儒家伦理支持下的农耕经济和手工业经济在明清两代已经发展到了一个辉煌的水平,只是当这样的经济形态面临着工业革命的新技术秩序,才显得力有不逮;而进入近代以后,由于市场的场域不够开阔,自由竞争的程度不够深入,民国的经济发展只能立足于一个非常浅层次的市场基础,国家的对外贸易形势,基本限定在以上海为中心的东南沿海一带,远远没有形成对整个内需市场的拉动能力。③

除了对近代中国经济史研究包括中国经济史学的发展进行概括性探讨外,学者们运用多种理论或范式,探索某些专门领域研究的新路径。方书生回顾了百余年来国内外学者围绕口岸贸易所进行的区域研究之演进。经过多年努力,学界对于口岸与腹地的联动,以及口岸在中国区域经济变迁

---

① 参见王日根《中国社会经济史研究中的人文关怀》,《中国社会经济史研究》2013 年第 1 期。
② 参见刘文波、柯华《制度变迁、政府管理与近代中国经济发展》,《经济问题》2013 年第 8 期。
③ 参见苏小和《前民国时代经济解释的三种路径》,《中国经济报告》2013 年第 6 期。

中的作用有了较为全面而深刻的理解。但是，为了促进中国近代经济史的研究，仍需在百余年来口岸贸易与区域经济研究的基础上，继续深入探索近代经济地理变迁，以期全面还原近代中国经济演进的图景。① 张俊峰则在以往研究的基础之上，阐释"泉域社会"这一理论模式的学术意义。作者指出，"泉域社会"模式意在突出"水"在塑造中国社会经济形态中的显著作用，克服村庄研究范式的局限性，丰富中国研究的理论方法。"泉域社会"模式能够启发学界研究不同类型的"水利社会"，推动近代中国水利史的探索，同时有助于从下至上、由微观到宏观全面瓦解魏特夫的"治水国家说"。②

杨祖义考察了中国经济史学术语的变迁。作者将中国经济史学划分为两个形态——传统（战国、秦汉到清末）和现代（20世纪初期开始），并相应孕育出各自的术语。传统的经济史学术语体现在先秦诸子、古代文集、明清经世文集、食货志、政书、类书、地方志等文献中；而中国经济史学术语的变迁是近代以来西学东渐大潮的缩影，传统中国经济史学术语和"西学东渐"引进的新术语共同促进了现代中国经济史学的形成和发展。1949年以后，中国大多数经济史学工作者很快接受了马克思主义，基本术语采用了马克思主义政治经济学术语；20世纪80年代以后又出现了对西方理论的特殊情结和偏好，较为典型的是"外国的理论＋中国史料"的模式。中国经济史学界应该有信心创造出新的"中国术语"，为世界经济史学的发展作出独创性的贡献。③

（二）地权、乡村经济与乡村社会

随着学术思想的开放、研究方法的改进、调查资料的发掘，近几年来学界围绕近代中国乡村经济的研究不断深入，其中既有对研究方法和观念的反思、对重要概念的定义与探讨，又有对土地交易、地权分配、农村金融等问题的具体研究及论证。2013年最显著的特征是研究较多地集中在土

---

① 参见方书生《口岸贸易与经济地理：怎样理解近代中国经济》，《安徽史学》2013年第4期。
② 参见张俊峰《超越村庄："泉域社会"在中国研究中的意义》，《学术研究》2013年第7期。
③ 参见杨祖义《中国经济史学术语变迁之历史趋势》，《中国社会经济史研究》2013年第2期。

地交易与地权分配问题上。

"典"是一种独特而普遍的传统土地交易形式。龙登高、林展、彭波从土地权利与交易的角度，分类考察清代的典，认为典是约定期限内土地经营权及其全部收益和利息的交易，与其他地权交易形式如租佃、抵押、活卖等，构成了一个多层次的地权交易体系。这个体系充分照顾了土地交易双方的需求，可有效促进土地流转与生产要素组合，提高经济效益。[①]基于对晚清土地交易契约和民事习惯调查资料的实证研究，张湖东发现传统土地买卖中常见的"找价"行为并非率性随意，而是受到长期形成的规则与习惯的制约。"找价"不能简单地用"陋习""恶俗"定性。它在传统土地交易过程中发挥了积极功能，是地权交易及地价形成机制的重要组成部分。[②]陈向科探讨了民国时期洞庭湖区农村土地押租的演变。作者论述了民国时期洞庭湖区土地押租形式、种类、数量的变化，并认为押租日渐沉重加速了农村经济破产。[③]张明考察了民国时期皖南地区的永佃田交易和租佃问题。作者采用南京国民政府时期编订的《民事习惯调查报告录》等原始档案及民间契约，对永佃制下永佃田的交易种类及程序、主佃关系、契约签订、租佃类型及其形成原因进行了微观考察。[④]

近代地权分配高度集中还是相对分散，多年来学界争论不断。学界普遍认为明清以来地权愈加集中，以土地兼并、小农破产或沦为佃农为特征的封建地主土地所有制在各地确立。然而近年来有诸多学者立足于各自的立场、理论、研究地域及其掌握的资料进行了不同的解读。林芊透过贵州清水江土地契约文书（天柱卷），考察1781—1950年凸洞侗族地区2097次地权转移后发现，田地专一大多在中小农户之间进行，且未形成少数人占有大面积土地的局面；表明凸洞有土地兼并势头而无大土地集中现象，社会构成仍以自耕农为主，故不存在地主土地所有制。[⑤]胡英泽运用基尼系数的分析方法，探讨了20世纪二三十年代山西、河北、山东三省

---

① 参见龙登高、林展、彭波《典与清代地权交易体系》，《中国社会科学》2013年第5期。
② 参见张湖东《传统社会土地交易"找价"新探——实证与功能分析》，《学术月刊》2013年第7期。
③ 参见陈向科《民国时期洞庭湖区农村土地押租演进考略》，《湖南农业大学学报》2013年第3期。
④ 参见张明《民国时期皖南永佃田交易及租佃考察》，《中国农史》2013年第2期。
⑤ 参见林芊《近代天柱凸洞侗族地区的土地买卖和地权分配——清水江文书（天柱卷）研究之一》，《贵州大学学报》2013年第2期。

的地权分配状况。研究表明，三省乡村农户土地占有虽然相对分散，但地权分配很不均匀，户均土地占有的两极分化现象非常明显，这在一定程度上解释了近代华北乡村危机的成因。①

生态、环境与自然灾害史是最近几年逐渐兴起和研究成果不断增长的领域。王大任从探讨近代东北地区生态系统与农民经济的互动关系入手，将环境、市场、阶级、文化等多方面要素纳入一个整体性框架中进行考察，以生态经济的视角解释学界关于传统社会土地关系问题存在的争议。作者认为，传统社会土地关系远比学界以往的认知要复杂，投资收益、生存状况、民间惯例、人情关系等因素都塑造着土地生产关系的形态，并促使其发生变化。② 王加华以民国时期江南地区的稻螟为害与早稻推广为例展开具体探讨，先对民国时期江南地区的螟灾实况与相关原因做描述性论述，观察到相较之下，螟虫对晚稻的破坏性要远甚于早稻，进而在此基础上对此一时期内螟虫为害与早稻推广间的关系做具体分析。为应对螟灾之为害，许多农民便仿效"客民"经验纷纷改种早稻，由此促进了早稻在江南地区的推广，这充分体现出人们对于灾害环境的适应性，其实质是对农业生态系统的一种积极调控。③

农村金融同样是近年来学界关注较多的问题。黄志繁基于晚清至民国徽州婺源县钱会文书，对徽州钱会的性质及规制的演化进行了详细考察。作者指出，与晚清相比，民国时期婺源钱会数量增加，规模扩大，其功能逐渐从小农经济互助转向民间融资。不仅如此，钱会规制也日臻成熟完善，一定程度上具备了"法人资格"。钱会已经成为民国婺源小农家庭普遍接受的借贷集资形式。④ 在此基础上，作者又将研究扩展到钱会在整个近代小农资产运作中的作用。他认为，"会"不仅具备"法人"的某些特征，且参"会"者还能获得一种和土地等不动产类似的"物权"。另外，黄志繁对"会"兴起的原因表达了自己的见解。他认为学界应从传统社会基层组织、法律和财产观念变迁的角度审视其兴盛原因，而不能简单归因

---

① 参见胡英泽《近代华北乡村地权分配再研究——基于晋冀鲁三省的分析》，《历史研究》2013年第4期。
② 参见王大任《压力下的选择——近代东北农村土地关系的衍化与生态变迁》，《中国经济史研究》2013年第4期。
③ 参见王加华《民国时期江南地区的螟虫为害与早稻推广》，《中国农史》2013年第3期。
④ 参见黄志繁《清至民国徽州钱会性质及规制之演化》，《中国农史》2013年第2期。

于区域性商业的兴起。①

在新成果、新观点产生的同时，一些理论及方法上的问题也日渐凸显。郑起东在《整体史观与近代中国农村经济研究》一文中指出，不少学者的研究存在低估近代以来，尤其是抗战前的华北乃至全国的农村经济的倾向。这是因为一些学人缺乏整体史观的认识，未能将区域研究和全国研究、短时段研究与长时段研究、个别研究和综合研究有机结合。同时，在研究农民贫困程度、农村经济兴衰及农业生产力等具体问题时，过度依赖单一指标，很难从长时段的资料出发进行评判，因而很难合理定位近代中国农村经济。②

"乡村危机"的概念早在20世纪30年代就已提出，但很长时间以来学界对其描述虽多，然而理论性较强的概括却难得一见。王先明重新界定了近代中国的乡村危机。作者认为乡村危机是近代以来城乡背离化发展态势下农村经济、社会、文化的全面衰退引发的危机，亦即传统的城乡一体化发展模式伴随工业化、城市化和现代化进程被打破后，乡村社会走向边缘化、贫困化和失序化的历史过程。③

此外，徐畅通过比较不同地区和不同时期的农业赋税调查资料，重新梳理了近代的农业赋税问题，认为赋税占土地收益比例因时段、地域、农户阶层不同而存在差异，赋税税率既不是"低税率"，也不是动辄占土地收入50%以上的高税率，赋税确实是农民生产和生活的一个沉重负担，民国以降赋税的增加是中国向现代国家演化的结果。④ 江伟涛从制度层面对南京国民政府时期的地籍测量进行初步梳理，考察其法规、程序、技术等方面以及在全国的总体完成情况，并以江苏省句容县为个案对其绘制的地籍图进行分析，又以杭市县、平湖县的地籍测量数据为例对民国时期各项土地调查数字进行了辨析，认为以往所认为最好的卜凯中国土地利用调查可能过于乐观，而饱受批评的浙江省土地陈报也并非一无是处。国民政府时期的地籍测量虽然成果有限，无法从中获得全国性的土地数字，但是相较于其他各项调查统计数字，所获得的数据是误差最小

---

① 参见黄志繁《"会"与近代小农资产运作》，《江西社会科学》2013年第5期。
② 参见郑起东《整体史观与近代中国农村经济研究》，《中国经济史研究》2013年第3期。
③ 参见王先明《试论城乡背离化进程中的乡村危机——关于20世纪30年代中国乡村问题的辨析》，《近代史研究》2013年第3期。
④ 参见徐畅《民国时期农业税率辨析》，《古今农业》2013年第3期。

的，也最接近真实。①

（三）近代工商、金融与市场发展

工业化一直是中国近代经济史研究中的热门，而近几年的工业化研究逐渐落实于具体问题和具体区域的考察。张忠民探讨了同治、光绪年间有关江南制造局"内迁"的几次动议，从动迁成本、督抚既得利益及中央态度三方面分析江南制造局内迁未能实现的原因，认为江南制造局内迁虽未能施行，但其所反映的却是中国工业化进程中的战略纵深建设这一重大问题。②刘岩岩在杨德才、樊卫国等学者的基础上进一步探讨了近代中国工业史上的"二次进口替代"现象。所谓"二次进口替代"指的是国内经济后发地区企业凭借价格、运输等优势取代产业先进地区厂商销往本地的同类产品的过程。其中，最为典型的莫过于以上海纱厂为代表的沿海企业和以武汉纱厂为代表的内地企业的竞争。在内地棉纺织企业和沿海同行的激烈碰撞中，武汉棉纺织业获得迅速发展，并且使中国棉纺织市场向中、西部转移，且对于完善内地市场工业品流通渠道起到了关键作用。③黄正林考察了河南的近代化历程，认为真正发生"变局"是在平汉铁路开通与清末新政之后，在北洋政府时期迅速起步。农业方面，不仅种植结构在改变，农业的商品化程度也在提高；工业方面，20世纪20年代河南70%以上的工矿企业都兴建于北洋政府时期；手工业方面，传统手工业少部分行业衰落了，草帽辫、丝绸等行业因出口贸易的需要有了较好的发展，一些手工业转变为半机器生产；以水运为纽带的传统市场比较迅速地瓦解了，代之而起的是以铁路运输为纽带的新市场体系的形成。由此奠定了现代河南经济社会发展的基础与格局。④

关于具体行业的发展亦有众多研究。任放通过梳理晚清民国时期湖北湖南的勘矿活动、采矿企业的生产规模、产量资本来源等史实，探讨了近

---

① 参见江伟涛《南京国民政府时期的地籍测量及评估——民国各项调查资料中的"土地数字"》，《中国历史地理论丛》2013年第2期。

② 参见张忠民《晚清江南制造局的"内迁"——兼论中国工业发展中的战略纵深》，《清史研究》2013年第3期。

③ 参见刘岩岩《1920—30年代沿海——内地工业企业间的市场竞争与"二次进口替代"——以沪、汉棉纺织业市场角逐为中心》，《上海经济研究》2013年第4期。

④ 参见黄正林《承前启后：北洋政府时期河南经济的新变化——以农业、工业与市镇经济为中心》，《陕西师范大学学报》（哲学社会科学版）2013年第3期。

代两湖地区的矿业踏查和采矿业的发展历程,认为湖广总督张之洞大力举办近代实业,从根本上改变了两湖地区的工业格局,而"湖北新政"对湖南的影响不大。民国初年之后,因锑、铅、锌等矿的大规模开采,湖南一跃成为中国的矿业大省,然而因缺乏优质的煤炭和铁矿,湖南的近代工业化严重"缺氧",动力不足。① 丁德超研究了 20 世纪上半叶粤东陶瓷业的生产与销售状况,并阐释了粤东陶瓷业兴盛和衰落的原因,认为陶瓷业的发展不仅扩大了农民的收入来源,活跃了农村市场,而且促进了专业化市镇的形成,进而影响到近代粤东社会变迁。② 严鹏以上海为中心,考察了清末至抗战前中国农机制造业的演进,意在分析决定产业演化路径的动力机制,并以此为个案剖析近代中国城乡经济的关系问题。研究认为,在农村市场因购买力而偏好低技术产品的诱导下,农机企业选择了简易化的技术发展战略,专注于低端市场。从理论角度说,抗战前中国农机制造业的演化体现了比较优势原则的适用性,但也展示了比较优势原则易将后起国家的新兴工业锁定至低水平演化的轨道中。③ 陈洪友关注了 20 世纪 30 年代河南民众、地方政府、机制卷烟企业围绕手工卷烟业展开的利益博弈,剖析政府监管效果不佳的缘由。④

近代银行与金融的发展变迁一直是经济史研究中的热门,2013 年度的研究涉及近代金融市场与制度演变、实业融资、币制改革、民间金融等多个领域。兰日旭运用新制度经济学相关理论研究中国近代银行制度变迁的特征,认为近代中国的银行制度相对于同时期经济发展进程具有超前性。其制度结构的变迁具有以下特征:路径选择上渐进与强制并存;制度构成既吸取借鉴西方经验,又保留本土制度优势;外部监督实行连锁董监制;产权与控制权形式多样化。⑤ 马建华、王玉茹论述了近代中国国内汇兑市场的产生及运行方式,从钱庄申汇网络的形成和新式银行国内汇兑业务的

---

① 参见任放《近代两湖地区的矿业》,《中国矿业大学学报》2013 年第 1 期。
② 参见丁德超《20 世纪上半叶粤东陶瓷业产销状况初探》,《中国经济史研究》2013 年第 4 期。
③ 参见严鹏《清末至抗战前中国农机制造业的演化:以上海为中心》,《中国农史》2013 年第 1 期。
④ 参见陈洪友《民众生存、政府监管与利益博弈——以 20 世纪 30 年代河南手工卷烟业为中心的考察》,《中国经济史研究》2013 年第 2 期。
⑤ 参见兰日旭《中国近代银行制度变迁特征探析——以银行制度结构为中心》,《兰州学刊》2013 年第 5 期。

开展两个层面分析内汇市场的发展趋势。他们认为近代中国内汇市场的发展，体现了地域间经济联系与金融往来的相互依赖，是近代埠际金融市场圈形成的一个重要标志。①潘晓霞探讨了20世纪30年代经济危机中的国民政府主导的银行改组，认为1935年初上海发生的经济恐慌并非源于实体经济，而是由热钱泛滥导致的地产泡沫破裂所引发的金融危机，故国民政府得以通过救济市面得到广泛支持，进而成功改组中国、交通两银行，顺利实现其控制金融的意图，为金融统制扫清障碍。②宋双杰、曹晖、杨坤从历史演变、业务运营和资本运作三方面对上海联合福利小额信用贷款银团进行了考察，认为作为近代中国较为先进的、面向城市贫民发放贷款的金融救济机构，其经营已具有相当水平，基本满足现代意义上小额信贷持续性强、覆盖面广的要求，实现了金融信贷创新和贫民救济活动的有机结合，值得当代小额信贷机构借鉴。③贾秀堂追溯了20世纪30年代邮政储金汇业局农村贷款的缘起和方式，并分析其农村放款的效果，认为邮政储金汇业局的农村放款在一定程度上缓解了当地农村资金短缺的状况，但无法从根本上改变近代中国农村经济的厄运。不过，邮政储金汇业局根据中国农村特点所制定的放款途径与规则有其合理性与可操作性。④

除了上述研究，还有区域金融演变的考察，2013年的研究较多地集中在四川地区。石涛以整理地钞为中心，考察了抗战前期南京国民政府统一四川币制的经过及影响。⑤刘志英对抗战时期重庆金融中心地位的形成进行考察，认为近代以来重庆的经济发展已奠定其西部区域性金融中心的基础，到抗战时期则迅速崛起为整个大后方的金融中心，为战时大后方经济发展和坚持抗战提供了重要支持。抗战胜利后，重庆的地位迅速下降，但作为战时金融中心，它对大后方的影响却十分深远。⑥赵国壮考察了近代

---

① 参见马建华、王玉茹《近代中国国内汇兑市场初探》，《近代史研究》2013年第6期。
② 参见潘晓霞《一九三〇年代经济危机中的银行改组——以中国、交通银行为中心》，《历史研究》2013年第5期。
③ 参见宋双杰、曹晖、杨坤《上海联合福利小额信用贷款银团探析（1947—1951年）》，《中国经济史研究》2013年第1期。
④ 参见贾秀堂《20世纪30年代南京国民政府农村建设研究——以邮政储金汇业局农村放款为视角》，《中国经济史研究》2013年第2期。
⑤ 参见石涛《抗战前南京国民政府对四川币制的统一——以整理地钞为中心的考察》，《中国经济史研究》2013年第4期。
⑥ 参见刘志英《抗战大后方重庆金融中心的形成与作用》，《中国社会经济史研究》2013年第3期。

四川糖业融资与金融市场的关系，分析了商业资本和金融资本在不同时期对蔗糖生产、加工、运销的影响，认为总体上制糖商和销售商与近代金融业的关系日趋密切，金融业反过来促使糖业生产组织形态发生改变，二者关系非常复杂，应予以全面、动态地分析。①

关于市场与贸易的研究在2013年较多地集中于晚清。周育民以清代厘金相关史料为依托，探讨了晚清时期苏南地区的市镇结构、主要市镇的经济地位、商路走向以及民间银钱使用比例等情况。② 侯鹏研究了浙江厘金征收制度的演变，并通过对浙江厘卡设置和征收项目的考察，廓清厘卡所涵盖的商品流通路线的市场类型，揭示厘金制度与市场环境的互动。③ 毛立坤针对近代日货占领中国市场的进程提出了不同见解，认为日货并非借着甲午战争后诸多不平等条约的庇护才突然畅销，实际上从19世纪60年代起，以煤炭为代表的一部分日货已经打入上海等口岸城市的市场，日本煤炭输华贸易经历的市场竞争和采用的营销手段，为其他日本工业品称雄中国市场摸索了经验。④ 此外，武强追溯了河南茧绸生产的历史，并对近代河南茧绸生产与贸易体系的形成和市场变迁进行了梳理。⑤ 马磊探讨了清至民国时期甘肃西南部边区市场的起源、演化，并论述这个市场的成因类型、市场要素及市场体系的构成，评价回商在市场中的作用。⑥ 谭刚考察了抗战期间西南地区土产外销状况及口岸贸易的变迁，详细论证了抗战不同阶段土产外销路线的变化给大后方主要口岸带来的深刻影响，揭示了大后方土产业发展方向和发展动力的变化。⑦

近代企业史的研究在最近几年开始转向，2013年较多地关注在劳资关系方面。田彤、卫然回顾了无锡申新三厂废除工头制、推广科学化管理，全面营造健康的企业文化，实现劳资关系良性发展的历程，这一历程表

---

① 参见赵国壮《糖业融资与近代金融资本市场——以近代四川业糖者融资问题为中心》，《中国社会经济史研究》2013年第2期。
② 参见周育民《晚清厘卡与苏南市镇》，《中国经济史研究》2013年第1期。
③ 参见侯鹏《晚清浙江厘金制度与地方商品市场》，《清史研究》2013年第1期。
④ 参见毛立坤《日货称雄中国市场的先声：晚清上海煤炭贸易初探》，《史学月刊》2013年第2期。
⑤ 参见武强《近代河南茧绸生产及其市场变迁略论》，《中国经济史研究》2013年第3期。
⑥ 参见马磊《清代民国时期甘肃西南部边区市场刍议》，《烟台大学学报》2013年4月。
⑦ 参见谭刚《西南土产外销与大后方口岸贸易变迁（1937—1945）——以桐油、猪鬃、生丝和药材为中心》，《近代史研究》2013年第2期。

明，民国时期劳资合作的理念的确在部分企业很好地践行，劳资双方不只有对抗和冲突，申新三厂通过科学化管理、建立劳工培训和自治制度，有效缓解了劳资矛盾，并获得了丰厚的经济回报。[①] 李耀华关注了20世纪20年代近代企业职工储蓄计划设立的深层原因，首先提出职工储蓄计划缘于内部资金融通或科学管理需要两个假设，再通过比较储蓄计划中职工供款的收益率和企业同期借款利率进行假设检验，认为大部分企业设立储蓄计划是出于科学管理的需要，希望在给予储蓄高回报的同时引导职工行为，促进劳资双方的合作。[②] 此外，马陵合、王瓶子围绕1935年申新七厂因无法偿还外债被公开拍卖引发的风潮进行了多角度的审视，认为申七事件充分显现出政府、银行与民营企业间的复杂关系，外债成为他们之间互相博弈的载体。另外，30年代高涨的民族主义情绪在申七事件发展进程中的作用不容忽视。[③]

（四）计量经济与量化研究

近几年来，计量经济与量化研究已经悄然兴起，成为中国经济史研究中新的热门。2013年发表在《中国经济史研究》和《中国社会经济史研究》等经济史领域权威期刊中的相关论文数量较往年明显增加；《中国经济史研究》并在2013年第2期上增开"计量经济研究"一栏，收纳这方面的文章；2013年7月，清华大学市场与社会研究中心举办了首届"量化历史讲习班"，旨在推动现代计量统计方法在历史研究中的应用。计量经济以及量化研究显然已然在中国近代经济史研究中凸显出革新性和影响力。

2013年最重要的特征是计量与量化方法的应用范围大为拓展，研究对象从以往的宏观经济领域开始扩大到人口流动、土地、价格、收入、财政金融等问题上。近代乡村危机中的重要现象——农民大量离村亦得到学界注意。李楠运用历史计量学的方法，采用民国时期行政院农村复兴委员会

---

① 参见田彤、卫然《企业文化与劳资合作——以1922—1937年之申新三厂为个案》，《浙江学刊》2013年第1期。
② 参见李耀华《近代企业自发职工储蓄：资金融通还是科学管理?》，《中国经济史研究》2013年第3期。
③ 参见马陵合、王瓶子《申七事件：近代民营企业外债的多维解读》，《近代史学刊》2013年第10辑。

提供的村级微观数据，研究了近代农民离村的决定性因素。他认为人口对土地的压力及商业化是导致近代农民离村的根本原因；而自然与社会环境的恶化只在短期内起作用，仅是农民离村的直接原因。① 彭凯翔利用清至民国时期民间账簿、统计调查和时人笔记等资料，整理并分析19世纪至20世纪20年代初北京的银钱比价、物价与工资序列，通过价格走势的一致性，发现北京及其周边地区无论是货币市场还是劳动力市场都具有一致的行市，这一价格整合在传统的认识里只是"糊口经济"下的成本推动过程，但这里的分析表明，近代北京的通货膨胀史反映的是货币、商品与劳动力市场间的整合，价格波动体现的是各个市场所受冲击间的互相传导。对实际工资的检验还表明，近代北京的劳动力实际价格并无趋势性变化，而劳动者的福利水平则以改进的可能性为高。② 高峰研究了1845—1933年上海公用租界的土地价格、地税制度与城市化之间的相互影响。研究表明，公共租界地价上涨通过土地税路径使公共资本投资增长，促进了城市化的发展；20世纪二三十年代租界土地利用效率的提高、农业用地向城市用地的转换及地税制度，有效降低了地价增速加快带来的城市化高成本。③ 李强等通过对人口数量、粮食产量、财政收入、进出口贸易四方面经济数据的测算，特别是中英之间的比较，质疑了"康乾盛世"存在的真实性，提出"康乾盛世"并不是对中国当时经济社会发展的真实写照，更多的是清政府的自我标榜，并在乾隆时期的社会舆论中逐渐形成"盛世"意识，记载下来并流传至今，误导了当今很多学者。从横向来看，和欧洲发达国家的差距已经越来越大，所谓的"盛世"并不存在。④

刘巍、崔文生继续了以往宏观经济层面的分析。崔文生从开放经济条件下国民收入恒等式和近代中国"供给约束型经济"态势的基本判断出发，根据贸易差额长期为负与经济长期增长的矛盾，认为近代中国存在总供给缺口，且主要通过进口资本品得到补充。进口资本品的增加推动了国

---

① 参见李楠《近代农民离村决定因素的再讨论：一个历史计量学的视角》，《中国经济史研究》2013年第2期。

② 参见彭凯翔《近代北京价格与工资的变迁：19世纪初至20世纪初》，《河北大学学报》（哲学社会科学版）2013年第2期。

③ 参见高峰《近代上海公共租界的土地价格、地税制度与城市化（1845—1933年）》，《财经研究》2013年第8期。

④ 参见李强、徐康宁、魏巍《"康乾盛世"真的存在吗？——基于经济数据测算的分析》，《北京社会科学》2013年第1期。

内投资的增加，投资的增加推动了产出增加。文章认为对经济处于供给约束型经济态势的国家来说，进口生产资料是推动一国经济增长的一种必要手段，我国在 20 世纪 80 年代开始的对外开放政策完全是正确的；认为一国只需增加国内货币供给，不需要从国外进口资本品，就能完全实现拉动经济增长目标的想法是很值得怀疑的。① 刘巍分析并比较了 1887—1936 年中、美、英、日四国经济总量及人均国民收入的差距及波动状况，重点关注了一战及大萧条期间的异常波动。观察得出大萧条期间，由于中国经济总供给小于总需求的态势未变，加之白银回流，货币供给宽松，因而经济增长显著，缩小了与列强的差距。② 刘巍还有《经济运行史的解释与经济学理论的检验》一文，对近年来计量经济学运用于中国近代经济史分析的主要研究论文进行了总体回顾和评述。③ 在银行资本与货币供给方面，二人通过收集 1910—1936 年多个银行的资本额数据，运用数量分析方法证实了近代中国银行总资本额对货币供应量的影响，还比较了中国与同时期日本、美国和英国的货币化比率，认为近代中国银行业的规模仍显不足，并非有些学者所认为的"畸形发展"。④

　　数据价值的发现、重建以及连续性、准确性评估是计量经济史的基石。2013 年度在数据价值发现、数据重建、数据连续性与准确性评估等计量经济史研究基础工作上亦有相当大的进展。王哲通过分析近代海关出版物中的子口税贸易数据，发现其具有独特的源—流属性（地理学中称之为 O‑D 数据，即 Origin‑Destination 数据），非常适于界定腹地范围及研究需要空间定量分析的问题。随后作者以汉口、九江、镇江、上海、宁波几个港口城市为例，初步探讨了源—汇数据在近代经济史研究中的使用价值。⑤ 曹雪、金晓斌、周寅康以清代官方册载田亩数据为基础，采用人口基数和垦殖趋势两大角度进行检验和订正，通过替换、引用等方法进行数

---

① 参见崔文生《近代中国 50 年总供给缺口研究（1887—1936）》，《广东外语外贸大学学报》第 24 卷第 2 期，2013 年 3 月。
② 参见刘巍《1887——1936 年中国总产出的国际地位研究——与美英日三国的比较分析》，《广东外语外贸大学学报》第 24 卷第 2 期，2013 年 3 月。
③ 参见刘巍《经济运行史的解释与经济学理论的检验》，《中国经济史研究》2013 年第 1 期。
④ 参见崔文生、刘巍《近代中国的银行资本、货币量与货币化（1910—1936）》，《中国经济史研究》2013 年第 2 期。
⑤ 参见王哲《源—汇数据在近代经济史中的使用初探——以 19 世纪末长江中下游诸港的子口税贸易数据为例》，《中国经济史研究》2013 年第 2 期。

据修正,重建清代耕地数据构建及修正框架。① 王玉茹、罗畅以《清代道光至宣统间粮价表》及王业键编辑的清代粮价资料库中的粮价数据为基础,具体量化了1736—1911年长江流域九府的米价数据质量。研究表明,乾隆朝的粮价数据质量高于嘉庆、道光两朝,嘉庆、道光两朝的数据质量高于咸丰、同治、光绪、宣统四朝,使用清末的粮价数据要特别慎重。②

自从21世纪初安格斯·麦迪森关于世界经济千年统计和千年史的著作问世以后,数据测算特别是GDP的估算逐渐成为国内经济史学界一个引人关注的学术增长点。2013年发表的研究中,更多的是质疑和讨论的声音。倪玉平指出了刘逊在《前近代中国经济总量研究(1600—1840)》一书里估算明清GDP的诸多不当之处。他发现刘著不仅在明清人口统计、清代财政制度等问题上犯有常识性错误;更为令人担忧的是,刘著对于明清GDP数据收集与估测的困难估计不足,且处理、分析数据时较为随意,未能仔细考虑数据和结论的历史真实性与合理性。③ 杜恂诚以巫宝三对1933年GDP的测算为例,说明"市场""GDP"等基础概念的定义必须精准,且要时时考虑近代中国历史实际,否则会造成重大偏差与扭曲。仅仅以长距离贩运的商品量来测算近代中国市场规模的方法存在重大缺陷,因为它忽略了城市内部的商品及劳务交易,容易导致GDP的低估;同时,若将农业等领域产值中没有进入市场的部分计入,易造成GDP的高估。④

除上述四大方面的研究外,在财政税收领域,柯伟明追溯了南京国民政府时期营业税征收制度的演变,并从制度变迁的视角解释其演变的动力,认为营业税征收制度的变迁是政府本着降低成本、减少风险的理念,根据自身控制力的变化与商界博弈的结果,反映出中国在税收制度现代化进程中面临的传统与现代、理想与现实之冲突。⑤ 此外,作者还对抗战时期四川营业税制度改革进行了具体考察,认为抗日战争的压力是政府不断

---

① 参见曹雪、金晓斌、周寅康《清代耕地数据恢复重建方法与实证研究》,《地理学报》2013年第2期。
② 参见王玉茹、罗畅《清代粮价数据质量研究——以长江流域为中心》,《清史研究》2013年第1期。
③ 参见倪玉平《评〈前近代中国经济总量研究(1600—1840)〉——兼论安格斯·麦迪森对明清GDP的估算》,《中国史研究》2013年第1期。
④ 参见杜恂诚《市场的定义与1933年GDP估算》,《社会科学》2013年第1期。
⑤ 参见柯伟明《在传统与现代之间:再论南京国民政府时期的营业税征收制度》,《中国经济史研究》2013年第4期。

完善税收制度的重要动力,由此带来的税收增长意义重大。[1] 王明前考察了抗战期间陕甘宁边区税收制度的变化。作者以农业税、货物税、营业税、盐税、烟酒税为例,揭示了边区税收制度正规化、科学化的轨迹。[2] 在原始文献的收集和利用方面,卢忠民立足于旅京的冀州五金商铺账簿等原始资料,考察了商铺员工的收入情况,发现员工总体收入颇丰,但分配极不均衡。铺东馈送给伙友的勤劳金数额很小,远低于股东或人力股持有者分红收益。普通店员的工资收入并不比其他行业高。[3]

2013年的中国近代史研究简要而言,一方面继续着对以往种种学术定论的质疑和修正,另一方面积极引入经济学、金融学、地理学等学科的理论、方法及框架,由此在研究成果上多有建树。当然,许多具体问题仍缺乏最基本的梳理和描述,诸多鲜为人知的历史细节和场景仍待呈现和还原。随着新理论与方法的引入、海量史料的数字化、新材料的不断发现、国际学术交往的增加,近代中国经济史研究者有条件开拓新领域,研究更多的新问题,从而进一步丰富整个中国近代经济史的书写。

(执笔人:云妍)

2014年度

2014年中国近代经济史研究取得了令人瞩目的成就,并且有大量的史料文献被整理出版,丰富了研究基础。尤其在财政和商会团体的研究中,出版了数十部专著。相关问题的讨论较以往有方法论上的突破,也有新材料和研究视角上的拓展。总体而言,近代经济史学科在既有学术积累基础之上又取得了一定的进展,不过许多具体问题仍缺乏必要的梳理和描述,尚有不少领域和课题仍待挖掘和呈现;在方法论上,对社会学、经济学等其他学科最新理论的引入和应用也略显不足。

---

[1] 参见柯伟明《论战时四川营业税制度的改革》,《抗日战争研究》2013年第3期。
[2] 参见王明前《陕甘宁抗日根据地正规化与科学化税收制度的确立》,《中国社会经济史研究》2013年第2期。
[3] 参见卢忠民《近代旅京冀州商帮的收入问题初探——以五金商铺员工为中心》,《近代史研究》2013年第2期。

(一) 研究热点与重要问题

量化史学是近年经济史研究的新热点。由陈志武等主编的《量化历史研究》第一辑（浙江大学出版社 2014 年版）一书是关于量化历史研究的专门文集，比较全面地展现了量化历史的研究前沿、学术视角和研究方法，有利于学界对该领域的了解。此外，胡浩、郑微微采用古典经济学的估算方法，借助留存于南京农业大学的卜凯农家调查资料，围绕农民在农业生产中劳动力的供需状况，对民国中期我国水稻和小麦两大地带六大农区的农业剩余劳动力进行估算。[①] 管汉晖等的《经济发展、政治结构与我国近代教育不平衡（1907—1930）》[②] 也是 2014 年颇为重要的计量分析的论文。

梁晨、李中清则提倡深入挖掘历史材料，构建大样本、长时段的数据库。他们指出，大规模史学数据库建设及对其定量分析，可以有效地从繁杂的史料中发现不同因素间的关系或规律，可以较好地综合各方材料，并且可以较好地克服研究时的主观性。对计量历史数据库的定量分析，往往还能向学者展现出依靠传统文献分析方法难以显现的"新史实"。[③]

与此同时，针对近年来中国经济史学界掀起的 GDP 估算研究热潮，仲伟民、邱永志对学界已有的 GDP 统计估算成果和讨论要旨进行了系统回顾，指出，因为中国历史资料的局限性、数据的缺乏等因素，这种研究方法在研究中国经济史时需要格外谨慎。对 GDP 的估算需要特定的公式模型，比较它也需要特定的计量方法，目前采用此方法研究中国历史的多为非历史学者，其研究结论有待检验。[④]

赵鼎新对"加州学派"的中心观点进行回顾和检验，指出虽然加州学派学者提出了一些"欧洲中心论"学者们没有给予足够重视的视角，但是

[①] 参见胡浩、郑微微《民国中期农业剩余劳动力的估算及区域差异研究——基于卜凯的中国农家调查数据》，《中国农史》2014 年第 3 期。

[②] 参见管汉晖等《经济发展、政治结构与我国近代教育不平衡（1907—1930）》，《经济科学》2014 年第 2 期。

[③] 参见梁晨、李中清《大数据、新史实与理论演进——以学籍卡材料的史料价值与研究方法为中心的讨论》，《清华大学学报》（哲学社会科学版）2014 年第 5 期。

[④] 参见仲伟民、邱永志《数据估算与历史真实——中国史中 GDP 估算研究述评》，《史学月刊》2014 年第 2 期。

他们无法反驳欧洲中心论学者的一个核心观点，即"若非迫于西方和日本帝国主义，中国几无可能在19世纪或此前或稍后的任何时候在本土自发地产生工业资本主义"。他认为，晚清中华帝国维持灿烂商业的原因应是帝国庞大的领土和人口所带来的巨大市场和王朝中期特有的长期政治稳定。① 朱荫贵则通过反思费正清等的"冲击—反应"模式和滨下武志"从亚洲看西方"两种主流观点，认为近代中国从农业社会开始向工业社会转变时，在外力的影响下，需从民间和官方两个层面对社会制度的改变动因进行考察。他指出，在此进程中，先是民间力量推动，加上外来的压力迫使官方不得不进行变革，在官民双方的合理推动下，近代中国的转变在19世纪末期开始加速。②

赵德馨指出："经济史学研究具体的或特定区域的经济生活及其变迁，故地理环境对经济生活方式及其演变的作用极大。这决定了该学科具有地理学特性，它的分析方法必须具有地理学特点。"③ 任放在对两湖地区的研究中也强调经济地理的核心问题之一是市场体系的形成及其变迁。④ 畅童娜对近代华资银行业分布的研究，指出其呈现出明显的空间集聚特征。⑤ 黄国信则认为，盐业史的区域研究不能囿于某个行政区划或地理空间的地区历史研究，而是要把人当成区域的主体，根据人的活动来展开区域的整体性历史研究。⑥

利用民间文书研究近代经济史也是近几年来普遍提倡和日益增长的学术现象。张俊峰利用山西水利契约研究清代至民国山西水利社会中的水权交易行为⑦，郝平就契约文书分析其所展现的区域特点、土地流转的影响

---

① 参见赵鼎新《加州学派与工业资本主义的兴起》，《学术月刊》2014年第7期。
② 参见朱荫贵《晚清社会经济制度之改变：从内在角度的考察》，《清史研究》2014年第2期。
③ 参见史蕾《学有定规与史无定法——访问赵德馨先生》，《中国社会经济史研究》2014年第1期。
④ 参见任放《近代两湖地区的市场体系》，《安徽史学》2014年第2期；任放《近代两湖地区的交通格局》，《史学月刊》2014年第2期。
⑤ 参见畅童娜《近代华资银行分支机构区位选择对绩效的影响》，《财经研究》2014年第2期。
⑥ 参见黄国信《单一问题抑或要素之一：区域社会史视角的盐史研究》，《盐业史研究》2014年第3期。
⑦ 参见张俊峰《清至民国山西水利社会中的公私水交易——以新发现的水契和水碑为中心》，《近代史研究》2014年第5期。

因素、地价的走势三个基本方面。① 民间文书还拓展到商业账簿、商业合同等。王振忠通过一份徽州商业合同讨论了晚清至民国初年徽墨名店詹有乾之经营状况②，卢忠民等则基于北京档案馆所藏五金商铺账簿，系统研究了民国旅京冀州商帮之五金商铺的账簿分类、内容、记账方法、账务处理方法、账簿制度等的作用。③

在历史文献的整理出版上，2014年的成果也十分丰富。既有大型档案史料的出版，如吴松弟及其团队历时十年整理的《美国哈佛大学图书馆藏未刊中国旧海关史料（1860—1949）》（约280册，广西师范大学出版社2014年版）首批199册、王强编的《民国质检史料汇编》（全32册，凤凰出版社2014年版），也有地方性的重要经济史料的整理，如张介人编的《清代浙东钱业史料整理和研究》（浙江人民出版社2014年版）、赵肖为编的《近代温州社会经济发展概况：瓯海关贸易报告与十年报告译编》（上海三联书店2014年版）和王强主编的山东《福顺兴账册》（广西师范大学出版社2014年版，全17册）。此外，中共中央党史研究室推出了《抗日战争时期中国人口伤亡和财政损失调研丛书》（中共党史出版社2014年版）12册，陈玉庆主编的《国民政府清理整理招商局委员会报告书》（社会科学文献出版社2014年版）共收各种清查报告及说明书16种、各类统计表格26种。

（二）财税、银行与货币研究

2014年度的近代财政史研究更多地关注国家在应对财政危机时的制度创新。刘增合著《"财"与"政"：清季财政改制研究》（生活·读书·新知三联书店2014年版）一书全面地展示其对于晚清财政制度的方法论上的思考。以往研究论著往往存在就财政论财政的趋向，过多地关注收支变动的表面，该书试图深入清季财政制度的演变过程中各种错综复杂的非财政因素，借财政反映政治，以财政规制兴革折射近代政治嬗变的影像，并

---

① 参见郝平《晚清民国晋中地区社会经济生活初探——基于晋中地区契约文书的考察》，《山西大学学报》（哲学社会科学版）2014年第4期。
② 参见王振忠《重商思潮激荡下的传统徽墨经营——关于〈有乾公号四轮承做合同新章〉的解读》，《安徽大学学报》（哲学社会科学版）2014年第4期。
③ 参见卢忠民、孙林《民国旅京冀州商帮之账簿研究——基于北京档案馆藏五金商铺账簿》，《财会月刊》2014年第10期。

通过财政制度嬗递的样态反映清季各类制度变动的面相，从而指出晚清财政系西学东渐背景下近代中国旧制消匿、新制萌生的一般模式。刘增合还讨论了咸丰初年清廷对战区经费的筹措和拨济和咸丰中后期的"联省合筹"军饷计划。① 他一方面透过相关督抚基于本省安全、财政利益、人脉交谊等多种考虑来考察制度运作成效的实态，另一方面揭示制度转换中新规与旧制混合运作的状态。李光伟的研究则从地方财政亏空问题切入，透过清中后期旧体制与新问题之间的矛盾，分析了晚清地方转嫁财政压力的钱粮蠲缓制度和引入了民间慈善机构的征信录模式所推行的钱粮征信册制度。②

具体研究中又多侧重于财政运作状况的考察。如腾德永讨论清代国家财政与内务府财政之间既相互独立又不断发生联系的关系。③ 王静雅关注太平天国时期曾国藩对饷盐借销的经营。④ 王聪明通过晚清清江丰济仓的行政运作、经济来源和保障功能，考察荒政中折射出的财政理路。⑤ 柳岳武以抗战前南京国民政府的监狱建设、改良等活动的经费问题为例⑥，张莉则侧重国防工程工役的民工经费来源⑦，分别考察了这一时期中央与地方的财政运作情况。县级财政运作也有涉及。余开亮用循化厅档案考察了清代县级粮价奏报制度的执行实态⑧，汤太兵则厘清了清末民初在浙江出现的"县税"的源起和流变。⑨ 在财政总量方面，倪玉平、高晓燕计算了被视为"道光萧条"重要例证的"癸未大水"的财政损失，并指出损失超

---

① 参见刘增合《太平天国运动初期清廷的军费筹济》，《历史研究》2014年第2期；《咸丰朝中后期联省合筹军饷研究》，《近代史研究》2014年第4期。

② 参见李光伟《清中后期地方亏空与钱粮蠲缓研究》，《安徽史学》2014年第6期；《晚清赋税征缴征信系统的建设》，《历史研究》2014年第4期。

③ 参见腾德永《清代户部与内务府财政关系探析》，《史学月刊》2014年第9期。

④ 参见王静雅《太平天国战时曾国藩对饷盐借销的经营》，《广东社会科学》2014年第1期。

⑤ 参见王聪明《漕官为善：丰济仓的运作实态与晚清清江荒政》，《中国社会经济史研究》2014年第4期。

⑥ 参见柳岳武《抗战前南京国民政府监狱建设及经费问题研究》，《史学月刊》2014年第12期。

⑦ 参见张莉《抗战时期国防工程工役中民工的经费来源研究——以修筑四川机场为例》，《中国社会经济史研究》2014年第2期。

⑧ 参见余开亮《清代晚期地方粮价报告研究——以循化厅档案为中心》，《中国经济史研究》2014年第4期。

⑨ 参见汤太兵《清末民初浙江县税考释》，《中国社会经济史研究》2014年第4期。

过常年财政收入的50%以上。① 韩祥则将计量单位混杂、重复统计、统计区域缺漏、数据呈报滞后等一些基础性因素纳入考虑范围，重新估算光绪三十四年（1908）的财政规模。②

在关税和外债方面，丰若非以杀虎口、张家口和归化城三个清代北部边疆重要榷关为中心，系统考察其实征关税的波动与分配、贸易项目统计以及贸易额估算等方面的内容。③ 孙宝根考察了整个抗战时期国民政府关税政策演变过程及其实施概况。④ 马陵合关注了1933年的棉麦大借款，指出其除了显现其政治外交功能外，与正处于危机中的华资纱厂也有着密切的关联。⑤ 马金华、刘沛指出近代中国政府债务对盐税有着高度依赖，盐税对政府债务的举借偿还起了重要作用。⑥ 孙建国则论述了近代债信缺失及债信维护的必要性、国民政府债券监管体系建立及债信维护机制的完善等问题。⑦

近代金融问题继续受到学界关注。董昕考察了中国银行的市场化发展过程⑧，潘晓霞关注了交通银行的得失⑨，董昕、马长伟、姚会元则讨论了近代银行的领券制度⑩。王强则注意到了银行业资金运用的这一视角，总结了近代中国银行业在资金运用过程中凸显的资金结构畸形、财政依附性强、疏离于工农业发展、投机性格显著等一系列与现代金融发展趋向相背

---

① 参见倪玉平、高晓燕《清朝道光"癸未大水"的财政损失》，《清华大学学报》（哲学社会科学版）2014年第4期。
② 参见韩祥《晚清财政规模估算问题初探》，《中国经济史研究》2014年第3期。
③ 参见丰若非《清代榷关与北路贸易：以杀虎口、张家口和归化城为中心》，中国社会科学出版社2014年版。
④ 参见孙宝根《抗战时期国民政府关税政策研究（1937—1945）》，中国社会科学出版社2014年版。
⑤ 参见马陵合《华资纱厂与棉麦大借款——以借款的变现及其用途为中心》，《中国经济史研究》2014年第2期。
⑥ 参见马金华、刘沛《近代中国的政府债务与盐税抵押》，《盐业史研究》2014年第2期。
⑦ 参见孙建国《论近代债信缺失与民国政府债信维护》，《中国经济史研究》2014年第3期。
⑧ 参见董昕《中国银行的市场化发展研究（1912—1937）》，中国社会科学出版社2014年版。
⑨ 参见潘晓霞《且得且失：南京国民政府币制改革中的交通银行》，《兰州学刊》2014年第12期。
⑩ 参见董昕《近代中国银行业领券发行制度的演进》，《中国经济史研究》2014年第1期；马长伟、姚会元《民国时期纸币发行中的领券制度及其启示》，《国际金融研究》2014年第6期。

离的特征。① 此外，左海军对民国时期天津银号的资本与资力进行了再估计。② 马翠兰指出 1945—1949 年中央信托局汉口分局不仅通过存放款、信托等各项业务发挥重要的融资、筹资功能，而且还担负筹款训练警卫、维护社会治安的政府职能。③ 李琼、杨锦銮关注了民国时期的社会保险④，万立明考察了近代中国的票据、票据市场与制度变迁⑤，袁丁等拓展了对侨汇的认识⑥。此外，民间借贷也有两篇文章涉及，冯剑研究了近代天津民间借贷中的保证信用⑦，关永强则对农本局合作金库展开论述⑧。

在货币方面，王宏斌和韩祥指出，自然灾害和社会动乱是引发近代"银贵钱贱"的重要因素。⑨ 霍晓荣则认为嘉道年间人口的迅速增加是银贵钱贱的主要原因。⑩ 韩祥、李宏还强调在中国近代混乱庞杂的货币制度下要重视财政中的货币换算问题。⑪ 李爱则引入国际关系史的观点，对 20 世纪 30 年代中国由于遭受白银危机而进行的币制改革，以及由此引起的国内政治、经济、外交变化进行综合的比较分析。⑫

公产清理是近年财政金融研究的一个新课题。云妍以 1920 年盛宣怀

---

① 参见王强《近代中国银行业资金运用研究》，中国政法大学出版社 2014 年版。
② 参见左海军《民国时期天津银号资本与资力的再估计》，《中国经济史研究》2014 年第 2 期。
③ 参见马翠兰《中央信托局汉口分局研究（1945—1949）》，武汉大学出版社 2014 年版。
④ 参见李琼《民国时期社会保险理论与实践研究》，社会科学文献出版社 2014 年版；杨锦銮《传统与现代之间：民国时期闽粤人寿小保险述论》，《社会科学研究》2014 年第 4 期。
⑤ 参见万立明《近代中国票据市场的制度变迁研究》，上海远东出版社 2014 年版。
⑥ 参见袁丁、陈丽园、钟运荣《民国政府对侨汇的管制》，广东人民出版社 2014 年版；焦建华《太平战争前潮汕沦陷区侨汇业研究（1939.7—1941.12）》，《南洋问题研究》2014 年第 1 期。
⑦ 参见冯剑《变迁中的困境：近代天津民间借贷中的保证信用初探》，《史林》2014 年第 4 期。
⑧ 参见关永强《农本局合作金库与近代农村金融建设》，《华南农业大学学报》（社会科学版）2014 年第 2 期。
⑨ 参见王宏斌《清代社会动荡时期银钱比价变化规律之探析》，《河北师范大学学报》（哲学社会科学版）2014 年第 1 期；韩祥《晚清灾荒中的银钱比价变动及其影响——以"丁戊奇荒"中的山西为例》，《史学月刊》2014 年第 5 期。
⑩ 参见霍晓荣《嘉庆道光年间的银贵钱贱与政府的货币政策》，《北京社会科学》2014 年第 1 期。
⑪ 参见韩祥、李宏《近代财政统计中货币换算问题之实例分析——以清末财政清理为中心的考察》，《江海学刊》2014 年第 4 期。
⑫ 参见李爱《白银危机与币制改革——解析南京国民政府银本位时期的政治、经济与外交》，社会科学文献出版社 2014 年版。

遗产清理结果的分析，关注了近代个体家庭行为的体现和该时期社会经济的性质和构成，并强调在某种程度上富人的家庭财产可以反映出时代的资本趋向和投资偏好。① 冯兵则将国民政府时期的湖北公产清理置于民国复杂的社会背景之下，从各方利益诉求视角呈现清理的面貌，注重人事关联，兼顾政策条文与运行实效的考察，动态呈现公产清理过程和复杂纠结的利益关系。②

（三）商会、工商业与区域经济研究

商人、商会研究是中国近代经济史研究的传统领域，2014年该领域得以继续拓展和深化，如济南同业公会、中国化学工业奠基者"永久黄"团体、上海回族商人群体等。③ 朱英在对20世纪20年代国民党新商会法修订的研究中指出，要重视商民运动发展演变的作用和影响。④ 郑成林、刘杰和彭南生同样强调商人团体在商业制度演进和经济政策制定等方面扮演的角色，也关注到政治力量对商人团体的渗透及其所带来的影响。⑤ 张世慧对东盛和倒闭案的研究，就展现了清政府在实际经济运作中开始发挥保护、救助经济的作用，并且其中蕴含着多方考虑及利益纠葛。⑥ 此外，还有一些学者从市场整合、企业外部环境和商人的生活实践等视角对商人组织做了新的考察。杨海滨重新评估商人组织在16—19世纪中国市场整合

---

① 参见云妍《盛宣怀家产及其结构——基于1920年盛氏遗产清理结果的分析》，《近代史研究》2014年第4期。

② 参见冯兵《国民政府时期湖北公产清理研究：1927—1949》，人民日报出版社2014年版；《南京国民政府时期湖北学产清理政策述略》，《湖北大学学报》（哲学社会科学版）2014年第5期；《南京国民政府时期城市公产清理活动述略——以沦陷前武汉为中心的探讨》，《河北师范大学学报》（哲学社会科学版）2014年第5期。

③ 参见马德坤《民国时期济南同业公会研究》，人民出版社2014年版；赵津《中国化学工业奠基者"永久黄"团体研究》，天津人民出版社2014年版；杨荣斌《民国时期上海回族商人群体研究》，社会科学文献出版社2014年版。

④ 参见朱英《二十世纪二十年代商会法的修订及其影响》，《历史研究》2014年第2期；《1920年代的戴季陶与商会》，《学术研究》2014年第4期。

⑤ 参见郑成林、刘杰《上海银行公会与1920年代北京政府的内债整理》，《华中师范大学学报》（人文社会科学版）2014年第3期；彭南生《政权、权争与派系之争：上海商总联会分裂原因初探》，《史学月刊》2014年第8期。

⑥ 参见张世慧《清季政府与区域性经济危机的应对——以东盛和倒闭案为中心的研究》，《清史研究》2014年第4期。

中的作用。① 樊卫国考察了民国上海市场化、同业公会兴起与企业群体环境变迁及三者间的关系演化，分析了同业合约由民间自发秩序到政府强制规范的不同形态及其制度绩效。② 陈亚平通过大量案例，揭示了 18—19 世纪重庆商人组织一方面积极谋求官府的认可，另一方面也怀着一种属于商人社会特有的对城市公共生活的秩序理想，对城市社会秩序建设发挥着决定性作用。③

在商业的研究中，史若民探讨了山西票商与近代金融业的关系④，尹铁关注了商人在近代杭州社会演进中的地位和作用⑤，张晓辉则指出清代十三行贸易时期的原型买办与"层递钳制"保证制度密切相关⑥。郭娟娟、张喜琴以代际流动这一社会学视角为切入点，研究山西晋商榆次常氏家族的代际流动情况，指出在晚清的不同时期代际流动反映了当时社会商人阶层的发展状况。⑦ 马敏系统总结了近代中国商业启蒙的特点。他指出，以重商思潮为标志的近代商业启蒙运动，对近代中国冲破封建专制的束缚，走向工业社会和实现近代化起到了重要推动作用。但与西方的重商主义思想和早期启蒙运动相比，中国近代商业启蒙主要不是内生的，而是外发的，是商潮东渐所引发的中国社会内部的反映，因而始终受制于急剧变化的救亡形势，带有某种不确定性，很难形成"思想定式"。⑧

企业史的研究侧重于经营和利润分配。周生春、陈倩倩通过延续近两百年、实现家族内部数代传承的胡开文墨业案例的分析，指出"分产不分业"的继承模式是胡氏家族商号实现数代传承的重要原因。⑨ 股份制企业作为近代社会最为重要的企业组织形式的研究已经非常深入，但对于外商在华企业，尤其是利润分配则以往少有涉及。郭岩伟的研究澄清了外商在华企业股息的概念及其具体含义，同时比较了本土企业与外商企业两种不

---

① 参见杨海滨《明清中国的商人组织与市场整合研究》，经济科学出版社 2014 年版。
② 参见樊卫国《民国上海同业公会与企业外部环境研究》，上海人民出版社 2014 年版。
③ 参见陈亚平《寻求规则与秩序：18—19 世纪重庆商人组织的研究》，科学出版社 2014 年版。
④ 参见史若民《票商与近代中国》，中国言实出版社 2014 年版。
⑤ 参见尹铁《商人与杭州早期现代化研究》，浙江大学出版社 2014 年版。
⑥ 参见张晓辉《清代十三行时期的原型买办研究》，《史林》2014 年第 4 期。
⑦ 参见郭娟娟、张喜琴《清代晋商家族代际流动分析——以山西榆次常氏为中心的考察》，《安徽史学》2014 年第 4 期。
⑧ 参见马敏《近代中国的商业启蒙》，《中国社会科学》2014 年第 2 期。
⑨ 参见周生春、陈倩倩《家族商号传承与治理制度的演变——以胡开文墨业"分产不分业"为例》，《浙江大学学报》（人文社会科学版）2014 年第 3 期。

同类型企业股息和红利之间的关系。① 卢忠民则对近代旅京冀州五金商人的商业利润和利润率变动、利润分配、利润流向等问题进行了探讨。② 企业职工的状况也受到关注。谭玉秀分析了 1912—1949 年中国城市失业问题及其对策与实效果。③ 丁丽则以北平社会调查所 1927 年对塘沽久大精盐公司和永利制碱厂工人的调查报告为依据,探析了民国时期塘沽工人的劳动和生活状况。④

区域经济史的研究取得了一定成果。陈岗考察清末至民国四川猪鬃业的开发和经营情况⑤,王强讨论了 20 世纪以后作为出口大宗的蛋品贸易在国际市场竞争中日趋没落的历史原因⑥。杨国山对 1939 年行政力量全面介入烤烟生产的四川烟叶示范场展开研究。⑦ 方光华、梁严冰、林绪武分别考察了抗战时期国民政府对西北的后方建设战略和西南的工业建设规划。⑧ 张跃则通过对近代上海茶叶市场制度的研究,总结了洋行、买办与茶栈形成的稳固的利益共同体关系。⑨ 近代化的过程中,传统城镇和市场的演变是比较突出的。戴鞍钢考察了开埠后上海的崛起对江南原有城镇格局的冲击,它促使经济中心城市由苏州向上海的转移,并相应导致原先以苏州为中心、以运河为纽带的城镇体系转而归向上海。⑩ 袁为鹏则通过探讨晚清芦汉铁路的修筑、汉阳铁厂的创立与发展,揭示其与近代武汉一带早期城

---

① 参见郭岩伟《论民国时期本土企业与外商在华企业的红利》,《中国社会经济史研究》2014 年第 2 期;《论民国时期外商在华企业的股息》,《社会科学》2014 年第 5 期。

② 参见卢忠民《近代旅京冀州五金商人的商业利润初探》,《中国经济史研究》2014 年第 1 期。

③ 参见谭玉秀《民国时期城市失业问题及其对策研究(1912—1949)》,人民出版社 2014 年版。

④ 参见丁丽《民国时期塘沽工人劳动与生活状况浅析——以久大精盐公司和永利制碱厂为中心》,《中国社会经济史研究》2014 年第 4 期。

⑤ 参见陈岗《清末民国四川猪鬃产业的开发和经营》,四川大学出版社 2014 年版。

⑥ 参见王强《近代蛋品出口贸易与蛋业发展》,《史林》2014 年第 5 期。

⑦ 参见杨国山《战时四川美种烤烟的推广——以四川烟叶示范场为中心的考察》,《中国社会经济史研究》2014 年第 3 期。

⑧ 参见方光华、梁严冰《抗战前后国民政府的西北建设战略》,《南开学报》(哲学社会科学版)2014 年第 3 期;林绪武《抗战时期国民政府开发西南的工业建设》,《南开学报》(哲学社会科学版)2014 年第 3 期。

⑨ 参见张跃《利益共同体与中国近代茶叶对外贸易衰落——基于上海茶叶市场的考察》,《中国经济史研究》2014 年第 4 期。

⑩ 参见戴鞍钢《上海开埠与江南城镇格局演变》,《社会科学》2014 年第 1 期。

市化之间的相互促进关系。① 黄敬斌运用施坚雅的理论方法展开对近代以来有关嘉兴城镇人口、工商业、行政与社会机构的分析，认为近代嘉兴的城镇体系与施坚雅的理想模型比较契合。② 中国与国外的经济贸易也颇受关注。郭卫东指出，在鸦片战争之前的很长一段时间内，印度棉花一度成为外国输华第一大宗的货品，此时的中国棉花经济已不单纯是一个局限于中国境内的国内经贸体系，而且开始受到异域的影响。③ 马光则分析了晚清珠三角地区鸦片走私的途径和猖獗的原因。④ 蔡晓荣对华洋定货纠纷的探讨表明，中国传统商业社会的定货惯例在华洋定货纠纷的外力冲击下开始发生嬗变，并直接推动了部分商人组织章程中定货规条的修订，以及西方书面定货合同和其他交易惯例在中国商界的引进和采用。⑤

作为新式交通工具，铁路深刻影响着转型期的中国社会与经济，尤其是沿线城市的发展。江沛等的研究指出，安奉铁路的开通，使安东传统的地缘劣势转化为城市近代化发展中的区位优势，工商业和进出口贸易迅速发展。另一个案是河南中南部的小集镇漯河，由于京汉铁路的通车，刺激了漯河运输业、农业产业化和工商业的快速发展，并逐步实现了由传统农业与贸易依附向现代工商业的转型。⑥ 岳钦韬考察了1905年至1936年长三角地区的人口流动情况，说明铁路在近代长三角交通方面的优势及对社会经济的影响。⑦ 此外，朱荫贵考察了中国轮船航运业在木船业衰落和外国轮船航运业兴起的冲击和压迫下的诞生过程。⑧ 姜修宪则从产权理论的第三视角重新分析近代化过程中轮船航运业与帆船业之间的纠纷，指出双

---

① 参见袁为鹏《清末汉阳铁厂与武汉地区早期城市化》，《中国经济史研究》2014年第3期。
② 参见黄敬斌《近代嘉兴的城镇体系与市场层级——以1930年代为中心》，《复旦学报》（社会科学版）2014年第4期。
③ 参见郭卫东《印度棉花：鸦片战争之前外域原料的规模化入华》，《近代史研究》2014年第5期。
④ 参见马光《1858—1911年珠三角地区鸦片走私与缉私》，《近代史研究》2014年第6期。
⑤ 参见蔡晓荣《晚清时期的华洋定货纠纷及其裁处》，《中国经济史研究》2014年第1期。
⑥ 参见江沛、程斯宇《安奉铁路与近代安东城市兴起（1904—1931）》，《社会科学辑刊》2014年第5期；江沛、陈夏琼《京汉铁路与近代漯河城市的初兴》，《中州学刊》2014年第2期。
⑦ 参见岳钦韬《近代长江三角洲地区的交通发展与人口流动——以铁路运输为中心（1905—1936）》，《中国经济史研究》2014年第4期。
⑧ 参见朱荫贵《清代木船业的衰落和中国轮船航运业的兴起》，《安徽史学》2014年第6期。

方冲突的根源和焦点是对运输权的争夺。①

（四）土地、农村经济与社会变迁研究

农民和农村问题是中国近代经济史研究的重要领域。在近代乡村社会变迁方面，李金铮著《传统与变迁：近代华北乡村的经济与社会》（人民出版社 2014 年版）一书集合了他对近代华北农村的研究成果。该书一方面是方法论的讨论，以华北农村为例探讨中国近代社会经济史的区域研究方法以及从学术史视角探讨 20 世纪 20 年代至 40 年代的中国农村调查；另一方面是实证的研究，以冀中地区为中心探讨华北乡村经济与社会的变迁，以华北乡村为中心探讨中共革命与民间社会的关系。还有学者从影响农村经济社会变动的因素入手考察近代乡村经济。温艳关于 20 世纪二三十年代之交陕甘地区旱灾的关注、童传岭关于晚清山东乡村社会的研究都指出，自然灾害是促使农村经济社会发生变动的一个重要因素。② 董佳以晋绥边区黑峪口村为中心，指出抗战时期晋西北农村土地产权关系因受中共革命影响而发生改变。③ 黄正林讨论了抗战时期甘肃省农业改良和推广的政策和过程④，考察了民国时期甘肃的森林分布及与附近居民生计的关系，并对森林出现过度砍伐问题进行分析⑤。

在土地关系和土地制度方面，隋福民等以"无锡、保定农村经济调查"的数据为基础，通过基尼系数的计算和比较，探讨了保定 11 村的土地占有关系在 1930—1946 年的变化。⑥ 周祖文考察了抗战时期冀中根据地的公粮征收演变，指出其经历从摊派、村合理负担到统一累进税的过程，

---

① 参见姜修宪《产权纠纷与中国近代内河轮运业的发展——以闽江航运为中心》，《中国社会经济史研究》2014 年第 4 期。
② 参见温艳《自然灾害与农村经济社会变动研究——以 20 世纪二三十年代之交陕甘地区旱灾为中心》，《史学月刊》2014 年第 4 期；童传岭《晚清自然灾害与乡村社会研究：以山东为例》，中国文史出版社 2014 年版。
③ 参见董佳《抗战时期边区农村的地权转移与乡村土地关系——以晋绥边区黑峪口村为中心的历史考察》，《中国经济史研究》2014 年第 2 期。
④ 参见黄正林《论抗战时期甘肃的农业改良与推广》，《史学月刊》2014 年第 9 期。
⑤ 参见黄正林《森林、民生和环境：以民国时期甘肃为例》，《中国历史地理论丛》2014 年第 3 期。
⑥ 参见隋福民、韩锋《20 世纪 30—40 年代保定 11 个村地权分配的再探讨》，《中国经济史研究》2014 年第 3 期。

其实质是从比例走向累进、从纷乱走向整齐的过程。① 徐建生、刘克祥则重点考察了蒙地永佃制下的佃权分配和土地经营情况,及在日伪统治时期的延续和影响。② 王志龙则从族田的规模与功能之间的关系切入,指出族田规模的增减,影响着近代宗族活动在主奉祭祀与发展社会公益之间偏移。③

在乡村社会组织和社会结构方面,王大任从东北地区大家庭解体后乡村互惠协作规范的生成这一实例出发,指出东北一些新垦区大家庭构成的"家庭共同体"逐步趋于瓦解的情况下,乡村社会中的农户之间增加了彼此之间可以利用的公共资源,通过协助和救济重新整合社会资源,重构一种经济秩序。④ 杨红运分析了抗战前江苏省分区推行保甲制度中的政治决策和地理因素的互动关系。⑤ 李德英、冯帆讨论了作为传统民间仓储制度重要组成的社仓在清末经营模式上所发生的根本性转变,指出地方士绅参与地方事务的兴趣呈现出了减弱的趋势。⑥ 李学如、曹化芝则指出,作为宗法遗意的产物,近代苏南义庄的管理模式仍然延续着传统的宗法体制,但也在社会结构上发生一定的变迁。⑦

在农村手工业方面,彭南生的新著考察了民国时期长江中下游地区农村手工业的兴衰嬗变过程,对手工业发展的外部条件如外力冲击、政府的制度安排和区域性演变特征都有深入的探讨,并对"半工业化"理论进行系统阐述。⑧ 在外力冲击方面,于新娟以手工纺织业为例,指出20世纪初以来日本棉织品输华贸易的活跃,给本土手工棉纺织业带来严峻挑战的同

---

① 参见周祖文《"不怕拿,就怕乱":冀中公粮征收的统一累进税取径》,《抗日战争研究》2014年第3期。
② 参见徐建生、刘克祥《热河蒙地永佃制下的土地经营和佃农生计》,《中国经济史研究》2014年第4期。
③ 参见王志龙《近代苏南族田的规模增减与功能变动》,《安徽史学》2014年第4期。
④ 参见王大任《变幻的规范——近代东北地区大家庭的分裂与乡村互惠道义准则的生成》,《中国社会经济史研究》2014年第1期。
⑤ 参见杨红运《从江北到江南——抗战前江苏保甲制度分区推行的原因及影响》,《中国社会经济史研究》2014年第2期。
⑥ 参见李德英、冯帆《清末社仓经首选任与乡村社会——以四川新津县社济仓为例》,《四川大学学报》(哲学社会科学版)2014年第4期。
⑦ 参见李学如、曹化芝《近代苏南义庄的经营管理制度》,《中国经济史研究》2014年第1期。
⑧ 参见彭南生《固守与变迁:民国时期长江中下游农村手工业经济研究》,湖北人民出版社2014年版。

时，也提供了新技术的示范和刺激作用。① 李金铮则指出，农村手工业存续的原因非常复杂，既有机器工业品的排挤，更有传统因素的影响，不能无限夸大洋货的冲击，更不能因此而否定手工业的地位和作用。②

近代农民的生活状况也成为学者关注的焦点。李淑娟借助丰富的史料，从东北农民生活入手，讨论了东北沦陷时期日本农业统制、税收制度、劳工摊派及日本移民开拓团的入殖，对民众生活的冲击。③ 王加华则以时间为切入点，指出近代以来随着新式工业发展与整体社会文化变迁，传统乡村民众以农为本的年度时间生活结构和时间观念开始发生改变，现代时间体制逐渐渗入乡村民众生活之中，并使乡村民众的时间生活表现出一种多元化趋势。④

（五）经济思想与人物研究

本年度的经济思想史较集中于讨论经济学的演进和经济学人的思想与境遇。吴敏超通过考察与比较《中国经济》月刊、《经济学季刊》和《中国经济情报》周刊三份富有影响力的经济期刊，探讨从九一八事变至七七事变深重国难背景下中国经济学界争鸣、碰撞的宏大气象。她指出，三份期刊的办刊背景、关注重心、观点主张各有不同，展现了中国经济学界在马克思主义、西方自由资本主义和三民主义等各种思潮影响下，对于列强与中国经济关系、中国经济走何种发展道路等重大问题的歧见。⑤

李玉借用儒家"以身发财"和"以财发身"的概念，分析近代企业家的创业过程和经营理念。他认为张謇的身份资本和身心资本构成了他"以身发财"的主要内涵，而其对发展地方教育和慈善事业的贡献，则是其践

---

① 参见于新娟《20世纪初期中日贸易下手工棉纺织品之境遇》，《厦门大学学报》（哲学社会科学版）2014年第5期。
② 参见李金铮《传统与现代的主辅合力：从冀中定县看近代中国家庭手工业之存续》，《中国经济史研究》2014年第4期。
③ 参见李淑娟《日本殖民统治与东北农民生活（1931—1945年）》，社会科学文献出版社2014年版。
④ 参见王加华《传统中国乡村民众年度时间生活结构的嬗变——以江南地区为中心的探讨》，《中国社会经济史研究》2014年第3期。
⑤ 参见吴敏超《国难中的学术与政治——中国经济学界的争鸣（1932—1937）》，中国社会科学出版社2014年版。

行"以财发身"的体现。① 赵晓阳以陈翰笙和卜凯的政治信仰和宗教信仰背景为切入点，分析二人经济思想根源的背景差异和导致所主持的农村经济调查内容的不同侧重点，从而产生了不同的结论和不同时代的评价标准。② 李金铮全面梳理了 20 世纪二三十年代费孝通的农村经济思想，指出尽管费氏对农村经济的研究没有提出高度抽象性的概念，但仍在中国乃至世界农业经济学作出了重要贡献。③ 吴敏超通过 1940 年经济学家马寅初被捕事件，揭示在民族危难与国共相争之际知识分子作出政治抉择的生动面向与复杂缘由。④ 林航、吴进海分析了林则徐、陈衍、严复、陈璧等福州的三坊七巷学人的币制改革思想及具体实践。⑤ 林刚、纪辛讨论了穆藕初的农本主义思想⑥，李学桃关注了万国鼎提出的由"标准自耕农"到实现农业集体化的理想设计⑦。

此外，徐敦楷著《民国时期企业经营管理思想史》介绍了中国近代企业的变迁与管理特点，以及民国时期企业经营管理思想的形成发展。⑧ 韩丽娟著《近代中国农村内生金融建设思想研究（1927—1949）》展示了 20 世纪 30 年代"商资归农"浪潮及后期南京国民政府倡导的合作运动中，中国农村内生金融建设思想的演变和效果。⑨

（执笔人：李晓龙）

---

① 参见李玉《从"以身发财"到"以财发身"——张謇创业的人力资本与社会效应》，《江苏社会科学》2014 年第 4 期。
② 参见赵晓阳《解决农村经济问题的路径差异与思想根源——陈翰笙和卜凯经济思想比较研究》，《经济学动态》2014 年第 1 期。
③ 参见李金铮《"研究清楚才动手"：20 世纪三四十年代费孝通的农村经济思想》，《近代史研究》2014 年第 4 期。
④ 参见吴敏超《马寅初被捕前后：一个经济学家的政治选择》，《近代史研究》2014 年第 5 期。
⑤ 参见林航、吴进海《福州的三坊七巷与近代中国货币改革》，《华侨大学学报》（哲学社会科学版）2014 年第 2 期。
⑥ 参见林刚、纪辛《穆藕初、农本局与手工纺织业——略论农户经济与本土现代化》，《中国经济史研究》2014 年第 1 期。
⑦ 参见李学桃《现实与理想的结合：万国鼎对近代农村土地问题的思考》，《兰州学刊》2014 年第 4 期。
⑧ 参见徐敦楷《民国时期企业经营管理思想史》，武汉大学出版社 2014 年版。
⑨ 参见韩丽娟《近代中国农村内生金融建设思想研究（1927—1949）》，上海交通大学出版社 2014 年版。

第三章

近代社会文化史

2012年度

本节所述领域为中国近代社会史、文化史和狭义的社会文化史，时间范围为2011年9月至2012年6月。此近一年间，国内出版有关中国近代社会与文化史研究著作20余部，发表期刊论文约200篇，可见该领域仍然是吸引众多研究者的热门领域。从这些论著的内容来看，既有研究空间的拓展、研究内容的扩增，也有诠释理论与分析方法的探索，反映了中国近代社会文化史学科的一些最新进展和新趋向。这些论著主要集中的研究主题及一些代表性成果分述如下。

（一）社会与文化史研究的理论探索

社会史与文化史研究在近二三十年发展较快，与此同时也遇到发展的"瓶颈"问题。近年来学界为深化社会史与文化史研究进行了探索，本年度有较多相关研究成果刊布。随着本土社会文化史研究的深入，以及对国际史学发展大趋势认识的加强，对社会文化史的理论反思是本年度研究中的一个热点。《晋阳学刊》2012年第3期发表了"突破瓶颈：中国社会文化史的理论与方法"笔谈，选取了2011年9月下旬首都师范大学社会文化史研究中心与中国社会科学院近代史研究所社会史研究中心联合举办的"西方新文化史与中国社会文化史的理论与实践学术研讨会"中几篇代表性文章。刘志琴指出，当代史学的趋向是从笔录帝王行事到记述百姓生活，社会文化史就是要发掘另一个中国形形色色的民众生活，还原历史的本来面目，并以它的特色走向人文学科的前沿。梁景和讨论了社会文化史中常态与动态、碎片与整合、生活与观念、一元与多元、真实与建构五对概念。左玉河认为，社会文化史研究的重点，是关注于生活现象背后所孕育的"文化"含义，既要研究社会生活，还要研究背后隐藏的社会观念，特别关注社会生活与观念之间的互动。①

社会生活史是社会文化史的核心内容,2011年9月,在天津南开大学召开了"中国日常生活史的多样性"国际学术研讨会。本年度还有数篇文章倡导加强社会生活史的研究。常建华指出,社会生活史是以人的生活为核心连接社会各部分的历史,生活史研究的最大价值是建立以人为中心的历史学。生活史立足于民众的日常活动,镶嵌于社会组织、物质生活、岁时节日、生命周期、聚落形态中。生活史的研究带来视角与方法的变化,可以从习以为常发现历史,从日常生活来看国家,挑战传统史料认识。②刘志琴指出,随着中国人生活意识的觉醒,闲暇问题愈来愈彰显其重要性,这是一个富有潜力的课题。③

针对目前有关社会文化史的讨论,论者偏重于汲取西方"新文化史"的理论和方法,而对中国史学资源甚少提及。罗检秋认为,20世纪初年"新史学"的研究取向和方法仍可资借鉴。社会文化史内容丰富,论题亦不限于大众文化一隅,可从多方面拓展和深化。④王东杰则进一步分析了清末民初中国社会史研究兴起的原因。清末民初的一种流行观点认为,中国自秦汉以下皆在退化或循环中,按照社会进化论,面临必然被淘汰的危险。这促使一批新史家在中国历史中寻找"进步"的迹象。然而,因为传统政治和学术主流皆被视为"专制的",他们不得不另辟蹊径,结果把一些过去认为非"正统"的现象升格为历史叙述的主线。⑤

学者还注重对社会史研究方法进行反思。行龙近年一直提倡区域社会史研究。他认为,走向田野与社会是区域社会史研究的重要学术追求和实践。区域和整体是辩证统一、普遍联系的,从区域看整体是社会史研究行之有效的方法和手段。⑥池子华、郭进萍指出,社会史在新时期的蓬勃发展得益于其开放性和跨学科的研究特色,而这又在一定程度上加剧了社会史的碎片化现象。打破学科界限仍是社会史发展的大势所趋,而社会史的

---

① 参见《晋阳学刊》2012年第3期。
② 参见常建华《中国社会生活史上生活的意义》,《历史教学》2012年第2期。
③ 参见刘志琴《中国人生活意识的觉醒》,《河北学刊》2012年第3期。
④ 参见罗检秋《从"新史学"到社会文化史》,《史学史研究》2011年第4期。
⑤ 参见王东杰《"价值"优先下的"事实"重建:清季民初新史家寻找中国历史"进化"的努力》,《近代史研究》2012年第3期。
⑥ 参见行龙《走向田野与社会:区域社会史研究的追求与实践》,《山西大学学报》(哲学社会科学版)2012年第3期。

碎片化倾向则要靠研究者的主观努力来克服。① 张俊峰分析了明清中国水利社会史研究的理论视野，指出：一是以反思和批判魏特夫的治水学说为起点；二是充分运用国家与社会关系理论，讨论水利与社会、水利与国家的关系；三是吸收人类学研究成果，以弗里德曼的理论假设和宗族范式为基础，实现了从"宗族社区"向"水利社区"的转变；四是具有反思与超越日本学界"水利共同体"理论的学术自觉，实现了从水利共同体向水利社会的转变。②

几年前杨念群与赵世瑜等学者即提出社会史研究中要注意与政治史对话。本年度，李忠人梳理了社会史与政治史的关系。他指出，20世纪以前，中西方史学界始终是政治史一统天下，此后在否定政治史中兴起社会史，而中西方社会史发展到今天，从兴起伊始纯然"否定政治"到研究实践中"悬置政治"，再到逐步"融汇政治"，经历了一个"否定之否定"的发展历程。③

（二）社会结构、社会生活与社会转型

1. 社会阶层、社会组织与群体

社会阶层、社会组织与群体一直是社会史研究的重要领域，近年其研究趋势越来越"社会史"化，即不仅研究其内部结构和运作，而且研究其在政治活动、市政管理、公共参与等方面的功能与行为。

在近代中国社会的转型进程中，社会阶层的嬗变、职业群体的变迁与新式社会团体的兴起尤为引人注目。汤克勤《近代转型视阈下的晚清小说家》一书，将晚清小说家群体分成了三类：士大夫出身的小说家、以报人身份为主的职业或半职业小说家和新学生（包括留学生）小说家，分别对应士的近代转型进程的三部分：传统士大夫向知识分子转型、普通士人向知识分子转型、近代新式学堂培养的学生（包括留学生）向知识分子转型。晚清小说家以其小说作品来改良政治，救治社会和"新民"，从而启

---

① 参见池子华、郭进萍《反思社会史的双重面向——以社会史碎片化问题为中心》，《贵州师范大学学报》2012年第2期。
② 参见张俊峰《明清中国水利社会史研究的理论视野》，《史学理论研究》2012年第2期。
③ 参见李忠人《"否定之否定"：社会史与政治史关系探究》，《清华大学学报》（哲学社会科学版）2012年第2期（第27卷）。

悟其他士人向知识分子转型。① 邱志红《现代律师的生成与境遇：以民国时期北京律师群体为中心的研究》（社会科学文献出版社2012年版）一书以制度史与社会史、文化史相结合，地方史与整体史相结合的思路，展示出民国时期北京律师群体的整体特征、专业养成、职业意识、角色期待，以及执业境遇等内涵，揭示了律师群体的萌生、发展及其在近代中国的命运、地位和影响。王伟《中国近代留洋法学博士考：1905—1950》（上海人民出版社2011年版）一书认为中国近代留洋法学博士的成就与其留学经历的关系具有如下规律：（1）社会成就大小与博士留学期限的长短没有相关性。（2）社会成就大小与留洋法学博士的具体种类没有相关性。（3）社会成就大小与留学国别没有明显的相关性。（4）对于有博士论文的法学博士来说，博士毕业之后的研究方向与博士论文的研究领域有部分相关性，但也不尽一致。（5）社会成就大小与其留学外语语种没有特殊的相关性。戴斌武《抗战时期中国红十字会救护总队研究》（天津古籍出版社2012年版）一书认为该救护总队是一个高度专业化的战地救护组织，也是抗战时期整个救护体系的核心，为抗战胜利作出了不可磨灭的贡献。杨小辉《近代中国知识阶层的转型》（上海社会科学院出版社2011年版）一书，认为现代知识分子与传统士绅有显著差异，他们既不以士自居，也不自诩为道统的载体，身处这个正式的社会，却又不属于这个社会。由此产生的焦虑，促使相当一部分现代知识分子将自己的未来越来越紧密地与乌托邦的"愿景"联系在一起，进而投入了革命运动。

还有多篇论文讨论社会群体与民间组织问题。王敏通过梳理清代著名世医家族青浦何氏的生活史资料，分析其收入来源构成与家族经济状况，剖析其背后的医患关系与儒医义利观等深层次社会、文化因素，揭示清代精英医者普遍面临的"过度道德化"困境。② 朱晓明通过抽样分析研究上海档案馆所藏102名法租界华人巡捕的工作档案，揭示了华人巡捕在法租界捕房中被统治被管理的基层工作者形象及其受压抑的政治地位。③ 张玲、应聂潇研究了苏北旅沪同乡组织，指出早期的苏北旅沪移民大多是富有的

---

① 参见汤克勤《近代转型视阈下的晚清小说家》，中国社会科学出版社2012年版，第210—213页。
② 参见王敏《清代医生的收入与儒医义利观——以青浦何氏世医为例》，《史林》2012年第3期。
③ 参见朱晓明《上海法租界华人巡捕研究》，《史林》2012年第1期。

沙船主和商人，19世纪末期以后，随着苏北生存条件恶化，大量破产的苏北移民涌入上海，受地缘、籍贯影响而成为劳工阶级的主力军。[①] 朱英、巴杰考察了国民革命时期的店员群体。店员组织经历了公所——工会（公会）——同业公会的演变过程。店员运动的首要诉求在于提高工资待遇，改善工作环境，限制店主辞退店员等经济要求。店员属于工人还是商人等职业身份界定的争议，主要出自政党的"革命"需要，而不是店员的自身诉求。[②]

社会群体与政治的互动也受到关注。虞和平、陈君静考察了1920年前后废督裁兵运动中商会与孙中山的关系，指出商会的活动是民众废督裁兵运动的中坚力量，不仅乘军阀的表演顺势而进，而且与孙中山的号召彼此呼应，既敦促军阀政府有所举措，也声援孙中山持之以恒，从而为国民革命的兴起做了前期的社会动员。[③] 陈芳以留日陆军士官生为中心分析清末留日学生与地方督抚间的政治博弈。[④] 岑红、印少云分析了留学生群体在近代以来中国民族国家的构建中起到了重要作用。[⑤] 张玲考察了中国共产党对江淮旅沪同乡会的政治动员。[⑥] 谷秀青以民国时期江苏省议会"议员加费案"为例，分析了省议会与民间社团之间的冲突。[⑦]

民间组织与社会管理是近年引起关注的论题。谯珊以重庆八省会馆为例分析清代城市管理中的民间自治。认为至19世纪中晚期，中国的城市管理仍然以官府治理为主，会馆等民间组织尽管参与了城市管理，但其行动仍在官府的鼓励和控制下作为，这是一种"专制下的自治"。[⑧] 彭南生、胡启扬以民国汉口保安公益会为例考察了近代城市社会管理中的市民参

[①] 参见张玲、应聂潇《早期苏北旅沪移民社团的演变》，《史林》2012年第3期。
[②] 参见朱英、巴杰《试论国民革命时期的店员群体》，《学术研究》2012年第1期。
[③] 参见虞和平、陈君静《1920年前后废督裁兵运动中的商会与孙中山》，《广东社会科学》2012年第3期。
[④] 参见陈芳《清末留日学生与地方督抚间的政治博弈——以留日陆军士官生为中心》，《安徽史学》2012年第1期。
[⑤] 参见岑红、印少云《留学生与近代中国民族国家的构建》，《学术研究》2012年第5期。
[⑥] 参见张玲《中国共产党对江淮旅沪同乡会政治动员初探（1925—1949）》，《社会科学》2012年第2期。
[⑦] 参见谷秀青《民国时期省议会与民间社团之间的冲突——以江苏省议会"议员加费案"为例》，《江苏社会科学》2012年第5期。
[⑧] 参见谯珊《专制下的自治：清代城市管理中的民间自治——以重庆八省会馆为研究中心》，《史林》2012年第1期。

与。汉口保安公益会获得了市民的普遍认同和广泛参与，形成了一个典型的现代意义上的公共管理领域。在参与过程中，市民的公共需求和特殊利益得到了实现，参与者的"搭便车"行为则通过团体内部的制度建构得到了监督，从而有效地搭建起近代城市社会管理中市民参与的动力机制与团体内部的监督机制。[①] 江文君通过民国时期的上海医师公会讨论了职业与公共参与，指出近代上海的医师群体通过上海医师公会这一职业团体，积极参与公共政治事务。在战后医师公会的重建过程中，国民政府试图用一个大政府去管理各种各样的公共事务，由此创制了一种国家控制社会的模式。[②]

2. 社会流动、社会控制与社会转型

社会流动既包括地域之间、行业之间的流动，也包括阶层之间的流动。任吉东以直隶省获鹿县为例探讨了近代地方精英群体的养成机制。认为科举废除后，近代地方社会精英群体结构发生了很大变化。传统士绅凭借旧时功名，新式精英依靠学堂学历，跻身地方政权建设。地方精英养成机制呈现出多元化、过渡化的特征，并伴生劣质化的特征。[③] 张文俊、张玮以1942年张闻天在兴县9村调查资料为基础考察了抗日根据地乡村社会阶层的流动。指出晋西北抗日根据地乡村社会阶层出现"非正常"流动，表明乡村社会严重分化，沿着革命政权构建的方向重新整合，实现着"强国家弱社会"的政治图景，揭示出共产党革命与乡村社会阶层流动间的内在逻辑关系，同时反映出共产党已取得对根据地乡村社会阶级结构改造试验的成功。[④] 贾滕以河南商水县为例分析了1947—1953年乡村土改运动中积极分子的生成与淘汰机制。认为土改、剿匪反霸清算、土改复查与民主建政等阶段具有不同行为特点的积极分子相继出现，同时部分旧积极分子遭到淘汰。积极分子之所以有阶段性的变动，与其在群众运动中的生成与淘汰方式密切相关，根本原因在于革命与乡村的

---

① 参见彭南生、胡启扬《近代城市社会管理中的市民参与——以民国汉口保安公益会为例》，《江苏社会科学》2012年第1期。
② 参见江文君《职业与公共参与：民国时期的上海医师公会》，《史林》2012年第3期。
③ 参见任吉东《近代地方精英群体的养成机制初探——以直隶省获鹿县为例》，《史学集刊》2012年第2期。
④ 参见张文俊、张玮《抗日根据地乡村社会阶层之流动——以1942年张闻天兴县9村调查资料为分析对象》，《抗日战争研究》2012年第3期。

内在紧张关系。①

近年来灾害、慈善救济、社会控制等领域引起了学界越来越多的关注，也是本年度的一个热门领域。2011年10月在济南举行了"近代民间组织与社会救济"国际学术讨论会。此外，还有一批专题论著。郝平《丁戊奇荒：光绪初年山西灾荒与救济研究》（北京大学出版社2012年版）一书，从"弱朝廷强地方"的视野出发，认为"丁戊奇荒"中的赈灾主体不在国家，而在地方，地方有一套不同于国家救灾的体制。地方士绅、商人、富户捐赈行为的背后，既有追求名利的思想，更有传统文化长期熏染下的慈善思想。朱浒《民胞物与：中国近代义赈（1876—1912）》（人民出版社2012年版）一书采用了事件史和叙事史相结合的写作手法，考察近代义赈的阶段、形态、特征、作用、影响和意义，指出大批义赈人涉足洋务企业或其他近代工业，逐渐转为近代绅商，从而具备了更大的活动能量，晚期民间义赈在国家层面得了高度认同，更有力地介入国家场域。李小尉《新中国建立初期的社会救助研究》（社会科学文献出版社2012年版）一书认为中华人民共和国成立初期的社会救助事业在实践上取得了重要成就，但带有非制度化、非社会化等缺憾，甚至在救助思想上存在着某种倒退。从国家与社会的关系框架分析，新政权通过社会救助，将自身的控制力渗透到了社会的各个层面；从长远来看，这种"大政府、小社会"的国家架构严重制约了社会救助事业的发展，也不利于现代化的建设。

关于灾荒救济与社会管理方面的论文也有多篇。李长莉通过对清中期至清末三个清代救灾案例的考察，认为体制性质而非官员素质是救灾效能的决定因素，体制组织化是社会公共管理的制度保障，官民力量的整合使救灾成为集中全社会力量共同进行的公共事业，因而效能显著。救灾体制转换所显示的效能示范，彰显了新式救灾体制的优势，促进了社会公共管理模式的近代转型。② 余新忠撰文讨论了晚清检疫机制引进中的社会反应，认为晚清多数官员和士绅精英将其视为有利于维护国家主权、促进国家现代化的爱国和进步之举，而民众往往由于自身利益受损而心怀不满，甚至进行反抗。卫生检疫带给中国社会的不只是主权、健康、文明和进步，同

---

① 参见贾滕《阶段性变动：乡村土改运动中积极分子生成与淘汰机制研究——以河南商水县为例（1947—1953）》，《党史研究与教学》2012年第3期。

② 参见李长莉《清代救灾体制转换与公共管理近代转型——效能分析与基层案例比较》，《江海学刊》2012年第1期。

时也存在民众权利和自由在卫生和文明的名义下被侵蚀和剥夺的事实。①1944—1947年滇西鼠疫，当时被认为源于缅甸境内，或源于日军的细菌战。曹树基对上述看法提出质疑，他撰文指出，在20世纪50年代中期鼠疫自然疫源地理论形成之前，人们对于一个地区鼠疫疫情的寂灭与复活，相当不解，遂将鼠疫疫情归咎于缅甸或日军散布的细菌。②

关于民间力量与社会救济的关系，唐力行撰文讨论了1923—1949年徽州旅沪同乡会的社会保障功能，认为各地同乡会、商会等自治组织形成一个个保障圈，覆盖了上海市民社会相当大的空间，它们与上海市政府实施的一系列社会保障政策形成纵横交错的网络。同乡会的社会保障功能，展现了独立、自治的市民公共空间。③曾桂林以《监督慈善团体法及其施行细则》《上海市慈善团体财产整理章程》两个慈善法律法规为个案，探讨民国时期上海慈善团体联合会参与慈善立法的方式及其发挥的作用，并借以透视慈善界与政府之间错综复杂的关系。④

社会控制方面也有一些成果。郑振满通过《培田吴氏族谱》的研究指出闽西客家的乡族自治传统与晚清地方自治有历史渊源。培田吴氏的家训、家法与族规，体现了家族自治的理想模式。培田吴氏的各大支派和社团组织，对乡族公共事务和公益事业实行了有效的管理。清末新政期间成立的"培田公益社"，取代了乡约的行政职能，实现了从家族自治向地方自治的历史转型。⑤徐茂明撰文探讨了明清以来江南妖术恐慌的衍变及其社会根源。认为江南妖术恐慌生存的社会根源是江南人自古以来就有的"信鬼神"风俗，但触发妖术恐慌的直接原因则是天灾与人祸，国家对社会的控制相对弱化，妖术就极有可能乘乱而起。⑥柳岳武讨论了清末民初江苏句容县的主客冲突与融合。太平天国运动后句容地区拥入了大量客

---

① 参见余新忠《复杂性与现代性：晚清检疫机制引建中的社会反应》，《近代史研究》2012年第2期。
② 参见曹树基《战后之役：1944—1947年滇西鼠疫研究》，《近代史研究》2012年第2期。
③ 参见唐力行《徽州旅沪同乡会的社会保障功能（1923—1949）》，《上海师范大学学报》（哲学社会科学版）2012年第3期。
④ 参见曾桂林《民国时期慈善立法中的民间参与——以上海慈善团体联合会为中心的考察》，《学习与探索》2011年第6期。
⑤ 参见郑振满《清代闽西客家的乡族自治传统——〈培田吴氏族谱〉研究》，《学术月刊》2012年第4期。
⑥ 参见徐茂明《明清以来江南妖术恐慌的衍变及其社会根源》，《史林》2012年第3期。

民，为争夺水土资源和风俗习惯的不同，与土民不断发生冲突，政府行为失当客观上又激化了这一冲突。随着时间流逝与相互磨合的加深，这一冲突逐渐变为融合，使主客间形成一种新的乡村社会体系，衍生出新的乡村社会秩序和风俗。① 杨丽萍撰文讨论中华人民共和国成立前后上海旧式社团的清理整顿。上海解放初期旧式社团的存在为基层统治权威提供了组织基础和活动平台，新政府在20世纪50年代对旧式社团进行了持续清理整顿，最终实现了基层社会控制权的平稳转换。②

（三）社会生活、女性与法律

1. 社会生活与大众文化

清末民初"价值"体系发生动摇，出现了信仰危机与人心失控等问题，一些学者对此予以探讨。左玉河认为辛亥革命后儒家经典从政治、教育领域全面退出，带来了人们对新社会秩序的怀疑和迷茫，也导致了空前未有的信仰危机。守旧势力在"尊孔"旗帜下力图重建新的信仰和道德秩序。康有为、陈焕章等人组织孔教会，发起国教运动；袁世凯政府命令尊孔读经，企图在"保存国粹"的幌子下强化对民众的思想控制。尽管袁世凯尊孔未必与其帝制活动有内在的联系，但他在尊孔旗号下公开进行帝制复辟活动，孔教会与张勋复辟帝制之间也有密切关系。尊孔思潮引起中国先进分子的猛烈批判，孔子及儒学的独尊地位亦随之瓦解。③ 李俊领认为1906年清廷借孔子收拾人心，京师文庙祀典从中祀升为大祀，但文庙祀典因官员们的离心而失序，孔子与儒学统摄人心的功能更为弱化。其根源在于文庙祀典升格既不能在制度与信仰上提升孔子和儒学的地位，又不能在政治思想上协调"礼治"之道与民主宪政的冲突。表明清廷在政治变革之际未能预先注意并妥善引导社会舆论方向，在控制人心上因循成规，缺乏制度创新的视野与活力。④

许多学者关注苏区、革命根据地、解放区的红色节庆与礼俗。樊宾分

---

① 参见柳岳武《清末民初江南地区主客冲突与融合——以江苏句容县域为主要研究对象》，《史林》2012年第2期。
② 参见杨丽萍《建国前后上海旧式社团的清理整顿——兼论基层社会统治权威的转换》，《江苏社会科学》2012年第5期。
③ 参见左玉河《民国初年的信仰危机与尊孔思潮》，《郑州大学学报》（哲学社会科学版）2012年第1期。
④ 参见李俊领《清末文庙祀典升格与人心失控》，《史学月刊》2012年第5期。

析了苏区的节庆文化及其特点。认为苏区节庆在传输革命理论、动员组织群众、显示群体力量、改造社会习俗、充实群众生活，建立以阶级关系为基础的情感模式，树立中国共产党在革命运动中的领导权威等方面，发挥着重要的推进作用。① 薛云、李军全讨论了华北抗日根据地的春节娱乐活动。认为抗日战争爆发后，中国共产党开始利用具有深厚民众基础的春节娱乐活动开展政治宣教工作。为使其符合自身意识形态的要求，中国共产党进行了一系列的政治技术运作，使以娱乐为主的春节娱乐活动呈现出政治教化的意义。在这个过程中，中国共产党建构政治话语的具体途径不是抛弃或打击乡村旧有的文化形态，而是借助或利用，最终确立在乡村文化中的霸权地位。② 李俊领撰文讨论了中共根据地与解放区的红色礼俗。中共政权创造了具有革命含义的红色礼俗，以简洁为本色、以革命为指向，深刻改变了根据地和解放区的社会日常生活，尤其在延安时期增加了以毛泽东权威为核心的个人崇拜特色。在根据地和解放区，不断传播的红色礼俗逐渐取代了传统礼教，重新塑造了民众的行为与观念，发挥了重要的社会动员与政治整合作用。红色礼俗并没有完全打破男尊女卑的传统观念，而是逐渐成为一种新的威权化的文化符号。③

国民政府方面岁时节令中的政治与民俗也出现了一些新成果。朱文哲讨论了近代中国纪年中的"耶稣"与"公元"纪年的变迁，指出南京国民政府建立之后，重审"废止旧历，普用国历"，消解"耶稣纪年"的宗教色彩和"西方"局限，重构其"普遍性"则成为时人的重要考虑。民族主义和世界主义，政府政治权威的建构与民众习俗的改造，时间计量方式的科学性和实用性等因素影响了纪年变革，最终促使"耶稣纪年"蜕变为"公元纪年"，并确立了主导地位。④ 湛晓白以陈果夫所著《中华民国生活历》为中心讨论了民国岁时节令中的政治与民俗，指出1927年之后，南京国民政府为了彻底结束阴阳历并行的二元格局，强制推行国历。国历运动手段过激，对旧历作为民俗的价值和惯性作用均估计不足。1945年国民

---

① 参见樊宾《论苏区的节庆文化及其特点》，《江西社会科学》2012年第1期。
② 参见薛云、李军全《论华北抗日根据地的春节娱乐：1937—1949》，《抗日战争研究》2012年第1期。
③ 参见李俊领《民国时期中共根据地与解放区的红色礼俗》，《阜阳师范学院学报》（社会科学版）2011年第6期。
④ 参见朱文哲《从"耶稣"到"公元"：近代中国纪年公理之变迁》，《民俗研究》2012年第3期。

党政要陈果夫编制出版的《中华民国生活历》一书则对国历运动的失衡进行了有意识的纠偏补弊。通过这本日历，反映了陈氏重建基层宗法社会及其礼制的政治理念。① 郭辉分析了抗战时期民族扫墓节与民族精神的建构。指出为应对民族危机，国民政府制定民族扫墓节，既继承清明节某些传统，也融合中国古代其他的传统元素。民族扫墓节的国家典礼包括祭祀黄陵、周陵、茂陵、昭陵等先圣先贤陵墓，此后还加入明太祖孝陵。抗日战争时期民族扫墓仪式的举行被赋予了深刻内涵，即凝聚民族精神，提高民族自信力，为争取抗战的胜利提供精神动力，但实际效果有限。② 刘平、刘晨撰文指出，近代中国社会的丧葬礼俗经历了太平天国和中华民国两次大的改革，最终较为成功地过渡到具有现代特征的新式丧礼。太平天国丧葬改革的失败与民国政府丧葬改革的成功，证明移风易俗、丧葬改革成败与否的主要原因是社会局势、政权、政策、执行力度等政治层面的因素。③

大众文化近年也受到学界关注。在近代中国戏剧演出中，名角制发展成一种行业运作模式和机制。徐煜《近现代戏曲名角制文化研究》（上海书店出版社 2011 年版）一书以跨学科、多领域交叉结合的方式，对近代中国戏剧名角制文化的表层现象和外在形态进行深度开掘。认为戏曲领域的"名角制"模式，是由民间戏班的行帮形态向近现代娱乐产业的演变，这一行业规则主要是以知名演员的特权为基准建立的，与社会政治、经济、文化等一系列问题构成紧密的互动关系。但其操作模式只限于被动适应状态，而不具备主动制造明星的意识和作用。抗战时期上海的职业话剧十分引人注目。李涛《大众文化语境下的上海职业话剧：1937—1945》（上海书店出版社 2011 年版）一书分析了上海职业话剧在中国现代话剧史上的重要意义。认为上海剧人依托海派文化背景，使话剧艺术贴近观众，贴近城市生活，跻身大众文化行列，造就了一大批优秀戏剧人才，使上海成为中国话剧的主产地，还带动了其他剧种的发展。但上海职业话剧在商业化的道路上失误在于其经济利益超越了艺术规律，由此产生了众多负面效应。林小美《清末民初中国武术文化发展研究》（浙江大学出版社 2012

---

① 参见湛晓白《民国岁时节令中的政治与民俗——以陈果夫所著〈中华民国生活历〉为中心》，《民俗研究》2012 年第 3 期。
② 参见郭辉《抗战时期民族扫墓节与民族精神的建构》，《史学月刊》2012 年第 4 期。
③ 参见刘平、刘晨《太平天国与中华民国的丧葬改革比较》，《江苏教育学院学报》（社会科学版）2012 年第 1 期。

年版)一书采用历史法、文献法、比较法和系统法对清末民初时期的武术文化发展脉络进行梳理和深入研究,分析了清末维新思潮、军国民教育思潮、新文化运动与"土洋体育之争"对近代中国体育、武术文化传播等方面的影响。

2. 女性研究

婚姻是与女性有紧密关系的社会制度,近代婚姻文化的变化影响着女性的生存状态。梁景和、廖熹晨指出清末民初形成20世纪婚姻文化变革的第一次高潮。这一变革是在"习俗救国"口号的感召下进行的,既是西俗东渐后向西方学习的一个具体事项,也是对戊戌维新时期婚姻文化变革的一个继承,更是男女平权这一女性解放思潮引导下生活方式变革的重要体现。进步知识分子主张的新式婚姻观以及婚姻文化的变革,蕴藏着女性身体和精神解放的意义,亦蕴含着男女平等、男女两性双重解放的意义,即人的解放的意义。这是中国传统"人伦文化"向"个性主义"文化转变在婚姻文化变革中的体现。[①] 雷家琼讨论了五四后十年间逃婚女性的生存困境。认为在20世纪二三十年代的城市社会,许多接受过婚姻自由理念的女性选择以逃婚的形式来争取婚姻自主权。由于家庭和社会的普遍不谅,以及法律的实际支持不足,逃婚女性逃离家庭后往往陷入困厄境地,备尝艰辛。[②] 田苏苏考察了抗战时期晋察冀边区女性婚姻问题,指出抗日战争时期晋察冀边区政府建立后,通过颁布和广泛实施新的婚姻政策,改变了晋察冀边区旧的婚姻制度下男女不平等、无婚姻自由、买卖婚姻盛行等封建陋习,使妇女的各种婚姻权益受到法律保障,大大提升了妇女在婚姻关系中的地位,并由此促进了妇女融入边区社会政治、经济生活的步伐。[③]

女性参与社会引发的问题也受到关注。李净昉以北洋女子师范学堂为例分析辛亥革命时期女学生的人生道路抉择,认为传统性别制度和观念之所以能够延续下来,除了男性教育者的反复提倡,也与尊崇传统的女学生

---

① 参见梁景和、廖熹晨《女性与男性的双重解放——论清末民初婚姻文化的变革》,《史学月刊》2012年第4期。

② 参见雷家琼《艰难的抗争:五四后十年间逃婚女性的生存困境》,《社会科学战线》2011年第12期。

③ 参见田苏苏《抗战时期晋察冀边区女性婚姻问题的考察》,《抗日战争研究》2012年第3期。

的维护密不可分。那些投身革命的女学生则以较激进的方式挑战了传统性别关系,为实现公领域的男女平权作出大胆尝试。① 徐进从革命与性的视角考察了晋察冀根据地村干部"男女关系"问题的由来。认为1947年至1948年土改整党之际,村干部的"男女关系"问题大量存在,但这类问题不能简单以干部腐化论之,如果将其放在乡村社会的背景下去考察,即可发现非婚性行为是固有并长期存在的,这与当地的男女比例失调有一定关联,战争影响与中共革命动员在某种程度上加剧了这一问题。此次整党,村干部问题被严重高估,"男女关系"问题也是如此。熟识当地情况的干部对这一问题作出了相对温和的解读,并被中共决策者所接受。②

3. 法制与法律观念

基层诉讼既是法律问题,又直接关联着社会生活,而且还反映了社会生活与法律的互动。本年度学界从社会史的视角讨论基层诉讼取得新进展。徐跃考察清末四川地方捐施诉讼,讨论了基层学绅、劝学所视学及地方官在学事诉讼纠纷中的角色及作用,认为士绅通过参与地方学务与国家权力之间建立了更加密切的联系,对国家与地方关系、地方社会权力构造的变化产生了深远影响。③ 杜正贞通过梳理新发现的龙泉地方法院晚清至中华人民共和国成立前祭田轮值的诉讼档案,认为祭田轮值纠纷和诉讼的频繁发生,既与祭田轮值制度有关,也与民国时期法律和司法的困境有关。用民国法律代替传统礼制,使得人们拥有了一套新的制度和语言,重新整合宗族和族产,与民间社会中一直存在的对礼、法的自由阐释和实质上的突破相配合,加速了社会结构和观念层面上不可逆转的变化。④ 吴佩林以四川为例探讨了清末新政时期官制婚书的推行。四川省官府下令废止民间自拟庚帖,改为购买官方统一印制的婚书,由于民间婚俗根深蒂固、推行方法失之简单、法律新规形同虚设等原因,致旧弊未杜,新弊日生,最终以失败收场。既反映了时局变动下政治、经济、法律与社会的实际状

---

① 参见李净昉《辛亥革命时期女学生的历史抉择——以北洋女子师范学堂为例》,《南开学报》(哲学社会科学版)2011年第6期。

② 参见徐进《革命与性:晋察冀根据地村干部"男女关系"问题的由来》,《史学月刊》2011年第10期。

③ 参见徐跃《清末地方学务诉讼及其解决方式——以清末四川地方捐施诉讼为个案的探讨》,《近代史研究》2011年第5期。

④ 参见杜正贞《晚清民国时期的祭田轮值纠纷——从浙江龙泉司法档案看亲属继承制度的演变》,《近代史研究》2012年第1期。

况,也表现了当时国家法律与民间习俗的契合与紧张。[①]

4. 城市史

20世纪90年代中国社会史研究再度兴起时,城市史为社会史研究中的重要领域,经过二十多年的发展,城市史尤其是对上海的研究取得了一系列成果。本年度城市史研究再起小高潮。

《江汉论坛》2012年第1期发表了一组城市史研究成果。如朱士光对中国城市史研究提出一些看法,侯甬坚解析了西安城市生命力。[②] 此外还有一批论著。钟建安《近代江西城市发展研究:1840—1949》(巴蜀书社2011年版)一书采用实证史学、计量史学以及比较史学等方法,将宏观研究、中观研究与微观研究三个角度相结合,考察了以南昌、景德镇、萍乡、九江为中心的江西城市在近代的发展。认为制约近代江西城市发展有两大因素:一是没有成熟、系统的现代化思想,强有力的现代化领导集团的引导和社会力量的参与;二是缺乏现代化发展必需的稳定社会环境和经济推动力。吴聪萍《南京1912:城市现代性的解读》(东南大学出版社2011年版)一书以现代性观察视角,借助人类学的理论,分析了1912年南京历史的横截面,着重分析了其现代性因素的兴起。认为在南京城市现代性因素逐渐增长的过程中,国家占据了主导和决定性因素,由此也为南京的现代性发展带来了一些弊端,比如在国家行政干预下,城市自治的机能较差,反过来也制约着城市的现代自主发展。

除此之外,城市居住格局、城市规划等逐渐纳入城市史研究领域。郭松义考察了清代社会变动中京师居住格局的演变。对于清初统治者强迫原居京师内城的汉官、商民迁出一事,以往缺乏细致研究而令人心存疑惑。文章指出此事确曾严厉实施,并形成旗人居内城,汉官、商民居外城和城郊的基本居住格局;当统治者完成迁居之时,现实又使其向相反方面行进,汉官、商民重新被吸引进入内城,这说明人为的隔离政策不可持续。[③] 陈蕴茜以民国南京住宅建设为中心考察了国家权力、城市住宅与社会分层。1927年后,南京成为国民政府的首都,推展城市住宅建设。住宅规格的高低决定了各区域的居民构成与社会分层,南京城市住宅空间的布局也

[①] 参见吴佩林《清末新政时期官制婚书之推行——以四川为例》,《历史研究》2011年第5期。

[②] 参见《江汉论坛》2012年第1期。

[③] 参见郭松义《清代社会变动和京师居住格局的演变》,《清史研究》2012年第1期。

随之由传统的以自然化分区为主,向以社会分层化为主的空间布局转型。现代国家权力对城市空间的建设、控制与改造是极具深度的,它不仅影响到居民生活、城市形象,更影响到社会分层与空间转型,这是现代性的重要体现。① 董佳以1928—1929年的首都规划为中心讨论了南京的城市设计与规划政治,指出国民政府在《首都计划》的规划文本中有意识地植入党记意识形态和民族主义的建筑意图。国民政府对首都的规划不仅是技术层面的革新,实际上也是封建时代加强统治和区分己这一古老政治传统的现代延续。② 冯贤亮指出在20世纪30年代,江南城市的新式旅馆业空前兴盛,反映出城市生活中为人们提供食宿的服务业日趋现代化,并重塑了人们对公共服务业的崭新认识。③

(四)教育与宗教信仰

1. 教育制度与教育观念

教育改革是近代文化史领域关注度较高的领域,本年度也有较多成果。

《学术研究》2012年第3期刊载了一组文章对清末教育变革进行讨论。桑兵分析了清季教育变革中的中西学之争,指出这种不是同化外来文化,而是被外来文化所同化的情形,在中国历史上相当罕见。其结果,一方面推动中国进入欧洲中心笼罩的世界,另一方面造成中国文化形似而实不同的断裂,被肢解的中学失去道德伦理的作用,用西式的观念看待中国的社会历史文化,难免误读错解,使得中国文化之于人类前途的重要选项价值无从显现。超越以变化为进化、以现在为现代的观念,重新检讨清季教育变革的因缘得失,成为连接历史与现实的必由之路。④ 霍红伟撰文讨论了晚清教育转型中学政的角色转变与裁改。科举时代,学政的主要职责是进行岁科考试。近代以来,部分学政迎应变局,开始在考试和书院中增试西学。清廷废除科举,学政的角色由此转变,开始由主持考试的差官向管

---

① 参见陈蕴茜《国家权力、城市住宅与社会分层——以民国南京住宅建设为中心》,《江苏社会科学》2011年第6期。
② 参见董佳《缔造新都:民国首都南京的城市设计与规划政治——以1928—1929年的首都规划为中心》,《南京社会科学》2012年第5期。
③ 参见冯贤亮《民国时期江南旅馆业与城市生活的现代化》,《江西社会科学》2011年第12期。
④ 参见桑兵《科举、学校到学堂与中西学之争》,《学术研究》2012年第3期。

教育的官员转变。未久清政府裁撤学政，在各省设提学使，负责一省之教育事务。这一举措体现了清代社会由以科举为重心向以教育为重心的转变，亦是晚清由传统教育向新式教育转型的主要一环。① 安东强考察了清末各省学政的改制方案及纠葛。指出 1905 年立停科举后，清廷通过参照日本中央视学官的设置，保留学政办理各省学堂事务，却因职能、地位及出身等问题，被迫不断调整改制方案，旨在重新划分学政权限，在学部、督抚和各省学务处之间寻求平衡。检讨清末学政改制方案的演进及纠葛，既能反映枢臣、部臣、疆吏、学政及在野舆论的角力，又可以凸显清朝统管学校与近代教育行政的设制差异。②

1901 年清廷下令书院改制，废止了延续一千年之久的书院制度。2011 年 11 月岳麓书院主办了"书院文化的传承与开拓纪念中国书院改制 110 周年国际学术研讨会"。《湖南大学学报》2011 年第 6 期刊发了晚清书院改制专辑，选刊了部分会议论文。邓洪波认为要慎言书院改制是历史发展的必然，它更多的是晚清社会这一特殊背景下一种无奈的政治选择，未必定然符合教育发展的规律。书院是中国近代教育的基点与起点，由于改书院很快变成废书院，使得中国近现代学校制度从此就沿着不断与传统决裂及西化的方向奔跑，强烈的反传统意识与几乎连续不断的否定和革命也就成了中国近现代教育最鲜明的印记。③ 谢丰指出从书院到学堂，不仅有教育机构名称的更替，也包括以学习西方为重要特征的传统教育内部各要素的近代转化，还包括了从传统松散的、与科举分途的教育组织机构到建立合科举为一途的近代国家教育系统的三重变化。④

一些论著讨论中国教育的近代化问题。严加红《文化理解视野中的教育近代化研究——以清末出洋游学游历为实证个案》（西安交通大学出版社 2012 年版）一书以"中国主体观"理论模式，认为教育近代化中以学习"西学"为中心，"中国主体意识"的发展与变化对教育近代化发挥了重要影响与作用。叶志坚《中国近代教育学原理的知识演进：以文本为线索》一书从收集、整理、分析、解读历史上的教育学文本入手，在考察近代教育学科引进之历史背景的基础上，将近代教育学原理的演进分为蓬勃期、回旋

---

① 参见霍红伟《晚清教育转型中学政的角色转变与裁改》，《学术研究》2012 年第 3 期。
② 参见安东强《清末各省学政的改制方案及纠葛》，《学术研究》2012 年第 3 期。
③ 参见《湖南大学学报》（社会科学版）2011 年第 6 期。
④ 参见谢丰《从书院到学堂的三重变化》，《湖南大学学报》（社会科学版）2011 年第 6 期。

期、转向期与深化期。认为中国近代教育学原理的演进具有如下特征:"互动之中求发展","学习之间有创造","与时俱进中国化"。① 高俊以宝山县为个案讨论了清末劝学所在督办地方学务过程中的作用,指出劝学所通过从事私塾改良、新式学堂的整治和规范,以及推广社会教育等具体学务活动为初级教育的普及奠定了基础。② 张德忠对 1901—1911 年直隶省师范学堂进行考证,指出终有清之世,直隶 80%以上地方办有师范,初步构建了近代师范教育体系,成为全国典范。③ 朱洪斌考察了清华国学研究院的学术建制及治学精神,指出清华国学研究院既有援引西学,重建现代学术体系的一面;又有继承儒家教育理想与治学路径,结合西方知识工具,致力于阐发传统学术之特质的一面。④

教科书是近代中国教育转型的重要载体和表现形式,近年来颇受关注。吴小鸥《中国近代教科书的启蒙价值》一书通过揭示教育变革因素、编纂者因素、语言环境因素的影响,阐述了近代知识群体编纂出版的中小学教科书,旨在开创一个新的时代,主要体现在科学理性、民主政治、现代伦理精神、现代商品经济、现代文明生活方式等方面开启了儿童智识,并以其巨大的社会辐射力,塑造着国民新的世界观与价值取向。近代教科书具有功利启蒙主义的特性,以崇尚"科学"改造社会的理性启蒙,以"审美"改造人生的感性启蒙,以培养现代人为宗旨,以建构市民社会为指向。同时,还保持着中国优秀文化传统的本土特性。⑤ 刘超探讨了清末中国历史教科书编写中的政学分合与知识生产,指出清末政府希望新教育培养既能维护清朝统治,又能振发国民志气的新式国民。历史教科书与政府教育目标有所分合:在振发国民志气方面有相同之处,能够配合政府实现培养新式国民的教育目标;但对"忠君"与维护清朝统治有不同看法,更多反映的是编者对培养新式国民的理解。这使得教科书和政府与学界的期许都有一定的距离,从而影响到通过学校教育而形成的民众知识观念,

---

① 参见叶志坚《中国近代教育学原理的知识演进:以文本为线索》,浙江大学出版社 2012 年版。
② 参见高俊《清末劝学所督办地方学务述论——以宝山县为个案》,《史林》2012 年第 3 期。
③ 参见张德忠《1901—1911 年直隶省师范学堂考略》,《首都师范大学学报》(社会科学版) 2012 年第 3 期。
④ 参见朱洪斌《清华国学研究院的学术建制及治学精神》,《史学史研究》2012 年第 3 期。
⑤ 参见吴小鸥《中国近代教科书的启蒙价值》,福建教育出版社 2011 年版,第 256—266 页。

也蕴含着社会意识演变的多种可能性。① 张国荣以民国小学历史教科书为例讨论了"专制政治"观念在中国历史认知中的生成与传播,指出民国成立后,把秦至清之间的政治体制称为"专制政治"的观念,作为合法、权威历史知识嵌入历史教科书的文本中,逐渐成为普通大众认知、分析中国古代历史的基本视角和不证自明的知识预设。其观念的使用,蕴含了近代以来知识界对于帝制政治的反省,对民主政治的向往,其中亦不乏西方知识霸权的影响,尤其是近代以来西方世界中的负面中国形象观对国人的影响。民国教科书编纂者利用中国古代"专制政治"的概念述说古代历史,其政治推销作用远远胜于对中国古代政治事实的描述。②

社会教育也是教育的一个重要方面。陈勇、李学如考察了近代苏南义庄的家族教育,认为苏南义庄普遍重视家族教育,组织方式主要有三种:自办庄塾,助束脩之资,对求学应考者给予经济补贴和奖励。至清末废科举、兴学堂,义庄顺应时代变化,扩大助读、施教范围,接受新学制,更新教育内容,开始由传统向近代转型。新式义庄家族教育为苏南教育的近代化及这一地区近代初等教育的发展打下一定基础。③ 民国时期兴起的新式民众教育也引起学者关注。周慧梅《近代民众教育馆研究》(北京师范大学出版社 2012 年版)一书分析了近代民众教育馆的发展历程、内部管理、社会功能与文化性格等问题,认为民众教育馆是社会精英们"以教育改造达社会改造"的一个缩影,一个典范。其在近代社会的变迁中既保存了传统,又推动了国家近代化进程,功不可没。孙诗锦探讨了 20 世纪 30 年代定县戏剧改良与乡村启蒙,指出定县戏剧改良是晏阳初定县实验中文艺教育的重要组成部分,也是平教会用以治"愚""作育新民"的主要方式之一。它对乡村社会有一定的启蒙之功,但成效有限。④ 近代中国监狱中的感化教育是近代民智运动的一部分,张东平《近代中国监狱的感化教育研究》一书在整理大量监狱史料的基础上,重点考察了近代监狱的作业制度、教诲制度、教育制度、师资制度,以及近代少年监与感化院的教养

---

① 参见刘超《政学分合与知识生产:清末中国历史教科书编写研究》,《安徽史学》2011 年第 5 期。

② 参见张国荣《"专制政治"观念在中国历史认知中的生成与传播——以民国小学历史教科书为例》,《人文杂志》2012 年第 3 期。

③ 参见陈勇、李学如《近代苏南义庄的家族教育》,《历史研究》2011 年第 5 期。

④ 参见孙诗锦《1930 年代定县戏剧改良与乡村启蒙》,《史学月刊》2012 年第 2 期。

制度。认为监狱行刑制度的近现代转型很大程度上也是西方行刑文化移植的结果。民国政府提出的各种狱制改良计划时常受到财力与人力等因素的困扰和制约,其推行最终仍不得善果,但从传统道德的内部构筑起适应全球流传的监狱行刑的先进理念和文明技术。①

从性别视角研究近代教育也是近年来的一个新角度。游鉴明《超越性别的身体:近代华东地区的女子体育(1895—1937)》一书从性别视角,审视女子体育与国家、社会文化的关系,跳出国家观的体育史窠臼,兼采文字资料和图像资料,呈现西方体育传入后女子的新观念和新行为,如何在公众舆论、学校教育、学生生活、运动竞赛、观众反映、大众传媒和视觉文化等层面产生意义。将近代中国学校、政府、媒体、社会如何联手改造女性身体的历史做了分析。补充、修正了此前女子体育偏重国族论述的倾向,指出"国家"这个概念不是处处主导着女性,每一个人的生命和生活,还有国家以外的考虑。②何玮以《妇女杂志》发起的"我之理想的配偶"征文活动为中心讨论了中国近代家庭观的建构与女子教育。指出在选择配偶时,青年们十分注重女性的学校教育经历,认为女子教育是鉴别"新女性"与"旧女性"的唯一标准,是衡量能否建立"美满"的近代家庭的重要标尺。③

2. 宗教与民众信仰

西方宗教对近代中国社会与文化产生了重要影响,学界对此一直比较关注。本年又出现了一些新成果。王立新考察了美国传教士对中国文化态度的演变。指出19世纪绝大多数传教士对中国文化抱着毫不妥协的态度,企图用基督教文明取代中国本土的信仰、伦理和价值观,即对中国进行文化征服。从20世纪初期开始,在理性主义、民族主义的冲击和一战的影响下,主流的传教团体开始倡导文化合作,提出基督教与其他宗教携手"共同追求真理",以及借鉴中国文化遗产以补充和丰富基督教传统的重要思想,对中国文化表现出高度的尊重与欣赏。这种思想改变了传教运动的

---

① 参见张东平《近代中国监狱的感化教育研究》,中国法制出版社2012年版,第321—323页。
② 参见游鉴明《超越性别的身体:近代华东地区的女子体育(1895—1937)》,北京大学出版社2012年版,第290页。
③ 参见何玮《中国近代家庭观的建构与女子教育——以〈妇女杂志〉征文活动为中心》,《华东师范大学学报》(哲学社会科学版)2012年第3期。

面貌。① 刘家峰以双十节纪念为中心分析了民国时期基督徒对辛亥革命的记忆与诠释。文章指出，基督徒珍视辛亥的共和理念，并以争取国家统一、富强，人民幸福为现实诉求。同时，他们以象征牺牲的基督教符号十字架来诠释双十节与辛亥革命，反思自己作为一名基督徒、一位国民应尽的社会责任。② 王晓慧考察了近代中国教会女学的历史，认为教会女学建构了显性宗教课程和隐性英美文化场域用以进行教育控制，但女传教士群体对课程进行了"知识加工"，其客观上对中国女性的主体建构进行了一定的启蒙和引导。③ 杜志章分析了近代教会医药事业对中国医学早期现代化的影响。伴随近代基督教在华医药事业的迅速发展，西医学被广泛介绍到中国并对中国传统医学产生了强烈的冲击。中国统治者、士大夫及医药从业人员对来自西方医学的挑战予以积极的回应：从开始了解西医知识，接受西医治疗，允许传教士开办医药事业，到中国人自己开办西医药机构，改革医药卫生制度，从而拉开了中国医学现代化的序幕。④

（五）文化传播与文化观念

1. 文化传媒与文化传播

报刊是近代社会舆论形成与大众传播的工具，学界对近代中国报刊的研究更为深入。胡全章《清末民初白话报刊研究》一书提出一些新见，认为清末民初白话类报刊总数约600种，订正了过去"170余种"的说法。否定"新文学是白话文学"的所谓"定论"，认为清末白话文运动不仅是一场由维新派和革命派知识分子共同担任主角的以"开启民智""新民救国"为主旋律的伟大的思想启蒙运动，还是一场以"普及教育""言文一致"为目标的语文改革运动，同时还带起一场声势浩大、轰轰烈烈、气势不凡的白话文学潮流。⑤ 王有亮《〈教育杂志〉与近代教育考论》（中央民族大学出版社2012年版）一书运用历史分析与综合方法、借鉴新闻学和

---

① 参见王立新《美国传教士对中国文化态度的演变》，《历史研究》2012年第2期。
② 参见刘家峰《民国时期基督徒对辛亥革命的记忆与诠释——以双十节纪念为中心》，《社会科学研究》2011年第6期。
③ 参见王晓慧《文化霸权、教育控制与女性解放——对近代中国教会女学的历史考察》，《华东师范大学学报》（教育科学版）2012年第1期。
④ 参见杜志章《论近代教会医药事业对中国医学早期现代化的影响》，《江汉论坛》2011年第12期。
⑤ 参见胡全章《清末民初白话报刊研究》，中国社会科学出版社2011年版，第396页。

传播学理论方法以及文本分析法，讨论了《教育杂志》的发展历程及其在中国教育近代化进程中所发挥的作用。邵志择考察了近代中国报刊思想的流变进程，认为中国近代报刊思想主要表现在知识分子与权力的关系上。自清末立宪起，报刊逐渐成为政治权力之外的新权力体系中的结构性因素。近代中国报刊思想也就此完成了最为重要的转折，为此后的报刊思想发展奠定了方向性的基础。① 陆发春以胡适及《新生活》周刊为中心讨论了新文化与新生活，指出胡适等新文化派人士以《新生活》周刊为阵地，提出反对阻碍新生活的旧道德，主张打破军阀势力，调查了解中国社会生活现状，以面向社会大众的社会生活改良为起点，倡导追求看得见的大众的进步的新生活。② 金陵书局是晚清最为知名、最有影响的官方书局之一，相关著述颇多。但这些著述互相歧异，且有与事实不合之处。李志茗以晚清同光时期为中心对金陵书局加以考辨，还原了其真实面目。③

2. 文化观念、文化认同与心态

近年学界关注近代中国"国家"观念的形成。洪振强讨论了国际博览会与晚清中国"国家"形塑的关系，指出晚清时人在博览会言论中谈及大量"国"之词汇，又与在会场上羞辱中国的诸多行径进行坚决抗争。这些言行中所蕴含的"国家"观念是对近代西方国家的一种条件反射式移植，富有较浓情感色彩，与中国由清政府主导而展示出来的王朝、文化和农业三位一体的传统国家形象之间有着较大落差，虽缺乏近代国家之真义，但具有建设一个富强的近代国家的价值追求。因此，"国"之塑造进程愈快，社会上"国"之观念就愈强，谋求推翻清政府，建立、建设新"国家"的步伐亦加快。④ 朱蓉蓉撰文讨论了近代中国的"少年论述"与国家认同危机。近代以来，中国不断经历着严重的民族危机，塑造出理想的现代国民过程中，承载着民族希望的是拥有素质可塑性与无限未来的青少年们。这种"少年论述"自晚清以来逐步形成并流传甚广，到民国时期已成为社会舆论的主流话语模式，展现了中国这样的后发现代化国家在历史进程中形

---

① 参见邵志择《近代中国报刊思想的起源与转折》，浙江大学出版社2011年版，第245页。
② 参见陆发春《新文化与新生活：以胡适及〈新生活〉周刊为中心》，《安徽大学学报》（哲学社会科学版）2012年第2期。
③ 参见李志茗《金陵书局考辨——以晚清同光时期为中心》，《史林》2011年第6期。
④ 参见洪振强《国际博览会与晚清中国"国家"之形塑》，《历史研究》2011年第6期。

成的"崇新重少"倾向。①

社会文化史强调精英观念与民间社会的互动。赵立彬撰文讨论了东南、华南城镇在辛亥后革命精英观念的民间承接。从各地光复至清帝退位前后,在通商口岸和中心城镇,革命精英的"民主""共和"等新观念有一个被普通商人、民间团体和基层人士快速接纳和响应的过程。从具体过程和情形来看,新观念、新话语的民间接纳和利用,与其在社会生活中争取经济、政治利益的现实功能相联系。民间社会对革命精英观念的承接,更多地受到"势"的支配,而非"理"的指引。② 郭双林撰文讨论了辛亥革命时期知识界的平民意识。辛亥革命时期的"平民"一词,既保留了传统的意义,也受到了西方的影响。当时知识界人士,特别是革命党人,不仅尊崇、同情平民,而且贬抑绅士与贵族,公然声称他们所进行的革命是"平民革命",革命的目标是要建立"平民政治"。但是,革命非但没有使中国实现平民化,反而造就了一批新贵。然而历史是连续的,辛亥革命时期知识界平民意识的广泛传播,为五四时期平民主义思潮的澎湃作了思想上的准备,并构成近代中国社会平民化进程中不可或缺的一环。③

3. 历史记忆与文化建构

历史记忆与文化建构是近年引起中国学者关注的新兴领域,本年度也取得一些新成果。朱英讨论了近代中国民间社会对辛亥革命的认知与纪念,指出在近代不同历史时期纪念辛亥革命的"双十节"仪式与"辛亥"记忆不断再建构的过程中,民间社会都扮演了不可忽视的重要角色,发挥了积极的作用。近代民间社会对辛亥革命的认知、纪念、诠释以及相关方面的思想与活动,与政府、政党、政派相比较既有某些相似之处,也有明显的不同。社会各界虽然也从政治上对革命的意义与作用加以阐释,但更多的是紧密结合自身的利益需求,表达其各方面的感受与认知。④ 杨雄威探讨了传教士话语与清末南昌教案的关系。文章认为,在南昌教案的西方叙事中,知县江召棠被描述为一个撒谎者,一个为了面子而自杀,又以自

---

① 参见朱蓉蓉《近代中国的"少年论述"与国家认同危机》,《江海学刊》2012年第1期。
② 参见赵立彬《辛亥后革命精英观念的民间承接——以东南、华南城镇为例》,《近代史研究》2012年第3期。
③ 参见郭双林《论辛亥革命时期知识界的平民意识》,《近代史研究》2012年第3期。
④ 参见朱英《近代中国民间社会对辛亥革命的认知与纪念》,《天津社会科学》2012年第1期。

杀对天主教会实施报复的人。撒谎、面子和自杀,一定程度上是由传教士话语建构起来的关于中国人国民性的一种"神话"。这一"神话"用于表述南昌教案,都或多或少与事实有所出入。传教士话语反映了近代中西间的话语与权力关系,它的形成与双方的互相猜疑和敌对的氛围是有直接关联的。一旦形成,反过来又影响到西方人对教案问题的解读。① 方平考察了地方自治与清末知识界的民族国家想象。清末知识界原本以为,以地方自治或可造就"完全之国家",但他们很快就发现,以"独立"释"自治",却又助长了以"省界"说为表征的地方主义的兴起和泛滥,由此而生出的"畛域之见""彼此之心",不仅造成了严重的心理隔阂,甚或冲突与分裂,也阻碍了民族国家的建立。但针对"省界"说所提出的若干"非省界"主张,并不能从根本上化解地方自治与"民族建国主义"之间的内在难局。反映了近代中国国家体制和政治制度转型过程中的尴尬困境,也从一个侧面提示了民族主义与地方主义之间复杂的纠缠关系。②

4. 文化现象和文化事件

左玉河考察了 20 世纪二三十年代"中基会"对中国学术研究的资助。文章指出,以美国退赔庚款设置的"中基会"确定了明确的分配款额方针及原则,制定了严密的分配章程,对科学研究事业进行了大规模资助。设立科学研究教授席、科学研究补助金及奖励金,对中央研究院、中国科学社等学术机构进行经费补助,还创办独立的学术研究机关,并在大学设立研究教授与科学教授讲席,资助优秀青年出国留学,极大地推进了中国现代科学研究之开展。③ 刘长林探讨了 1919—1928 年爱国运动中的自杀事件报道与社会动员,指出 1919—1928 年爱国运动中,一些爱国者为了抗议外侮、动员民众,愤极自杀。在一些爱国运动组织者的呼吁下,媒体对自杀事件的信息有选择地报道,彰显自杀行动的社会动员价值,向民众传播爱国运动的思想和主张,引导社会舆论的走向,并将公众注意力吸引到运动中最需要解决的问题上,以此增强民众对团结御侮、一致对外的认同感。通过媒体报道,自杀事件成了爱国运动中的公共事件。媒体对自杀事

---

① 参见杨雄威《国民性的神话与历史——传教士话语与清末南昌教案》,《中山大学学报》(社会科学版) 2012 年第 4 期。

② 参见方平《地方自治与清末知识界的民族国家想象》,《史林》2012 年第 2 期。

③ 参见左玉河《二三十年代"中基会"对中国学术研究之资助》,《扬州大学学报》(人文社会科学版) 2012 年第 3 期。

件的报道,也逐渐成为现代意义上爱国运动的有机组成部分。[①]

(六) 结语

综观本年度社会史与文化史研究成果,仍然延续了一些近年的热门论题,如社会群体、社会组织、社会控制、救济保障、教育改革、媒体传播、大众文化、记忆建构、城市史等,都出现了较多论著,推向了更深更广的领域。同时本年度还有一些新特点和新趋向。

其一,跨学科的交叉研究越来越明显,这虽然有助于丰富对历史的认识,但在一定程度增强了历史学研究的社会科学化倾向。学者们越来越注重在历史研究中借鉴其他学科的理论与方法。多学科理论的运用,有助于学界从更多的角度或层面增进对历史的认识与理解,不过也产生了一个明显的问题,即社会科学理论的运用在一定程度上增强了历史学研究的社会科学化倾向,而使其人文科学的味道变得淡薄,有的研究存在"只见事不见人"的缺憾。

其二,研究领域不均衡。如灾荒救济、教育近代化研究仍是学界探讨的热点,但宗教与民间信仰领域的研究缺少有分量的著作,这一领域的研究还十分薄弱。女性史方面的研究也未见有代表性的专著。

其三,社会史研究时段的后移也是一个新趋向。不仅抗战时期的社会史研究较为活跃,有的还延伸到中华人民共和国成立后,对当代社会史的研究也开始大幅推进。

(执笔人:李长莉、唐仕春、李俊领)

2013 年度

2012—2013 年,中国近代社会史研究仍然呈现繁荣景象,论著成果丰硕,一些领域取得比较突出的成绩与拓展,特别是与当下中国社会转型重要问题相关的研究课题受到关注,出现一些新趋向与热点,现撮要分述如下。[②]

[①] 参见刘长林《爱国运动中的自杀事件报道与社会动员:1919—1928 年》,《安徽史学》2011 年第 6 期。

[②] 成果范围为 2012 年 7 月至 2013 年下半年大陆学者的研究成果。

(一) 理论方法讨论热点

近年来，史学界对史学研究的"碎片化"现象多有批评，特别是社会史领域这一现象更显突出，对此社会史学界也时有反思。2012年下半年，《近代史研究》（第4、5期）邀请了十几位学者针对中国近代史研究中的"碎片化"问题发表笔谈，由于有数位社会史研究领域的专家参与笔谈，社会史领域"碎片化"问题成为一个讨论重心。

一些学者认为，"碎片化"就形式而言，对学术研究的深化有一定的正面意义。有学者指出，史料本有断裂和片段的特性，则史学即是一门以碎片为基础的学问。到目前为止，中国学者研究的"碎片"不是多了，而是还远远不够，因此不必担忧"碎片化"。有学者认为，即使断裂的零碎片段，也可能反映出整体，需要探讨的是怎样从断裂的片段看到整体的形态和意义。有学者指出，中国史学研究出现"区域转向"后，各种微观研究大受青睐，但由于研究单位和对象发生变化，从整体上似乎缺乏一以贯之的宏大气势，故又常被讥为有趋于"碎片化"的危险。

另一些学者主要强调"碎片化"的负面性。有学者认为，一个真正的历史学者及其作品，会遵守历史研究的基本规则，基本不存在所谓"碎片化"现象，一些论著出现碎片化特征，与作者自身的意识、能力、史德低下有关。有学者指出，"碎片化"问题虽有其学术发展的内在原因，却很难经得起严格的学术考究和深层次的学术反思。

还有一些学者认为"碎片化"现象从重视微观研究层面而言，对学术发展有一定的深化作用，但也伴有严重缺陷及负面性。有学者分析了微观研究、"碎片化"与社会史及社会文化史等新兴史学的伴生关系，指出微观研究有益于研究的深入，但要避免"碎片化"。有的学者指出，要重视细节，拒绝"碎片化"。

一些学者提出矫正"碎片化"的种种路径：有的主张力求理论概括与强化问题意识，多作中观研究强化联系观点，多作综合性研究，"微观实证"与"宏观联系"相结合；有的认为，应尝试摒弃"区域"与"整体"二元对立的刻板模式，转从"政治合法性"与"政治治理能力"的角度去观察和理解中国历史演变的轨迹和特征；有的提出，应回归"总体史"，需把握三个方面的内容：一是要有鲜明的问题意识，二是重视"长时段"，三是以历史学为本位的多学科交叉。

对社会文化史理论的反思是本年度社会史研究的又一热点。2013年8月24日至26日,中国社会科学院近代史研究所社会史研究中心与湖北大学中国思想文化史研究所、首都师范大学联合在湖北襄阳举办了"社会文化与近代中国社会转型"——第五届中国近代社会史国际学术研讨会,回顾了社会文化史研究兴起与发展的历程,反省了研究实践的探索轨迹,展望了未来社会文化史研究亟待深入研究的一些领域,如"民间社会""社会治理""生活方式""生活质量""价值系统"等。

(二) 城市与乡村研究

城市史伴随近年的城镇化改革,吸引了越来越多的研究者,今年又有一个小高潮。2012年底,隶属于中国史学会的中国城市史研究会成立。2013年6月20—24日,中国城市史研究会与西南大学等联合举办了"城市发展与中华民族复兴"学术研讨会暨中国城市史研究会首届年会,来自海内外的120余位专家学者参加了会议,堪称一次全国性城市史学术盛会。[1] 本年度发表的城市史研究成果也十分丰富,在某些具体的专题研究上不断向精深化、细致化发展,且有新领域的拓展及方法创新。其中,上海城市史仍然呈现"一枝独秀"的突出地位,论著数量最多,涉及问题十分广泛。其次如天津、武汉、南京等城市史也有成果推出,比较突出的是出现清代西藏城市的研究成果,反映了近代城市史研究向边疆拓展的新动向。

"城市空间"问题是近年来一直受到较多关注的领域。"城市空间"不仅指物质空间,还包含公共生活、文化等虚拟空间。公共生活空间是最重要的城市空间形态。熊月之指出,公园与公用私园,是上海居民重要的休闲娱乐场所,也是重要的社交场所,民国时期租界公园增多,华人公用私园衰落,是城市人口增多、密度增大、地价上涨的结果,也显示了上海公共休闲空间的复杂性。[2] 对作为一座城市组成细胞的街区剖析,有助于拓展、深化城市史研究的领域。马学强研究了上海马斯南路街区的权力、空间与内部构造,考察了它的"造路史""造街史",并围绕街区构造的核

---

[1] 参见赵淑亮《城市发展与中华民族复兴学术研讨会暨中国城市史研究会首届年会在重庆召开》,《中原文化研究》2013年第4期。

[2] 参见熊月之《近代上海公园与社会生活》,《社会科学》2013年第5期。

心——"权力"问题而展开,寻找各种"权力人",包括原来的所有者、规划者、设计者、建造者、居住者等,同时结合马斯南路街区的形态结构来考察,从中揭示其内在的功能特点。① 胡俊修等考察指出近代汉口大众文化娱乐空间历经了一个由聚而散、散而再聚的过程。② 何一民等发表了数篇文章研究清代西藏城市体系变迁,其中也涉及城市空间特征。③

由报刊、文艺、舆论等形成的文化空间虽属虚拟形态,但对市民的文化情趣、知识观念、社会思潮等有重要影响。崔波《清末民初媒介空间演化论》一书认为,清末民初媒介空间结构是当时社会关系的反映,是对旧有的媒介生产秩序和关系的改变,而导致这一改变的是知识分子的空间实践。④ 陈昌文《都市化进程中的上海出版业(1843—1949)》一书,探讨了上海开埠前在出版史坐标系中的位置,都市的集聚效应,教会出版、官办出版、民办出版三大出版系统的形成,出版现代性的增强与民族出版业的崛起,出版业与都市社会,出版业与都市文化的互动与整合。⑤ 京剧是近代上海娱乐生活的重要组成部分。徐剑雄《京剧与上海都市社会(1867—1949)》一书认为,近代上海的京剧作为大众艺术,以市民的欣赏趣味为转移,流行剧目是市民口味制造出来的。京剧伶人积极参与社会变革,同时也改变自己,以适应社会的发展。⑥ 姚霏等研究指出,上海大光明电影院带动电影院成为近代上海摩登生活的文化地标,通过对好莱坞文化的传播刺激着上海社会对好莱坞元素的消费和再生产;近代上海社会的民族主义、族群意识甚至政治风云也影响人们对电影的评价和对影院空间的态度。⑦

---

① 参见马学强《权力、空间与近代街区内部构造——上海马斯南路街区研究》,《史林》2012年第5期。
② 参见胡俊修、钟爱平《近代汉口大众文化娱乐空间的聚散与城市发展》,《武汉大学学报》2012年第4期。
③ 参见何一民、付志刚《清代西藏城市体系变迁及其空间特征研究》,《湘潭大学学报》(哲学社会科学版)2013年第4期;何一民、赵淑亮《西藏城市发展的历史分期与特点》,《福建论坛》2013年第1期;何一民、赵淑亮《清代民国时期西藏城市数量规模的变化及制约发展的原因》,《社会科学》2013年第4期。
④ 参见崔波《清末民初媒介空间演化论》,北京大学出版社2012年版。
⑤ 参见陈昌文《都市化进程中的上海出版业(1843—1949)》,上海人民出版社2012年版。
⑥ 参见徐剑雄《京剧与上海都市社会(1867—1949)》,上海三联书店2012年版。
⑦ 参见姚霏、苏智良、卢荣艳《大光明电影院与近代上海社会文化》,《历史研究》2013年第1期。

城市人口结构问题的研究出现比较厚重且具有创新意义的研究成果。曾凡《人力资本与上海近代化（1843—1949）》一书，运用"人力资本"理论研究上海近代化，依据上海近代人力资本的相关资料，采用量化和实证分析的方法，对上海近代人力资本优势及其形成，人力资本水平与工资收入、社会阶层和职业流动的相关性，人力资本与上海近代发展速度等进行分析和研究，进而阐释了人力资本的实现、配置和维护问题，由此让人清楚地看到资本化的人力如何在上海近代化的进程中发挥作用。①

讨论近代上海的民众生活，不仅需要报刊、档案资料，还需要深入打捞活的历史碎片。通过口述史的方法留住民国上海普通人物的声音，是一项富有抢救意义的史学资料工程。程郁与朱易安《上海职业妇女口述史：1949年以前就业的群体》一书，对19位中华人民共和国成立前后有过工作经历的上海职业女性进行了访谈，包括曾从事地下工作的老革命者、普通工人、教师、护士、会计、小商贩、家政工作者与纺织工，记录下她们的个人职业生涯与婚姻家庭生活及其在上海1949年前后两个时代中所发生的变化。她们的叙述涉及社会生活的多个方面，为近代上海妇女史、社会史研究提供了辅助性史料。②

一些学者检讨了政治因素对城市发展的影响。涂文学撰文认为，进入20世纪"市政"在近代中国没有真正独立于"国政"，而是依托于"国政"，这对城市化运动起到了巨大的推动作用，但是这种纠缠不清的关系实际上将城市当作政治的工具，抹杀了城市的主体性，"市政"要独立于"国政"的理想最终落空。③ 外来因素对中国近代城市发展的影响不可忽视。张利民指出，近代中国的几座殖民城市是列强根据不平等条约占领和建立的，外国管理者实行的一些制度和措施，在促使地方自治的开展、朝野内外对城市地域空间的认同和城市行政管理机构的出现有一定程度的影响，也为中国创建城市行政管理机制和中国行政管理制度的改革提供了可资借鉴的模式。④

乡村研究是与城市研究并行的另一个热门领域，本年度的乡村社会史

---

① 参见曾凡《人力资本与上海近代化（1843—1949）》，上海人民出版社2012年版。
② 参见程郁、朱易安《上海职业妇女口述史：1949年以前就业的群体》，广西师范大学出版社2013年版。
③ 参见涂文学《民国时期"市政"与"国政"的纠缠》，《江汉论坛》2013年第4期。
④ 参见张利民《近代中国的殖民城市》，《江西社会科学》2012年第10期。

成果也比较丰富，《近代史研究》和《历史教学》分别集中发表了一组关于乡村社会史的文章。① 乡村秩序及其权力格局的变动是本年度讨论的重点，不乏新观点。关于乡村秩序的研究主要通过一些个案来讨论国家与乡村的互动，黄伟英对1934—1937年"地归原主"的研究②，汤水清对1946年至1948年江西省南昌县小蓝乡境内发生的一系列窃割电话电报线案件的研究③，都揭示了国家权力向乡村社会渗透、延伸，乡村社会对此既有合作也有抵制，政权力量则根据乡村社会的回应对政策作出了一定的调整和妥协，在博弈过程中，国家权力对乡村社会的控制有所加强。

李里峰指出，中国共产党在20世纪中叶通过土地改革运动，成功地建构了乡村社会的基层组织网络，扩张了国家权力的组织边界和功能边界，重塑了国家与乡村社会的关系，改变了乡村权力结构及其运作方式，形成了运动式的乡村治理模式，发明了种种动员技术和治理手段，使国家权力真正实现了现代意义上的乡村社会治理，也为20世纪后半期中国乡村"有计划的社会变迁"奠定了坚实基础。④ 黄琨指出，东固革命根据地的早期领导人大都是小地主、富农的身份，他们在当地的影响力和号召力确保了秘密割据的有序运行；当革命由中心区域向外扩展时，军队就不得不成为宣传、动员的主体，党组织与乡村社会的关系就逐渐疏离，军事斗争的成败成为动员工作的晴雨表。⑤

一些论著关注乡村社会内部权力格局发生的变化。李平亮考察了晚清至民国时期南昌地区后指出，地方军事化、清末新政以及议会选举等一系列政治变革，不仅导致中国社会传统政治体制发生结构性的变化，且引发了地方社会权力体系的不断重组，先后出现了团练局、同姓联宗、"同盟会"等乡村联盟，它们逐渐成为地方社会中新的权力中心。⑥ 还有学者讨

---

① 参见《近代史研究》2013年第4期；《历史教学》2013年第2期。
② 参见黄伟英《"地归原主"中的国家与乡村——土地革命后赣南社会状况分析》，《近代史研究》2013年第4期。
③ 参见汤水清《施压与抵制——从"窃线"案件看1940年代后期国家权力与乡村社会的关系》，《近代史研究》2013年第4期。
④ 参见李里峰《革命中的乡村——土地改革运动与华北乡村权力变迁》，《广东社会科学》2013年第3期。
⑤ 参见黄琨《党组织与乡村社会的联系：以东固革命根据地为中心的历史考察》，《江西社会科学》2013年第8期。
⑥ 参见李平亮《晚清至民国时期的乡村联盟与地方政治——以南昌地区为中心》，《江西社会科学》2012年第8期。

论了乡村危机、乡村认同、城乡关系等问题。王先明指出，20世纪30年代，随着近代中国工业化、城市化和现代化的发展，"城乡背离化"趋势的负效应累积已达极点，加之其他因素的推助，乡村危机猝然爆发，且愈演愈烈。①

（三）社会群体、结构与社会流动

社会群体、社会组织、社会流动等领域的研究越来越细化，研究对象所处地域更加广泛。知识群体作为社会文化精英历来受到研究者重视，本年度又有新的拓展。吴洪成、田谧等《晚清教师史研究》一书从整体上考察了晚清时期中国教师群体的变迁，梳理了学校教师的身份、地位、工作任务、培养训练的演变历程、内在逻辑关系、结构功能及教育影响等问题。一方面补充了清代教育史研究的不足，另一方面为当代教师问题尤其是素质、能力、师生关系、教学活动体制以及教师教育培养模式提供资源和启示。② 一些文章关注近代知识人群体的择业、活动与境况。在改科举、兴学堂的新政年代，京师大学堂进士馆中汇聚了一批留日学生。韩策的研究指出，他们以"学生"之出身，作为"老师"，向进士及第的科举精英们传授法政、理财等"新知"，由于年龄、功名、地位、学识、师生观念等原因，留学生感受了"教习非师"的身份尴尬，面对学有根底的进士学员，日本名词的引入和接受、课程内容的设置和讲授、讲义的编写皆成教学中的挑战。③

关于社会变动中的民众群体，本年度有数篇文章讨论了太平天国时期的群体。杨国安通过爬梳清军俘虏的两湖地区太平军士兵的口供材料等史料，详细揭示了两湖民众"从贼"与"反贼"背后的动机、加入的方式、对战争进程的影响等，指出太平军和团练、湘军之间的斗争，更多地掺杂了不同阶层群体之间的对立和利益冲突，而在双方争夺乡村资源的过程中，固有的社会关系网络是构成集体行动和社会动员的重要纽带。④ 方英

---

① 参见王先明《试论城乡背离化进程中的乡村危机——关于20世纪30年代中国乡村危机问题的辨析》，《近代史研究》2013年第3期。
② 参见吴洪成、田谧等《晚清教师史研究》，河北大学出版社2012年版。
③ 参见韩策《师乎？生乎？留学生教习在京师大学堂进士馆的境遇》，《清华大学学报》（哲学社会科学版）2013年第3期。
④ 参见杨国安《"从贼"与"反贼"：变乱格局下地方绅民的反应及其关系网络——以咸丰年间太平军挺进两湖之际为中心的考察》，《江汉论坛》2013年第4期。

考察了太平天国战争期间安徽士绅的诸种面相,分析了影响士绅行为抉择的因素及其对地域政局走向、地方社会的影响。[①]

社会阶层之间的流动是近代社会的一个突出现象。王先明通过对20世纪三四十年代华北乡村的研究表明,富农阶层的总流动率和上向流动率呈下降趋势,上向流动率与下向流动率之比也是逐代下降。革命主导下以变革社会结构和权力结构为目标的社会改造运动巨浪迭起,富农阶层由此发生结构性流动。[②] 杨东分析了陕甘宁边区基层参议员的社会结构与流动特征,指出当基层民众以参议员这一制度载体,在新的社会结构体系和运行机制中实现新的社会流动,自然会体现出当初情境下的流动特征;同时这种新的社会流动形态,又在很大程度上促进了陕甘宁边区基层社会的结构性整合。[③] 劳动英雄运动是根据地政府为了动员群众参加生产而发起的群众运动。韩晓莉指出,劳动英雄在发挥榜样的力量,动员和组织群众参加生产劳动的同时,也越来越多地参与到根据地社会的治理和改造过程中,成为新的乡村领袖的代表。劳动英雄的农民出身和群众作风,使他们在乡村社会更易得到群众的支持,保证了政令的有效贯彻。劳动英雄的塑造是根据地政府在战争的特殊环境下进行社会动员和社会改造的成功实践。[④]

不同地域、不同类型的人口流动个案研究增多。常宝《漂泊的精英:社会史视角下的清末民国内蒙古社会与蒙古族精英》一书,引入家族、族群身份、教育、婚姻、社会关系网络、民族运动和革命等社会流动机制,解读和分析清末民国蒙古族地方精英的流动及人生轨迹。认为从清末民国内蒙古地方的行政建制和民众认同演变中展示出中国从"部族国家"向"公民国家"的转型,在蒙古族地方精英的政治角色演变中展示出从"部族精英"向现代"国家精英"的转型。[⑤]

近代中国多种多样的社会团体与社会组织在社会变迁中发挥了重要作用,本年度除了商会研究仍然受关注并取得了一些新成果之外,对农业组

---

① 参见方英《太平天国时期安徽士绅的分化与地方社会》,《安徽史学》2012年第5期。
② 参见王先明《试析富农阶层的社会流动——以20世纪三四十年代的华北乡村为中心》,《近代史研究》2012年第4期。
③ 参见杨东《陕甘宁边区基层参议员的社会结构与流动特征》,《抗日战争研究》2013年第1期。
④ 参见韩晓莉《抗战时期山西根据地劳动英雄运动研究》,《抗日战争研究》2012年第3期。
⑤ 参见常宝《漂泊的精英:社会史视角下的清末民国内蒙古社会与蒙古族精英》,社会科学文献出版社2012年版。

织及同乡组织等研究有了较明显的深化。程朝云分析了抗战时期国统区农业推广体系下的农会发展状况[1],指出由于农业推广体系下的农会符合国民党战时对农民进行全面动员的需求,抗战中后期,农会发展得到更多政策支持,最终在法规层面实现农民组织一元化,成为农村社会中最重要的农民组织。黄志繁认为,晚清婺源钱会基本是小农经济互助组织,进入民国,其小农经济的互助组织色彩渐淡,而民间融资功能渐强。[2] "会"这种特殊经济组织在近代大量出现,表明了传统社会小农具备高度灵活地处理财产和一定的应付社会风险的能力。这种能力扎根于中国传统社会后期的基层组织、法律和财产观念变迁的环境之中。[3]

唐力行研究了旅沪同乡会与家乡的关系,指出20世纪上半叶,当乡村自治走向衰落之际,城市自治组织的兴起以及城乡之间的互动,使乡村自治得以维持,乡村社会在动荡中保持着相对的稳定。[4] 王日根根据台北"故宫"档案馆所藏乾隆到咸丰年间中央与地方政府对会馆进行监管的档案材料发现,统治者对于以会馆聚集起来的团体起事,政府的干预呈加强趋势;对于会馆内可能存在的藏匿奸宄,或会馆是否参与囤贮私盐等的查禁也逐渐加严;当政府面临战事而国家财政又相对较紧时,向会馆赊借或直接动员会馆捐输,成为补充军需不足的重要途径。[5]

近代华北的日侨是一个特殊的群体,也是研究近代华北社会不可忽视的问题。米卫娜《近代华北日侨问题研究(1871—1946)》一书,讨论了近代移民华北日侨的类型、职业及其主要的社团组织及其与华北社会问题之间的密切关系,还详细阐述了战后中国政府对华北日侨的集中、管理、遣返、教育,对日籍技术人员的留用及平安遣返等问题。认为近代日本向华北地区的移民是在其大陆政策逐步实施的基础上、在不平等的国家关系的背景下,带有侵略性的殖民活动。[6]

---

[1] 参见程朝云《抗战时期国统区农业推广体系下的农会》,《抗日战争研究》2013年第2期。
[2] 参见黄志繁《清至民国徽州钱会性质及规制之演化——基于婺源县钱会文书的分析》,《中国农史》2013年第2期。
[3] 参见黄志繁《"会"与近代小农资产运作——以徽州文书为中心》,《江西社会科学》2013年第5期。
[4] 参见唐力行《城乡之间:1947年歙县旅沪同乡会扑灭家乡疟疾运动会》,《史林》2013年第1期;唐力行《城乡之间:徽州旅沪同乡会的救乡功能》,《安徽史学》2013年第1期。
[5] 参见王日根《清中后期政府对会馆的监管》,《厦门大学学报》2013年第5期。
[6] 参见米卫娜《近代华北日侨问题研究(1871—1946)》,人民出版社2012年版。

秘密社会是近代中国社会的重要组成部分，也是一种特殊的群体。邵雍《近代江南秘密社会》一书梳理了近代江南秘密社会的变迁脉络，认为上海是秘密社会聚集的城市，根源在于其发达的商品经济为贫民提供了生存的机遇。江南多种多样的会道门平等相处，其在江南社会的工业化转型中发挥了特殊的作用。该书提出了一个不同于以往学界的认识，即近代江南的秘密社会主要扎根在城市，而非贫苦的乡村。① 郑永华、赵志《近代以来的会道门》一书概论了民国时期多种形式的会道门，说明会道门在不同历史时期、不同具体环境下产生了截然不同的社会功能。该书认为会道门的产生与发展，是社会多种矛盾交互综合作用的结果，既有极其深刻的阶级根源、思想根源和社会根源，也有其自身的文化根源和悠久的历史传承。② 林黑儿是义和团时期天津红灯照的首领，号称"黄莲圣母"。红灯照传奇故事曾经广为流传，有着强烈意识形态化的时代特征。刘平等力图探究林黑儿被神化的背景、过程与影响，将一百多年来人们对红灯照的描绘、被创造的作为"革命派""爱国者"的公共记忆与抛开意识形态面纱后的历史人物做对比分析，还原真实的"黄莲圣母"形象。③

（四）生活、习俗信仰与社会记忆

日常生活史也越来越受到关注，甚至一些政治主题的研究领域也开始引入生活史视角。2012年12月，《抗日战争研究》编辑部等单位举办了"抗战时期都市民众日常生活国际学术研讨会"。④ 此外小田对江南日常生活的研究颇有新意，他不仅研究了近代江南村妇的日常空间，而且通过对近代"曹娥文化"的扩展分析讨论了民众观念的日常存续，为民众观念史研究昭示了别样路径。⑤

近代西方通信技术传入中国后，对通信方式及社会生活产生了很大影响。夏维奇《晚清电报建设与社会变迁：以有线电报为考察中心》一书，

---

① 参见邵雍《近代江南秘密社会》，上海人民出版社2013年版。
② 参见郑永华、赵志《近代以来的会道门》，社会科学文献出版社2012年版。
③ 参见刘平、朱丹《黄莲圣母：义和团女性形象的历史变迁》，《安徽史学》2012年第5期。
④ 参见严海建《"抗战时期都市民众日常生活国际学术研讨会"综述》，《抗日战争研究》2013年第1期。
⑤ 参见小田《近代江南村妇的日常空间》，《清华大学学报》（哲学社会科学版）2013年第2期；《论民众观念的日常存续——基于近代"曹娥文化"的扩展分析》，《历史研究》2013年第4期。

系统考察了晚清中国电报网络从军用逐步发展到民用的建设历程及其特征。认为晚清中国电报网的形成呈现出明显的阶段性、板块性、稀疏性及不平衡性等特征，是半殖民地的中国技术变革的重要特征。认为晚清电报网发展过程曲折复杂，尤其涉及多重的官民矛盾，指出晚清政府不能妥善应对商人阶层要求保护自身利益的呼声。[①]

生活与习俗变迁是观察近代中国社会变迁的一个重要窗口，本年度也有更细化、更深入的研究成果。卫才华《社会变迁的民俗记忆：以近代山西移入民村落为中心的考察》一书，对近代山西霍州、襄汾、安泽、长治、永济、临猗等地的66个移民村进行了深入调查访谈，关注民俗变迁与山西移入民精神世界的互构关系、移入民地方化的社会模式，以及移入民民俗和社会适应的关系，探讨北方村落发展转变的类型学意义，试图更深入地理解中国乡村社会的发展逻辑。[②] 杨秋《变革时期的生活：近代广州风尚习俗研究》一书，力图重建相关的生活画面，同时试图考察社会文化变迁与习俗变化的关联。通过探讨民俗对城市居民生活的控制和调适，观察民俗传承的规律和民俗对城市发展的作用，以期为当代城市发展和移风易俗提供历史借鉴。[③]

礼俗有助于建构社会记忆，尤其是作为礼俗载体的建筑深刻体现了社会记忆的变迁。赖德霖《民国礼制建筑与中山纪念》[④]一书认为，民国新的礼制建筑和纪念物体现了崇奉方式和对纪念物识别性要求的改变，如：从封闭空间转向公共空间；从碑刻文字的指示，到纪念碑造型的象征和纪念像的形象表现；从地点与时间都是固定的祭祀转向公共空间中"非专注"的接受；从祭祀者对被祭祀对象的崇奉到纪念者接受被纪念者的激励或教导。认为中山纪念堂作为一个宣讲空间，是国民党将符号化的孙中山作为一种政党的意识形态改造国民的物质体现；作为一个纪念物，表达了中国的民族主义者将东西方文化中的优点相结合的期盼。纪念日的研究日渐增加，一些文章探讨了"六六"教师节、国庆纪念日、对五四运动的纪

---

① 参见夏维奇《晚清电报建设与社会变迁：以有线电报为考察中心》，人民出版社2012年版，第392页。
② 参见卫才华《社会变迁的民俗记忆：以近代山西移入民村落为中心的考察》，中国社会科学出版社2013年版。
③ 参见杨秋《变革时期的生活：近代广州风尚习俗研究》，暨南大学出版社2013年版。
④ 参见赖德霖《民国礼制建筑与中山纪念》，中国建筑工业出版社2012年版。

念、对九一八的纪念。张艳《南京国民政府初期的"五四"纪念》一文认为,1927—1930年南京国民政府对五四运动进行纪念充满矛盾:它需要五四的爱国主义、民族主义等的思想资源来号召青年,增强自身凝聚力,却又害怕学生被动员起来后扰乱其统治秩序,甚至被共产党利用;它看到了五四新文化运动在民众思想革新方面的价值,同时也注意到其自由、民主的价值取向以及否定传统的态度对重建政治、文化秩序的潜在威胁。五四"缺点"的被发掘,成为南京政府由新生政权向稳固政权转化后逐步限制乃至取消五四纪念活动的主因。① 罗检秋分析了清末民初宗教迷信话语的形成,认为近代国家权力对民间信仰的干预不断深入,宗教和迷信的畛域逐渐清晰。民国政府将以前的"淫祀"及部分"正祀"纳入"迷信"范畴,而曾经处于边缘的外来信仰上升为宗教正统,从而使信仰世界转变为新的"文化网络",实现了权力秩序的重建。近代宗教与迷信的分野,主要是由权力来界定和完成的,与其说宗教迷信话语起源于启蒙思潮,毋宁说是国家意识形态和权力渗透的结果,反映出清末民初政权参与、控制民众社会的强化路径。②

(五) 社会问题与社会控制

社会问题的成因、发生过程以及各方势力在其中的博弈等问题得到一些讨论。近年法学界和史学界都比较关注近代的庙产纠纷,本年度有上海、陕西、四川叙永厅的个案研究。许效正指出,清末陕西庙产兴学运动中,各地征用的重点是祀典以外的民间神庙;西安光复后,各地征用的范围扩大到了所有庙宇,对佛教寺院的冲击尤为严重。③ 徐跃以清末四川叙永厅为个案讨论了清末庙产兴学政策方针与地方的运作,认为庙产兴学是一个地方官、办学绅员与僧人不断对抗和讼争的过程。④ 胡俊修等比较了1908年汉口摊户风潮与1946年上海摊贩风潮,认为市政当局、商会组织、新闻媒体、权力谋求者等不同社会力量基于各自利益的考量与行动,左右

---

① 参见张艳《南京国民政府初期的"五四"纪念》,《史学月刊》2013年第6期。
② 参见罗检秋《清末民初宗教迷信话语的形成》,《河北学刊》2013年第5期。
③ 参见许效正《论清末民初(1895—1916)陕西的庙产兴学运动》,《西北大学学报》2013年第4期。
④ 参见徐跃《清末庙产兴学政策方针与地方的运作——以清末四川叙永厅为个案》,《华中师范大学学报》2013年第3期。

了摊贩风潮的发展轨迹与社会关注。① 匪患是民国时期普遍存在的一个严重社会问题,一些学者研究了盗匪的跨地域流动及舆论对匪患的反应。何文平指出,清末民初广东盗匪利用粤港澳之间的流动性购买先进的武器,且将港澳变成策划行动的重要基地和躲避官府缉捕的避风港。跨界流动的盗匪甚至可以受到外来文化或先进革命思想的影响,对近代广东社会秩序有着不可忽视的影响。② 李里以民国时期川鄂边神兵的神坛为案例,通过分析神坛如何影响川鄂边分散的聚落形态以及怎样跨越地域扩大其关系网络,深化对民国时期民间宗教组织与地方聚落整合关系的探讨,发掘民国基层社会多元的演变途径。③

社会控制方法、解决纠纷机制也得到讨论。关于民间控制方面,马珺《清末民初民事习惯法对社会的控制》一书基于法律多元化和社会控制的理论,围绕清末民初中国19个省份民事习惯调查材料的收集与整理,就民间社会永佃权与一田两主,典、卖与抵押,招贴、赡养、女子的被侵害、宗嗣继承等问题中的习惯法作用进行了分析与研究,展现了清末民初民事习惯法对社会生活的影响,还分析了处于转型时期的清末民初民事习惯法的遭遇,阐释了清代民事习惯法与国家法的关系。④ 姚春敏根据清代山西泽州碑刻资料指出,执年社首一般实行四人三年的轮换制度,由社众集体选举产生,个别村社采取家族轮值的方法。近十分之一的社首来自下层士绅,其余多为普通社民。社首在村落里主持春祈秋报、管理社费、维修庙宇、息讼止争、协调村际关系。⑤ 汪春劼根据无锡地方报刊与回忆录指出,清末民初无锡图董属于绅士所掌控的基层地方行政系统,而地位低下的地保则是国家权力与村庄共同体的结合点。地保由甲主和图董共同推荐,图董在其中起着很大的作用。⑥

---

① 参见胡俊修、李静《近代中国城市民变的比较审视——以1908年汉口摊户风潮与1946年上海摊贩风潮为中心》,《武汉大学学报》2013年第5期。
② 参见何文平《清末民初的粤港澳流动与广东社会秩序——以匪患为例》,《中山大学学报》2013年第4期。
③ 参见李里《民国时期川鄂边神兵神坛与地方聚落形态探析》,《史学集刊》2013年第4期。
④ 参见马珺《清末民初民事习惯法对社会的控制》,法律出版社2013年版。
⑤ 参见姚春敏《清代华北乡村"社首"初探——以山西泽州碑刻资料为中心》,《清史研究》2013年第1期。
⑥ 参见汪春劼《清末民初的"村干部":图董与地保——基于20世纪前期无锡的分析》,《江海学刊》2012年第6期。

关于官方控制方面，魏光奇辨析了清代乡地人员的设置，充任条件与程序，管理方式，地位与职能，认为"官府"为了节省行政成本而不肯设立理性化的基层政府组织，为了保证"官治"的权威而不肯实行某种形式的自治制度，因此只能借助私人势力、社会势力来履行公权。① 刘伟等指出，清末州县巡警除承担逮捕、押解盗贼凶犯等司法职能外，还承担城乡户口调查与管理、卫生、消防和维护社会公共秩序等职能，成为基层社会中一种新的权力关系；基层社会治理模式发生转变，国家权力借助警察制度深入基层，并促使乡绅进一步分化，也造成警民冲突不断。② 政府通过建立民间组织也是进行社会控制的一个重要手段。朱煜《民众教育馆与基层社会现代改造（1928—1937）：以江苏为中心》一书，以江苏为中心，考察了作为南京国民政府时期推行时间最长的一种官方社会教育机构——民众教育馆在改良民众文化、改善民众生计、塑造公民观念等方面的积极作用。认为在政府基层力量不足的环境下，民众教育馆以其"权威"角色，在一定程度上填补了政府对基层社会的管理"缺位"，不失为改造基层社会的有效方式之一。③ 这一观点修正了传统的对南京国民政府基层政治的看法，即抗战之前的南京国民政府的权力所能达到的边界止于县级，县以下的控制只能通过民间力量间接实现。

（六）灾荒救济与慈善医疗

慈善史领域由于学术积累，加之当下社会慈善领域热点不断，本年度又掀起一股小高潮。2012 年 8 月 10 日，"中国慈善通史"项目组与长沙慈善会、湖南师范大学慈善公益研究中心在长沙合办了"中国慈善发展的历史审视与现实思考"学术论坛。《湖南师范大学社会科学学报》2013 年第 1 期刊发了此次论坛中部分专家的演讲稿④，《史学月刊》2013 年第 3 期集中刊载了"中国慈善史研究与当代慈善发展"笔谈。

除此之外，一些学者还从地域、救助主体、制度等方面细化或拓展了

---

① 参见魏光奇《清代乡地职役人员问题考辨》，《北京师范大学学报》2013 年第 1 期。
② 参见刘伟、石武英《清末州县巡警的创办与基层社会》，《社会科学》2012 年第 12 期。
③ 参见朱煜《民众教育馆与基层社会现代改造（1928—1937）：以江苏为中心》，社会科学文献出版社 2012 年版。
④ 参见周秋光等《中国慈善发展的战略思考：历史与现实》，《湖南师范大学社会科学学报》2013 年第 1 期。

慈善史研究。丁芮对清末民初京师济良所的设立、管理、运营、经费及社会影响等方面进行考察和梳理，从一个微观的角度来反映近代慈善组织的发展和演变。① 慈善制度建设方面，曾桂林认为，民国慈善立法取得了一定成效，其法规内容已基本涵括慈善组织监管、慈善捐赠褒奖与税收减免三个方面，体系较为完备。② 蔡勤禹等指出，民国慈善组织通过建立制衡型组织结构、实行征信制度和慈善会计制度、自觉履行慈善自律规则、接受政府、法律和审计监督，来取信于民，为组织发展赢得社会支持。③ 胡忆红探讨了慈善中的官商关系，指出道光末年，湘潭长期以来的"官办"仓储建设模式被打破，官绅开始合作建设地方义仓，并创办半官方性质的常设性机构积谷局，直接控制乡村义仓，出现"绅办官督"局面；清末新政后，湘潭官府推行地方自治，传统绅士的权力受到官府与新绅士的挑战，二者关系恶化。④

从社会史的视角研究灾荒近些年已经取得不少成果，本年度一些学者将赈灾与政治史、经济史结合起来进行分析，颇有新意。朱浒从甲午战后两湖灾赈观察到盛宣怀何以能够利用张之洞的困境来强力扩张其实业活动的范围。⑤ 邵晓芙指出，辛亥革命前十年间浙江灾荒频仍而严重，成为乡村民变的重要诱因。报荒、闹荒、闹漕和抢米风潮日趋高涨，从一个侧面说明辛亥革命前的浙江已处于革命前夜。⑥

近代中国医疗卫生史研究主要视角为"西医东渐"及中国医疗卫生的现代化。西方教会等外来势力在"西医东渐"中起过一定作用，以往研究成果不少，本年度这方面也出现一些新成果。⑦ 此外，还出现了对日本的相关研究，赵晓红指出，日本殖民统治者为了加强对伪满医疗卫生的控制，实施了公营医疗制度，将医师分派到偏僻边远地区，除了从事一般医

---

① 参见丁芮《近代妓女救助机构"京师济良所"考察》，《民国档案》2012年第4期。
② 参见曾桂林《民国政府慈善行政体制的演变与慈善立法》，《安徽史学》2013年第1期。
③ 参见蔡勤禹、姜远凯《民国时期慈善组织公信力建设初探》，《历史教学》2012年第18期。
④ 参见胡忆红《晚清湘潭县的官绅关系与义仓建设》，《学海》2012年第6期。
⑤ 参见朱浒《投靠还是扩张？——从甲午战后两湖灾赈看盛宣怀实业活动之新布局》，《近代史研究》2013年第1期。
⑥ 参见邵晓芙《辛亥革命前十年间浙江灾荒与乡村民变》，《浙江学刊》2012年第5期。
⑦ 如王日根《从西人记述看晚清厦门的日常卫生与医疗》，《社会科学》2012年第9期；毕晓莹《从潞河医院看教会医院与近代地方社会》，《史学月刊》2012年第12期。

疗和公共保健卫生之外，还兼任卫生警察的职责，增强对地方行政的控制。伪满政府还通过对医院、医学院校的官公立化以及对医师的考核等措施，将医疗机构及其人员均置于国家统制和支配之下，从而为战争和殖民统治服务。伪满作为试验场，其公营医疗制度也成为日本本土医疗改革的重要参考。[①]

中国政府、医疗机构、组织推动中国医疗卫生近代化的努力。范铁权《近代科学社团与中国的公共卫生事业》一书认为，近代科学社团从多渠道传播环境卫生、食品卫生、乡村卫生、传染病防治等知识的同时，还积极开展卫生实践，进行医学调查，兴办医学教育，开办医院诊所等，为公共卫生的体制化建设作出了积极贡献。[②] 孙诗锦以20世纪二三十年代平教会的定县卫生实验为例，认为平教会与县政府、士绅、旧从业人员以及农民等各类群体纠葛在一起，新旧观念、新旧势力之间发生了较为激烈的碰撞，使得现代卫生观念在乡村的移植过程中呈现出极为纷繁复杂的面相，这直接影响了卫生观念植入的广度与深度。[③]

（七）问题与反省

综观本年度中国近代社会史研究状况，虽有新领域拓展、研究细化的推进，但也存在一些缺陷与问题，值得我们省思。

第一，近代中国城市史的研究仍存在严重的不平衡现象。近代上海城市史研究领域不断拓宽，论著数量持续增多，研究专题日趋细化，问题不断深入，研究的时空坐标从上海的上海，扩展为中国的上海、世界的上海。但相对于上海史研究的一枝独秀，其他城市史的研究则明显滞后，总体呈现出上海一枝独秀、京—津—汉等二线城市次弱、其他城镇（除少数几个名镇外）更弱的金字塔形态，这种研究的不平衡性在整体上制约了近代中国城市史研究的广度与深度。

第二，问题意识不够凸显。近代中国社会史研究的热度不断提升，研究论著在数量上也不断攀升，但其中相当一部分缺少明确的问题意识，尚

---

① 参见赵晓红《日本在伪满公营医疗制度的实施及其回流》，《社会科学战线》2013年第6期。
② 参见范铁权《近代科学社团与中国的公共卫生事业》，人民出版社2013年版。
③ 参见孙诗锦《现代卫生观念在乡村的移植——以20世纪20、30年代平教会的定县卫生实验为例》，《广东社会科学》2013年第6期。

未达到应有的研究深度。

第三，社会科学化的倾向日趋严重，史学学科特色趋于模糊。社会史研究偏重细化、描述、定量、统计、表格，以及以概念和模式套史实等社会科学化的问题也日趋严重，这些都削弱了史学追求"通古今之变""成一家之言"的学科本身特色。

（执笔人：李长莉、唐仕春、李俊领）

2014 年度

2014 年，国内外中国近代社会史研究仍然延续近年来兴旺发展的势头，取得了一批新成果，出现了一些较受关注的热点问题。

（一）社会史理论与方法

20 世纪最后三十年，国际史学界兴起了公众史学，也存在从社会史向新文化史转向。近些年来，中国学界对公众史学、新文化史、历史记忆等领域的理论探讨逐渐增多，这些理论探讨有的缘起于社会史研究，有的直接关系到社会史研究，本年度即有数篇文章围绕这些主题展开。[①] 这些理论探讨多从域外着眼，一些学者从本土资源探索社会文化史理论也取得可喜进展。刘志琴指出，社会文化史研究对于历史悠久、积累深厚的中国文化传统来说，更具有本土特色和发展的优势。传统中国为礼俗社会，礼与俗分处于国家与民间的不同层次。礼俗整合的后果使得礼中有俗、俗中有礼、礼和俗相互依存，双向地增强了精英文化与民间文化的渗透。礼俗互动是中国社会文化史的特色。[②] 梁景和认为，生活质量是社会文化史研究的一个新维度。客观生活质量主要指社会生活条件的实际状况，而主观生活质量指的是生活满意度和主观幸福感。研究生活质量有着诸多研究方

[①] 参见彭刚《历史记忆与历史书写——史学理论视野下的"记忆的转向"》，《史学史研究》2014 年第 2 期；祝宏俊《公共史学之公共性反思》，《江海学刊》2014 年第 2 期；赖国栋《谁拥有过去——兼谈法国公众史学的发展》，《江海学刊》2014 年第 2 期；王亮《理论与方法的推陈出新——新文化史研究综述》，《史学月刊》2014 年第 9 期；[美] 阿龙·康菲诺《历史与记忆》，《天津社会科学》2014 年第 6 期。

[②] 参见刘志琴《从本土资源建树社会文化史理论》，《近代史研究》2014 年第 4 期。

法，在运用上是多维交叉同步进行的。①

计量史学在世界史学潮流中曾盛极一时，而今，时过境迁，其风光不再。旧理论、旧方法、旧领域虽不在潮头浪尖，却往往不能退出历史研究的舞台。近年随着新史料尤其是电子资料的大量涌现，运用计量方法针对中国问题，尤其是社会史问题展开研究具备了越来越大的可能性。梁晨、李中清以学籍卡材料为中心讨论了大数据、新史实与理论演进。他们指出，学籍卡似的格式化、系统性历史文献成为构建大型计量历史数据库的重要资源；这些计量历史数据库往往能向学者展现出依靠传统文献分析方法难以显现的"新史实"；这些"新史实"不仅对填补或纠正过往的历史认知颇有裨益，甚至还能有效地推动学术理论的演进与革新。②

（二）家族、群体与社团

社会结构的研究越来越具体，越来越多的家族、群体、社团个案进入研究者的视野，其研究取向或者探讨群体与团体内部结构及变迁，或者将其放入诸如国家与社会之类的解释框架中予以分析。

郭娟娟、张喜琴以榆次常氏家族为例指出，19世纪末20世纪初，晋商家族商业破产，社会地位整体下降，而重视读书科举教育的家族成员转型为新精英阶层。③ 田彤、赖厚盛认为，20世纪二三十年代武汉纱厂工人出于生存需求，在斗争与合作之间自行选择抗争方式，缺乏阶级认同；他们虽不乏斗争性，但不能团结，缺乏自我认同；纱厂工人未能形成一个实在的阶级，而只是一个群体。④ 邱澎生讨论了苏州商会的代表性问题，他指出，清末苏州商会参与抗争税收的过程表明商人团体由原先会馆、公所时代作为在实际上保护商人权益的"代表"，演变为商会时代能同时在实际上与名义上保护商人的"代表"。⑤ 池子华指出，社会网络或者说社会资

---

① 参见梁景和《生活质量：社会文化史研究的新维度》，《近代史研究》2014年第4期。
② 参见梁晨、李中清《大数据、新史实与理论演进——以学籍卡材料的史料价值与研究方法为中心的讨论》，《清华大学学报》（哲学社会科学版）2014年第5期。
③ 参见郭娟娟、张喜琴《清代晋商家族代际流动分析——以山西榆次常氏为中心的考察》，《安徽史学》2014年第4期。
④ 参见田彤、赖厚盛《群体与阶级：20世纪二三十年代武汉纱厂工人——兼论近代中国工人阶级的形成》，《学术月刊》2014年第10期。
⑤ 参见邱澎生《由代收税捐看清末苏州商会的"代表性"问题》，《四川大学学报》2014年第1期。

本,在长三角地区的近代打工妹求职过程中发挥了重要作用,用工单位根据职业的性质寻求打工妹的"职求"路径,同样不能小视。① 高纲博文的《近代上海日侨社会史》一书,讨论了上海日本居留民社会、上海事变与日本居留民、中日战争时期的"上海租界问题"等,试图阐明日本人在上海的具体活动及其意识状态。②

国家与社会框架往往衍生出群体、团体与地方社会、各级政府、国民党、共产党之间的互动。

许冠亭的研究表明社团与国民党党部之间存在张力。1934年,苏州光裕社与男女说书会因苏州弹词男女拼档演出形式引发冲突。冲突双方没有诉诸司法机构,而是依次向国民党各级党部呈请裁决。许冠亭指出,中央党部的终裁允许社团分立、禁止男女拼档,但社团迅速分立而男女拼档却有禁无止;后来男女拼档成为主要演出形式,社团复归统一,竟与终裁方案完全相反。③

何友良则指出了苏区社团与中共政权之间的和谐关系。苏区政权通过主动转移一部分权力和职能,使社团成为有限权能分担的社会共同体,与乡村政权互为依存和补充,在动员组织民众、变革社会结构、建立新意识形态和人民对国家权力的认同、实现民众利益与乡村治理的宏大目标中发挥作用。④

彭南生注意到了1921年上海商界总联合会分裂原因的复杂性。他认为,政见的分歧是双方对立的基本原因,权力争夺是彼此角力的关键因素,商界内部的派系矛盾则是新、旧两总会摊牌的重要推手,在政争、权争与派系之争的背后,既掺杂着宁波帮与非宁波帮之间复杂的地缘因素,也存在着内部制度设计不合理、商联会成员社会成分复杂等组织缺陷。⑤

家族、群体常常利用各种社会、文化资源在地方社会竞争中获得有利地位。吴强华指出,南社成员通过举行祭祠哭陵等具有反清色彩的象

---

① 参见池子华《近代长三角地区打工妹就业路径探析》,《江苏社会科学》2014年第2期。
② 参见[日]高纲博文《近代上海日侨社会史》,陈祖恩译,上海人民出版社2014年版。
③ 参见许冠亭《党治体制下的社团冲突与社团管理——以1934年苏州弹词男女拼档纠纷案为例》,《近代史研究》2014年第3期。
④ 参见何友良《权能分担与社会整合——国家与社会关系视野下的苏区社团》,《近代史研究》2014年第3期。
⑤ 参见彭南生《政争、权争与派系之争:上海商总联合会分裂原因初探》,《史学月刊》2014年第8期。

征性行为及与此相关的诗词唱和，营建江南士人群体的身份认同与意识认同，建立起以江南士人为主体，以地缘、血缘、业缘为基础的跨地域社会交往网络，并依托社群交往网络的规模效应，谋求实现文化资源与政治权力的对接，以期在社会转型期中维系自身的社会声望和群体权益。[①] 李甜认为，明清皖南旌德方氏通过编撰家史，将地方名人方元荡奉为始迁祖，巩固了地方精英对方氏宗族的支持，得到地方社会的认可，官方志书还纳入其家史。这些都使方氏在地方社会主导权的竞争中赢得了绝对优势的地位。[②]

性别视角是研究中国社会结构一个十分重要的分析角度，最早由西方引入，后经过了本土化的改造。本年度一些论著从性别的视角呈现了近代中国社会中女性的某些面相。

有学者分析了战争、政治、司法中的女性。陈雁《性别与战争：上海1932—1945》一书，从性别角度重新审视中日战争对于中国社会尤其是对中国女性的影响，试图呈现出当时上海妇女对于战争的体验、记忆，对"民族国家"的历史和话语的感受。[③] 李木兰《性别、政治与民主：近代中国的妇女参政》一书认为，近代中国女性精英倡导的妇女参政运动，创造了一个新的空间，使得男性和女性道德的性别规范在这一空间急剧地转型。[④] 张念《性别政治与国家：论中国妇女解放》一书，揭示出中国妇女解放过程中的种种矛盾与悖论，主要讨论了国家理论中的性别、女性解放的道德与政治冲突、革命政治与性别伦理、性别平等与政治正当性、自由的性别实践等问题。[⑤] 杨兴梅指出，中国共产党的反缠足运动延续了自晚清以来的政治化思路，不断根据新的形势，赋予缠足各种内涵。苏维埃时期，共产党一面彰显缠足的"封建束缚"特点，一面强调放足对"参战动员"和妇女解放的意义。抗日战争爆发后，除抗战、革命与生产动员外，缠足对妇女自身的影响，继续受到中国共产党的关注。1945年后，反缠足运动

[①] 参见吴强华《近代江南士人社群交往网络的营建与运作——以南社为中心》，《史林》2014年第4期。

[②] 参见李甜《"方德让家"：从旌德方氏看明清皖南宗族的家史编纂》，《安徽史学》2014年第3期。

[③] 参见陈雁《性别与战争：上海1932—1945》，社会科学文献出版社2014年版。

[④] 参见[澳]李木兰《性别、政治与民主：近代中国的妇女参政》，方小平译，江苏人民出版社2014年版。

[⑤] 参见张念《性别政治与国家：论中国妇女解放》，商务印书馆2014年版。

逐渐与土改、生产及支前运动结合起来，放足最终成为解放生产力的手段。① 杜正贞从龙泉司法档案的供词、笔录中观察到女性自己站在了公堂法庭之上，直接面对知县、法官以及对方，并发声说话，同时她又指出，但这并不意味着供词和笔录如实记录了女性当事人真实的语言和诉求，专业化的司法程序、法律语言，使男权以微妙的形式继续潜藏于诉讼过程中。②

日常生活和文化教育中的女性也引起了学者的关注。小田讨论了江南乡村女巫的近代境遇，认为这一境遇有两个层面：一是不断遭遇政权的取缔又屡禁不止；二是得到了普通民众的积极崇奉。这种矛盾的境遇源自传统小世界和文明大世界的各别逻辑。③ 秦方以清末民初天津女学为切入点，通过游移经验的视角来审视近代女学师生如何借助女学这一途径实现其在地域、空间和身份认同上的移动和转变。④ 秦方还以晚清出现的新词汇"女界"为切入点，探讨近代中国女性在国家民族话语、男女性别关系和中国传统精英文化等脉络互动中形成的身份建构和认同。女界试图以"界"的身份，与其他各界平权并立，共同参与到对国家民族的建构中来。但女界坚决与妓界划清界限，正是在这样的不断扞格之中，女界之大同理想终成幻想。⑤

（三）城市与乡村社会

近年来，城市史一直是中国近代社会史的热门领域，本年市政建设、城市空间、城市建筑等方面研究成果比较突出。

董玥《民国北京城》一书，考察了民国时期北京的空间变迁、日常物质生活及其文化表述。该书不是把城市作为历史人物和事件的舞台，而是综合考察北京这个古老帝都本身的转型，以及被塑造成现代中国"文化城市"的过程。⑥ 王煦《旧都新造：民国时期北平市政建设研究（1928—

---

① 参见杨兴梅《中共根据地反缠足依据的演变（1928—1949）》，《社会科学研究》2014年第1期。
② 参见杜正贞《晚清民国庭审中的女性——以龙泉司法档案供词、笔录为中心的研究》，《文史哲》2014年第3期。
③ 参见小田《论江南乡村女巫的近代境遇》，《近代史研究》2014年第5期。
④ 参见秦方《清末民初女学师生的游移经验——以天津为中心的考察》，《史林》2014年第1期。
⑤ 参见秦方《新词汇、新世界：清末民初"女界"一词探析》，《清史研究》2014年第4期。
⑥ 参见董玥《民国北京城》，三联书店2014年版。

1937）》一书指出，民国迁都以后的北平市政建设，是在多种社会力量和多元利益群体互动博弈、共同作用下发展起来的，是传统与现代城市元素既对立矛盾又融合开新的过程。[1] 董佳《民国首都南京的营造政治与现代想象（1927—1937）》一书梳理了 1927—1937 年南京城市现代化受政治和权力影响的复杂性。该书对城市规划设计的表达、公共权力的运行规则、首都建设中的传统政治文化、现代建筑艺术与近代革命文化象征表现等历史现象进行阐释，展示出中国近代城市发展过程中有别于西方的特征。[2] 万勇《近代上海都市之心：近代上海公共租界中区的功能与形态演进》一书，以相关的历史地图和历史图片为基础，分别对公共租界中区的城市功能、住宅布局、空间形态、道路桥梁、市政水系等空间元素的历史变迁进行阐述，反映了外滩地区空间形态的来龙去脉及其缘由。[3] 洪煜、刘永广以 1929 年无锡拆城筑路事件中的报刊舆论冲突为例讨论了近代地方城市建设中的困境。拆城派认为城墙是封建社会的权力象征，拆除城墙是自己践行革命意识最实际的行动表达；而反对拆城者，将城墙作为一种安全治安的保障。[4] 近代外国人在上海的筑路、营建活动触动了当地民众的风水观念。牟振宇运用《申报》资料，分析了近代上海官方、民众、士绅与外国人在风水问题上的冲突与纠葛。[5]

史红帅《近代西方人视野中的西安城乡景观研究（1840—1949）》一书，展示了清末民国时期西方人视野下西安城乡景观面貌及其变迁，进而揭示近代西方世界"西安观"乃至"西北观"的形成、发展与传播的过程与途径。[6] 赵莹莹指出，1883—1919 年，上海徐园经历了"私家园林"——"公共雅集园"——"商业娱乐园"——"大众准公园"的变迁；上海的买办

---

[1] 参见王煦《旧都新造：民国时期北平市政建设研究（1928—1937）》，人民出版社 2014 年版。

[2] 参见董佳《民国首都南京的营造政治与现代想象（1927—1937）》，江苏人民出版社 2014 年版。

[3] 参见万勇《近代上海都市之心：近代上海公共租界中区的功能与形态演进》，上海人民出版社 2014 年版。

[4] 参见洪煜、刘永广《近代地方城市建设中的困境——以 1929 年无锡拆城筑路事件中的报刊舆论冲突为例》，《史学月刊》2014 年第 12 期。

[5] 参见牟振宇《近代上海城市化过程中的风水事件——以〈申报〉为中心（1872—1900 年）》，《复旦学报》（社会科学版）2014 年第 1 期。

[6] 参见史红帅《近代西方人视野中的西安城乡景观研究（1840—1949）》，科学出版社 2014 年版。

商人和文人对自身的身份认同也分别经历着从"雅士"到"雅商"再到"绅商"、从"雅士"到"政治文人"的转型；疏离政治的"隐逸"的江南文化传统也在都市空间中逐渐让位于热心社会和政治的"入世"倾向。① 李彬彬揭示了近代上海公墓体制逐渐由民治转为官治的过程。② 马树华分析了作为近代城市纪念性建筑的青岛栈桥。③

一些乡村社会的研究成果颇为引人注目。罗威廉所著《红雨：一个中国县域七个世纪的暴力史》一书，细致描述了从元朝末年到抗战初期麻城县经历的种种暴力事件，从地理环境、政治文化、阶级结构等方面探讨了暴力的社会生态。该书既继承年鉴学派探讨长程社会变迁的优良传统，又借鉴了新文化史注重意义解读和故事讲述的研究取向，既有对大众文化和集体记忆的精彩论述，又有对国家与社会框架的重新检视。④ 张俊峰指出，清至民国时期山西水利社会中的水权交易行为相当普遍且类型多样，这不仅是水资源紧缺状态下山西民众智慧的结晶，也是调解水资源时空配置不均，提高水资源利用率的一种特有方式。⑤ 姜萌认为，清末现代乡土史志尽管书写者情况各异，书写形式不同，但仍有三个共同的特点：在"世界—国家—乡土"格局中寻找乡土的位置、借激发"爱乡土之心"而增强"爱国之心"、努力探寻乡土的特质以为改良乡土贡献力量。⑥

近年来，交通社会史，尤其是交通对城乡的影响方面研究取得不少成果。江沛、陈夏琼指出，京汉铁路通车刺激了漯河运输业、农业产业化和工商业的快速发展，并逐步实现了由传统农业与贸易依附向现代工商业的转型；带动了漯河城市规模和空间的持续膨胀，逐步发展成为物资集散

---

① 参见赵莹莹《从"隐逸"到"入世"——以上海徐园为中心的考察（1883—1919）》，《华东师范大学学报》2014年第6期。

② 参见李彬彬《国家与社会视域下的上海公墓建设（1909—1937）》，《社会科学研究》2014年第6期。

③ 参见马树华《近代城市纪念性建筑：以青岛栈桥为例》，《华中师范大学学报》2014年第4期。

④ 参见[美]罗威廉《红雨：一个中国县域七个世纪的暴力史》，李里峰等译，中国人民大学出版社2014年版。

⑤ 参见张俊峰《清至民国山西水利社会中的公私水交易——以新发现的水契和水碑为中心》，《近代史研究》2014年第5期。

⑥ 参见姜萌《乡土意识与国家情怀：清末乡土史志书写的特点及其问题》，《史学月刊》2014年第5期。

地，并奠定了豫中南地区水陆交通枢纽的地位。① 任放认为，晚清以降，两湖地区的新式交通工具成为近代工商实业能否持续发展的制约因素；不可忽视的是，传统的交通工具并未退出历史舞台，而是与轮船等新式交通相契合，形成多层次、多功能的交通格局。② 吴明罡分析了近代东北西部的铁路建设对区域社会经济的影响。③

（四）社会秩序与社会治理

近代以来国家政权建设对基层社会的影响力、控制力越来越大。近年的一些研究比较关注近代新式机构对基层社会治理转型的推动，不少研究以地域性个案为切入点。

梁勇所著《移民、国家与地方权势——以清代巴县为例》讨论了一个具有移民社会特色的地方基层管理体制的演变过程，通过保甲制度、啯噜、客长、团正、学董、八省会馆等，探讨了民间社会与国家政权在基层治理上的互动情况。该书指出，在巴县，政府不仅积极地以各种方式干预具体个案，同时也通过制度设计，比如说设置客长、团首等乡村非官绅精英来达到维持地方控制和法律秩序的目的。④

长期以来，北洋时期历史被建构成为军阀混战、民不聊生、丧权辱国的黑暗年代。近些年来，学界关于北洋时期的历史书写已悄然改变。北洋时期的社会秩序与社会治理也逐渐引起学者的重视。唐仕春《北洋时期的基层司法》一书，从社会史视角探讨了司法独立理念与共和观念，收回法权运动与政治分立，司法经费与人才，以及诉讼状况等因素在不同的历史情境下形成不同的组合模式，推动或制约司法与行政的分立。该书着力于史事重建，使言说的界限建立在数量概念之上。⑤

丰箫《权力与制衡：浙江省嘉兴地区乡镇自治研究（1945—1949）》一书，将乡镇自治研究置于国家政权建设的框架下，而非官治与自治、绅权与民意的简单对立；将国家与乡村社会视为两个互为影响和制约的主

---

① 参见江沛、陈夏琼《京汉铁路与近代漯河城市的初兴》，《中州学刊》2014年第2期。
② 参见任放《近代两湖地区的交通格局》，《史学月刊》2014年第2期。
③ 参见吴明罡《近代东北西部的铁路建设对区域社会经济的影响》，《社会科学战线》2014年第5期。
④ 参见梁勇《移民、国家与地方权势——以清代巴县为例》，中华书局2014年版。
⑤ 参见唐仕春《北洋时期的基层司法》，社会科学文献出版社2014年版。

体,而不是主动与被动、控制与被控制绝对对立的关系。①

何文平分析了民初广东民主政权建设与新兴政治精英的困境。② 邢照华指出,20世纪前期广州社会纠纷调控中政府与民间组织在纠纷应对中显示出了一定的互补性,但调解本身仍然呈现出无序化和多方博弈的特征。③ 吴沙《近代广州警察》一书讨论了近代广州警察与广州社会的关系。④ 朱煜指出,1928—1937年江苏省民众教育馆在协调与基层民众以及地方政府关系时颇能如鱼得水,在某种程度上充当了官方代理人和民间社会组织者的双重角色,一定程度上疏通了已经淤塞的基层政治轨道。⑤

(五) 生活、习俗与社会文化

中国本土的社会文化史研究经过二十多年的提倡、摸索,近年来一些实证研究沿着社会与文化互动的路径探索,取得了引人注目的成绩。本年度罗检秋、李长莉等学者的论著展示了社会文化史的新进展。

罗检秋《文化新潮中的人伦礼俗》一书,深入研究了近代精英思想与大众文化的交融和互动,条分缕析地揭示了人伦观念转化为社会礼俗的过程。一方面,从孝道、贞节观念和社会礼俗等层面,多角度地研究了五四新观念的确立、社会传播及其局限;另一方面,以此时的主要文化娱乐为个案,从社会文化史视角考察了清末民初的京剧繁荣、商业化和坤角走红现象,并分析了"剧以载道"的思想转变。⑥ 李长莉讨论了"洋货流行"与消费风气转变的关系。她指出晚清开口通商后,"洋货"开始大批输入并逐渐流行,引起人们消费风气的演变。从被国人视为有害道德的炫耀性消费风气,到形成流行时尚性消费风气,直至洋货进入日常生活一般消费品领域,形成实用性消费风气。⑦

---

① 参见丰箫《权力与制衡:浙江省嘉兴地区乡镇自治研究(1945—1949)》,商务印书馆2014年版。
② 参见何文平《民初广东民主政权建设与新兴政治精英的困境》,《河南大学学报》2014年第1期。
③ 参见邢照华《20世纪前期广州社会纠纷调控考察》,《史学月刊》2014年第8期。
④ 参见吴沙《近代广州警察》,社会科学文献出版社2014年版。
⑤ 参见朱煜《民众教育馆与基层政权建设——以1928—1937年江苏省为中心》,《近代史研究》2014年第3期。
⑥ 参见罗检秋《文化新潮中的人伦礼俗》,中国社会科学出版社2013年版。
⑦ 参见李长莉《晚清"洋货流行"与消费风气演变》,《历史教学》2014年第2期。

有学者讨论学术、文化与社会的互动。罗检秋讨论了家学传衍与乾嘉汉学转变的关系。① 高哲一指出，在王云五的主导下，学术界与商务印书馆展开了全面合作，推动了万有文库的出版，在商业和学术领域取得了双重成功。② 蔡杰认为，晚清石印举业用书的广泛流通，一方面促进了文化的传播，另一方面也促进了石印业、造纸业和民营书店的发展，有利于商品经济的繁荣。③ 陈细晶以上海的《立报》为例，分析了20世纪30年代商业、战争与公众阅读之间的复杂关系，指出战争危机刺激了公众的民族主义情绪，《立报》出于政治化阅读和商业利益的需求，变革了原有的报纸风格。④

近代以来新的生活方式、文化教育改革颇受学者关注。本年度学者讨论了民国春节存废，民国历史教科书，唱片，上海"日光节约"运动，安徽整顿私塾等对民众生活造成的复杂影响。

民国时期社会上围绕过哪个新年、春节存废等问题产生了广泛争论，最终政府实行了废除春节的政策并以失败告终。忻平、张坤指出，新年之争客观上传播了现代文明的要素，推动了传统节日习俗的现代转型。废除春节政策的失败，启示我们在改造习俗的过程中应尊重生活的逻辑，采用渐进的方法，尤其要处理好习俗变迁与政治变革之间的关系。⑤

刘超以"清朝史"叙述为中心讨论了民国历史教科书中的民族认同与政治认同。民国教科书对清朝统治持批判态度：北京政府时期主要从"共和"立场批判清朝专制统治；南京政府时期从汉族立场批判清统治者民族压迫。北京政府时期的"共和"立场与民初共和政体相关，南京政府时期的汉族立场受国民党党国体制的影响。⑥ 朱煜、郝佩林认为，20世纪20年代新学制改革中的中小学历史教科书运用多元的世界文化史观架构历史，

---

① 参见罗检秋《家学传衍与乾嘉汉学的转变》，《安徽大学学报》（哲学社会科学版）2014年第2期。

② 参见高哲一《为普通读者群体创造"知识世界"——商务印书馆与中国学术精英的合作》，《史林》2014年第3期。

③ 参见蔡杰《晚清石印举业用书的营销与流通》，《江汉论坛》2014年第9期。

④ Sei Jeong Chin, "Print Capitalism, War, and the Remaking of the Mass Media in 1930s China", *Modern China*, July 2014, pp. 393 – 425.

⑤ 参见忻平、张坤《政俗关系视野下的民国"新年"之争——以〈申报〉为中心》，《江苏社会科学》2014年第2期。

⑥ 参见刘超《民国历史教科书中的民族认同与政治认同——以"清朝史"叙述为中心》，《学术月刊》2014年第3期。

关注民众的日常生活史，注意传递现代民主理念，渗透现代科学精神和实证意识，在使普通民众形成对历史的科学认知和传播现代社会观念等方面，发挥了独特的积极作用。①

葛涛指出，唱片改变了人们的听戏方式，对于名角名段名歌的普及与都市的流行文化，起到推波助澜的作用；唱片推动了各种地方曲艺的传播与交流，丰富了都市居民的文化生活；唱片在国语与外语教学领域的使用，对教育改革有促进意义；唱片录制的内容被用于法庭的证词，增加了证词的种类，有利于司法工作的开展。②

20世纪40年代，在上海非沦陷时期，"日光节约"运动得到广泛和持续推行。李玉指出，此项运动的经济效应虽然并不明显，却不失行政功用与文化意义；实际推行过程中，此制给民众带来的困扰也是明显的，有些行业甚至未蒙其利，实受其害。③徐希军指出，民国时期，安徽整顿私塾过程中尽管借助国家权力的干预，私塾遭到挤压而日益处于国家教育场域的边缘化，但学校未曾完全取而代之，私塾依然在广阔的乡村和城市的角落存续，显示出强大的生命力。④

学界对民间信仰研究也取得了新的成果。郁喆隽《神明与市民：民国时期上海地区迎神赛会研究》一书，着重分析了城隍庙三巡会、浦东赛会与江湾镇东岳庙赛会等典型案例中的组织、人员、财政状况及其引发的冲突。⑤朱季康《近代华东民间秘密互助团体太谷学派的生存与信仰研究》一书，通过考察近代民间秘密互助团体太谷学派的生存历史及信仰体系，从一个侧面展示了近代儒、释、道在民间的蓬勃活力及其变异。⑥路云亭采用"社会表演"理论，分析了义和团的集体性格，阐释了义和团与红灯照成员的各种社会表演活动，对义和团戏剧性格的生发原因、义和团与巫

---

① 参见朱煜、郝佩林《论20世纪20年代新学制改革中的历史教科书》，《历史教学》2014年第9期。
② 参见葛涛《略论唱片与近代中国社会变迁》，《史林》2014年第4期。
③ 参见李玉《1940年代上海"日光节约"运动研究》，《南京社会科学》2014年第2期。
④ 参见徐希军《民国时期安徽私塾整顿论析》，《安徽史学》2014年第6期。
⑤ 参见郁喆隽《神明与市民：民国时期上海地区迎神赛会研究》，上海三联书店2014年版。
⑥ 参见朱季康《近代华东民间秘密互助团体太谷学派的生存与信仰研究》，人民出版社2014年版。

术的关系等论题作出了富有新意的解读。①

李俊领讨论了近代北京的四大门信仰,揭示了四大门信仰及其代理人与碧霞元君信仰的关系,并提出四大门信仰习俗不是宗教的看法。② 徐天基勾勒了1696年至1937年北京丫髻山进香的变迁史,旨在用个案形式反思并回应华琛等人开创的"标准化"议题。他指出,在"标准化帷幕"之后,各个社会群体间永无止境的动态博弈和话语交融才得以发生,从而共同编织了真实的中国宗教图景。③ 康豹在《中国宗教及其现代命运》一书中,讨论了1898年至1948年中国浙江省和上海地区的传统宗教如何蜕变成现代全球文化之一部分的历程,并借此透视了宗教与现代政治文化之间的关系。④

(六) 医疗、卫生、环境与慈善救济

近年,医疗、卫生和环境史的研究逐渐升温。

中国西医知识体系的确立和完善是在晚清至民国期间。既往的研究都立足于"传入"与"接受"相互对应的层面。高晞着重由官方角度考察这一过程,认为中国西医知识体系的确立是卫生政治化的过程。⑤ 刘希洋、余新忠以福建螺江陈氏家族为例分析了家族的病因认识、疾病应对与病患叙事。⑥ 杜丽红指出,清末民初,北京的疫病防治经历了较大转变,这不仅得益于为应对疫情设立的各类防治机构,而且得益于日常性疫病防治机制的设立。⑦ 罗振宇指出,从1870年设立兼职卫生官,到1898年专职卫生官和卫生管理机构的出现,上海工部局的医疗服务经历了一个从无到有,从仅关注雇员健康到关注公共医疗的过程,体现出了从"救己"到"救人"的转变。工部局作为城市自治管理机构,其早期医疗服务已经开

---

① 参见路云亭《义和团的社会表演——1887—1902年间华北地区的戏巫活动》,上海古籍出版社2014年版。
② 参见李俊领《近代北京的四大门信仰三题》,《民俗研究》2014年第1期。
③ 参见徐天基《"标准化"的帷幕之下:北京丫髻山的进香史(1696—1937)》,《中央研究院近代史研究所集刊》第84期(2014年6月)。
④ Paul R. Katz, *Religion in China and Its Modern Fate*, Brandeis University Press, 2014.
⑤ 参见高晞《卫生之道与卫生政治化——20世纪中国西医体系的确立与演变(1900—1949)》,《史林》2014年第5期。
⑥ 参见刘希洋、余新忠《新文化史视野下家族的病因认识、疾病应对与病患叙事——以福建螺江陈氏家族为例》,《安徽史学》2014年第3期。
⑦ 参见杜丽红《近代北京疫病防治机制的演变》,《史学月刊》2014年第3期。

始呈现近代城市公共医疗服务的特性。① 任吉东、原惠群从中国传统的粪业经营及观念入手，论述了西方列强在传播近代公共卫生的过程中对便溺惯习实施的"暴力"化治理和对传统粪业体系的规范化管理，诠释了卫生普及背后西方文明的传播方式和路径。②

本年度《江汉论坛》刊载了一组中国环境史研究的文章，以介绍研究动态，进行理论探讨为主。③ 当前国内的环境史研究常常忽视了其中的文化维度。余新忠主要从疾病与健康的角度，探究缺失文化维度的缘由、文化研究的意义和内容等问题。环境史的研究固然是希望增益人类的生态学意识但同时也需要文化地来理解这样一种潮流和现象。④ 相关实证研究也取得一些成绩。罗晓翔探讨了明清南京内河水环境及其治理。明清时期，随着城市人口增长与经济发展，南京内河水环境不断恶化，秦淮河河道淤塞与水质污染日趋严重。在南京，其治河主持机构的行政级别较高，治河经费也相对充裕，只在清代嘉庆、道光时期曾大量动用民间捐款。由于治理方式的局限，历次治水工程皆无法取得长效，亦不能遏止水环境恶化的趋势。⑤

自 20 世纪 80 年代以来，中国史学界有关灾荒史的研究，逐渐由涓滴发展为一股颇具规模的潮流。而目前最无法回避的问题，是研究思路和框架的重复。《史学月刊》刊发了"灾荒史研究的新视域"笔谈⑥，其关怀主旨都是对以往研究模式的方法论基础进行深入反思，力图开拓灾荒史研究的新视域，以推动其向集约型方向发展。

---

① 参见罗振宇《"救己"到"救人"：工部局早期医疗服务与城市公共医疗的起源（1854—1898）》，《江苏社会科学》2014 年第 3 期。

② 参见任吉东、原惠群《卫生话语下的城市粪溺问题——以近代天津为例》，《福建论坛》2014 年第 3 期。

③ 参见［美］濮德培《中国环境史研究现状及趋势》、［美］穆盛博《中国环境史研究的新趋势》、［美］谢健新《清史与中国环境史前沿韩昭庆历史地理学与环境史研究》、［新加坡］陈颖佳《纵览世界、跨越藩篱：浅谈耶鲁大学的环境史研究》、韩昭庆《历史地理学与环境史研究》，《江汉论坛》2014 年第 5 期。

④ 参见余新忠《浅议生态史研究中的文化维度——基于疾病与健康议题的思考》，《史学理论研究》2014 年第 2 期。

⑤ 参见罗晓翔《明清南京内河水环境及其治理》，《历史研究》2014 年第 4 期。

⑥ 参见余新忠《文化史视野下的中国灾荒研究刍议》、高国荣《环境史视野下的灾害史研究——以有关美国大平原农业开发的相关著述为例》、安特利亚·扬库《国际人道主义在中国：从 20 世纪初的灾赈谈起》、朱浒《食为民天：清代备荒仓储的政策演变与结构转换》，《史学月刊》2014 年第 4 期。

本年度慈善救济研究主要围绕国家与民间之间的关系而展开。一些学者认为国家政权加强了对民间社会的控制，导致民间社会与国家政权的疏离、矛盾。李德英、冯帆以清末四川新津县社济仓为例指出，社仓经首大多是代替地方政府行使管理仓储的职责，其自主权力减少。同时，社仓经首与粮户之间、新旧社仓经首之间的矛盾也愈演愈烈，导致越来越多的地方士绅纷纷推诿，不愿担任此职。晚清时期新津县国家控制仓储的能力加强，而地方士绅参与地方事务的兴趣却呈现出减弱的趋势。① 1927年，盛宣怀子女违背庄规分析家族愚斋义庄财产引发纠纷，江苏省政府企图乘机将善产据为己有，但是在中央政府的干预下失败。善产最终被中央政府收入囊中，义庄随之寿终正寝。王志龙认为，南京国民政府改变了自北宋以来政府通过监督保护实现义庄自主经营和发展的一贯政策，以保护之名行掌控之实，对义庄的发展起到了阻碍作用。②

国家与社会视角下，不仅强调国家与社会的互动，也有学者从不同案例探讨民间组织的自我组织和自我管理。阮清华指出，在近代上海慈善事业发展过程中，各善会善堂不断整合，形成了一些大型慈善组织，从组织结构、慈善活动和资金扶持等方面织成了一张巨大的社会网络。慈善网络使民间社会发挥出了巨大的自我组织和自我管理能力。③清代科举宾兴是一种主要由民间捐资设立的教育公益基金，它利用田产、银钱、店房等资产的增值收入，无偿资助本地士子参加各级科举考试。毛晓阳、金甦指出，清代科举宾兴逐渐形成了相互结合、互为补充的基层社会监督机制，其内容主要包括立碑、入志、编纂宾兴专志、刊印宾兴征信录及宾兴簿册等。这些监督方式与政府立案管理制度一起，共同构成了清代宾兴社会公益活动的外部监管机制。④

（七）问题与反思

本年度社会史研究在上述领域取得的成果推进了对历史的认识，不过

---

① 参见李德英、冯帆《清末社仓经首选任与乡村社会——以四川新津县社济仓为例》，《四川大学学报》2014年第4期。
② 参见王志龙《愚斋义庄案中的政府与民间慈善组织》，《南京社会科学》2014年第9期。
③ 参见阮清华《试论近代上海民间慈善事业的网络化发展》，《华东师范大学学报》2014年第1期。
④ 参见毛晓阳、金甦《论清代社会公益组织的基层社会监督机制——以科举宾兴为中心》，《东南学术》2014年第3期。

也存在一些需要反思的问题，并出现一些寻求改进与拓展的路径。

积极拓展新视角。现在社会史研究中运用较多的有现代化视角、国家与社会视角等。如在国家与社会视角下，研究对象无论是家族、群体与社团，还是市政建设，无论是社会治理还是卫生慈善，研究者常常着眼于揭示群体、团体、地方精英、民间社会、各级政府、党派等各种力量之间的互动。一些论著的新意不在于从个案中为国家与社会关系增添新的模式，而在于为国家与社会关系的既有模式找到新的个案、新的注脚。近三十年来中国社会史研究的复兴与拓展离不开研究视角的转换，循此发现了历史研究的新对象，认识了历史的新面相。本年度灾荒史、环境史、社会文化史等领域突破理论、视角瓶颈的反思与探索，表明一些学者已经不满研究现状，正在拓展新视角，这将有利于引领社会史研究迈上更高的台阶。

推进新旧视角下的实证研究。近年中国学界对环境史、医疗卫生、公众史学、新文化史、历史记忆等领域的理论探讨逐渐增多。不过，这些新领域、新视角尚处于起步阶段，正如中国大陆学界的近代环境史研究，引进西方环境史论述，呼吁加强中国的环境史研究往往多于实证研究。新视角的学术价值需要通过一定数量的实证研究来展示。否则，新视角即便成为学界热点，也难以为学界作出更多更大的真正贡献。一些并不新的视角与方法在新的历史条件下也需要实证研究。如电子资料的海量增加，统计、调查资料的涌现，使言说建立在数量概念之上成为可能。世界史学潮流中不再时髦的量化研究在中国史学中远远未能穷尽其解释力，社会史研究中还需引入社会科学化的大数据分析与研究模式。本年度无论是围绕学籍卡材料展开的讨论，还是在基层司法研究中重建史实的努力，都可以看到旧方法下实证研究的巨大空间和可能性。

（执笔人：唐仕春）

第四章

近代思想史

2012 年度

（一）

2012 年的中国近代思想史研究，一如既往地关注思想家思想、思潮史与学术史的研究。与此同时，辛亥革命时期的思想史研究，因承续辛亥革命一百周年之故，成为一个明显的热点。

（二）

2011 年是辛亥革命一百周年，史学界纪念、反思辛亥革命的系列研究论著于 2012 年相继出版。近代思想史领域的重要成果集中体现在中国社会科学院重点学科中国近代思想史学科 2012 年 10 月推出，由郑大华、邹小站主编的《中国近代思想史研究集刊》第 9 辑《辛亥革命与清末民初的思想》。耿云志先生在前言中指出"对辛亥革命前后人们（包括精英和大众）思想观念的变化，一直有人加以注意；但只有摆脱了各种先入为主的教条、模式、框架的束缚，真正深入地发掘、梳理、比勘各种思想材料，揭示其内在的联系，才能把握到历史人物的真实思想脉动，才能描述出一种思想的提出、传播、接受乃至发酵变成一种社会力量，对历史活动发生作用的实在机制"。尽管自 20 世纪 80 年代以来，从思想史角度研究辛亥革命史已经取得了非常丰富的成果，但从编入的文章可以看到，此一领域"仍有拓展和深入的空间"。[①]

《辛亥革命与清末民初的思想》主要涉及以下几个方面的论题。

一是论述辛亥革命与近代中国民族国家的建构。

---

① 参见耿云志《写在前面的话》，郑大华、邹小站主编《辛亥革命与清末民初的思想》，社会科学文献出版社 2012 年版，第 2 页。

林家有《辛亥革命与中华民族自觉实体的形成》指出，中华民族自在实体的形成极为复杂，但中华民族自觉实体的形成是辛亥革命的结果。中华民族是与中华民国同时诞生的、在民族"五族共和"共建新国的基础上形成的民族共同体。彭武麟《辛亥革命与中国近代国家转型及其民族关系之建构》认为，辛亥革命平民革命的性质决定了其核心内容是解决近代以来中国由传统王权国家向现代民主国家转型的国家重建问题。清末的维新派、革命派、立宪派在国内民族关系问题的认识上大致殊途同归，使辛亥革命之后"五族共和"顺理成章成为社会各界的共识。而"五族共和"理论上的粗糙、具体认识与实践中的大汉族主义传统思想和民族同化政策以及边疆民族地区的严重危机，也成为辛亥革命时期国家转型及其民族关系建构中的主要问题和局限。李帆《辛亥革命时期的"夷夏之辨"——以康有为、刘师培对〈春秋繁露〉两事的不同解读为例》考察康有为、刘师培对《春秋繁露》"晋伐鲜虞"和"邲之战"两事的不同解读，分析"夷夏之辨"解说传统在他们那里的延续和更新。康有为延续了以往今文学者的解说，具有文化民族主义色彩；刘师培则较少依托经学传统，具有种族民族主义色彩。洪振强《国际博览会与晚清中国"国家"塑造》通过晚清中国在国际博览会上的"影像"，晚清博览会言论中"国"之词汇的量化分析及博览会事业中时人维护"国"之权益的努力与斗争等诸层面，展示西方近代"国家"的外在刺激对晚清中国"国家"塑造的动力。

郑大华、朱蕾《论辛亥时期的国民观》将"公民"定义为以个体为本位且在国家中具有独立人格、权利观念、功利思想、法律意识、契约精神和科学理性思想的个人。文章指出，尽管从清末到新文化运动时期，"公民""人民""国民"等名词不断变化，使用也呈现交叉的情况，但知识分子对自己思想的表达和大众对其所倡导的"民"有不同内涵的理解。清末以梁启超为代表的知识分子所倡导的"民"实质内涵多指以国家为本位的国民，新文化派知识分子则倡导以个体为本位的公民思想。文章通过对近代中国知识分子从臣民观到国民观再到公民观的转变历程的分析，探讨了在知识分子引导下的近代中国人主体意识逐渐觉醒的过程，以及从臣民观到公民观过渡过程中国民观所起的作用。李育民《排外与惧外：辛亥时期两大对外观念论析》指出，"排外"观贯注于清末社会及其政治理念之中，近代民族主义思潮则脱胎于"排外"且具有"惧外"的痕迹。这两大观念在辛亥时期的变异或崛兴，给民国历史带来了深刻影响。

邹小站《清末十年的民族主义与国民主义之争》在梳理帝国主义论的输入及国人的认知的基础上,讨论近代民族主义的兴起及其基本内涵。比如梁启超从鼓吹民族主义到担心暴力革命实现政治转型与近代国家建构,代价太大,转而主张国家主义、国民主义。文章指出,清末革命立宪两党关于国家主义与民族主义的论争,其根本是应否、能否以暴力革命的方式实现政治的近代转型、完成近代国家建构的争论,根本上是和平改革与暴力革命的道路之争。对近代国家建构,两者目标其实是一致的。革命党的民族主义是近代的民族建国的民族主义,非宗法社会的种族主义;而立宪派的国家主义,更接近国民主义,是一种政治民族主义。郭双林《论辛亥革命时期知识界的平民意识》研讨五四平民主义思潮兴起之前、辛亥革命时期知识界浓厚的平民意识。辛亥时期的平民观念主要包括下层民众和Democracy两个层面。革命的动力是平民,革命的性质是平民革命,革命的目标是建立平民政治;此时期的平民意识并非民粹主义的一种表现。

二是论述外来思想观念对辛亥革命的影响。

巴斯蒂(Marianne Bastid-Bruguière)《论普世价值观对辛亥革命精神的引发作用》指出,在义和团运动之后的几年中,自由、民主观念,以及相对较少程度的人权观念,这些普世价值就已成为鼓动青年学生和知识分子革命精神的主要灵感;而1905年之后发生转折,包含着国家特色的"国情"概念大受欢迎。以国家为中心的民族主义观点与尊重普世价值的民主观点间的对立,贯穿了中国20世纪的政治史。张玉法《西方社会主义与民生主义的形成》阐述孙中山的民生主义,初以"平均地权"为口号,到1905年同盟会成立时正式采为革命的主义。孙中山及其党人阐述民生主义之初,受到立宪派梁启超的抨击,革命党人在与梁启超辩论过程中,为民生主义建立了深广的基础,于土地国有之外,加上大企业国营。

孙闳云《那特硁的〈政治学〉及其在晚清的译介与影响》从辨析德国学者那特硁(Karl Rathgen)(1856—1921)与历史学派国家学在日本的传播发端。那特硁的《政治学》将政治学定义为研究国家之性质及其作用之一科学,并根据地理学、人类学、心理学、人种学、伦理学来研究政治学。政治学分为普通政治学、国法学、国际法三类。那特硁对国体与政体做了明确区分,探讨了国家的本源,赞同伯伦知理、沃拉斯等所倡导的国家人性说。文章梳理了从康有为的《日本书目志》《清议报》、广智书局冯自由译本到商务印书馆的排印本,那特硁《政治学》在晚清的翻译及相关理论发生影响的情况。熊月之《华盛顿形象的中国解读及其对辛亥革命的影响》剖析华盛顿形象在中文语境中的解读过程，经历了译名的雅化与形象的圣化。清末解读华盛顿形象的突出现象是颂扬他在抗英战争中不避艰困而成就大业。道德层面打了天下而不做皇帝、带有尧舜形象的华盛顿最深入人心，而民主思想层面严守法制的华盛顿一般人则不甚了了。

三是探究思想家对于相关问题的观察。

耿云志《梁启超对清王朝最后统治危机的观察与评论》指出，考察梁启超在1910年创办的《国风报》上对清朝最后危机的论述，对于加深对辛亥革命的认识颇为重要。梁启超当时即预言清朝灭亡在即，其统治不可能延续到1913年。梁启超对清政府的腐败、反动，外患的紧逼与压榨，人民不堪重负等导致统治崩溃的过程体验甚深。从1909年各省咨议局成立并开议，充满宪政希望，到1910年三次国会请愿运动失败，1911年清廷推出"皇族内阁"和"铁路国有"两大败政，立宪派政治态度急剧转变。列强的侵略与掠夺使政府陷入严重的经济危机及财政危机，官吏的贪腐加剧了人民的苦难。吏治败坏，人民对政府失望，民变次数增加。1911年四川保路运动引信点燃，武昌起义最终导致清朝灭亡。邓丽兰《跨越辛亥年的"梁启超之问"及其回应——略论中国思想界对于"革命不得共和而得专制"问题的论争》追溯"梁启超之问"的由来，分析当时梁启超与革命党人围绕这一问题的相关争论，进而探讨民初以降中国思想界对"民主专制"是否成为现实政治的各种解读，以及从学理上探讨化解"民主专制"之道的思考。

彭春凌《抵"淫祀之首"与扬"圣人之知"——章太炎民国初年的信仰建设》展示辛亥革命后章太炎于共和国建设最关键的信仰问题的独到见解。文章在三个交叉视野中测度该问题，即章太炎在复杂的政治社会语境中对民初政府"废淫"政策之协调及回应，章氏个人自戊戌以来思想的流变尤其是对革命时期信仰建设方向之调整，章太炎与儒教内部康有为派别建立孔教、废黜淫祀主张持续、动态地思想对话与互动。文章深入研讨章太炎张扬正信的思想活动；论述其如何通过将《周易》举为"世间法"，来阐述"圣人之知"、诠释"六经皆史"，为作为"因旧之国"的中国，架起沟通新共和国的信仰欲求与旧国主体信仰之间的桥梁，在历史中重开价值。何卓恩《异调同曲谱新邦：孙中山梁启超民元入京演说之识见、心态与互信》从民初政党精英内部因素，考察辛亥革命事与愿违、未建立现代民主体制的原因。孙中山梁启超演说内容共识大于歧见，二人的主位心态都缺少一份互相直面对方、彼此正视历史的坦诚，互信微弱。两大政治革新集团未能把握共同监督、襄助袁世凯当局和平建国的历史机遇。

郑匡民、孔祥吉《英伦蹈海烈士之真史——杨毓麟未刊函札述考》结合杨毓麟的生平，考察旅日期间杨毓麟致瞿鸿禨的信，申明教育救国的理念，将派留学生学习日本法政制度，视为救亡妙计；据《那桐日记》，该信作于杨毓麟光绪二十八年（1902）初抵日本数月之后。文章多次援引张辑光的函件来佐证杨毓麟的生平事迹及周边人物事态。杨毓麟1906年在上海致瞿鸿禨的信则澄清其随五大臣赴日考察宪政的史实，纠正了冯自由《革命逸史》的差谬。文章还分析了杨毓麟在主笔《神州日报》期间与两江总督端方的两通函札，同时，凭借清代档案中蒯光典的若干史实厘清了杨毓麟赴英的具体日期、工作性质及最后归宿。

贾小叶《梁启超出任湖南时务学堂教习首荐人考》考证最早提议聘请梁启超为时务学堂总教习者，不是黄遵宪，而是蒋德钧，澄清了学界既往的误解，指出蒋德钧在时务学堂初创之际所起到的作用以及湖南维新运动中本土士绅的作为。谷秀青《北洋军阀时期中小学历史教科书中的"辛亥革命》通过分析北洋军阀时期中小学历史教科书对辛亥革命的记载来解析此阶段教科书中的辛亥革命观形成的原因。

（三）

对重要思想家进行深入研究，依旧是近代思想史领域的重头戏。2012年推出的以胡适、傅斯年、严复为对象的研究专著集相关研究者多年的精粹之作及新创新得于一体，很有分量。而学界关于思想家的研究论文则趋向于开辟新的研究路向，引入新的研究视野，或者对重要议题的既有认识予以推进、纠谬。

2012年是胡适逝世50周年。耿云志先生接受记者采访，谈论"并不遥远的胡适"[①]，评价胡适在新文化运动中的位置、影响力以及他在思想、学术、教育等方面取得的成就，还从历史的角度分析了胡适在青年之中影响力的变化等问题，为今天人们认知胡适提供了全面而客观的精到论述。

[①] 参见耿云志、张弘《并不遥远的胡适》，《社会科学论坛》2012年第3期。

周质平《光焰不熄：胡适思想与现代中国》①。该书在 2002 年南京大学出版社出版的《胡适与中国现代思潮》的基础上又收入了作者十年来围绕胡适发表的十几万字有关中国现代思想史的研究，凝聚了作者数十年胡适研究的心血。该书的主体内容包括以下三个部分：一是通过胡适与鲁迅、冯友兰、林语堂、吴稚晖、赵元任、梁漱溟、钱玄同等同时代人之间的比较研究，他们在学术路径的取舍上产生了前所未有的碰撞与融合，作者深入探讨了新文化运动涉及文学、哲学、语言学、宗教、政治等多个领域的问题。二是对胡适思想作专题探讨，他的文学理论，他对科学与民主的阐释、对政治的态度，他早期思想中的"爱国"，胡适的《尝试集》与新诗，胡适的传记文学及游记等。三是国内学界囿于语境较少探讨或受限于资料研讨不够的诸问题。如胡适的反共产思想、胡适的英文写作及胡适晚年在美国的经历等。而这一部分可称该书的亮点。2003 年安徽教育出版社出版的 44 卷本《胡适全集》对于胡适晚年的反共思想作了刻意的删削。如 1947 年发表的《我们必须选择我们的方向》、1949 年的《陈独秀最后见解序言》《民主与集权的冲突》等都未收入。作者认为《胡适全集》少了反共的文字，就如同"长坂坡里没有赵子龙，空城计里没有诸葛亮"；相关论文在大陆的发表多少弥补了此一缺憾。而作者以扎实的文献依据，论证了胡适的中英文两种著作，对中国文化的态度有着一些微妙的不同，胡适的英文著作对中国文化少了一些批评，多了一些同情和回护。作者认为，胡适一生的工作和努力和中国的前途分不开。胡适的功也好，过也好，唯有在"中国"这个大前提下，才有意义。

欧阳哲生《探寻胡适的精神世界》②。该书集中了作者二十年来在胡适研究领域的精粹之作。在 2011 年台湾出版的繁体版所收入的胡适档案文献的发掘、整理与利用，胡适与北京大学、哥伦比亚大学、中研院史语所，胡适的哲学成就，胡适的英文作品解析等专题之外，增收了胡适与现代中国、中国传统文化、西方近世思潮及附录《重评胡适》《胡适的人际世界》五篇文章。胡适研究是近二十年来海峡两岸学术界相互交流的"热点"，对胡适的认识在大陆也经历了一个从重新评价到重新发现的过程。作者这一组前后跨度达二十余年的文章，不仅展现了他参与胡适研究的基

---

① 参见周质平《光焰不熄：胡适思想与现代中国》，九州出版社 2012 年版。
② 参见欧阳哲生《探寻胡适的精神世界》，北京大学出版社 2012 年版。

本过程，也展示了大陆胡适研究二十余年来的推进情况。有意从事胡适相关研究，包括了解胡适研究资料、研究史的读者，该书值得认真研读。作者在书中指出，一个有地位的历史人物，他作为一个研究素材不仅具有显现历史存在的意义，而且具有被人们欣赏的性质。胡适生活中的许多琐碎细节，包括衣食住行、人际关系、情恋隐私等各种经历，之所以被人们细致地考证，不是为了对他进行"褒"与"贬"的定性，仅仅是为了满足人们的一种历史好奇心，以延续一种历史的记忆，证明一个历史人物的精神魅力。以此言来反观该书对胡适史实的详细考证，颇可见作者对历史研究的一种态度。

王汎森《傅斯年：中国近代历史与政治中的个体生命》[1]。其主体部分是作者于普林斯顿大学攻读博士学位1992年所完成的博士论文，指导教授是余英时先生。该书还收入了作者此后十余年围绕傅斯年的数篇论文，包括傅斯年与胡适、伯希和、陈寅恪，以及近代中国新旧史料观点的冲突，从王国维的《殷周制度论》到傅斯年的《夷夏东西说》看一个新学术观点的形成等。这是该书的简体中文译本首次与大陆读者见面。作者对傅斯年的研究，不同于一般的传记作品，而是强调把傅斯年的思想学术放入中国现代思想史中两个更广泛的主题上来看。一是五四青年的文化反传统主义的产生和发展；二是在中国建立一个学术社会过程中的成功和挫折。作者指出，后五四时代面临的主要挑战是动荡的政局挑战着文化领域内的非政治立场，文化本土主义的复兴及民族认同感的迫切挑战着五四反传统主义，政治集体主义挑战着五四自由主义。而傅斯年正是生活在后传统、后科举、后古史辨的时代。他组织并领导了以史语所为核心的学术群体，促成了诸如考古学、甲骨文、金文研究和清宫档案的收集与研究等多领域的进步。该书重点讨论了傅斯年"夷夏东西说"的学术主张，并重构了他从疑古走向重建古史的过程。傅斯年强调中国历史学的专业化及收集第一手材料的重要性，促进了学术研究新风范的建立。从他身上能见出这一代知识人在政治与历史中个体生命种种的"两难"。

黄克武《惟适之安：严复与近代中国的文化转型》[2]。这是作者在1998年《自由的所以然：严复对约翰·弥尔自由思想的认识与批判》、

---

[1] 参见王汎森《傅斯年：中国近代历史与政治中的个体生命》，三联书店2012年版。
[2] 参见黄克武《惟适之安：严复与近代中国的文化转型》，社会科学文献出版社2012年版。

2008年的英文专著《自由的意义：严复与中国自由主义的起源》（*The Meaning of Freedom: Yan Fu and the Origins of Chinese Liberalism*）之后又一本关于严复的作品。与前两本书专注严复对约翰·弥尔自由思想的译介及其在现代中国自由主义发展上的意义不同。此书聚焦严复思想中的"反启蒙"面向，包括抽鸦片、纳妾，肯定"孔教会""宗圣会"的尊孔读经之举及撰文附和"上海灵学会"的鬼神观念等；严复从建设海军、为国"立功"的发展方向，转移到以翻译来"立言"的人生转折；严复的翻译工作对中国近代新语汇、新思想的影响及他对"东学""东语"传播的抵制。作者认为，严复一生的思想有其连续性，他思想中的"反启蒙"面向体现了他的现代性方案与终极关怀之间具有内在凝聚性与一致性。他的思想并非单纯的复古，而相当部分来自伯克（Edmund Burke）、摩利（John Morley）肯定传统的看法，赫胥黎（Thomas Henry Huxley）、斯宾塞（Herbert Spencer）的"不可知论"及欧战后反科学的时代气氛。严复思想可谓五四时期调适型启蒙的重要源头。他与五四思想家之差异不是"传统"与"现代"的不同，而是中国现代性内部自由与保守之争，反传统与肯定传统之辨。

杨贞德《转向自我——近代中国政治思想上的个人》[①]。全书以"转向自我"这一视角观察近代中国思想的特征，自觉借用剑桥学派（尤其是波科特）注重语境和论述的思想史研究方法，梳理近代中国知识分子的政治和社会考虑中，如何以转向个人自我作为解决问题的根本方式。作者指出，这一转向自我的思维与近代中国所见"个人""自由""自治""历史"等理念之间具有密不可分的关系。全书以分属于自由主义、共产主义、保守主义等不同思想阵营的梁启超、胡适、陈独秀和梁漱溟为主要研究对象，探究近代中国政治思想中结合"新民"与"进化"所形成的，以"自由"和"自治"理念共同构成的主旋律，同时有它的多重变奏。该书的特色在于一是将杜威、伯林、社会契约论和伯克作为对照，衬托近代中国思想的特色和议题。二是着重探究近代中国知识分子思想上的限制和相关问题，并借以说明自由民主理论不得不正视的难局及其性质。

对近代思想家的一些研究论文，开辟了新的研究路向，引人注目。彭

[①] 参见杨贞德《转向自我——近代中国政治思想上的个人》，三联书店2012年版。

春凌《章太炎对姊崎正治宗教学思想的扬弃》①，研讨了章太炎翻译和汲取日本宗教学家姊崎正治的宗教学思想，并实现某种超越的历史过程及思想轨迹。近代中国以日本为桥梁吸纳西洋思想，是思想史领域的研究热点。目前学界对章太炎"国学"思想的研究虽有持续拓展，但章太炎与明治日本思想的关联，国内迄今未有专门讨论。此论文与国际学界自觉对话，填补了章太炎研究乃至清代革命思潮研究的空白。文章揭明，传统语文学是章太炎吸取姊崎正治宗教学思想的知识基础和渠道，而姊崎学说为太炎从戊戌时期尊崇荀学，到革命后转而从某种程度上认同陆王心学，提供了不可或缺的理论支持；太炎依据姊崎学说，对"假借""文质"关系、"谶"等中国传统学术的重要元素，作出了前所未有的创造性的解释，并调整了自己的思想架构。

一些对重要议题进行持续研讨、辩难的论文可见学者的积累和推进。房德邻《论康有为从经古文学向经今文学的转变——兼答黄开国、唐赤蓉先生》② 指出长期流传的康"两考"（《新学伪经考》《孔子改制考》）抄袭廖"两篇"（《辟刘篇》《知圣篇》）之说乃是不实之词。作者论证康有为于光绪十二年（1886）前后写的《民功篇》和《教学通义》受到今文经学家龚自珍的影响，表现出某些今文经学观点。光绪十四、十五年康在京师进一步转向今文经学，这是受到了喜好今文经的当朝权臣翁同龢、潘祖荫等的影响，也受到了廖平所著"平分今古"的《今古学考》的影响。光绪十五、十六年之交康在广州会见已经转向今文经学的廖平，受廖平谈话的影响，他完全转向今文经学。随后康在弟子们协助下写出"两考"。广州会见时廖平并没有给康看过他的"两篇"，所以抄袭之说不成立，这一百年来的学术公案应该有所了断。李帆《今古文分派之说始自何人——从刘师培的一则文字谈起》③，根据刘师培1905年发表的《南北学派不同论·南北考证学不同论》指出从今文、古文分派的角度谈对古文经的看法，应属宋翔凤的创造，时间上早于通常所认为的廖平之《今古学考》。

---

① 参见彭春凌《章太炎对姊崎正治宗教学思想的扬弃》，《历史研究》2012年第4期。
② 参见房德邻《论康有为从经古文学向经今文学的转变——兼答黄开国、唐赤蓉先生》，《近代史研究》2012年第2期。
③ 参见李帆《今古文分派之说始自何人——从刘师培的一则文字谈起》，《史学史研究》2012年第2期。

此外，宋广波整理考释了丁文江的遗稿《送嘉定秦君汾东归序》①。丁文江留学时的传记材料，极为稀缺，以致学界对其留学时期的学习、思想，乃至交游等情形，均知之甚少。而《送嘉定秦君汾东归序》，是丁氏留学时的重要传记资料。该序文反映了丁文江的留学观和回国后之志业、抱负，有重要的史料价值。

（四）

近代思潮、学术的研究，则有如下几方面的趋向：将报纸杂志作为重要的史料来源及思潮研究的载体，从地域的角度考察学术思想问题，以人物群体及历史事件为对象展开思想史的观察和讨论，引入概念史、文本发生学等研究视角。

郑大华、王敏《欧战后中国知识界对建立国际联盟的思考——以〈太平洋〉杂志为中心的考察》②及郑大华、曾科《论20年代醒狮派的文化保守主义》③两文分别以五四时期的《太平洋》杂志及20世纪20年代的《醒狮周刊》为中心研讨相关思想史问题，史料扎实，立论确凿。《欧战后中国知识界对建立国际联盟的思考——以〈太平洋〉杂志为中心的考察》指出，国际联盟建立前后，中国知识分子就为何成立国联、怎样建设国联以及国联的作用等问题，进行了有益思考，发表了不少真知灼见。不论国联的成立与建设是否如他们所期望的那样，也不论国联最后的结局如何，都不能贬低中国知识界的思考，否定他们关注世界的热情。尤其值得一提的是，中国知识分子在思考国联问题时，其出发点和落脚点是中国民族国家的建构问题，在他们的国际主义的言辞中，表达的是民族主义的政治诉求。《论20年代醒狮派的文化保守主义》认为，以往政治氛围浓厚的论述中特别强调醒狮派的"反共"言论，而忽视了这主要是趋于保守的文化群体。第一次世界大战后欧洲思想界"东方文化救世论"的流行，以及新文化运动对传统文化的猛烈批判，都促使醒狮派成为文化保守主义者。醒狮派认为"传统"并不是一个绝对同质的整体，西化论全盘反传统的观点是

---

① 参见宋广波整理考释《送嘉定秦君汾东归序》，《中国科技史杂志》2012年第2期。
② 参见郑大华、王敏《欧战后中国知识界对建立国际联盟的思考——以〈太平洋〉杂志为中心的考察》，《安徽大学学报》（哲学社会科学版）2012年第1期。
③ 参见郑大华、曾科《论20年代醒狮派的文化保守主义》，《聊城大学学报》（社会科学版）2012年第4期。

不可理解的。醒狮派虽然接受西方现代性，但这种接受是以中国传统文化为主体的融合。根据西方近代文化的内在缺陷，他们对中国传统文化的近代意义作出了合理的阐释。醒狮派具备近代中国文化保守主义者普遍具有的对西方现代性欲迎还拒的复杂心态。

赵立彬《辛亥后革命精英观念的民间承接——以东南、华南城镇为例》① 以较早光复的东南和华南地区革命势力占优势的通商口岸和中心城镇为中心，分析了革命精英的"民主""共和"等新观念被普通商人、民间团体和基层人士快速接纳和响应的过程。文章指出，这种基层和民间向革命中心和革命领袖积极趋附的现象，反映了特定历史条件下政治革命对于社会观念和心理变革的巨大推动，但从具体过程和情形来看，新观念、新话语的民间接纳和利用，与其在社会生活中争取经济、政治利益的现实功能相联系。受到民间重视的，不是精英观念的思想内涵，而是其社会功用。民间社会对革命精英观念的承接，更多地受到"势"的支配，而非"理"的指引。张凯《清季民初"蜀学"之流变》②，通过纵观清季民初"蜀学"的渊源流变，及其与江浙学界的分合，试图在科学史观与分科治学之外，探索近代学术转型的新路径。

郑师渠《五四前后外国名哲来华讲学与中国思想界的变动》③ 从杜威等五位外国名哲来华讲学观察中国思想界的变动。文章指出，讲学促进了中国思想界的分化与演进，包括对当时中国反省现代性思潮的兴起推波助澜，并为梁启超等所谓"东方文化派"理论观点的形成与文化诉求提供了立论的依据，进而为新文化运动的发展和中国思想界思维空间的展拓，增加了内在的张力。同时，五四后新文化运动最终归趋"以俄为师"的社会主义，其在思想层面上的展开过程，也明显地打上了名哲尤其是杜威与罗素讲学的印记。敖光旭《苏曼殊与早期新文化派》④ 以苏曼殊为线索进入早期新文化派思想文化观念的研究。文章认为，辛亥革命时期，以章太炎为中心的民报社聚合而成新文化派。该群体以文化民族主义为本根，将佛

---

① 参见赵立彬《辛亥后革命精英观念的民间承接——以东南、华南城镇为例》，《近代史研究》2012年第3期。
② 参见张凯《清季民初"蜀学"之流变》，《近代史研究》2012年第5期。
③ 参见郑师渠《五四前后外国名哲来华讲学与中国思想界的变动》，《近代史研究》2012年第2期。
④ 参见敖光旭《苏曼殊与早期新文化派》，《中山大学学报》（社会科学版）2012年第4期。

学、国粹、"摩罗"精神、无政府主义熔成中西合璧的非理性主义话语体系。理性与非理性、艺术与科学、国学与西学,不断互动、冲突于此群体之中。新文化运动虽以"科学"与反叛传统著称,但浪漫精神与文化民族主义也是其强大动因。雷中行《晚清士人对〈天演论〉自然知识的理解——以吴汝纶与孙宝瑄为例》①,通过对吴汝纶和孙宝瑄的研究,探究《天演论》介绍的进化思想在晚清士子中接受程度的差异。《天演论》并未使吴、孙产生一个崭新的进化世界观,他们将之与传统自然知识融合,以理气论、气化论和易学思想等传统自然知识为基础理解《天演论》。

左玉河《论辛亥革命时期的民粹主义》②指出,20世纪初,俄国民粹主义以无政府主义、虚无主义、社会主义等名义开始在中国传播,激活了中国传统思想中的民粹主义因素,并逐渐形成中国近代民粹主义。幻想从落后的农业国跳过资本主义工业化阶段直接过渡到社会主义社会,是中国近代民粹主义的最重要特征。辛亥时期的民粹主义对资本主义深恶痛绝,试图绕过资本主义发展阶段,从农民的个体私有经济直接过渡到社会主义。农耕文明与儒家文化是民粹主义的温床,对西方资本主义认识的肤浅是民粹主义滋生的思想文化因素。顾亚欣《天命论视野下的洪宪帝制》③分析洪宪帝制前后,帝制派、反帝制派、舆论界以不同的需要对"天命论"进行的借用折射出民初社会各界对于传统观念的普遍心态。

李喜所《洪秀全拜上帝:"师夷长技"以"称帝"——兼析政治宗教的独裁本质》④指出,洪秀全利用一知半解的基督教知识附会上帝,融合政治化的宗教与反清,创建了反映广大农民绝对平均主义要求的"天国"理论,建立政权。但是,政教合一的政治体制,迅速向专制独裁转化;公有制的平均主义的分配制度,又使层层官吏贪污中饱。政治化的宗教和宗教化的政治,再加之理想化的空想,使洪秀全的空想转眼化作泡沫。马勇《从君宪到共和:袁世凯的一段心路历程》⑤根据新旧史料最大限度地还原袁世凯在武昌起义后的一段心路历程,重建袁世凯从君宪到共和的踌躇、

---

① 参见雷中行《晚清士人对〈天演论〉自然知识的理解——以吴汝纶与孙宝瑄为例》,《清华大学学报》2012年第3期。
② 参见左玉河《论辛亥革命时期的民粹主义》,《史林》2012年第2期。
③ 参见顾亚欣《天命论视野下的洪宪帝制》,《求索》2012年第2期。
④ 参见李喜所《洪秀全拜上帝:"师夷长技"以"称帝"——兼析政治宗教的独裁本质》,《广东社会科学》2012年第3期。
⑤ 参见马勇《从君宪到共和:袁世凯的一段心路历程》,《安徽史学》2012年第3期。

无奈、顺势及转变的限度。文章认为,袁世凯从维新到新政,再到仿行立宪,基本上充当着晚清政治变革的重要推手,他们那一代政治精英能够认同的也就是君主立宪,所以袁世凯重出江湖后的政治选择就是利用政治危机推动政治变革,实现君主立宪,只是当君主立宪被各方面抛弃后,袁世凯方才顺势而为,变成一个有限的共和主义者。

赵立彬《"文化"的"译"与"释":思想史背景下的概念引进和学科建构》[1] 联系文化论战和学科创建的思想史背景,来展示现代意义上的"文化"概念在中国译介和阐释的过程。论文梳理"文化"这一新语词跨文化、跨国界"旅行"的脉络。"文化"(Kultur)概念于18世纪在德国的使用,体现了其民族精神生活方面的自我意识,以对抗政治生活方面落后于英法"文明"(civilization)的状况。"文化"概念从语源上更重视内在精神的特点,利于中国这样物质文化稍逊或落后的民族接受及使用。西学的"文化"概念输入中国后,1935年"本位的文化建设"论争中,各方不同来源的理论在争相发言的境况及各自较强的意识形态色彩。论争促进了文化理论的研究及"文化学"的建构,"文化"概念的引进和学科倡导,表现了20世纪以来中国文化自觉的渴求。吴义雄《"王道"的再发现:传统文化与孙中山的国际观念》[2] 论证孙中山在辛亥革命前后,从近代中国的国情出发,运用中国政治文化中"王道"的理念,发挥自古以来的"大同"思想,来构筑自己的国际关系思想体系,试图改变当时以西方"霸道"文化为基础的国际关系格局。

鲍永玲《"世界"概念在近代东亚语境里的断变》[3] 追溯汉语"世界"概念具有时空相融的独特构词法,它巧妙地暗示了过去、现在、未来三世迁流以及欲界、色界、无色界三界相迭的构造。受汉译佛经影响,"世界"既蕴含着独特的古代印度佛教价值观、世界观和宇宙观,又在其汉文诠解里渐融老庄气息。此后,"世界"作为一个新的汉语概念既在"世俗""人世间""尘世"等熟语基础上水到渠成地流布,又内含一种全新的佛教宇宙观,东传朝鲜半岛、日本列岛,深刻影响着东亚汉译(传)佛教文

---

[1] 参见赵立彬《"文化"的"译"与"释":思想史背景下的概念引进和学科建构》,《史学月刊》2012年第6期。
[2] 参见吴义雄《"王道"的再发现:传统文化与孙中山的国际观念》,《学术研究》2012年第4期。
[3] 参见鲍永玲《"世界"概念在近代东亚语境里的断变》,《史林》2012年第2期。

化圈。近代由日本重新传入对译"world"之"世界"所蕴含的西方近代客观、物理的世界图像却渐渐占了上风。近五百年来持续的西方基督教教义"灌注"行为，已使汉语"世界"概念谱系的完整内涵发生断变。李帆、[德]郎宓榭《近代中国知识转型视野下的"命学"》① 指出，随着近代中国知识形态的日趋西化，不论在知识分类层面，还是在读书人社会身份和态度的转变层面，传统"命学"都处于颇为不利的境地。"命学"中的"学"或"道"被分离在近代西式学科的不同分支中，主要是在哲学层面讲求，但因与西学主流不符，在哲学中也难以占据主导地位，日趋边缘化；"命学"中的"术"或"器"则在强大的科学主义潮流面前败下阵来，从文化"大传统"的一部分沦落为"小传统"之一，走向衰微之路。

吴岩《从〈前清一代思想界之蜕变〉到〈清代学术概论〉——文本发生学视野下的清学史著述解读》② 将"文本"概念引入清学史著述研究，从题名、内容及文本载体三个方面，对《前清一代思想界之蜕变》与《清代学术概论》进行梳理和比较。在揭示文本的动态生产过程中，建立文本与语境的互文关系，为梁启超的清学史著述提供了多元化的研究角度。

（执笔人：彭春凌）

2013 年度

2013 年，中国近代思想史研究中有几个重要的趋向。一是积极探索、总结近代思想史这门学科自身的特性，反思学科发展至今出现的问题，规划未来的研究方向；学界还持续对近代民族主义、新文化运动等关键的思想史问题进行历史的考掘和理论的探索。二是知识分子史及人物思想研究持续深化。在党派观点、政治定论、节操高低等评价人物的硬性尺度逐渐松弛之后，从人性的角度贴近近代思想人物的心灵世界、在历史语境对中人物赋予同情的理解已成学界主流。三是思想史与外交史、政治史等交叉领域的跨学科研究呈现活力；从东亚地区的思想交流、知识社会学、概念

---

① 参见李帆、[德]郎宓榭《近代中国知识转型视野下的"命学"》，《社会科学》2012 年第 6 期。

② 参见吴岩《从〈前清一代思想界之蜕变〉到〈清代学术概论〉——文本发生学视野下的清学史著述解读》，《史林》2012 年第 1 期。

史、女性研究等角度展开的中国近代思想史研究推陈出新，颇具亮点。

（一）

学界积极探索、总结近代思想史这门学科自身的特性，反思学科发展至今出现的问题，规划未来的研究方向。

耿云志先生在《中国近代思想简论——中国近代思想文库总序》[①]中指出，近代中国知识精英们围绕着救国、强国的大议题，参考世界上种种思想学说，加以研究、选择，认为其中比较适用的思想学说，拿来向国人宣传，并赢得一部分人的认可。从经世思潮、进化论、民族主义、国家主义、社会主义、自由主义、激进主义与保守主义、革命与和平改革等思潮互相推引，互相激励。深入研究中国近代思想，会发现两个重要的历史现象：一是中国社会的实际代谢过程相对迟缓，而思想的代谢过程却来得格外神速。二是在西方原是差不多三百年的历史中渐次出现的各种思想学说，集中在几年或十几年的时间里狂泻而来，引介者、传播者、听闻者，都难免有些消化不良。这些情况很值得我们引为教训。

从 2012 年底起，湖南师范大学出版社陆续推出了"郑大华中国近代思想史研究系列"，煌煌 12 册。这套丛书，集中展示了知名近代思想史研究家郑大华先生在该领域二十余年的创获。作为重要成果之结集，一方面，该套丛书呈现了郑大华先生的开拓性贡献，令关心梁漱溟、张君劢，关注民国乡村建设运动、近代文化保守主义思潮等相关领域的研究者及读者受益；另一方面，该套丛书又为总结、审视 20 世纪 90 年代以来近代思想史学科的发展，提供了一份可贵的资源，"彰往"足堪为"察来"之资。《中国近代思想史学术前沿诸问题》，是这套书打头炮的一册，提纲挈领、全面深入地展现了作者对中国近代思想史学科的追问与设计。作者指出，虽然随着五四后中国现代学术体系的建立，中国近代思想史这一学科已逐步形成，但是，在九十余年的发展过程中，学界对该学科鲜有理论上的自觉。作者认为，晚清以来中国面临的主要任务，一是民族独立，使中华民族从帝国主义侵略、压迫下解放出来，二是社会进步，实现中国社会向近代的转变，这既包括从传统封建专制制度向近代民主政治制度的转变，也包括从传统封建农业经济向近代资本主义工业经济的转变，即所谓

[①] 参见耿云志《中国近代思想简论——中国近代思想文库总序》，《史林》2013 年第 2 期。

"近代化进程";而围绕这两大任务,不同时期的中国人提出的各种思想、观念和主张以及论争,就是中国近代思想史研究的主要内容。根据这一界定,中国近代思想史自然就与哲学史、文化史、学术史等中国近代史的其他分支学科区分开来。作者主张,不应该以政治史的逻辑来涵盖思想史自身发展的线索。嘉道年间复兴的经世思潮,使中国传统思想迈出了近代转型的第一步,所以中国近代思想史的逻辑起点应是整个嘉道年间,而不是1840年的鸦片战争。

研究界持续对近代民族主义、新文化运动等关键的思想史问题进行历史的考掘和理论的探索。

郑大华发表多篇文章,分析近代的民族主义问题。《中国近代民族主义与中华民族自我意识的觉醒》[①]论述了1840年鸦片战争后,尤其是1895年甲午战争后,随着中华民族危机的日益加深,西方近代民族主义开始传入中国,并促进了中国近代民族主义的兴起、发展和高涨。而中国近代民族主义的兴起、发展和高涨,又进一步促进了中华民族自我意识的觉醒。中华民族自我意识觉醒的主要标志,便是中华民族这一表示中国境内各民族是统一的民族共同体之观念的形成,它包括这一观念的提出、确立和得到各族人民的普遍认同。《论毛泽东的中华民族复兴思想》[②]指出,中华民族的优秀品质、中国的地大物博和社会主义制度的优越性是实现中华民族伟大复兴的三个有利条件。中国是一个半殖民地半封建社会,中华民族伟大复兴必然要经历两个阶段:第一个阶段是新民主主义革命,其任务是推翻帝国主义和封建主义的统治,实现民族解放和国家独立。第二个阶段是社会主义革命和建设,其任务是把中国建设成为一个社会主义现代化强国,实现民族振兴和国家富强。要实现中华民族的伟大复兴,一要加强党的领导和建设,这是实现民族复兴的根本保证;二要相信和依靠人民群众,这是实现民族复兴的重要前提;三要自力更生、艰苦奋斗,这是实现民族复兴的立足点。毛泽东的这些思想,对于我们实现中华民族伟大复兴的中国梦具有十分重要的指导意义。《如何认识和评价近代及当下的民族主义》[③]主张,中国近代民族主义是民族危机日益加重的产物,其兴起、

[①] 参见郑大华《中国近代民族主义与中华民族自我意识的觉醒》,《民族研究》2013年第3期。

[②] 参见郑大华《论毛泽东的中华民族复兴思想》,《当代中国史研究》2013年第5期。

[③] 参见郑大华《如何认识和评价近代及当下的民族主义》,《教学与研究》2013年第8期。

发展和高涨都与帝国主义尤其是日本帝国主义的侵略有关。中国近代民族主义自它兴起的那一天起,就具有鲜明的反对帝国主义侵略的内容和特质,就基本性质而言,它是一种进步的社会文化思潮。民族主义在当代中国的兴起,有它深厚的历史和现实根源,在目前复杂的国际国内形势下,有必要提倡或保持一种"适度的民族主义"。

许纪霖《作为国族的中华民族何时形成》[1] 围绕学界最近的几个争议,包括宋代之后,中国是否出现了类似近代的民族意识,在古代中国是否有一个处于自在状态(所谓不自觉的)的中华民族等问题展开论辩。作者认为,要讨论这个问题,首先要分清三个不同的概念:族群(ethnic group)、民族(nation)和国族(state nations)。关于中华民族何时形成的种种争议,发生的原因是长期以来学术界在运用民族这个概念的时候,不自觉地将它与族群和国族这两个概念混淆。宋代开始的汉民族文化自觉与清代的疆域主权意识,只是原生性民族主义的表现,它们为晚清所出现的民族主义提供了历史的内在基因,但绝非近代的民族/国家本身。中国的民族共同体并非如本尼迪克特·安德森、盖尔纳和霍布斯鲍姆所认为的那样,纯粹是国家创造或民族主义想象的产物,而是一种重新建构的历史过程。近代的中华民族意识虽然不等同于汉民族,却从汉民族与其他民族的历史、语言、宗教和文化的原型转型而来,并按照近代的民族国家的规范重新建构。

耿云志《孙中山与五四新文化运动》[2] 一文,认为有必要重新全面分析孙中山与五四新文化运动的关系。政治家和革命领袖孙中山,与中国其他的思想精英们一样,在屡经挫折之后,对现状极度失望,亟想寻求新的出路,他们欲以新的思想理论武装同志,重振革命事业。孙中山致力于心理建设,提出"知难行易"的学说,与新文化运动领袖们的实践亦颇相吻合。孙中山的思想历程与新文化运动领袖们的思想历程,以及五四后的青年运动是同步平行发展而又互相吸引、互相激励的。这预示着必将揭开中国革命的新一幕。罗志田《陈独秀与"五四"后〈新青年〉的转向》一文[3],重新探讨了《新青年》转向的因缘脉络。文章认为,陈独秀不再继

---

[1] 参见许纪霖《作为国族的中华民族何时形成》,《文史哲》2013年第3期。
[2] 参见耿云志《孙中山与五四新文化运动》,《广东社会科学》2013年第1期。
[3] 参见罗志田《陈独秀与"五四"后〈新青年〉的转向》,《天津社会科学》2013年第3期。

续担任北京大学文科学长是此事的直接诱因。这既与校外的新旧之争相关联，也涉及校内的大学体制构建，以及与办学取向异同相关的人事之争。而陈独秀在自由主义和马克思主义之间的转移，及其主张的谈政治与《新青年》侧重思想的既定方针之间的紧张，还需作进一步的考察。与思想倾向关系不大的经费问题，反倒可能是使刊物与中国共产党联系起来的一个实际考量因素。

（二）

知识分子史及人物思想研究持续深化，在党派观点、政治定论、节操高低等评价人物的硬性尺度逐渐松弛之后，从人性的角度贴近近代思想人物的心灵世界、在历史语境对中人物赋予同情的理解已成学界主流。

2013 年，社会科学文献出版社出版了唐宝林先生所著的《陈独秀全传》。这是自 2011 年 11 月香港中文大学出版社在海外出版繁体字版之后，大陆首次推出简体字版。唐宝林先生是海内外知名的陈独秀研究专家。从"文化大革命"结束后收集陈独秀资料，到写作《陈独秀传（下册）——从总书记到反对派》，再到成立陈独秀研究会，主编《陈独秀研究动态》，在三十余年的时间中，唐宝林先生专心致志研究陈独秀。在以他为代表的陈独秀研究学者的努力下，中国近代史、中国共产党党史上的重要人物陈独秀的真实历史得以逐渐展现。自 1927 年 8 月 7 日中共中央紧急会议（八七会议）决议、1929 年 11 月中央政治局开除陈独秀党籍，到 1945 年六届七中全会通过的《关于若干历史问题的决议》，陈独秀曾长期被扣上十顶帽子、"十宗罪"：机会主义的二次革命论、右倾机会主义、右倾投降主义路线，托陈取消派、反苏、反共产国际、反党、反革命、汉奸、叛徒。唐宝林等一代学者通过历史资料的挖掘、以实事求是的考证，为陈独秀正名，洗清了这十宗罪，还历史以本相。

《陈独秀全传》近百万字，集作者毕生研究陈独秀之大成，以详尽的资料、细腻的分析和体察，还原了"终身反对派"陈独秀的一生。陈独秀一方面反对清王朝，反对北洋军阀，反对国民党政权，反对斯大林，反对第三国际，反对服从斯大林第三国际的中国共产党，最终反对列宁—托洛茨基主义的无产阶级专政；另一方面他又有坚定不移的信念，从忧国忧民到救国救民，高举"科学"和"民主"这两面大旗，他从提高国民人权的自觉和国家决策科学化两个问题来救国救民。从政治史的角度进入曾担任中国共产党总书记陈独秀的一生,自然是一条正确的坦途。书中关于陈独秀在大革命时期的主张、与共产国际的关系、对大革命失败所应承担的责任,尤其是陈独秀后期与托派结合的问题进行了充分的讨论,不偏不倚、实事求是。除此以外,该书还以充分同情的姿态、站在人性的立场上理解历史人物的处境和情感,对陈氏的生命情感经历进行了细腻的勾勒。比如,陈独秀的爱情婚姻生活长期受到道德保守论者的诟病,而作者在评价陈独秀1925—1927年与施芝英的爱情时,则指出,"这不是陈独秀喜新厌旧、寻花问柳的风流韵事,而是在地下生活被'隔离'的特殊的孤独状态下,碰到一个能给予温情的异性朋友,接受这份感情,乃人的本能所为。人生犹如旅途,有时很累,很艰难,很孤独,需要外来的温暖、安慰和帮助,需要有一个心灵的港湾憩息,补充给养以备继续跋涉。所以,陈独秀这次恋情及以后与潘兰珍的结合,与'富贵思淫欲'有本质的区别"。与此同时,对陈独秀的学术成就,作者也进行了崭新的评价。此前,陈独秀从事文字学研究仅被视为他一生政治活动之外的爱好。该书作者认为,从《字义类例》《实庵字说》到《小学识字教本》,文字学研究实是陈独秀一生革命生涯中的一个重要组成部分。

1949年时代转轨之后的知识分子问题,长期以来受到学界的关注。其原因主要是经过20世纪50年代的思想改造及整风运动之后,中国知识分子似乎不仅在专业领域失去了创造性,在公共政治领域,也出现集体失语,丧失思想独立性。之前大部分的研究论著多着意于反思、批判这一悲剧性的现象。杨奎松《忍不住的"关怀":1949年前后的书生与政治》[①],把中国近代以来的知识人,放在有两千余年理性思维传统、两三百年知识分子成长史的欧美世界大牌知识分子的参照背景下进行审查。作者着意强调历史研究中观察人的尺度,即对任何人,不论古今或其地位如何,都应当首先把他当成普通人来看待,特别是要从人性的角度去诠释和理解。因为不同时代及不同环境下会有不同的知识范围甚至价值标准,而必须承认人有弱点和短处。考虑到1949年海峡两岸国共分治的政局,以往受国民政府重视的知识精英多半随国民党退出中国大陆,而过去对国民党持批评态度的知识精英则马上与中国共产党合作,他们积极参与中国共产党组织

---

① 参见杨奎松《忍不住的"关怀":1949年前后的书生与政治》,广西师范大学出版社2013年版。

的联合政府,大都积极谋取在政府任职的机会。普遍来说,这些过去独立发声的知识分子,自然就转向拥护政府的立场。当然,知识分子之间的差异性很大。该书选取了张东荪、潘光旦、王芸生这三位1949年后留在中国大陆的知识分子中较有代表性的人物进行讨论。三人之前的传记作品,由于有太多家人子女的介入,留下一些遗憾。该书将在各种政治运动中留下的档案和文献资料作为研究人物的重要材料,逐一分析张东荪"叛国"案的始末,王芸生与1949年后的《大公报》以及潘光旦的"思想"与"改造"。作者将这些人物放入1949年后整个中国的大环境以及他们周遭小环境变化的背景中,考察并理解他们如何从个人角度去认识、适应世道之变,分析他们为什么会有大相径庭的适应方法及不同结果。全书探讨了三人对共产党新政权的认同,尤其是思想认同的早晚和程度,如何影响他们各自在1949年后的际遇和命运。作者指出,共产党对著名知识分子和民主人士需要的不仅仅是政治认同,关键还是思想认同。政治认同开始会成为团结统战对象的重要考量因素,但一旦政权稳固,思想认同就成为双方关系能否和谐的关键。王芸生始终被统战,原因在于其思想上一直明确认同并紧跟共产党;潘光旦反右后很快被摘帽,并受统战待遇,得益于相关部门认定他思想认同上已经洗心革面;张东荪政治境遇由好转恶,根源于其思想上与共产党的距离过大。

金雁《倒转"红轮"——俄国知识分子的心路回溯》[1]研讨俄国知识分子的转型问题。马克·里拉《糊涂记:政治中的知识分子》(The Reckless Mind: Intellectuals in Politics) (中文版译为《当知识分子遇上政治》)[2],讨论德国、法国20世纪几位享誉世界的学术大师的政治表现。保罗·约翰逊《知识分子》发现卢梭、雪莱、海明威、乔治·奥威尔等头顶光环的精神教父背后,存在着太多的个性弱点和生活道德方面的问题。作者指出,相较欧洲知识分子,中国知识分子存在的问题其实是小巫见大巫。

王法周《乾隆皇帝及其王朝后三十年的政治文化生态》[3]从高宗的帝王治道逻辑的角度立言,研讨百年康乾盛世的最鼎盛时期——乾隆王朝后

---

[1] 参见金雁《倒转"红轮"——俄国知识分子的心路回溯》,北京大学出版社2012年版。
[2] 参见马克·里拉《当知识分子遇上政治》,新星出版社2010年版。
[3] 参见王法周《乾隆皇帝及其王朝后三十年的政治文化生态》,《史林》2013年第4期。

三十多年的政治文化生态。文章指出,乾隆皇帝逐渐放弃了早年养民惠民的务实政治,转向一种以极权意识形态控制社会的政治取向,他攻击朱子,实则体现理学以道统衡量君权与帝王思想的内在性紧张。晚年的乾隆日益囿于自己营造的精神氛围之中,在他自己看来,他完成了以《四库全书》为标志的文治大业,建立了"十全武功",最具有以帝王教化天下臣民的资格。所以,以道德说教裁判天下事,也日益成为其后期理政的主要政治理念。清王朝呈现出以《四库全书》为标志的学术、文化的大繁荣局面的同时,也实现了思想的空前专制或意识形态的极权统治。

贾小叶《"康党"与戊戌时期变法派官绅的关系离合》[1],详尽分析了戊戌时期"康党"与其他变法官绅的关系离合。认为,尽管甲午战后,在民族危机的逼迫下,维新力量渐趋活跃,逐渐登上中国社会的政治舞台。但这一由民族危机催生的变法群体颇为复杂。其中,由康门师徒构成的"康党"与其他变法派官绅的关系离合对戊戌维新的命运产生了深远的影响。而造成双方关系离合转变的关键在于,"康党"有着与其他变法派不尽相同的学术思想、变法理论和结党做派。

宋广波《张元济致胡适四通遗札考释》[2] 通过详尽的史料辨析,考释了张元济致胡适的四通遗札,从史料上更加完善了对张元济、胡适这两位20世纪中国文化巨擘的研究,使学界对那一时期学术、文化、教育界的相关问题有更丰富的理解。

彭春凌《林语堂与现代中国的语文运动》[3],分析了20世纪20年代,西方语言学科班出身的林语堂,语言学家身份逐渐退隐,几乎彻底转入文学领域,成为世所熟悉的小品文作家的过程及原因。林氏在两个身份之间徘徊、转移,全面参与了包括白话文运动、汉语拼音运动、国语统一运动在内的现代中国的语文运动。林语堂倡导汉字与罗马字通约并行,并将追求"一等文学"作为文学革命的主要目标,而非偏执于白话与文言之争。他与传统小学大师章太炎弟子周作人文字、文学观念的投契,为审视现代中国的语文运动提供了一个全新视角,即具世界主义色彩的西洋语文观念如何与从民族主义出发的中国语文思想之现代创构合流。林语堂作为北大

---

[1] 参见贾小叶《"康党"与戊戌时期变法派官绅的关系离合》,《中山大学学报》2013年第6期。
[2] 参见宋广波《张元济致胡适四通遗札考释》,《史学月刊》2013年第1期。
[3] 参见彭春凌《林语堂与现代中国的语文运动》,《中山大学学报》2013年第2期。

研究所国学门方言调查会主席主持《歌谣》的方言调查,并参加"数人会",拟定"国语罗马字",贡献卓荦。但中国当时建设现代语言学的专业环境缺失,语言学家内部就"革命"与否又分歧不断,这都冷却了林氏的语言学热情,而激发他与《语丝》文学团体趋近,促成了他的转型。

(三)

思想史与外交史、政治史等交叉领域的跨学科研究呈现活力。从东亚地区的思想交流、知识社会学、概念史、女性研究等角度展开的中国近代思想史研究推陈出新,颇具亮点。

王元周《小中华意识的嬗变——近代中韩关系的思想史研究》[①] 指出,中国与周边国家的关系不仅仅是一种外交关系,也是一种思想关系和情感关系,而且这三个层次是相互联系的。因为中华秩序崩溃的过程,也同时是处于中心地位的中国和处于周边地位的藩属国建立民族国家的过程,周边藩属国近代民族主义的形成是以否定中华思想为前提的,所以,对于近代中国与周边朝鲜、越南等国关系的研究,很难仅凭外交资料,以功利的视角,作纯外交史的理解。外交史的探讨必须以思想史为基础。该著作探讨了朝鲜后期以来,朝鲜人华夷观的演变,以及逐渐摆脱华夷观的束缚,走向近代民族主义的过程,如何影响到朝鲜人对中华秩序的认识,也影响到他们对中国的认识,从而作用于朝鲜对中国的政策。

全书首章从宏观角度探讨华夷观、中华秩序与朝鲜的小中华意识。此后进入各专题的研讨。明亡之后朝鲜兴起北伐大义论,包括为朝鲜雪耻、为皇明复仇、维持尊周大义三个层面,小中华意识的膨胀,培养了朝鲜的文化大国意识,而朝鲜的自尊意识又与否定清朝统治下的中国相伴而生。这导致朝鲜的现实处境与思想观念相冲突,在现实中要对清事大,无法成为名副其实的中华秩序的宗主,在观念上却一直以尊明为大义,私下继续使用崇祯年号,在思想和心理上认同汉族政权为中心的天下秩序。朝鲜末期,随着东亚地区向新的国际秩序过渡,出现册封制度与条约制度并行的局面。中朝间的"二截体制",即宗藩体制与条约体制之间的紧张关系越来越强烈。作者以朝鲜儒者李承熙的思想和行动为研究个案,指出,中华

---

① 参见王元周《小中华意识的嬗变——近代中韩关系的思想史研究》,民族出版社2013年版。

秩序崩溃之后，在朝鲜正统朱子学者那里，不仅没有放弃中华思想，甚至希望重建中华秩序。李承熙在辛亥革命之后，反对将中华与特定种族联系起来，而主张纯粹以文化为标准，只有中华之道统和礼乐制度的恢复，才算真正意义上的光复。李承熙强调"家主血统，国主义统"，并设计了自己的孔教进行论和孔教教科论，倡导重建儒学与政治的关系，重建以儒家伦理为基础的国家，并将中华主义与世界主义结合起来，希望以此重建世界秩序。

中国走向近代民族国家的过程中，虽然对韩国的认识产生变化，但宗藩关系的历史记忆始终发挥重要影响。其特征表现在，知识人普遍认为韩国为日本所合并，是中国衰落、不能保护朝鲜的结果，并因此主张中国对于帮助韩国恢复独立有着不可推卸的责任和义务。而在韩国国内，从启蒙运动时期起，就以中国为参照物和对立面提倡民族主义，否定和蔑视中国的倾向日渐强烈。申采浩等早期民族主义者在建构国史的同时也重构朝鲜与中国的关系史。在这过程中，申采浩提出了"北方史观"。中韩关系的历史被形容成朝鲜民族侵凌汉族的历史，朝鲜民族成为东亚的主宰者，甚至是世界文明的创造者。20世纪70年代之后，韩国在野史学兴起，民族史观进一步膨胀，形成"大陆史观"，提倡"大陆三国说"，"大陆高丽说"，甚至"大陆朝鲜说"。这些表明，现在韩国的民族主义情绪，仍需要以重构的历史为支柱，仍需要有对中国和中国人的否定认识作为支撑。

学术界此前探讨儒家思想与中国近代政治关系的研究，大多集中于单一政治人物与儒家思想这一维度。吕厚轩《接续"道统"：国民党实权派对儒家思想的改造与利用（1927—1949）》[1]，从总体上探讨国民党实权派与儒家思想的关系，他们如何以继承儒家道统为使命，并积极付诸实践。国民党实权派与儒家思想的关系，对近代中国的政治、对国民党的生存与发展，对近代中国社会，对儒家思想本身都产生了重要影响。该著作指出，国民党创始人孙中山很早就有意识地改造和利用儒家思想，将其融入三民主义理论体系，此趋势到晚年尤甚。孙中山对儒家思想的利用和改造，既为革命事业带来了许多积极影响，又为戴季陶、蒋介石等国民党人儒化三民主义提供了依据。南京国民政府统治时期，国民党实权派自诩为

---

[1] 参见吕厚轩《接续"道统"：国民党实权派对儒家思想的改造与利用（1927—1949）》，山东人民出版社2013年版。

中国文化"道统"的继承人,通过三民主义的儒家化,实现了对儒家思想的改造和利用。

彭春凌《章太炎在台湾与明治日本思想的初遇——兼论戊戌后康有为、章太炎政治主张之异同》①,分析在1898年末至1899年6月的台湾,章太炎与明治日本思想初次相遇。文章指出,此时期中日两国各自的政治及彼此文化交流均处于重要的历史拐点。章太炎供职于殖民当局的官办媒体《台湾日日新报》,在该报上发表了一系列文章,悼念维新六贤,声援康、梁,思索中国政治蓝图。这既是戊戌政变的余波,又拉开了清末十年以康章为代表的不同派别进行伦理及政治思想对话的序幕。而日本多年来期冀与中国"夷夏"易位,此时在其首块殖民地台湾获得了实践空间。通过宣传吸附儒学忠孝伦理的"国体论",鼓吹天皇"万世一系",日本强力管控着台湾的意识形态。章太炎与日本学人就评价康有为的言行往复论辩,立场尖锐对立;章氏倡导以孔子后裔为中华共主,自认为是借鉴天皇万世一系,却为日人坚决抵制。他们的冲突是东亚儒学花开两朵后的一场遭遇战,其核心在于是否承认革命具有政教伦理的合法性,以及"忠"究竟是相互的还是单向的道德义务。明治国体论又可谓康、章清末政治分歧的第三方参照物。与之比照,可知康章之政治主张实际上"同"大于"异",二人均未逾越儒学"一统"与"革命"的两项价值,共同撑起了中国近代政治转型的空间。

黄旦《耳目喉舌:旧知识与新交往——基于戊戌变法前后报刊的考察》②对中国近代报刊史上最关键的从"官报"到"民报"的转型,给予了知识社会学的解释。文章把"耳目喉舌"作为一个描述性的概念,用经验性材料来证明它所具有的含义以及对于实践操作的影响。当被赋予"耳目喉舌"时,报刊(作为一个机构)就只有存在于两种可能之中:或是功能或是工具,根本没有也不可能有自身的主体地位。换言之,中国的"耳目喉舌"必然是依附于某一个集体/群体/团体的主体身上,否则在社会结构中就无容身之处。中国前现代的"耳目喉舌",是帝国政治机体上"一出一纳"之环节,由此构筑了整个帝国的政治交往关系。晚清时期的中国

---

① 参见彭春凌《章太炎在台湾与明治日本思想的初遇——兼论戊戌后康有为、章太炎政治主张之异同》,《近代史研究》2013年第5期。

② 参见黄旦《耳目喉舌:旧知识与新交往——基于戊戌变法前后报刊的考察》,《学术月刊》2012年第11期。

人，正是在这样的理念和制度基础上，接受并使用现代报刊。但是，报刊的公开表达，不仅为中国传统文人讨论政治提供了体制外的通道，其同时共享，也必然带来"结群"之效，形成了不同的共同体。原有一体的"耳目喉舌"之政治交往结构虽然存在，但由于体制外政治交往的兴起，一家独尊成为一家之言，帝国朝廷的"耳目喉舌"不得不与不同"群体"的"耳目喉舌"分庭抗礼，中国由政治报刊进入政党报刊，在不同"耳目喉舌"的作用下，政治关系和格局四分五裂。

陈雁《从矛盾的翻译到矛盾的立场：女权主义术语在近代中国的翻译与流转》[①] 考察近代以来多本英汉、汉英字典、辞典，《妇女杂志》《人民日报》等报纸杂志，以及一些有代表性的译作、论著，试图厘清女权主义术语在近代中国的翻译与流转进程。文章追根究底"feminism"一词由妇女主义、弗弥捏士姆、女权主义，再到女性主义的翻译过程，寻找在这百余年的话语流转过程中，"女权主义"的概念是如何借由翻译进入中文，如何合法化，如何被边缘化，到当代又如何遭"修正"的历史。通过对这一建构过程展开历史的分析，希望推动当下的中国女权主义和女权主义者摆脱"矛盾的立场"。

学术史研究方面，刘巍《中国学术之近代命运》[②] 围绕经史之学，来研讨西学东渐背景下中国近代学术变迁之大势。该书是作者关于这一论题的论文结集。全书依次研讨了下面的论题："经降史升：章学诚'六经皆史'说的来龙去脉"，"'今古文辨义'：康有为、章太炎的经学争议与现代人文学术"，"经、子易位：'诸子不出于王官论'及其效应"，"'汉宋之争'再起？——梁启超、胡适、钱穆之间的'戴震'公案"，"经学的史学化：《刘向歆父子年谱》如何结束经学争议"，"'国史'创制：《国史大纲》'重明中华史学'的新努力"。

陆胤《经古学统与经世诉求——张之洞创建广雅书院的学派背景》[③] 以清代道咸以降，以阮元等主导的诂经精舍、学海堂为代表的经古书院为背景，分析在晚清危局逼迫下，以汉学考据见长的经古书院体制所作更

[①] 参见陈雁《从矛盾的翻译到矛盾的立场：女权主义术语在近代中国的翻译与流转》，《复旦学报》（社会科学版）2013年第1期。
[②] 参见刘巍《中国学术之近代命运》，北京师范大学出版社2013年版。
[③] 参见陆胤《经古学统与经世诉求——张之洞创建广雅书院的学派背景》，《清史研究》2013年第2期。

张。张之洞督粤期间创建的广雅书院,兼有"经古"与"经世"的双重取向。陈澧一派的粤学正统被张之洞援引为书院创立的资源。但与此同时,梁鼎芬等东塾后学却截断了从阮元到陈澧的连续脉络,在汉学考据的传统之外,重新发掘以学术影响世道人心的新学统。郭书愚《清季中央政府对保存国粹学堂的态度演变》①,研讨了晚清学部对保存国粹学堂的态度经历了由驳斥改办到积极推广再到规范划一并限制发展的演变过程,试图增进学界对清季中央政府办理"新教育"的全面理解。朱贞《商务印书馆与民初经学退出学制》②指出,主导经学退出学制的民初教育部人事及相关政令的出台,与商务印书馆有着密切的关系。学制上的这一变革,体现了近代中西学异位的大背景下,中学渐被西学办法整合的趋势。

(执笔人:彭春凌)

2014 年度

2014 年,中国近代思想史研究取得了丰硕的成果,论题多元,视角新颖,涉及中国近代史上的民族复兴、民初的思想与政治、启蒙思潮、思想家思想等内容。

(一)

本年度,中国近代思想史领域一个引人注目的话题便是中国民族复兴问题。正如研究者所指出的那样,"中国近代那些深创剧痛的危急关头,尤其是像甲午、九一八、七七之类的严酷时刻,几乎出现在每一位相关论述者的笔下;正因如此,在始终面临外患威逼的近代中国。'民族复兴'的呼声最终汇聚成时代强音,成为各党派各民族的共同追求"。③ 为推动这一研究的深入,2014 年 10 月 17—20 日,中国社会科学院近代史研究所思想史研究中心与西北大学联合主办的"第五届中国近代思想史国际学术研讨会",围绕"近代中国民族复兴思想与实践"问题进行讨论,涉及"中

---

① 参见郭书愚《清季中央政府对保存国粹学堂的态度演变》,《南京大学学报》2013 年第 2 期。
② 参见朱贞《商务印书馆与民初经学退出学制》,《广东社会科学》2013 年第 4 期。
③ 参见《中国近代民族复兴思潮》,《近代史研究》2014 年第 4 期。

华民族"概念的形成，中国近代民族复兴的历程，近代中华民族复兴的理论基点，近代中国不同时期思想家、政治家与各党各派民族复兴的思想与实践等问题。这不仅大大深化了我们对近代中国民族复兴理论与实践的认识，而且对于我们今天探求民族复兴之路，也颇有启迪。

与此同时，《近代史研究》编辑部刊发一组笔谈，围绕此一论题进行了深入探讨，涉及政治、经济、社会、思想文化、学术等多个领域。郑大华考察了近代中国"中华民族"自我意识的形成，指出中华民族自我意识是在 1840 年鸦片战争后，尤其是 1895 年甲午战争，随着中华民族危机的日益加深而逐渐形成的。九一八事变后，尤其是华北事变和七七事变后，"中华民族"这一表示中国境内各民族是多元一体之民族共同体的观念开始被全国人民所认同，并得到了广泛使用。① 金冲及对近代以来的民族复兴思潮的历史演进进行了梳理，指出一百多年来，中国经历了几个发展阶段，革命也好，建设也好，改革也好，归根结底都是为了实现中华民族伟大复兴这个目标。这就是中国近代以来"民族复兴"思潮历史演变的基本行程。这种思潮的演进，是同人们的社会实践一步一步紧密联系在一起的。② 罗志田以"国家目标的外倾"为题，探讨了近代民族复兴思潮的背景，认为在近代中国西潮入侵之后，"进入世界"遂成为国家民族追求的方向，其目的当然是国家民族的复兴。但当国家目标外倾的"中国"，面对着未必积极接纳中国的"世界"时，中国的民族复兴又伴随着无数层次的尴尬与紧张，充满了无奈与彷徨。③ 黄兴涛探讨国民政府时期各党派与中华民族复兴思潮之间的关联，并梳理国民党、共产党及国社党等党派对中华民族复兴思想的阐发，指出，这一时代思潮的发生与演化，的确与各党派诉求之间的彼此互动，存在长期而密切的关联，可以说打上了民国政党话语政治的深深印记。④ 郑师渠在深入分析近代中国的文化危机、文化重建与民族复兴问题的基础上，指出了复兴民族文化以助益中华民族伟大复兴的经验教训，认为近代中国的文化危机是更为深刻的民族危机，国人亟亟谋文化重建以复兴民族，进行了艰苦的探索，表现了智慧的远见，是我们应当加以继承的宝贵精神遗产。正确处理政治与文化的关系，则是文

---

① 参见郑大华《"中华民族"自我意识的形成》，《近代史研究》2014 年第 4 期。
② 参见金冲及《近代以来民族复兴思潮的历史演进》，《近代史研究》2014 年第 4 期。
③ 参见罗志田《民国各政党与中华民族复兴论》，《近代史研究》2014 年第 4 期。
④ 参见黄兴涛《民国各政党与中华民族复兴论》，《近代史研究》2014 年第 4 期。

化重建中关键性的问题。复兴民族文化需坚持政治与文化间的良性互动。脱离政治的文化是无本之木,无视文化的政治则是无源之水。而正确处理中西文化关系,最终存乎其人,即取决于国人,首先是主政者的素质:视野与胸怀。① 郭双林则探讨了民族复兴话语下的中国现代学术研究,认为20世纪三四十年代民族复兴语境下的学术研究,具有以民族文化为本位、走融会创新的研究路径、眼光向下等特征。俞祖华考察了中华民族复兴论与国民性改造思潮之间的关联,指出,民族复兴思潮与国民性改造思潮是互有交集且互相推动的,国民性对实现民族复兴具有推进与阻碍的双重性。因此,欲实现民族复兴,一面要发挥民族传统中的优秀精神,一面要革除、改造阻碍民族复兴的病态心理与劣根性。民族复兴不是复古,而是要实现从传统到现代的全面转型,与之相应,国民性改造的目标就是要造就与现代社会转型、现代国家建设相适应的,具有现代国家观念、政治意识、政治能力,具有现代思维方式、价值体系、知识体系的现代国民。② 王先明探讨了农村复兴思潮的兴起与演进,文章在梳理近代农村复兴思潮起源、演进及其背景与内涵的基础上,指出,"农村复兴"思潮涌动的认知前提是中国农村遭到持续的破坏,以致面临全面崩溃的情势。作为一种社会思潮,它的内涵相对宽泛,具有较大的容纳性,当时举凡一切关于农业改造、农村建设、乡村重建和农事改良等方面的主张或方案,均汇聚一体,蔚为壮观。而"农村复兴"在20世纪30年代之所以成为民族复兴的主导思潮,与当时民族危机与乡村危机的叠加趋重有关。③

除此之外,郑大华围绕中华民族复兴问题,还发表4篇论文,分别为《论晚年孙中山"中华民族"观的演变其影响》④《论邓小平对毛泽东中华民族复兴思想的继承与发展》⑤《民主革命时期中共的"中华民族"观念》⑥

---

① 参见郑师渠《近代文化危机、文化重建与民族复兴》,《近代史研究》2014年第4期。
② 参见郭双林《中华民族复兴论语国民性改造思潮》,《近代史研究》2014年第4期。
③ 参见王先明《民族复兴之基石——农村复兴思潮的兴起与演进》,《近代史研究》2014年第4期。
④ 参见郑大华《论晚年孙中山"中华民族"观的演变其影响》,《民族研究》2014年第2期。
⑤ 参见郑大华《论邓小平对毛泽东中华民族复兴思想的继承与发展》,《当代中国史研究》2014年第3期。
⑥ 参见郑大华《民主革命时期中共的"中华民族"观念》,《史学月刊》2014年第2期。

《近代"中华民族复兴"之观念形成的历史考察》①,对中华民族自我意识的形成、中国共产党的"中华民族"观念、孙中山的"中华民族"观以及"中华民族复兴"观念的形成等问题进行了深入的探讨,进一步深化了学界对该问题的研究。其中,《近代"中华民族复兴"之观念形成的历史考察》一文,系统梳理"中华民族复兴"观念的形成过程。作者认为,19世纪末,孙中山提出"振兴中华"口号,这是"中华民族复兴"之观念的最初表达;20世纪初,梁启超提出"中华民族"一词,对"中华民族复兴"观念的形成起了重要的推动作用;五四前后,李大钊提出"中华民族之复活"思想,是"中华民族复兴"观念基本形成的重要标志;九一八事变后,"中华民族复兴"观念最终形成并成为具有广泛影响力的社会思潮。

(二)

民初的思想与政治也是本年度学界讨论的热门话题。迟云飞《强有力的政府与政党内阁:民初建立共和政治的困境》②一文对孙中山等人的政治设计及其困境进行了深入研究,认为辛亥革命爆发以前,孙中山与宋教仁对如何实现共和政治有着不同的设计,其要点是需要一段时间革命党独揽大权还是立即实行民主宪政;是权力比较集中的总统制还是限制总统权力的内阁制;是一党制还是两党制。由于武昌起义以后的政治现实,孙中山和宋教仁的设计都没有实现,共和政治的建立陷入困境。邹小站《民国初年开明专制论评析》③一文,研究了民国初年的开明专制论。认为,以梁启超为代表的部分立宪人士,面对革命后原革命派势力的膨胀,乃恐惧暴民专制,忧惧因此再发生革命,而他们自身缺乏组织,既缺乏可以依靠实现宪政理想的力量,又难以与同盟会——国民党抗衡,乃欲因人成事,依傍现有政治权势之最强者,一面制约国民党,一面行开明专制,以向宪政过渡。然而,在国民党被解散后,开明专制并没有如约而至,出现的只是野蛮专制的现实与暴力革命的前途。坚持共和民主立场的人士以及革命党人,曾对开明专制有系统的批评,或坚持民主政治可以随时随地起步,

---

① 参见郑大华《近代"中华民族复兴"之观念形成的历史考察》,《教学与研究》2014年第4期。
② 参见迟云飞《强有力的政府与政党内阁:民初建立共和政治的困境》,《杭州师范大学学报》2014年第5期。
③ 参见邹小站《民国初年开明专制论评析》,《教学与研究》2014年第12期。

或坚持再次革命后应由革命党掌握政权以行训政。不过，民主政治可以随时起步的说法，不足以服开明专制论者之心，而训政论在解决中国缺乏宪政所需的国民程度问题上，其思路与开明专制论颇有相类之处。孙宏云《"职业代表制"与民国政治史述论——以中国国民党的理论与实践为中心》①，考察了国民党对"职业代表制"的认识与实践，认为欧洲大战之后，受西方改造代议制思潮的影响，"职业代表制"成为中国各派政治力量改造北洋政府腐败政治的重要手段。在建国问题上，孙中山始终坚持"革命程序论"，在其生命的最后阶段，他又提出"以职业团体为基础召开国民会议"的主张。而如何看待孙中山的"革命程序论"，关于宪政阶段国民大会由地域代表制产生之方式与基于职业代表制的组成国民会议原则之间的矛盾冲突，不仅成为孙中山死后国民党各派系斗争的政治遗产，也牵动20世纪三四十年代中国政治之大局。汪晖《文化与政治的变奏——战争、革命与1910年代的思想战》②是研究民国初年政治与思想互动关系的力作。作者将民国初年中国思想界的"思想战"置于欧战与洪宪帝制的大背景下进行考察，分析了此一历史背景下，中国"思想战"将对中国道路的思考，从对欧洲文明的学习以及东西差异的比较，扩展为对欧洲危机的认识，以及在这一认识基础上对中国未来的探讨。不但新文化运动者倡导的互助、和平、大同、科学、劳工神圣和庶民的胜利代表了一种对普遍性的向往，而且杜亚泉、梁启超、梁漱溟对中国文明的再认识，也并未局限于文明差异的框架，恰恰相反，他们不约而同地将对中国传统的再认识与对人类普遍道路的思考关联起来。李维武《新文化运动时期的价值观重建及其启示》③一文，对1915—1924年新文化运动时期，中国价值观的重建进行了历史的考察，指出，一些深刻影响了20世纪中国思想世界的价值观，如"科学""民主""平等""社会主义"等，正是通过新文化运动时期的筛选、倡导、论争、深化，而确立起来并深入人心的。中国价值观重建在新文化运动时期能够实现，主要有四个方面的因素发挥了关键性的作用：（1）新文化运动领导者自觉而积极地倡导新价值观；（2）新文化

---

① 参见孙宏云《"职业代表制"与民国政治史述论——以中国国民党的理论与实践为中心》，《河南大学学报》2014年第3期。
② 参见汪晖《文化与政治的变奏——战争、革命与1910年代的思想战》，上海人民出版社2014年版。
③ 参见李维武《新文化运动时期的价值观重建及其启示》，《社会科学战线》2014年第2期。

运动注重从中国文化现代传统中筛选新价值观;(3)新文化运动时期不同思潮的激荡推动新价值观的确立;(4)新文化运动自身的转进促成新价值观的深化。

(三)

启蒙是中国近代思想史上一个历久弥新的话题,也是本年度中国近代思想史研究中的一个热点。在比较的视阈下,马德普探讨了启蒙在中国现代化中的命运问题,指出西方启蒙运动的核心理念是科学理性,它虽然促进科现代性的发展,但自身包含了是与应当、必然与自由、普遍理性与历史性等一系列悖论。马克思主义是启蒙精神的真正继承者,在马克思主义视阈下,启蒙是一项不断破除迷信和教条的未竟事业。[①] 马敏考察了近代中国的商业启蒙,指出近代中国虽然并不存在西方意义上的思想启蒙运动,但在明清启蒙思潮和近代西方思想双重影响下,又的确经历了自己的思想启蒙过程,有一批最早睁眼看世界、不乏真知灼见的启蒙学者与思想家。在近代启蒙思潮中,除救亡、科学、民主等喧腾一时的思想观念外,与工业化潮流和资本主义兴起密切相关的重商思潮,也是中国近代启蒙运动中一股不容忽视的思想潮流。以重商思潮为标志的近代商业启蒙运动,对近代中国冲破封建专制的束缚,走向工业社会和实现近代化起到了重要的推动作用。[②] 吴根友以侯外庐、萧萐父的明清哲学研究为例,探讨了西方启蒙观念在现代中国哲学史书写中的运用与发展。认为现代西方哲学中的"启蒙"观念对于近现代中国社会的各个层面都产生了广泛的影响。在中国哲学史的书写过程中,侯外庐、萧萐父二人继承梁启超、胡适的明清思想研究成果,运用马克思主义哲学的理论范式,将晚明至清道光年间的三百多年的历史称为"明清之际",并认定这一历史时期内中国出现了资本主义萌芽,而与资本主义萌芽相适应,在思想界也出现了"中国早期启蒙思想"。现代中国思想史研究中对现代西方"启蒙"观念的理解、运用,从一个侧面反映了"启蒙"观念在现代世界历史中的多义性与差异性。[③]

思想家思想的研究一直是思想史研究的核心问题,本年度的相关研究

[①] 参见马德普《论启蒙及其在中国现代化中的命运》,《中国社会科学》2014年第2期。
[②] 参见马敏《近代中国的商业启蒙》,《中国社会科学》2014年第2期。
[③] 参见吴根友《侯外庐、萧萐父的明清哲学研究》,《华东师范大学学报》2014年第4期。

主要集中于梁启超、严复等思想家。耿云志发表《重读梁启超的〈立宪法议〉》①一文，深入剖析了梁启超《立宪法议》所提出的宪政目标及其实施方案。认为，梁启超在《立宪法议》中提出的宪政，就是实行有限权力的政治，人各有权，权各有限。但最重要的是，统治者的权力必受到限制。在中国要限制统治者的权力，就必须强调民权。民有权，才能保证宪法有效。梁氏具体规划了制定宪法和实施宪法的步骤：第一，朝廷明颁大诏，国家实行立宪政治，以定民心。第二，派重臣遍访周咨各立宪国之经验。第三，出访大臣归国，开立法局，草拟宪法。同时翻译各国宪法备参考借鉴。第四，宪草公布，令全国士民讨论，皆可发表意见上达，备采摘。在此基础上反复斟酌五至十年，以求至当，形成宪法定本，颁之天下。以后非经全国人表决，不得擅改宪法。第五，从第一项步骤算起，二十年内正式实行宪政。夏晓红探讨了梁启超的"常识"观。认为，从1910年2月创办《国风报》开始，"常识"即成为梁启超关注的一个中心议题。《国风报》第2期刊载的《说常识》对其"国民常识"的理念首次作了详细阐发，"国民常识学会"则是为实施此一设想而有意组建的机构。尽管梁启超的诸般计划当时未能如愿实现，其"常识"观的构成又有从偏重社会科学转向人文科学的前后期不同，但经由1916年出版的《常识文范》的串联，不仅贯穿梁启超一生著述的启蒙意识得以凸显，而且亦清晰展现出其关于"国民常识"的思考与实践在近代国民知识的建构中确实一脉流衍，影响深长。②江湄考察了五四后梁启超对儒学与儒学史的重构，指出，梁启超首倡以"现代"眼光对中国学术思想进行新的系统诠释以重铸"国魂"。五四后他积极投入新文化运动和"整理国故"事业，撰写了一系列中国学术思想史论著，广涉诸子学、佛学和儒学，而尤以儒学为重点。梁启超重新定义儒学的基本性质，重构儒学的思想系谱，对儒家义理体系进行既承接"传统"又适合"现代"的取舍和诠释，力图发明一套"新道学"，以应对中国现代文化发展中的偏弊。而他给出的"整理国故"的另类方案，对新文化运动之后的实证主义学风进行了令人深思的针砭。③

张昭军考察了章太炎在20世纪前期中国史学现代性转换中的作用，

---

① 参见耿云志《重读梁启超的〈立宪法议〉》，《广东社会科学》2014年第1期。
② 参见夏晓红《梁启超的"常识"观》，《天津社会科学》2014年第1期。
③ 参见江湄《另一种整理国故——论"五四"后梁启超对儒学与儒学史的重构》，《天津社会科学》2014年第1期。

指出，章太炎以中国历史为据，持旧而又出新，力主在反思和批判西方现代性的基础上实现中国史学的现代性转换，表现出"依自不依他"的自信和自觉。他提出"夷六艺于古史"，从启蒙的角度来看，有助于祛除经的神圣性，推动经史之学的现代性转换。但他主张的"六经皆史"又并非时贤所说的"六经皆史料"，因为在他看来，中国史学不能脱离民族历史传统，经书不可化约为有待整理的史料，取其躯壳而剔除精神。针对欧化和疑古风气，他在"经者古史"的基础上提出"史者新经"的说法，强调历史的权威性，阐发"历史民族之义"，与梁启超等运用西理抨击古史的做法相比，有效地避免了认同危机。章太炎高扬中国历史的主体性和独特性，代表了中国史学现代性转换的另一种思路。① 彭春凌的专著《儒学转型与文化新命——以康有为、章太炎为中心（1898—1927）》②，从戊戌以降儒学自身新生转进的历史视角观察新文化反孔批儒思潮的兴起与展开，基于全新的问题意识，重建了儒学传统的转型与新文化形成之间的历史关联。康有为、章太炎分别是近代孔教运动的领导者和批儒思潮的发动人，他们彼此间、他们与新文化人的思想对话表明，反孔批儒有多种历史动因。新文化批儒具有持续的跨文化背景，明治日本将儒学忠孝伦理纳入"国体论"，基督教的挑战，对于近代儒学批判意识的形成都产生了作用。儒家正信与异端之争急剧裂变，又使新文化的反孔教拥有来自传统的知识支撑。20世纪20年代后，随着知识话语的代际转换，戊戌前后为人津津乐道的康有为孔教思想逐渐隐没。

黄克武《何谓天演？严复〈天演之学〉的内涵与意义》③一文，深入探讨了严复译介斯宾塞、赫胥黎"天演之学"的文化背景、词汇来源、思想内涵与历史意义。指出，严复《天演论》以"易经"等传统观念阐释天演过程中伦理的重要性，以鼓舞国人"知变"、自强保种；亦揭橥可接受西学而不贬抑传统。反对斯宾塞的"任天为治"，肯定赫胥黎的"胜天为治"，并指出天演过程中，人为努力可对抗"物竞天择，适者生存"，其目的不在竞争，而是依赖伦理原则达"以物不竞为的"。据天演之学，严复

---

① 参见张昭军《章太炎与中国史学的现代性转换》，《天津社会科学》2014年第4期。
② 参见彭春凌《儒学转型与文化新命——以康有为、章太炎为中心（1898—1927）》，北京大学出版社2014年版。
③ 参见黄克武《何谓天演？严复〈天演之学〉的内涵与意义》，《中央研究院近代史研究所集刊》第85期。

主张群己并重，舍己为群；国内政治上，建立融合传统价值，并肯定自由民主与资本主义的体制；国际关系上，反对殖民主义，尊重"公理""公法""公论"，即"有权而不以侮人，有力而不以夺人"。严复以伦理为中心，统合宇宙观、历史观与政治社会发展的完整体系，与鲁迅诠释"进化论"有类似处。此一论调和伦理与竞争、个体与群体，鼓舞国人发奋图强，影响近代中国革命派、改革派乃至新儒家与自由主义者；且与日本进化论者如加藤弘之、丘浅次郎等"强权""弱肉强食"、重视群体的思想有明显差异。戚学民《严复〈政治讲义〉研究》[①]一书，对严复的政治学专著《政治讲义》进行了系统深入的研究。认为，《政治讲义》参照英国历史学家约翰西莱的《政治学科导论》，体现了严复一贯的科学救国理想。1905年清廷派大臣考察各国宪政，严复讲演政治学作回应，强调研究政治应按照科学方法。《政治学讲义》通过"政界自由"界定自由的一般概念，是严复自身思想和时论的双重正名，同时，严氏在书中反对专制，为立宪陈情，对中国未来政治制度作了学理设想。

（四）

国家"仪式""纪念日"等也成为近年来中国近代思想史研究的重要问题，日本学者小野寺史郎著《国旗、国歌、国庆：近代中国的国族主义与国家象征》[②]从中国近代史上国旗、国歌、国庆的诞生和演变过程入手，探讨了近代中国各时期的政府、政党、知识分子等，如何将仪式或象征利用于唤醒国族主义。具体而言，是以何种政策或运动来实施，而当时的人们对此又是如何认识和对待的。郭辉《战后抗战胜利纪念日述论》[③]对抗日战争胜利后，国民党和国民政府为纪念抗日战争的胜利而制定抗战胜利纪念日进行了爬梳，指出国民党和国民政府在抗战胜利纪念日举行各式各样的纪念仪式活动，象征性地表达出其政治意涵。但作为社会舆论的媒介，对此纪念日的态度和观感则表现不一，国民党和国民政府领导下的官媒则比较认同官方的意识形态，从而进行舆论宣传和鼓动，但也有一些媒

---

① 参见戚学民《严复〈政治讲义〉研究》，人民出版社2014年版。
② 参见［日］小野寺史郎《国旗、国歌、国庆：近代中国的国族主义与国家象征》，社会科学文献出版社2014年版。
③ 参见郭辉《战后抗战胜利纪念日述论》，《四川师范大学学报》（社会科学版）2014年第3期。

介具有较强的客观性和现实感，较少偏颇的政治立场，而能够对抗战胜利纪念日进行实事求是的认识。

阅读史是近年来兴起的一个新的研究取向，潘光哲的《晚清士人的西学阅读史（1833—1898）》① 可谓汉语世界的第一部阅读史专著。作者从朱一新的读书世界、《时务报》的读者群、科举体制下的新学传播空间等个案入手，探讨了晚清士人建构西学"知识仓库"的努力。作者指出，新式报刊媒体成为让"知识仓库"得以持续建设的重要材料；才智卓越之士借由西学的"知识仓库"汲引"思想资源"，陈言立说，从而为整体思想界的"概念变迁"提供无尽的动力。然而，先行者意欲建立读书秩序的努力，又承受既存价值系统的挑战反击。士人阅读致知的理由更与一己的功名之路息息相关，当读书成为"生意"，自然和文化市场的运作逻辑脱离不了关系。作者以阅读史为取向的研究，不仅扭转了既存的历史成见，更为如何认识理解晚清中国的历史世界提供了另一个思考方向。章清《清季民国时期的思想界》②，虽不是阅读史的专著，却有大量的篇幅涉及阅读史的内容。该书将"思想界"作为问题的切入点，以审视中国社会的变迁，并主要关注出版媒介尤其是报章在此期间的发展，以及走出科举时代的读书人依托于新型出版媒介所确立的新的角色。作者结合新型传播媒介所营造的思想环境，略加辨析。一方面试图说明新式媒介经历晚清的发展到民国有什么新的变化，以检讨清季民国时期由新型传播媒介所营造的思想环境有怎样的特征，所形成的"思想版图"有什么特色。另一方面则试图结合读书人与此的互动，以审视读书人的生活形态呈现出哪些新的特性。报章、书局、大学等新型传播媒介与读书人的互动，很好地说明了这一时期的思想环境如何影响到对读书人的塑造。

学术思想史的研究也是中国近代思想史研究的重要领域。本年度的相关研究有：於梅舫考察了朱一新对康有为《新学伪经考》的品评旨趣，指出，朱一新对《新学伪经考》之品评，始于该书刊刻之前，是考察相关问题之起点。朱一新的品评，立足于康有为立说之逻辑，抉发康氏"以己意治经"之运思：通过组织刘歆遍伪群经之证据，锻炼今文与今文、古文与

---

① 参见潘光哲《晚清士人的西学阅读史（1833—1898）》，台湾中研院近代史研究所专刊2014年版。
② 参见章清《清季民国时期的思想界》，社会科学文献出版社2014年版。

古文同条共贯之说,以此构筑以《公羊》义统辖群经之论,便于将汉儒《公羊》学极具当时苦心之素王改制义发挥为群经之"微言大义"。不仅显现康氏驾越宋儒《四书》义之野心,"以董生正宋儒",更有创新义理之隐微,甚至略有突破君臣之分的嫌疑。此为此番"争议"之本事及立意,亦可借此参观康有为立说之旨趣。① 王锐《章太炎晚年学术思想研究》②一书,将章太炎晚年的学术思想置于当时的学术大环境中进行研究,通过对章太炎与时代思潮的互动,展现了章太炎晚年在经学、史学、诸子学等方面的学术成就,比如在史学方面与当时影响极大的古史辨派、在经学方面与20世纪30年代社会上的读经思潮、在诸子学方面与民国时期各类诸子学等的论争,从而呈现出了中国近代学术史之更为多元的现象。王刚考察了吕思勉史学道路的转向,指出"整理国故"运动是吕思勉史学转换的关键和枢纽。对于吕氏史学来说,"整理国故"运动的意义不仅在于这一学术潮流带来了外在时势的推动,更与自身的学术理路实现了对接并轨。在这一进程中,吕思勉走出了"国粹"派影响,他以考据为基础,以通贯研究为特色,以科学方法为支撑,终于在20世纪20年代实现了史学方法论的建构,成为民国"新历史考证学"的代表。随着史学研究的精密化及中国化日益加深,作为植根于传统的吕氏史学,与胡适为代表的"西洋汉学"在学术取径上渐行渐远,其间既有人事、学路之纠葛,更反映了中国学者的独立思考和日渐成熟。从某种程度上来说,这是史学及国学研究中要求积淀,讲求内在深入研究与速成、外在式路径之间的一种对立。③

此外,值得注意的研究还有:王中江的《世界秩序中国际法的道德性与权力身影——"万国公法"在晚清中国的正当性及其依据》④一文,从"道德"与"权力"两个方面审视了晚清士人接受"万国公法"的复杂心态。指出,晚清中国通过翻译《万国公法》,产生了约束和规范国际关系的新概念——"万国公法"。对于这一构建世界新秩序,亦即中国如何处理与列强之间关系的新概念,晚清士大夫一方面立足于正义和道德将之合

---

① 参见於梅舫《以董生正宋儒:朱一新品析〈新学伪经考〉旨趣》,《广东社会科学》2014年第1期。

② 参见王锐《章太炎晚年学术思想研究》,商务印书馆2014年版。

③ 参见王刚《时势与理路:"整理国故"与吕思勉的史学道路》,《史林》2014年第2期。

④ 参见王中江《世界秩序中国际法的道德性与权力身影——"万国公法"在晚清中国的正当性及其依据》,《天津社会科学》2014年第3期。

理化、正当化，但另一方面又以权力、强权为由对之保持戒心，甚至完全不信任。这两种矛盾的立场，既有历史和传统的根源，也有现实的背景。贾小叶《论清人对台湾地位认知之变迁》①一文，打破长期以来清史研究中前清史与晚清史的人为隔阂，考察了清代不同时期时人对台湾地位认知之变迁。指出，晚清之前，清人思考台湾问题的出发点在于"靖边患"，这不仅反映在康熙用兵台湾的战和决策中，而且反映在清政府的治台之策上。但康熙用兵台湾的客观结果却是清朝收复了台湾、实现了统一，这一意义在后来的历史进程中日见彰显。晚清以降，随着外患的进逼，清人对台湾地位的认知逐渐发生变化。在日本侵台事件的刺激下，台湾地位的重要性受到了前所未有的重视，"中国版图尺寸不敢以与人"的认知成为时人的共识。与之相应，清政府的治台之策，也由此前的"番界"政策转变为"开山抚番"。

关于中国近代思想通史、专史方面，何爱国《中国现代化思想史论（1912—1949）》②，从经济社会、思想文化、个案研究三个维度，对1912—1949年的中国现代化思想进行较有系统性的深度研究，聚焦现代化的核心问题。在个案研究方面，重点剖析了章士钊的三农思想、梁漱溟的乡村建设思想、马寅初的温和计划经济思想等，认为"以工立国"、社会主义、统制经济计划经济、民族的科学的大众的文化成为主导性思潮。这些现代化共识的达成为中华人民共和国的现代化道路奠定了基础。此外，方敏等著《中国近代民主思想史（1840—1949）》③、许纪霖选编《现代中国思想史论》④也都对我们了解近代思想史的脉络具有重要参考价值。

（执笔人：贾小叶）

---

① 参见贾小叶《论清人对台湾地位认知之变迁》，《近代史研究》2014年第4期。
② 参见何爱国《中国现代化思想史论（1912—1949）》，世界图书出版公司2014年版。
③ 参见方敏等《中国近代民主思想史（1840—1949）》，人民出版社2014年版。
④ 参见许纪霖选编《现代中国思想史论》，上海人民出版社2014年版。

第五章

马克思主义史学理论

2012—2014年，中国近代史整体呈现繁荣发展的态势，从研究者的众多、研究成果之丰硕、社会关注度之高来看，近代史研究在整个历史学领域均处于相当显著的位置。

2012年度

（一）中国近代史话语权问题

中国史学的繁荣发展，离不开融会贯通地借鉴、吸收欧美学术的理论方法。最近十年来，中国史学与国际史学的交汇更是达到了前所未有的程度。在中国近代史领域，欧美国家的学者经常提出一些新颖的理论架构，国内学者仿效。但由于缺乏必要的批判精神，不免出现食洋不化、盲目照搬的现象，给中国的史学研究带来负面影响。例如，近年来后殖民理论对中国近代史研究产生了相当的影响，黄敏兰指出："误读和滥用后殖民理论不是一两个人的所为，而是学界一股比较普遍的潮流。""食洋不化尚为其次，危害历史研究才是最主要的。"①

兴起于美国中国学界的柯文式"中国中心观"，虽然并不是一套完整和规范的解释框架，却对中国近代史学界的研究实践产生了深远的影响，同时也形成新的偏蔽。此前已有不少学者围绕柯文的理论表述和逻辑架构而有所探讨。朱浒通过分析"中国中心观"指导下的研究实践，以把握这一取向达致的研究后果及其缺陷。他认为，"中国中心观"对原有认识框架的挑战，在实践上更多地采取了某种单向度逆反立场。它其实未能形成对外部与内部、整体与局部、上层与下层、西方与东方等

---

① 黄敏兰：《近年来学界关于民主、专制及传统文化的讨论——兼及相关理论与研究方法的探讨》，《史学月刊》2012年第1期。

一系列二元对立的超越，而是从一个极端跳向另一个极端。从迄今为止的研究实践观之，"中国中心观"所累积的认识误区，必须引起研究者的警惕。①

中国学界弱于理论建构、一味追随欧美学界的现状也引起一些学者的警觉，并呼吁以更加理性的态度对待西方学术的理论方法，以争夺和确立中国学者对于中国近代史的话语权。有学者提出，我们与欧美学术的互动，并非在于单向度地曲从或迎合意义上的"国际接轨"，而是希望能够与之进行双向的平等学术对话。作为亲身参与，并且也是这一历史的创造者的中国学人，研究中国历史实际上具有西方学者难以比拟的优势，更容易发现中国历史的内在精神。②

关于中国史学话语体系的建构，瞿林东认为，应加强对中国史学遗产的研究，发掘和梳理其中有价值、有意义的成果，并加以继承和发扬。"这是建设和发展中国马克思主义史学的实际基础，也是显示历史学的中国特点、中国作风、中国气派的重要路径。"同时，我们不仅有必要"回应"，也有必要学会倡导；不仅有必要"跟着走"，也有必要争取"领着走"。这就需要中国史学家既有这方面的自觉意识和学术责任感，又善于从整个学科发展状态或自己熟悉的研究领域提出关键的宏大议题，这是推进中国史学话语体系当代建构的重要动力。③

张海鹏指出，中国学者在宏观理论思考方面，确实还有所欠缺。欧美学者，尤其是美国学者，善于提出新的思想架构，他们不仅掌握了经济霸权，还掌握了学术话语霸权。中国学者应该迎头赶上，应该有自己的话语权，要提出中国人自己的概念、模式。④

（二）有关社会形态问题的讨论

近年来，学术界对于马克思的社会形态理论给予了高度关注，否定、质疑"五形态理论"的议论此起彼伏。有学者明确表示，"只有走出'五种社会形态'的误区，具体地、细致地分析研究各个时期的社会结构，才

---

① 参见朱浒《"范式危机"凸显的认识误区》，《社会科学研究》2011年第4期。
② 参见胡成《我们的中国史研究如何走向世界？》，《史林》2011年第5期。
③ 参见瞿林东《关于当代中国史学话语体系建构的几个问题》，《中国社会科学》2011年第2期。
④ 参见张海鹏《深入钻研马列主义，提高宏观史学研究水平》，《晋阳学刊》2011年第3期。

能真正科学地认识社会、理解历史和设计未来"。①

与此同时,主张坚持马克思社会形态理论的声音也颇不少。王伟光指出,马克思的社会形态理论没有因时代的变迁而丧失理论光彩。从学术的角度来看,作为人类社会演进的基本历史趋势,马克思主义关于五种社会形态的概括,只反映了人类历史发展的普遍性规律,而具体的历史发展不是单一的、直线的、绝对的。在一定历史条件下存在特例、偶然的情况。马克思主义从来不以认识历史过程的一般规律为满足,而是努力进一步探索不同民族、国家和地区符合一般规律的特殊发展道路。②

靳辉明认为,马克思的社会形态理论,并非马克思的主观臆断,而是经过长期刻苦研究而得出的结论。它不是人的思维规律,而是对社会历史发展客观规律的科学揭示。他也强调:"社会现象是复杂的,历史发展道路也不是笔直的,马克思社会形态理论只是为我们提供了一个研究社会历史的最基本的观点和方法,只有从不同国家和民族的具体历史条件出发,用唯物辩证的方法进行研究,才能得出符合历史实际的结论。"因此,在理解和运用马克思社会形态理论时,"决不能将其当做教义"。③ 庞卓恒认为,马克思对于社会形态依次更迭的论说,每次论说的时代背景、语境、历史指向和列举的社会形态名目和更迭顺序都不相同,但所列举的那些形态和更迭顺序都只是作为"大体上"讲的历史例证,用以说明人类社会形态有一个从低级向高级发展的普遍规律,而不是认定其中每个形态和更迭顺序都是各个民族"普遍必经"的阶段,也不是要描绘那样一个"一般发展道路"的公式。④

张一兵指出,在马克思的历史分期理论中,其实并不存在什么统一的固定不变的社会历史形态的固定分期法,更谈不上传统教科书体系中那种作为人类社会同一发展模式的所谓五大社会形态之说。马克思只是在不同的时期、不同的研究层面上提出不同的社会形态历史发展线索。如果我们

---

① 参见叶文宪《走出"社会形态"的误区,具体分析社会的结构》,《史学月刊》2011年第3期。

② 参见王伟光《深入研究中国发展道路和发展经验丰富和发展马克思主义社会形态理论》,《中国社会科学》2011年第1期。

③ 靳辉明:《要正确理解和把握马克思的五种社会形态理论》,《思想理论教育导刊》2011年第7期。

④ 参见庞卓恒《马克思社会形态理论的四次论说及历史哲学意义》,《中国社会科学》2011年第1期。

在对马克思关于社会形态历史分期的理论研究中,不能把握其内在的逻辑线索,而是生硬地将马克思在不同逻辑视角中的社会形态历史分期理论同一起来,则是非常牵强的。韩东育则认为,我们尽可以把"五形态"理论视为一个假说甚至是斯大林的个人意见,但被历史发展进程所日益证明了的马克思早年社会形态论,并非全无根据和全无意义。①

杨文圣从马克思社会形态理论的多重维度着眼,提出了一些新的看法。他认为,马克思社会形态理论的基本内容及其特色,可以大体归结为多维度的社会形态划分理论、似自然史的社会形态演进理论和有机的社会形态结构理论三个主要方面。其中,社会形态划分理论是从宏观上考察社会历史分期,社会形态演进理论是从动态中探讨社会发展道路,社会形态结构理论是从静态中剖析社会内部构成。学术界否定"五形态理论"的观点,其使用主要方法之一就是例证的方法,即用记录、统计的方法,从世界范围的实例来说明五形态依次更替的非普遍性,从而否定"五形态理论"的普遍意义。但是,"规律是本质的、必然的联系,例证地描述表面现象的连续性和重复性以期揭示规律的做法,是非常浮浅和蹩脚的,因为真正的规律不是一切个别情况和现象的汇集。要揭示事物本质的、必然的关系,应当依靠科学抽象"。从方法论视角看,用例证的方法研究社会形态演进是不可取的。②

王伟光、靳辉明、庞卓恒等人,强调马克思社会形态理论的科学性及其对历史研究的指导意义,对"五形态理论"持肯定态度。但他们同时均强调,不能将"五种社会形态"作为历史研究的教条和图式,而应立足于各个国家的历史实际,揭示其具体发展道路和模式。

但总体说来,对于马克思社会形态理论,尤其是"五形态理论",坚持与反对的两派学者,仍缺少从学术角度的对话与交锋。欲获得共识,仍需要进行更多的理论探讨,仅反复揭示自身立场,难以将研究推向深入。由于这一理论在马克思主义理论中的重要性,可以想见,在未来的一个时期,它仍将成为学术界讨论的焦点问题。

---

① 参见李潇潇《在历史的深处展开未来的想象——"社会形态理论与历史价值观"高级研讨会述评》,《中国社会科学》2011年第1期。
② 参见杨文圣《马克思划分社会形态的多重维度》,《史学理论研究》2012年第1期。

(三) 关于"碎片化"的讨论

中国近代史研究的"碎片化"问题,引起学界广泛关注和热烈讨论。池子华认为,碎片化不等于碎片,碎片研究是史学研究必不可少的一个步骤,而碎片化则会矮化史学研究的意义。碎片化并不总是由微观取向和跨学科研究造成的,在很大程度上与研究者的研究取向和旨趣有关。从某种意义上来说,史学碎片化类似于"剪刀加糨糊"的堆砌史料的做法,克服碎片化则有赖于"思想"。史学研究即使是一个很小的选题或切入点,只要有思想支撑,都有其独特的价值,不能称之为碎片化。① 朱小田认为,如果史家将社会"原生态"地加以呈现,这是史家的不作为,确乎碎片。只有经过一番"连缀编排"的功夫,"碎片"才会变成整体结构中的要素。史学的任务之一便是整齐碎片,使之条理化。②

《近代史研究》在 2012 年第 4、5 期,连续发表多篇关于"碎片化"问题的笔谈,不少学者对此问题从不同角度贡献了真知灼见。

学者认为,就目前的中国近代史研究状况而言,所谓"碎片化危机"言过其实。郑师渠指出,当下我国近代史研究依然坚持追求总体史的传统,其中出现的所谓"碎片化",是新旧思潮更替在特定阶段上的应有之义,本质是积极的。因此,所谓"碎片化",并非"危机化",它恰是近代史研究酝酿大突破的征兆。而当下近代史研究之所以仍不免给人以"碎片化"之观感,还是因为对近代历史的阐释,在根本的理论架构上,仍未实现真正的突破。由于缺乏新的权威性理论架构的统整,具体的研究便无由得到整合,进而提升为对近代历史总体性新的认知。因而,在当下的语境下,应慎重使用"碎片化"的提法。③ 罗志田也认为,现在的中国近代史研究不能说已在很大程度上呈现出"碎片化"的面貌,因为并非每一史家的每一题目都必须阐发各种宏大论述。越来越多的近代史研究涉入更具体的层面,或许是一种欣欣向荣的现象。④ 王笛也认为,在现阶段的中国历史学界,"碎片化"未必真的成了一个值得我们担忧的问题。"碎片化"并不是消极的,它与整体化

---

① 参见池子华《反思社会史的双重面向——以社会史碎片化问题为中心》,《贵州师范大学学报》2012 年第 2 期。
② 参见朱小田《构建整体社会史的学术使命》,《徐州师范大学学报》2011 年第 1 期。
③ 参见郑师渠《近代史研究中所谓"碎片化"问题之我见》,《近代史研究》2012 年第 4 期。
④ 参见罗志田《非碎无以立通:简论以碎片为基础的史学》,《近代史研究》2012 年第 4 期。

共存，二者同等重要。到目前为止，中国学者研究的"碎片"不是多了，而是还远远不够。① 王玉贵、王卫平指出，从史学研究的发展规律来看，总是由宏观逐步走向微观和具体，大而化之的宏观和粗线条研究终究要被细致入微的精深和细部研究所取代。所谓"碎片化"问题，难以经受严格的学术考究和深层次的学术反思，"碎片化"在当下中国近代史研究中并不是一个问题。② 李金铮也认为，目前来说，碎片研究不是应该削弱而是应该进一步增强。随着碎片研究的扩大，宏观史学才能水到渠成。③

也有学者对史学研究的"碎片化"问题深感忧虑，并呼吁回归总体史，重建史学的宏大叙事。王学典认为，改革开放后的 30 多年来，一些攸关历史进程本身的理论问题长期无人问津，因而在局部知识点上，有长足进步，甚至形成了一系列颠覆性认识，但在历史学的整体面貌上却未能实现根本改观，依然在前 30 年所形成的基本认识上打转。中国近代史的蓬勃发展，很大程度上受益于来自海外的理论建构，而本土的理论创新却显得贫乏。因而历史学关注的焦点不仅要重回历史本体，还要重回宏大叙事的路数上去。④ 章开沅认为，就学术评价而言，宏观研究与微观研究并无高下之分，要重视细节研究，同时拒绝"碎片化"。⑤ 行龙则强调，克服"碎片化"，关键在于回归"总体史"，具体而言，一要有鲜明的问题意识，二要重视"长时段"，三要以历史学为本位的多学科交叉。⑥ 李长莉指出，中国的新兴史学出现了"碎片化"趋向，是不争的事实。矫正"碎片化"的方法，则为：（1）"微观实证"与"宏观联系"相结合；（2）强化联系观点，多作综合性研究；（3）强化问题意识，多作中观研究；（4）加强"建构性"思维，力求理论概括与提升。

（四）近代史分支领域相关理论问题

1. 辛亥革命史

辛亥革命史是海峡两岸史学界共同关注的研究课题，迄今为止已经出

---

① 参见王笛《不必担忧"碎片化"》，《近代史研究》2012 年第 4 期。
② 参见王玉贵、王卫平《"碎片化"是个问题吗?》，《近代史研究》2012 年第 5 期。
③ 参见李金铮《整体史：历史研究中的"三位一体"》，《近代史研究》2012 年第 5 期。
④ 参见王学典《重建史学的宏大叙事》，《近代史研究》2012 年第 5 期。
⑤ 参见章开沅《重视细节，拒绝"碎片化"》，《近代史研究》2012 年第 4 期。
⑥ 参见行龙《克服"碎片化"回归总体史》，《近代史研究》2012 年第 5 期。

版了大量相关资料、学术专著,发表的论文更是难以计数。2011年是辛亥革命百周年,再一次激发了史学界和整个社会对辛亥革命研究的热情,形成了21世纪以来辛亥革命研究的空前盛况。

辛亥革命史起点较高,对研究者要求也更高。但由新材料新观念发现新问题只是学术研究的初级阶段,"接着做更接近大道正途,更能体现学术研究的深度和高度"。① 如何进一步扩展和深化辛亥革命史研究,成为辛亥百年之际不少学人思考的问题。

长期从事辛亥革命史研究的章开沅,此前已从方法论的高度提出了不少具有前瞻性、引导性的独到见解。纪念辛亥革命百年之际,他又提出应从三百年的历史长度来研究辛亥革命这一新颖见解,在学术界产生了广泛的反响。② 从三百年的历史长度来研究辛亥革命,意在强调前后延伸和横向贯通,以长程的历史眼光,以更为超越的心态,对辛亥革命进行更加全面深入的探讨。

学界对于辛亥革命及辛亥革命史研究的负面因素的反思,也引人注目。章开沅认为,一是由于当年的狂热宣传,以及其后革命者的意识形态营造,及研究者长期因袭成见,革命从手段提升为目标,乃至衍化为至高无上的神圣,在现实生活与学术研究中长期成为精神枷锁。二是由于当时"反清革命"的社会动员需要,带有许多大汉族主义的偏激情绪。③

随着新文化史成为新的流行研究范式,辛亥革命史研究开始运用新文化史的理论方法,并形成政治文化史这一新的交叉研究领域。在大陆学界,这类成果目前虽然还不多,但已经引起相当的关注。2009年相继出版的《崇拜与记忆——孙中山符号的建构与传播》(南京大学出版社)、李恭忠《中山陵:一个现代政治符号的诞生》(社会科学文献出版社),均采用政治文化史的研究路径,将历史学与社会学、文化人类学相结合,将研究重点从孙中山的生前转向逝后,探讨孙中山形象的建构过程,揭示更为深广的政治、社会变迁。因其视角新颖、方法独特,给人耳目一新之感。与此相关的是,近年来,对于辛亥革命如何被阐释和"记忆",成为一个新的研究热点,涌现出可观的研究成果,并出版了4卷本《辛亥革命的百

---

① 参见桑兵《辛亥革命研究的整体性问题》,《社会科学》2011年第2期。
② 参见章开沅《盘点辛亥要看"三个百年"》,《学习月刊》2011年第21期;《反思与纪念:辛亥要谈三个一百年》,《同舟共进》2011年第10期。
③ 参见章开沅《辛亥百年遐思》,《近代史研究》2011年第4期。

年记忆与诠释》。① 这一研究，从记忆史的新视角考察不同历史时期的不同派别、群体及个人对这次革命的记忆和诠释，并寻绎梳理其背后的影响因素，其所探讨的已不再是辛亥革命本身，而是百年来辛亥记忆的演变，因而将辛亥革命的研究时段向后延伸了百年。由于全新的问题意识和独特视角，产生出一系列新的研究课题，史料运用方面也有所突破，从而开拓出了辛亥革命研究的一片新境。

2. 社会史、文化史

社会史与政治史的关系，也是近代史学界讨论较多的一个问题。中国社会史兴起之初，在具体研究实践中，学者们往往将传统政治史研究的内容悬置不论，转将触角伸向与风俗礼仪、民众生活紧密相连的衣食住行、婚姻、家庭等领域，对下层民众的"非政治"内容十分关注。于是，与社会史兴起相伴随的，是政治史迅速边缘化。否定政治，使社会史以鲜明的特色登上了史学舞台，并争得了学科独立性，但也导致过度社会科学化、碎片化、叙事丢失等弊端。史学界开始意识到必须修正以往所遵循的路线。在近年来的研究实践中，不少社会史研究者试图以社会史"自下而上"的视角重新解读政治史，体现出融汇政治的取向。

如何正确处理社会史与政治史的关系，有研究者强调提出：（1）社会史研究的进一步深入离不开政治史，一味将社会史与政治史作泾渭分明的区分，会导致作茧自缚而不利于史学的健康发展。（2）从社会史出发可以深化政治史研究。传统政治史研究，一个明显的不足是就政治言政治，未能将政治活动与社会活动联系起来，因而缺乏分析和解释力度。运用社会史的理论方法，对历史上的政治事件、精英人物、国家制度和权力运作等进行再研究，能够为政治史研究注入新的活力，创新政治史研究途径。（3）社会史须在新的基础上与政治史相融合，建构出叙事和分析相结合的历史、上层与下层共同创构的总体历史。概而言之，社会史与政治史，二者是对立统一、相互联系、相互制约、互为交融的关系。没有社会史的基础，政治史研究所得之结论往往会陷入片面化，没有政治史的观照，社会史的研究必然会流于琐屑平庸。②

---

① 参见罗福惠、朱英主编《辛亥革命的百年记忆与诠释》，华中师范大学出版社2011年版。
② 参见李忠人《"否定之否定"：社会史与政治史关系探究》，《清华大学学报》2012年第2期。

在中国近代史研究领域，社会史与政治史更不可畛域自囿，顾此失彼。近代以来，政治是社会巨变的先导性因素，对社会具有支配性的影响，对政治的把握和理解是解开近代社会发展变革的一把钥匙。

中国近代史的研究时段，出现重心后移的趋势。一些研究者已不再受到1949年这一时限的束缚，而将目光转向中华人民共和国成立以后。对于中国当代社会史这一新兴的史学分支，也有学者给予关注，并从理论方面进行阐述。李金铮认为，当代社会史，研究对象是中国当代民间社会和普通民众的所有历史，不仅包括社会构成、社会生活、社会关系，也包括民间社会、普通民众的政治、经济和文化等。其研究的理论和方法是多元化的，强调"自下而上"的视角、整体史观和相关学科理论的借鉴。资料来源也是多样化的，其中特别注重的是民间文献、口述史料和文学资料等。中国当代社会史尚处于初级阶段，应"专通并举"，相互促进，既着力于具体研究，在学习和借鉴已有成功论著的基础上前进，又要努力构建较为合理的中国当代社会通史体系，明确其研究内容、历史分期、基本线索等。这一任务非一蹴可就，必须逐步完善。①

中国近代社会文化史，作为一个新的研究视角、研究领域与交叉学科，近年来取得了比较丰富的成果，并呈现方兴未艾之势。但对比西方"新文化史"的进展，大陆的中国近现代社会文化史研究理论建构相对滞后，且缺乏深入专精的典范之作，面临发展的"瓶颈"问题。如何借鉴西方"新文化史"的诠释模式，立足中国的社会土壤与文化传统，创立本土化的社会文化史研究理论，已成为近年来学界极力倡导的学术使命与研究任务。

刘志琴指出，社会文化史是以生活为中心，对生活方式、大众文化和社会风尚进行统合研究。所谓以人为本，其实是以生活为本。这对史学来说，意味着重新回到梁启超提出的，要使国民知道生活的过去和未来。史学已经从以神谕为纲、以资政为纲、以阶级斗争为纲，过渡到现在的以生活为纲。②

罗检秋认为，深化、拓展社会文化史研究，不必过多地讨论定义，而

---

① 参见李金铮《借鉴与发展：中国当代社会史研究的总体运思》，《河北学刊》2012年第4期。

② 参见刘志琴《走上人文学科前沿的社会文化史》，《晋阳学刊》2012年第3期。

不妨具体思考有待深化、加强的论题。他提出，多年来，涉及精神成果、精神生活的文化专史洋洋大观，但侧重于精英阶级，对大众文化的研究，则集中于物质生活、风俗习惯。但精英文化的创造者并非都是社会精英，下层民众也直接或间接地为精英文化的形成添砖加瓦。如果将研究视野稍加扩展，下层社会和边缘群体的观念、信仰和精神世界，也值得研究者关注。因而，社会文化史也应重视精英思想的社会化过程，梳理精英思想在不同人群间的流播、对大众观念和风习的影响及局限。从社会视野中研究精英文化，论题则超越了政治变局或经济兴衰，境界势必豁然开朗。[①]

从各学者的论述来看，均将庶民大众的日常生活置于相当重要的位置。这是符合马克思主义基本原理的。一切人类生存的第一个前提，也即一切历史的前提，就是人们为了创造历史，必须首先解决衣、食、住、行等问题，因此，第一个历史活动就是生产满足这些需要的资料，即生产物质生活本身。与此同时，社会史研究者对已有的研究进行反思，其中相当关键的一点即在于：社会史并非完全排斥传统史学，它与政治史也并非水火不容的关系。在经过前期矫枉过正以树立旗帜的阶段之后，越来越多的社会史研究者，认识到单纯采用"自下而上"的视角，同传统的"自上而下"模式一样，都存在偏颇。对精英、上层、政治的研究，不会损害反而有益于社会史研究推向深入，并获得健康发展。自上而下的视角，仍有其方法论的价值，不可轻易摒弃之。

3. 医疗卫生史研究

21世纪以来，疾病医疗史研究呈现繁盛的态势，相关研究成果也层出不穷。疾病史的研究范式也从社会史范式开始扩展到文化史和政治史方面。史学界的研究人员已不再满足只把疾病史作为社会史来研究，而力图从文化史的角度来解读疾病，或者从政治史的角度来解读疾病史。

但目前的疾病史研究还存在一些问题。其一，医学界研究者进行的疾病史研究，只关注疾病本身而不考虑疾病背后的社会，而历史学界研究者进行的疾病史研究只考虑社会层面问题而不关注疾病本身。这种研究显然有着严重的不足。历史学界多数学者对疾病把握不足，甚至在一些基本概念上出现混淆和误用，从而导致研究出现问题。因此，打破学科限制，史学界跟医学界研究者合作，就可以较好地解决这一问题。目前史学界在这一方面有明显

---

① 参见罗检秋《从"新史学"到社会文化史》，《史学史研究》2011年第4期。

欠缺。其二，就研究内容即疾病本身来讲，目前史学界在疾病史研究上也有不足：重视烈性疾病研究，轻视、忽视慢性疾病和地方性疾病的研究。重视成为灾害事件的疾病而忽视日常生活中的疾病。目前的不少疾病史研究成果，成了简单的研究方法复制品。而对疾病文化史、疾病政治史，目前史学界的研究却较为欠缺。在具体研究方法上，目前史学界研究疾病史较多地采用"事件史"的研究方法，这种"事件史"的研究方法有着一种封闭态势，很容易束缚史学研究的视野，使得研究成果在低水平上徘徊。因此，需要以"事件路径"的研究方法，即关注对象从疾病事件本身转向疾病事件背后的社会制度、关系和结构，这样研究才能更上台阶。①

余新忠认为，中国近世卫生史研究，其内容至少有三个方面有待进展：（1）现有的研究大多集中在20世纪以降特别是民国时期卫生的探讨，对晚清社会在卫生行政等方面的努力和成绩重视不够，对传统时期的卫生观念和行为，研究几付阙如。（2）现在的一些探究中国近代公共卫生的研究，往往存在着割裂传统和近代之嫌，不能从内外两个方面多视角地来认识中国近代公共卫生的演变。（3）目前国内的相关研究，其学术视野、学术理念都还有待提升。而海外的一些研究，过于注重对意义的探析，反而影响了对具体历史经验的呈现。总体说来，对近世中国的卫生观念、组织和行为及其近代演变脉络的梳理和呈现，都还难尽如人意。在当前的学术情境中，作为一个新的研究领域，若研究者能有选择地汲取国际前沿的研究方法，使其无论在内容还是在方法与理念上都体现出一种新意来，就会更具意义。②

4. 中华民国史研究

历经几代学者30余年的艰辛努力，以中国社会科学院近代史所为主体撰著的《中华民国史》在2011年全部出版。此著的出版，对于民国史分支学科的发展与成熟，具有重要的积极影响。

民国史已成为中国近代史中颇具活力、成果丰硕的分支领域，但它毕竟仍属于历史学中较为年轻的学科，仍有十分广阔的发展空间。对于民国史研究如何进一步推进，学者们也贡献了真知灼见。朱英指出，民国史研究中，有不少重要的社会群体长期受到忽视，如民国时期中国社会的转型

---

① 参见王小军《中国史学界疾病史研究的回顾与反思》，《史学月刊》2011年第8期。
② 参见余新忠《卫生何为——中国近世的卫生史研究》，《史学理论研究》2011年第3期。

与变迁，促成了包括律师、医师、会计师、工程师、审计师、教师、记者在内的其他许多新社会群体的诞生。这些新群体大多属于社会中间层，在推动近代中国社会从传统向近代的转型与变迁过程中，发挥了不容忽视的重要作用。因此，从社会群体考察社会变迁，是深化民国史研究的一个别具特色的研究视角。民国乡村经济史研究也需加强。民国史研究的整体深化与创新，还需要观照与借鉴国际史学界的一些最新发展趋向。近年来崛起的新政治史，并非传统政治史的复兴，而是受西方新史学思潮的影响，采用新的研究范式、新的研究视野、新的研究方法对政治史的一种新探讨，称得上是政治史研究的一种新突破。政治文化史的兴起，集中体现了这一特点。民国史领域出现了不少运用政治文化史研究方法的成果。[①]

陈谦平认为，民国史研究，一方面必须注重其史料的国际性。海外留存了大量晚清和民国时期的档案和文献资料。如英、美、俄、德、日、法、意等国的国家档案馆里收藏了大量中国的外交档案。这些档案不仅包括中国历届政府或高官同各该国政府在不同历史时期就不同历史事件所进行的交涉，也有相当数量的各国外交官对于中国不同时期政治、军事、经济、社会、文化等各方面的报告、图片。鉴于民国时期中国对外开放程度之高，研究民国史所运用的史料决不能仅仅局限于海峡两岸的档案，国际性资料的运用已是大势所趋。中国近代史学界有必要有组织、有计划地进行民国时期海外档案文献的收集和整理工作，并由国家出资建设"民国史料馆"。就研究的理论方法来看，以往的中华民国史研究过分注重于阶级斗争、过分强调革命史模式，而忽略了现代化和国际化的发展进程。在民国史研究中，必须以"民族国家"的观念取代"阶级斗争"的革命史观，转变视角，以民族和国家发展为本位，从民族国家发展的视角来进行价值评判。对中国资产阶级应有客观评价。应将民国中央政府作为客观存在的研究对象，实事求是地研究它们的历史功过。在以往研究中，民国政府被视为民国历史的客体，今后应将之看作历史发展进程中的主体。[②]

（执笔人：赵庆云）

[①] 参见朱英《民国史研究的重大成果与发展空间》，《近代史研究》2012 年第 1 期。
[②] 参见陈谦平《国际化发展：中华民国史研究的新视角》，《近代史研究》2012 年第 1 期。

2013 年度

(一) 唯物史观相关问题

如何坚持唯物史观对史学研究的理论指导，是学界比较关注的问题。2013 年 4 月 13 日至 14 日，来自全国各地的 100 余位学者在京举行"唯物史观与新中国史学发展"研讨会。中国社会科学院原副院长朱佳木在开幕词中指出，近年来，唯物史观和马克思主义史学理论也遇到前所未有的挑战，需要不断丰富、完善和发展有中国特色、中国风格、中国气派的马克思主义史学理论体系和话语体系。[①] 牛润珍认为，21 世纪主导中国史学发展主流方向者将仍是马克思主义史学。中国史学将朝着建设、集大成与理论深化的层次迈进，而唯物史观在将来仍发挥主导作用。21 世纪新材料的发现可能不如 20 世纪，材料的整理、公布与研究将成为主要工作，这也需要唯物史观的指导。围绕唯物史观的阐释与运用，形成不同的学派、不同学派之间的讨论，有助于对唯物史观的正确把握与总结，并促进史学研究的自我反省。[②]

21 世纪的中国史学在运用唯物史观方面面临着多方面的挑战。如何面对挑战，进一步开拓和发展唯物史观？左玉河指出，首先应坚信唯物史观作为一种有效的解释历史的方法并未过时，现代西方史学总是利用唯物史观的一些基本观点或与唯物史观近似的观点来考察历史。必须不断发展和完善唯物史观，使之在新的历史条件下继续保持解释利器的功能。同时，也应该看到唯物史观本身也需要不断发展和完善。因此需要注意：在唯物史观与具体的研究对象相结合的过程中，推动理论上的创新。运用唯物史观要有气度，要有吸收其他有益的理论和方法论的雅量和勇气；不能把唯物史观仅仅理解成马克思、恩格斯所写的文本，后人对马克思主义理论的发挥创造也是对唯物史观的发展。在历史研究领域，必须注意克服教条主义，避免将马克思唯物史观的理论观点简单化、绝对化、公式化，而应创造性地运用唯物史观，将这一理论和客观历史实际结合起来，对具体的历

[①] 参见朱佳木《以唯物史观推进中国史学理论研究繁荣发展》，《河北学刊》2013 年第 3 期。
[②] 参见牛润珍《唯物史观对中国史学的十个方面影响》，《河北学刊》2013 年第 3 期；《唯物史观主导中国史学未来发展方向》，《中国社会科学报》2013 年 6 月 19 日。

史现象作具体的分析，从中抽象出符合客观历史实际的规律。①

王力提出开拓唯物史观研究的三条路径。首先，必须依循马恩原著开展唯物史观的整体性研究。马克思和恩格斯没有垄断对历史进行规律性探讨的权利，更没有把自己的理论成果当作真理的终结和行动的教条。其次，还须打破制约唯物史观研究的认识论局限，全面关注马克思主义诞生一百多年以来世界的新变化，特别是新科技革命、全球化和资本主义新变化，以及中国特色社会主义在21世纪的新问题。唯此才能实现唯物史观的现代形态转化，使唯物史观具有更广大的包容性和更科学的解释力。最后，同时积极关注非马克思主义对唯物史观的批判。唯有不断开拓唯物史观的研究路径和视野，并为之注入新鲜的血液，才能使马克思主义具有旺盛的生命力。②

张秋升认为，马克思主义唯物辩证法是可以应对史学研究"碎片化"的有效思维方式。"碎片化"固然是选题小、重描述，但最重要的是对历史的认识采取了静态、孤立的研究方式，未能放在变化发展的维度上看问题。这样的思维方式才是历史研究"碎片化"的根本症候，所以这种思维方式必须改变。迄今为止，唯物辩证法依然是最有效的认识世界、认识历史的思维方式。唯物辩证法为我们提供了关于整个世界普遍联系、永恒变化发展的核心理念，以及从研究对象的现象与本质、内容与形式、整体与部分、相对与绝对、普遍与特殊等方面探索因果关联。唯物辩证法在当今的历史研究中依然具有强大的生命力。③

如何评价中华人民共和国成立后的"十七年史学"，关系到对唯物史观及马克思主义史学的总体评价，学术界对此存在分歧。陈其泰认为，唯物史观从根本上说同教条主义相对立，断定整个"十七年史学"都是教条主义盛行，不符合客观实际。"十七年"中存在两种对立的学风：一是实事求是的优良学风，二是教条式的摘引马列词句的恶劣学风。"十七年"中教条主义一度横行，是政治上"左"的错误指导思想直接引起和推动的。今天坚持以唯物史观为指导能否成功，从根本上说，取决于是创造地

---

① 参见左玉河《唯物史观与中国历史研究的发展》，《河北学刊》2013年第3期。
② 参见王力《开拓唯物史观研究的三重路径》，《广东社会科学》2013年第1期。
③ 参见张秋升《历史研究的"碎片化"与唯物辩证法的应对》，《廊坊师范学院学报》2013年第4期。

运用其精神，还是死板地照搬其教条。①

对于阶级斗争观点同唯物史观之关系的认识与评价，学界曾有过激烈争论。② 近年来，淡化历史上的阶级斗争，放弃阶级分析方法，成为学界关注的问题。张剑平认为，阶级斗争观点是马克思主义的基本观点，阶级分析方法也是马克思主义历史研究极其重要的方法。中国历史学家以阶级分析方法研究历史，"使得他们对历史人物和重大历史事件的认识更为深入，极大地推动了中国马克思主义历史学的发展"。虽然在20世纪50年代后期和"文化大革命"时期运用阶级分析中出现了教条化、庸俗化的错误，但不可因噎废食，否认阶级分析方法的科学性和对历史研究的重要作用。③ 徐松岩也指出，新民主主义时期的马克思主义史学家以阶级斗争的观点为指导进行历史研究，适应了时代需要，为新民主主义革命的胜利作出了贡献。而改革开放以后国内学者对阶级斗争学说的忽视，实际上是对20世纪50—70年代中国马克思主义史学研究中阶级斗争"扩大化"现象的一种反动。④ 赵庆云则从中、朝两国的近代史书写入手，探讨了"阶级"与"民族"两个维度在马克思主义史学中的紧张关系。⑤

（二）后现代思潮之影响

后现代思潮已然对中国近代史研究产生了深远的影响，其带来的挑战也引起中国史学界的深入反思。《历史研究》2013年组织以"史学中的后现代主义"为主题的笔谈，不少学者各抒己见，不乏观点碰撞与交锋。

于沛指出，后现代主义全盘否定理性主义和启蒙运动，将理性主义的历史认识论引入困境，彻底推翻了历史认识的前提和基础。在当下的中国学界，后现代思潮对以唯物史观为理论基础的历史认识理论构成挑战，后

---

① 参见陈其泰《正确评价新中国17年史学道路》，《史学理论研究》2013年第2期；《唯物史观与正确评价新中国史学道路》，《中国社会科学报》2013年6月19日。
② 参见蒋大椿《当代中国史学思潮与马克思主义历史观的发展》，《历史研究》2001年第4期；吴英、庞卓恒《弘扬唯物史观的科学理性》，《历史研究》2002年第1期；王也扬《关于唯物史观流行理论的几个问题——兼评〈历史研究〉近期发表的两篇文章》，《社会科学战线》2002年第6期。
③ 参见张剑平《毛泽东的史学思想研究》，《史学理论研究》2013年第4期。
④ 参见陈恒、郑秀艳《第17届全国史学理论研讨会综述》，《史学理论研究》2013年第4期。
⑤ 参见赵庆云《"阶级"与"民族"的纠结——中国、朝鲜的近代史书写》，《二十一世纪》2013年12月号。

现代史学否定历史的客观实在性，否定历史矛盾运动的规律性，随心所欲地解读历史，导致历史研究中的"宏大叙事"消失，是一种倒退。而马克思主义的历史认识论，是回应"后现代史学"严峻挑战的重要理论武器。[①]

黄进兴认为，后现代主义史学呈现"语言迷恋"或"文本崇拜"的倾向，与历史实在论唱反调，与中国传统的"秉笔直书"及西方"陈述事实"的史学精神也迥然不同。后现代史学虽有其偏颇之处，但绝非一无是处，譬如它能激发史家重新省思文本与史实之间的关联，尤其在开发新的史学领域方面功不可没。[②]

董立河认为，后现代主义取消了历史叙事与文学虚构的分野，否定重构真实过往的任何可能性，从而使历史写作的客观实在性不复存在。但是他强调"后现代主义历史哲学对于史学实践是具有积极意义和价值的"，后现代主义有助于打开认识和书写历史的多种可能性。因而不能将后现代主义历史哲学作为虚无主义加以抨击。而应对之加以辩证地批判或"扬弃"。[③]

钱乘旦则从历史认识论角度阐发了自己的思考。他并不认同一些后现代论者的立场，强调历史研究的出发点仍然是"求真"。但也须认识到，"过去发生的事"通过记录与叙述留下许多混杂的"碎片"（史料），历史学家在写历史时是依据某种特定的标准有选择地去挑选"碎片"的。人们所看到的"历史"就不是一个纯客观或纯"真"的"过去"，而是主观和客观的交融，是现在与过去的对话。写历史是一个人类智慧的创造过程，不是单纯的还原，也不是简单的"归真"；写历史是人类对"过去"的梳理与重新认识，是人类对"过去"的挑选与判别，体现着每一代人对"过去"的不断理解与不断思考。[④]

王路曼通过梳理后现代主义在中国史学界的研究实践，着重指出后现代主义为历史研究带来了积极影响。在认识论上，通过不断质疑和挑战现有历史叙事的"真相"，并重视被传统历史叙事所忽视的事件与弱势群体，从而有助于更客观地还原历史真相；就方法论而言，后现代史学鼓励研究

---

① 参见于沛《后现代主义和历史认识理论》，《历史研究》2013年第5期。
② 参见黄进兴《后现代主义与中国"新史学"的碰撞》，《历史研究》2013年第5期。
③ 参见董立河《后现代主义之后的历史理性与史学实践》，《历史研究》2013年第5期。
④ 参见钱乘旦《发生的是"过去"写出来的是"历史"——关于"历史"是什么》，《史学月刊》2013年第7期。

者透过史料表面挖掘其背后权力构建与对真相的掩盖。总而言之，以语言学和文化学转向为标志的后现代主义给历史研究注入了新鲜血液，扩充了历史写作的视野和维度。同时其消极影响也不可忽视。其一，由于近现代历史学宣扬对错之间没有分明的界限，并认为这些区别仅是权力与话语的刻意构建，历史学者对阐述与还原历史产生深度怀疑，甚至不敢公开承认世上有能够被人发现与信赖的历史真相。导致历史怀疑论流行。其二，历史写作的极度碎片化。对于后现代思想给历史研究带来的身份危机，解决办法有二：综合社会史与文化史的新实证主义历史写作，鼓励历史写作回归其最原初的形态——以历史人物为中心的传记体等比较生动的叙事形式。①

综合以上诸家的意见，笔者以为，近年来，后现代主义已从一个时髦的概念转而成为切实影响到中国大陆史学研究的史学思想。虽然不少研究者否认后现代主义的影响，但从其论题选择到研究成果的表述，又多少体现出后现代的印迹。总体说来，大陆史学界完全认同极端化后现代主义立场者应是少数，而更注重发挥后现代主义给史学带来的积极效应，如进一步拓展论题，关注失语的弱势与边缘人物；对研究中的主观因素增进警惕，注重对史料的辨伪。虽然也有研究碎片化的现象，但似乎无须过于担心后现代主义会摧毁史学"求真"的根基。

（三）有关历史学家社会责任之讨论

近年来，史学思想日益多元，研究方法日趋多样化，研究领域日益拓展。但不无遗憾的是，历史学家的研究与变革的社会相脱离，一些国内重大理论问题的讨论，较少听到历史学家的声音。历史学家是否应关注当下现实，并承担为社会发展提供历史借鉴、以历史观念培育国民精神等社会责任的问题，引起学界的关注和讨论。

李文海批评"历史研究同社会生活的联系相对薄弱。史学存在着相当严重的自多封闭现象"。他指出，史学研究总有它一定的现实目标，总是为了满足和解决人们的现实需要而产生与存在。历史学固然不应该是政治的附属品和奴仆，但史学又无法同政治截然分开，互不关联。因而史学工作者应"清楚地认识到总结历史经验是为了有益于推动社会发展进步的政

---

① 参见王路曼《后现代主义历史学五十年述评》，《史学月刊》2013年第11期。

治需要，是为了有益于维护人民利益的需要"。当然，也不能要求任何一个研究课题都同现实生活有直接的关联。当我们在强调史学要关注现实的时候，"一定要防止简单化、绝对化，急功近利的态度，这种态度是有害于学术发展的"。①

阎照祥提出，"关注现实和行使评判能力不仅是史学工作者的职责，还是最起码的权利，是体现历史研究的价值要素"。②李振宏亦认为，历史学家在选择研究对象的时候，总是有一个现实的影子无法摆脱，没有一个历史学家是在单纯地恢复历史真相。因而历史研究实际上也是一种关乎现实的学问。历史学家不能外在于这个现实的世界，而要发挥历史的创造作用，最根本的就是通过研究历史进行清醒的社会批判来实现。求真是历史学永不过时的目标，但求真与历史学家发挥主体性创造并非必然矛盾。当我们以现实为支点开掘选题之后，在研究过程中尊重历史、从历史实际出发、围绕历史资料去阐述历史、认识历史，从中挖掘历史的启示和借鉴。因此历史研究达成服务社会的历史使命，是需要有科学态度和科学精神去支撑的。求真的学术志趣并不排斥研究的价值目的性，不排斥以现实为出发点的课题选择。③刘泽华则特别强调历史学者应拒绝禁区，大力开展当代史以及与当代社会重大问题相关的历史研究，以为国家民族命运的认识提供一个参照系。④

近年来中国崛起的话题成为人文社会科学的话语中心。王学典强调指出，在中国崛起的进程当中，史学家们应该成为积极的一员。当今中国史学家有两种责任不可回避：构筑能够解释中国的宏大理论；更紧密地关注现实。历史的宏大理论反映了一个国家和民族对其自身发展历史的深刻自觉。国家需要历史理论告诉自己从哪里来、长时段社会形态如何演变、何种动力在推动历史发展。只有弄清这些问题，才会明了国家和民族到哪里去。一个对这些基本问题处于懵懂状态的国家，无法看清历史大势。改革开放以后，史学界以西方引进的名词、概念、话语体系为准绳来衡定中国。"五种生产方式"说对中国历史的解释受到质疑之后，替代概念和理

---

① 参见李文海《史学要关注现实，尊重历史——李文海教授访谈录》，《史学月刊》2013年第7期。
② 参见阎照祥《再谈史学工作者的社会责任》，《史学月刊》2013年第5期。
③ 参见李振宏《历史学家也是历史的创造者》，《史学月刊》2013年第5期。
④ 参见刘泽华《再说历史学要关注民族与人类的命运》，《史学月刊》2013年第5期。

论框架的建构迟迟未能得到突破性进展。重返中国历史本体的研究,让中国历史重返中国,推动国人在中国史实的基础上重新认识中国历史整体发展的时序与规律,是中国史学的当务之急。①

历史学者不能自外于时代,这是前引各位史家的共识。其实,民国时期强调"为学术而学术"的史学大家如陈寅恪、陈垣、傅斯年等人,也以自己的学术研究参与现代民族国家的建构,何尝完全躲进书斋与社会脱离。但历史研究确实又需要研究者能有相对超然的态度,尤其中国近代史去今未远,同当前现实有密切关联,更需要研究者客观、冷静的对待,不宜投入太多的情感因素,以今情度古意,借历史论现实政治,均非可取的研究理路。由此看来,近代史研究者如何在史学研究与现实关怀中寻求平衡,还需要进一步探讨斟酌。

(四) 公众历史学与大众化问题

近年来,随着中国社会的世俗化、大众化,普通大众日益对历史产生兴趣;同时因信息技术的发展,博客、微博等自媒体的兴起给历史学带来深远的影响。自媒体时代,由精英左右历史写作的格局受到有力冲击,公众积极参与历史知识的生产与传播,正成为一个不可阻挡的时代潮流。近年来,公众历史学(public history)和史学大众化问题日益受到社会广泛关注,也成为学界讨论的热点。

公众历史学兴起于20世纪70年代的美国。它强调史学的实用性,以社会需求为导向。美国的公众史学已逐渐走上规范化道路,目前全美超过100所大学设立公众史学课程,可见其规模与影响。公众史学领域主要包括历史类影视纪录、企业史、传记与个人史、社区史、档案管理、博物馆、城市文化遗产保护等。

在当下中国,公众史学尚属新生事物,还停留在探索阶段,但相关实践已颇为兴盛。2013年5月重庆大学主办了"公共史学研讨会";2013年9月,上海师范大学成立了公众史学研究中心,与社会力量联合举办了"首届全国公共历史会议"。与会的不同高校历史系的人士达成共识,将陆续成立与公众史学相关的研究中心,以之作为平台,启动公众史学研究。将计划于2014年在上海师范大学开展高校公众史学师资培训,邀请海内

---

① 参见王学典《崛起的中国需要历史学家的在场》,《史学月刊》2013年第5期。

外公众史学教授开设课程。①

在自媒体时代，公众史学的发展会涉及个人史写作的兴盛、史家功能的重构、受众接受趣味形成的多样性和类型化、机构与媒体操控行为等。公众史学将围绕作者、读者、媒体、社会等要素在自媒体状态下展开。其中，个人、群体、机构、国家都成为社会多元历史观的建构者之一。② 面对挟现代信息技术而兴盛的公众历史学对传统的历史知识生产方式的挑战，历史学家何以应对，专业史家在公众历史学热潮中应居于什么地位，充当何种角色？这些问题引起学界高度关注。

陈新认为，近十年来，相对于社会公众对高质量历史内容的渴望，历史学界的努力是有限的。一方面，史学界作为整体，对于公众的历史需求是相对冷淡的；另一方面，史学界在从事艰深的学术研究之时，对于知识生产和传播的方式变迁如此迅速未能很好地适应。长此以往，会加大史学界与公众之间的鸿沟。③ 而自媒体时代的到来，对于历史学学科带来的机遇要远大于危机。公众史学产生的大量涉及历史内容的文化产品需要一个去芜存精的筛选过程，这需要职业历史学家来完成。职业历史学家也可以直接介入公众史学领域，根据历史研究中的史实实证分析、历史事件源起及影响的专业阐释，通过运用公众易于接受的表现手法，直接为公众提供可读、可思、可感的历史作品。④

王利红亦指出，全球化、多媒体使历史知识社会化的主体最大化。人们在将研究历史与写作历史当作一种乐趣时，也在瓦解职业历史学的权威性。历史知识社会化的主体是全体社会成员。但在此进程中，历史学家可以成为重要的引领者。历史学家需放下"精英"的架子，以更平和更切实的行动推进历史知识大众化。⑤ 公众史学与传统史学发展相辅相成，并不矛盾。职业历史学有方法和技能仍有不可替代的作用。对历史知识的批判、分析、比较，需要长期严格的专业训练。历史的严谨、客观并不能因公众的参与和自媒体的介入变成消遣。⑥

---

① 参见陈新《公众史学的中国式境遇》，《社会科学报》2014年1月2日第5版。
② 参见陈新《自媒体时代的公众史学》，《天津社会科学》2013年第3期。
③ 参见陈新《公众史学的中国式境遇》，《社会科学报》2014年1月2日第5版。
④ 参见陈新《自媒体时代的公众史学》，《天津社会科学》2013年第3期。
⑤ 参见王利红《试论历史知识社会化》，《历史教学问题》2013年第5期。
⑥ 参见李娜《美国模式之公众史学在中国是否可行——中国公众史学的学科建构》，《江海学刊》2014年第2期。

李文海也呼吁历史学者"从思想观念、研究方向、研究领域、成果形式、文字风格等各个方面，有一个较大的转变"。"改变某些传统观念和习惯，更加努力地写一些能够为广大群众所接受、所喜爱的东西，也就是致力于史学的大众化。"①

由前引观点可见，论者多认为专业历史学界对公众历史学不应持拒斥或轻视的态度，而应有专业学者投身其间加以引导。公众历史学在当前的中国处于草创时期，自然需要借鉴海外有关经验。李娜以美国的公众史学发展历程为例，强调应该有专业历史学界参与其中，建立中国公众历史学自身的理论框架和概念体系。建议援引借鉴美国公共史学的发展方式，在中国建设公众史学的学科体系，设立相应的本科、硕士、博士项目，逐渐形成一套完整的教育体系。公众史学发掘被主流史学排斥的部分、被边缘化的集体记忆，因而不可避免地具有政治敏感性。在今天的中国，公众历史项目的命运常取决于政治意志，但话语权共享的公共空间不仅存在，而且日益扩大。②

将公众历史学纳入主流史学的范围，并使之逐步学科化、规范化。这可能是未来一段时间须引起学界重视并为之付出切实努力的一个发展方向。笔者以为，这也正是专业史家关注社会现实、承担其社会责任的一条重要途径。

（五）数字史与环境史
1. 数字史

数字史学在欧美史学界已形成一个相对独立的学科领域，而在国内学界尚未引起职业历史学家的充分重视。周兵认为，数字史学依托信息技术手段，反映了历史学不断开放、去中心化并打破学科界限和话语垄断的趋势，大量史料和研究成果以数字形式被发布在网络上，任何人均可以通过网络发表自己的观点和研究成果。数字史学表现出非线性的特点，具有强烈的互动性和参与度。随着技术的普及，数字和电子形式逐渐成为历史书写、记录、保存和阅读的主要方式，也在逐渐改变传统的历史学表现方式。不过，数字史学并不是要否定或取代原有的历史学传统，在运用最新

---

① 李文海：《史学要关注现实，尊重历史——李文海教授访谈录》，《史学月刊》2013 年第 7 期。

② 参见李娜《美国模式之公众史学在中国是否可行——中国公众史学的学科建构》，《江海学刊》2014 年第 2 期。

技术的同时，它也广泛吸收了传统历史学的研究方法和成果。新的技术手段和传播方式为认识和表现历史创造了一个新的维度，也大大扩展了人类创造和分享历史知识的范围。数字史学呈现出开放性、平民化、多样性和互动性等特点，体现了时代车轮推动下的大势所趋。然而，在倡导之同时，还应认识到数字史学目前仍存在诸多问题。数字世界有强烈的虚拟性，虚拟的数字资料在真实性上尚无法同实在具体的纸质文本相提并论。数字资料的考释、辨伪是一个相当艰巨的课题。数字资料的收集、保存还涉及法律、政治、社会等一系列现实问题尚待解决。[①]

2. 环境史

环境史是近年来颇受学界关注的一个分支领域，也被视为新的学术增长点。如何进一步深化环境史研究？《历史研究》组织的"当代史学思潮与流派系列反思"之第二辑环境史，邀请学者对环境史、生态史的相关问题进行探讨。

钞晓鸿认为，环境史研究必须借鉴包括生态学在内的学术理路与积累，进行跨学科研究。环境史研究不应仅提供资源、环境背景，关键在于揭示各个要素之间的内在联系。环境是依其特定主体而言的，由各种环境因子所构成，探究主导因子及其作用应是环境史研究的重点之一。还应注意的是，生态学的环境一般不以人为主体，而环境史研究必须以人类为主体。环境史应研究生物种群的种调节机制，不能将种群调节简单化，且需对历史文献中物种、种群记载持审慎态度。[②]

受生态学方法的影响，夏明方认为，历史研究活动本身，即历史学家与其研究对象之间的互动关系，实际上也构成了一个主客体相互作用且不断演化的生态系统—历史认知生态系统。由此出发，可以对近代科学史观与当前的后现代思潮围绕历史认识客观性的问题展开的争论予以重新审视，进而在逻辑上走出主观建构与历史事实两者之间二元对立困境。[③]

（六）具体理论方法探讨

如何将近代史研究推入新境，桑兵从研究取径与方法上多有论述。他

---

① 参见周兵《历史学与新媒体：数字史学刍议》，《甘肃社会科学》2013 年第 5 期。
② 参见钞晓鸿《深化环境史研究刍议》，《历史研究》2013 年第 3 期。
③ 参见夏明方《生态史观发凡——从沟口雄三〈中国的冲击〉看史学的生态化》，《中国人民大学学报》2013 年第 3 期。

强调研究历史首要在于读书，不可以找材料的态度读书，而应以读书的态度看各种类型的材料。应读书以发现问题，不要悬问题以觅材料。否则先入为主，难免偏蔽。只有熟读基本书，熟悉旧材料，才能有效运用新材料。因而近代史研究应将重心由找材料转向读书，由看得到转向读得懂，改变以外国理论为准则的趋向，由借助外力条理材料转向理解文本史事的本意本相，通过比较近真并得其头绪，透过表象以探究史事背后的内在联系，从而改善提升近代史研究的格局与水准。①

近代史研究中，图像资料的重要性日益得到学界的重视。王笛认为，图像资料可以大大弥补文字资料的不足，扩展了我们对历史的认识、丰富了研究的方法，也充实了我们对历史的想象。但使用图像资料，必须注意：（1）照片并非纯然客观，而是主观选择的结果。我们今天看到的图像，貌似客观，其实都已经注入了相当的主观意识。（2）使用图像，必须持有怀疑的眼光。图像的作伪、移花接木是经常的，误读也很普遍。（3）读图必须了解图像记录者。图像解读，首先是对图像记录者的解读。如果我们对记录者的思想、经历等有所了解，可以帮助我们进一步认识图像。（4）历史研究对图像的解读，须注重空间、时间、变化。（5）要注意为什么有些图像反复出现，而有些却没有记录保存下来。无论是有记录还是没有记录，都可能存在耐人寻味的原因。②

以往的近现代史研究，往往偏重于对生产关系变革的重大事件的探讨。武力从马克思主义理论中生产力是最活跃的决定因素这一原理出发，提出应特别注重对生产力和技术进步的研究。长期以来，我们忽视了对生产力，尤其是对科技进步的研究，往往将它视为生产关系和经济政策的自然产物，而忽略了生产力本身发展的规律。我们对生产力的发展和科学技术进步的细节研究非常薄弱，是导致历史虚无主义泛滥的一个重要原因。从技术进步的角度看，我们对近代以来各行各业的技术进步都还有不少空白点。③

（执笔人：赵庆云）

---

① 参见桑兵《大众时代的小众读书法》，《学术研究》2013 年第 11 期。
② 参见王笛《图像与想象：都市历史的视觉重构》，《学术月刊》2013 年第 4 期。
③ 参见武力《历史学应更多关注生产力研究》，《史学理论研究》2013 年第 2 期。

2014 年度

(一) 唯物史观与时代精神

如何坚持唯物史观对历史研究的理论指导，是学界比较关注的问题。在《历史研究》创刊60周年学术研讨会上，王伟光指出，学习、研究历史，关键是掌握历史唯物主义的基本原理和方法论。历史唯物主义是坚持历史科学研究的正确方向，是批判历史虚无主义、研究历史、发展创新历史科学的指南。历史工作者一定认真学习历史唯物主义，不断提高运用历史唯物主义指导历史研究的水平，发展创新历史科学。①

武力认为，研究中共党史，必须研究中国近代以来经济发展与制度变迁互动的历史。中国共产党93年的历史，实质上都是在1840年至1945年中华民族落后挨打的背景下，中华民族在中国共产党领导下奋起直追、实现伟大复兴的历史。因此，研究中共党史，就必须正确认识中国经济发展过程中的不利条件、有利条件，正确认识经济发展与国际环境的关系、经济发展与国家安全的关系，经济发展与政治制度、文化传承的关系。而只有从马克思历史唯物主义和辩证唯物主义基本原理出发，才能科学分析上述历史关系。②

面对各种新兴的理论冲击，金冲及认为，实践证明，马克思主义最经得起检验，因此要坚持用马克思主义的辩证唯物论和历史唯物论指导历史研究。尽管马克思主义学说需要随时代变化而不断加以丰富和发展，但是马克思主义的基本原理并没有过时，决不能抛弃。在坚持基本原理的同时，可以吸收百余年来世界自然科学、社会科学的方法和成果，包括非马克思主义者的正确方法和成果。③

唯物史观如何因应西方各种思潮特别是后现代主义的冲击，成为一些学者关心的主题。近一个世纪以来，随着国外历史相对主义思潮的兴起，客观历史事实是否存在首先成为问题。面对相对主义及后现代主义哲学的

---

① 参见王伟光《在〈历史研究〉创刊60周年学术研讨会上的讲话》，《中国社会科学报》2014年7月9日。
② 参见武力《用唯物史观重新审视中共党史若干问题》，《团结报》2014年12月11日第7版。
③ 参见金冲及、张燚明《金冲及先生治学答问》，《史学月刊》2014年第5期。

冲击，国内的因应表现为对历史事实分层的探讨。在唯物史观的理论框架内，历史事实被视为历史认识客体的重要组成，因此国内史学界关于历史事实分层的讨论，与唯物史观的历史认识客体理论亦密切相关。可是，探讨的结果却并未协调实证史学与相对主义史学，"客观史学"内核在讨论中逐步被置换，最终结果只是为历史相对主义的中国化扫清了道路。"可以说，历史事实分层说根本上是失败的，而历史事实概念的确切含义，至今依然晦暗不明。"①

于沛指出，历史研究蕴含鲜明的时代精神。从本质上说，无论研究对象存在于多久远的过去，历史研究从不曾脱离现实。因此，从一定程度上来说，"史学工作者的社会责任和使命担当，就是倾听时代的呼声，回答时代要求解决的重大问题"。"历史与现实内在的规律性联系，决定了时代需要史学，也决定了史学需要回应时代提出的问题。新的时代条件下，史学要体现时代精神，需要坚持以唯物史观为指导，以时代问题为导向促进史学繁荣，不断提高历史认识的科学水平，以深化对人类历史发展规律的认识。"②

民国时期，唯物史观影响广泛，流派众多。很长时间以来，关于如何判断是否属于马克思主义史学家一直存在不同意见。胡逢祥认为，按现代马克思主义史学家的应有之义，史学家不仅要在学术上运用唯物主义，在政治立场和行为准则上也要遵循唯物主义；不仅要接受马克思主义中的唯物史观，并且要接受其他的核心思想如阶级斗争、社会主义等，才称得上马克思主义史学家，否则就不应被如此看待。但是，考察民国时期马克思主义史学家的活动，并不是说只考察党内史学家，而是也应该考察那些党外的马克思主义史学家。胡逢祥考察了多位过去受忽视的党外马克思主义史学家，如宋云彬、张健甫等，特别指出，在公开出版的中国近代史通论性著作中，他们的著作难能可贵地从正面叙述了中国共产党自成立以来的活动与方针，并且有意识地坚持在著述中执行平民化、大众化的学术路线，体现了建设现代文化的主张与自觉。通过梳理民国时期马克思主义史学的发展史，胡逢祥还指出："马克思主义史学在中国的发展，曾遭遇过

---

① 卓立：《论历史事实的概念及其理论误区——关于重建客观史学理论基础的反思》，《史学月刊》2014年第5期。
② 于沛：《史学的时代精神》，《人民日报》2014年3月7日第7版。

不少反对或质疑之声,但应看到,这当中既有来自敌对阵营的政治性攻击和曲解,也有正常的学术争议和批评,而审慎对待后者,从中吸取教益,正是马克思主义史学得以良性发展的前提。"① 这无疑是具有时代价值的判断和建议。

(二)"后—后现代史学理论":历史记忆与历史叙事

继《历史研究》2013 年组织以"史学中的后现代主义"为主题的笔谈后,2014 年关于后现代主义的讨论进展到了"后—后现代史学理论"阶段。所谓"后—后现代史学理论",指的是反思"语言学转向"影响下的后现代主义史学理论,提出若干需要进一步辨析的基本概念。

大约从20世纪末尤其是从21世纪初开始,西方史学理论家(包括一些后现代主义者)开始冷静反思"语言学转向",尝试探索一种新的史学理论范式,有些学者称之为"后—后现代史学理论"。董立河根据近年来的相关论著,对"后—后现代主义"出现的理论背景、主要论题和学术指向作了述论。他指出,在"后—后现代史学理论"阶段,西方学者除了继续探究"叙事"等后现代问题外,更为关注"记忆""经验""在场""行动者""证据"和"普遍史"等问题。②

传统历史研究的史料来源是书面记录和某些形式的物质遗存,所反映的是有能力留下活动痕迹和思想观念的那部分人的历史。然而,后现代主义兴起,以新文化史为代表的后现代史学,要求打破一元化历史,呈现历史的多重面貌,尤其是传统史料所不能反映的社会下层、被民族国家话语所忽视的非民族国家范畴的社会存在的实相,在史料和研究对象上,就兴起了社会记忆的研究方法。关于历史与记忆的关系存在不同认识。彭刚认为,历史与记忆既密不可分,又存在区别。两者都基于时间而存在,在时间意义上,两者是密不可分的。记忆基于经验感受,历史基于合理推论。历史与记忆的最重要区别,就在于它的可证实性。因此,将历史和记忆简单等同或者径直对立,都是不对的。其次,历史记忆与历史真理并不简单等同。从认知科学角度而言,记忆并不是对真实发生过的事件的完整如实的记录,而是一个积极的、有选择性的建构过程。正是基于这一前提,对

---

① 胡逢祥:《唯物史观与民国时期的马克思主义史学》,《史学理论研究》2014 年第 1 期。
② 参见董立河《后—后现代史学理论:一种可能的新范式》,《史学史研究》2014 年第 4 期。

记忆的研究就不应该是一种对错研究，而应关注记忆产生的过程，以及如何理解其动力和意义。历史和记忆，都既有关于过去，又有关于现在。记忆既有个人属性，又有社会属性。历史学如何处理记忆？记忆的可靠性并不高，因此，历史学不能完全依赖记忆，而是应该谨慎对待记忆。但同时，历史学也可以利用自己成熟的"技艺"来处理记忆，使其为我所用。最后，彭刚讨论了历史记忆与历史正义的关系。在后现代主义看来，权力的阴影无处不在。无论是个人的还是特定群体的历史记忆，都可能受到权力的操纵和利用。不同的权力塑造不同的记忆。①

卓立详细区分了历史故事与历史事实。他认为，故事与事实的区别是根本上的，而不只是语义上的。历史故事是一系列语句的集合，它指向连续的事件和叙事，而历史事实永远只是一个单独的陈述，它指向的是命题的集合。实证史学的根基是历史事实，不是历史故事。历史事实并非存身于个体主体层面，它是存身于语言与命题中。历史事实根本上是文本化的，它指向实证研究与确定性，其目标只是确定性，而不是历史意义或连续性。再现指向的是历史故事而不是历史事实，历史事实不需要再现，它存在的合法性取决于它是否与其他陈述冲突，它并非存身于个体主体中，而是通过置身命题系统陈述系统中为群体所共享。"将历史事实视为存身于个体主体中是荒谬的，因为这实际上相当于将现实世界视为存身于个体主体中，不能因为过去事件已经过去，就以为认识历史事实有异于对事物的认知。"指向实证研究的文本系统其目标并非再现或描绘实存，而是重新建立自己新的历史世界。而旨在再现过去的是历史故事，它是一种个体化艺术化的话语表达。历史故事因个体差异而面貌不同，但它们可以共同作为对历史事实的反映。②

与上述着眼于后现代与后—后现代范畴内的历史记忆、历史叙事不同，柯文在《历史三调》中文再版的前言中，主要在文化差异、史学实践层面讨论了历史事实和历史叙事的问题。柯文认为，比起东西方文化差异来，抛开事实的地域性而更多考察思想的实质内容，可能是更重要、更准确的。对文化的普世性和差异性给予同等重视，有助于超越中国历史研究

---

① 参见彭刚《历史记忆与历史书写——史学理论视野下的"记忆的转向"》，《史学史研究》2014年第2期。
② 参见卓立《论历史事实的概念及其理论误区——关于重建客观史学理论基础的反思》，《史学月刊》2014年第5期。

中设定的壁垒和边界。历史与记忆之间微妙的关系，正说明人类共性在各自历史当中所发挥的奇特作用。古老的故事与当下的历史之间的互动，深刻反映了个人、群体或者全体人民将自己放置到空间历史记忆中的方式。为使过去的故事匹配当下的历史，大众记忆会对故事进行修改。因此，大众记忆塑造的过去的故事，与历史学家所要复原的真实历史是大相径庭的。由于历史学家的工作往往缺乏足够的或十分准确的证据，大众记忆对历史描述的模糊性就得不到专业的更正，从而加剧了具有一定想象成分的历史故事的影响力，相对的，历史事实的影响力是比较小的。通过研究不同国家不同文化的故事与历史之间的关系，柯文发现，故事在大众记忆中的作用在世界史范围内具有某种超越性。他认为，这提示我们，研究世界史应越过联系性和影响力为基础的传统方法，去发现一个超越了文化特性而普遍存在的以人类共性为基础的世界史。①

总体说来相对主义史学在中国，虽然对传统实证史学形成冲击，但是对于历史事实与历史故事之间的差异，一些史家还是有比较清醒和深入的思考。

（三）公众历史学与大众化问题

近年来，公众历史学和史学大众化问题日益受到社会广泛关注。2013年涌现不少讨论公众史学的文章，2014年，这一理论热点持续发热，多个刊物、多位学者纷纷加入讨论，将过去的思考推向深入，在观点方面也更加百花齐放。2014年6月，由宁波大学史学史研究所（公众史学研究中心）举办了一场公众史学研讨会，围绕公众史学的学科建设与学科教育、影像史学与通俗史学、小历史书写与口述史学、网络写史、公众史学视野下的文化遗产保护问题等，进行了深入探讨。

公众历史学兴起于20世纪70年代的美国。它强调史学的实用性，以社会需求为导向。美国的公众史学已逐渐走上规范化道路，目前全美超过100所大学设立公众史学课程，可见其规模与影响。公众史学领域主要包括历史类影视纪录、企业史、传记与个人史、社区史、档案管理、博物馆、城市文化遗产保护等。

---

① 参见柯文《历史事实与历史叙写——〈历史三调〉中文再版序》，杜继东译，《兰州学刊》2014年第11期。

随着中国社会的世俗化、大众化，普通大众日益对历史产生兴趣；同时因信息技术的发展，博客、微博等自媒体的兴起给历史学带来深远的影响。自媒体时代，由精英左右历史写作的格局受到有力冲击，公众积极参与历史知识的生产与传播，正成为一个不可阻挡的时代潮流。面对挟现代信息技术而兴盛的公众历史学对传统的历史知识生产方式的挑战，历史学家何以应对，专业史家在公众历史学热潮中应居于什么地位，充当何种角色？这些问题引起学界高度关注。

陈新认为，近十年来，相对于社会公众对高质量历史内容的渴望，历史学界的努力是有限的。一方面，史学界作为整体，对于公众的历史需求相对冷淡；另一方面，史学界在从事艰深的学术研究之时，对于知识生产和传播的方式变迁如此迅速未能很好地适应。长此以往，会加剧史学界与公众之间的鸿沟。[①]

陈仲丹认为，起源于美国的公众类研究主要侧重其公共性，强调的是其实用和应用的特点。因此，"这些学科有很强的实践性，要求从业者不仅坐而能论，更要起而能行"。中国传统思想资源中即包含与其相同之处，如以历史资源为社会服务的观念。在美国，公众类研究开启了史学研究与社会应用之间的联系。陈仲丹指出，这一学科的定位还需深入探讨。首先是公众史学与文化产业之间的关系，史学与经济学门类之间如何结合；其次是对公众史学的范围不能过度扩张，不能随意延伸到其他学科领域；最后是要分清公众史学与其他学科门类之间的界限。比如，公众史学与历史教育学之间，究竟是相互包容还是判然有别？从现实来说，历史教育学是一门独立已久的学科，从业人员也达百万之多，两者之间的界限还是应该划清的。[②]

公众史学这门诞生于美国的新兴学科，在美国的发展和生存状态本身对于中国来说具有借鉴意义。张文涛指出，公众史学在美国已有三十多年历史，但是它在历史学界的地位却好似二等公民。根本原因在于其实用性、服务性，与历史学的公正客观属性背道而驰。传统的历史学者认为，公众史学为权力服务，与政府职能和社会需求结合过紧，甚至有人认为，所谓"公众史学"，实质却是"私人史学"，不过是为政府部门、商业部

[①] 参见陈新《公众史学的中国式境遇》，《社会科学报》2014年1月2日第5版。
[②] 参见陈仲丹《公共历史的概念与学科定位》，《甘肃社会科学》2014年第1期。

门或其他社会组织服务的历史研究。那么公众史学价值何在？如何发展？张文涛认为，"作为一门实践性很强的新兴分支学科，公共史学的时间价值目标不应当在于为某一个人、某个组织、某个团体提供什么样的服务，而在于以一种新的认知与表达手段增加人们的历史认识与体验"。公众史学借助图像等各种显示形式提供一种"在场的历史认识"，是传统史学研究所不能提供的，具有一定的不可替代性。通过"在场感"可以获得"复活历史"的效果，拉近历史与现实、历史与民众之间的距离。"当在场感缩短历史与人们的距离时，历史不仅作用于现在，而且已经在参与创造未来。"①

焦润明则提出了网络史学的问题。他认为，这一学科具有公众史学的特征。网络史学是"从资料到成品皆直接或间接通过互联网运作的一种新兴的历史学边缘交叉学科"。网络史学适应互联网时代，将在互联网上传播的被虚拟化的历史内容纳入研究对象，扩充了传统史学的研究范围。同时，网络史学更热心于公共史学领域的研究，这与它的研究对象的特点有密切关系。互联网是一个相对开放的、跨国界的信息与交流平台，在网上参与讨论的人们没有身份准入限制，可以相对平等地对各种历史话题展开讨论，因此，网络史学的重点是人们所关心的公众历史话题。网络史学是中国公共史学发生发展的一个重要表现。近年来，网络所构建的各种数字化媒体极大地改变了中国人的信息交流状态和书写表达方式，唤醒了沉睡的公民意识，激发了人们对公共事务的参与热情。网络提供的公共平台，使得史学进入大众视野，因此进入互联网时代的网络史学自然就成为公共史学的重要阵地了。在人们对国家及与自身利益相关的公共事务的关怀和期许已超过以往任何时期的这个历史关节点上，利用好网络史学这块阵地，沟通正统史学书写与民间公众书写，就显得异常重要。

在此基础上，焦润明还提出了公共史学与公共历史两个概念的差异。他认为："公共历史与公共史学不同，公共史学是体现历史学应用部分的，面向公众，以研究和解决普遍关心的带有公共性质的历史问题为主要使命的一门历史边缘交叉学科；而公共历史则是指在信息化的公民社会条件下，与所有公民自身利益相关联，并由公民积极参与讨论的公共社会历史

---

① 参见张文涛《在场感与公众史学》，《甘肃社会科学》2014 年第 1 期。

领域。"①

目前，公众史学已成为近两年中国历史学界一个新的讨论热点，但是关于这一学科的很多理论问题确实尚待厘清。比如，如何理解公共史学（公众史学）之"公共性"（公众性）。公共史学与传统史学是一对相对概念。所谓的传统史学其实就是近代以来独立化、科学化和政治化的史学。受其诞生的历史环境和背景的影响，传统史学具有一套特殊的知识体系，对从业者的门槛较高。更重要的是，传统历史学与民族国家之间存在一种结盟关系，使得历史学在服务民族国家的功能上异常强大，却缺乏"自我存在"的功能。而公共史学正是要突破传统史学作为"精英霸权"和"政治附庸"的不足，研究公共生活和公共领域。"从宏观的角度讲，公共史学的公共性主要体现在'研究'主体是公众，研究的选题、服务对象则是公共领域。"祝宏俊认为，公共史学的公共性体现在动态的史学研究的若干环节中。在研究者这个环节，公共史学之公共性表现为研究群体的开放性和公众性。在选题上，主要表现为市场导向性和业余性。公共史学的活动分为研究性活动和应用性活动，尤其以后者为主。在成果上，表现为其成果并不纯粹是满足国家需要或自我兴趣，而是主要面向市场、面向社会大众。而在服务对象上，可以将其受众称为"公共史学消费者"。决定一种史学是否是公众史学，主要看它的活动方式、产品形式和服务对象，"如果这方面具有了公共性特征，无论它的主体是专业的还是业余的史学工作者，这种史学活动就已经成为公共史学"。②

在未来，公共史学与专业史学必然共同存在，两者之间互相依存，缺一不可。专业史学不能放弃，而应成为公共史学的基础。因为在公共传播领域，文化多元、价值多元，各种思潮均可存在。在这一领域生产和传播的历史知识，"既可以促成社会的有序和健康，也可以导致社会的混乱和病变"。因此，必须给公共史学设置底线。第一条底线就是真实。史学失去了真实性就失去了价值。第二条底线是责任。公共史家必须有道德责任意识和社会责任意识。"公共史学不能成为负能量的发源地、消极萎靡道德精神的温床。"公共史学不能用于反社会、反国家的活动，而应维系国

---

① 焦润明：《网络史学与公共历史问题》，《甘肃社会科学》2014年第1期。
② 祝宏俊：《公共史学之公共性反思》，《江海学刊》2014年第2期。

家组织的存在。①

2014 年底,《史学理论研究》杂志针对近年来成为热点的公众（共）史学,组织了一辑学者笔谈。该刊认为,公众史学的出现是对解决困扰史学工作者的老问题——历史学的研究如何服务于社会——的一种新探索。这组笔谈围绕公众（共）史学相关问题展开。

王希主要谈论了三个问题,一是继续探讨美国公共史学起源的时间,二是西方学界对公共史学与专业史学之间关系的讨论,三是如何建构中国的公共史学。针对美国公共史学起源于 20 世纪 70 年代的看法,王希指出,公共史学的大规模实践远早于 70 年代。公共史学兴起的深层动力来自 60 年代的民权运动和新社会史学（new social history）。西方学界的公共史学和专业史学关系争论,反映两者对谁"有权"拥有"历史"和"历史学"的权力和权利之争。具体到中国环境中,公共史学想要在中国史学界立足,最为关键之处是得到专业史学界的支持。公共史学落地生根的起步阶段,一方面要仿效美国,利用好博物馆、展览馆、档案馆、历史遗存、方志办公室等已有的基础设施和资源,使上述资源迅速成为传播信息、提供公共教育和专业知识的平台,另一方面可先考虑利用现有的教学体制开展"公共史学"的教学和人才培养。口述史研究作为公共史学的一个内容,也可循此思路进行。②

钱茂伟在《公众史学或公共史学辨》中提出,"公共史学"无论从中文内涵还是翻译成英文来看,都与其实际所指有差异,且"公共史学"在美国有特定的含义,并非"公众史学"之义,而"公众史学"则更能体现众人参与、众人关心的意味,乃"众人本位的史学"。因此,宜使用"公众"而非"公共"。其次,"公众史学"与"大众史学"。"大众"可以有两种理解,一是包括社会各阶层的人民群众,二是特指社会下层的普通民众。从社会发展趋势看,使用"公众史学"比使用"大众史学"更准确、更适宜。钱茂伟认为,中国公众史学植根于中国悠久的史学传统,借助的是自己的史学资源,二十年来,早就有各种符合公众史学内涵的民间史学实践,因此,可以说"它是中国本土的,而不是外来的"。美国公共史学

---

① 参见祝宏俊《公共史学之公共性反思》,《江海学刊》2014 年第 2 期。
② 参见王希《把史学还给人民——关于创建"公共史学"学科的若干想法》,《史学理论研究》2014 年第 4 期。

只是在学科分支上给予了我们灵感和依据，为我们所借鉴，但我们要建设的还是有中国特色的公众史学学科体系。美国的公共史学与中国的公众史学有何差异？前者由高校发起，更重视史学的应用。后者由民间发起，更重视史学主体的大众化。"中国的公众史学是一股学术思潮，它期望能创造出一种全新形态的民间化史学，自然更有发展前途。"①

赵冬梅《公共史学范畴下的专业史学家：责任、挑战与操守》主要讨论职业历史学家如何在体制内因应时势，以服务社会的责任感走出象牙塔，适应新兴的各种社会传播手段，将历史学的专业性与传播性很好地结合起来。②

徐善伟则主要讨论了公共史学在中国高校发展的可行性及目前存在的问题。他认为，在高校发展公共史学大有可为。中国史学一向有"求实"和"致用"的追求，公众史学即是"致用"的一种途径。过去，高校史学学科的高度专业化，导致了史学人才的"就业危机"，开设公共史学专业，则能打破史学高度专业化的樊篱，推动学院史学向新的方向发展。中国高校尤其是长三角地区的高校已经行动起来，开始探索在历史学科体系内建设中国的公共史学。突出的是复旦大学、上海师范大学和上海大学等高校，纷纷开设公共史学专业，有的还建设了公共史学研究中心，等等。当然，在高校发展公共史学也面临很多问题，观念上，高教领导、教师容易将传统历史学教育与公共史学教育对立起来。体制上，公共史学具有跨学科领域的特征。但是目前的教育樊篱导致很难实现其特性。再次，公共史学的应用性，需要在教学过程中有实践的场所和资源，这需要打通社会和学校。最后，缺乏教材。③

口述史具有公众史学的特征。2014年，左玉河发表文章认为，历史记忆是呈现口述历史真实的一种主要方式，口述历史的真实性主要取决于历史记忆的真实，而历史记忆储存及其呈现方式的局限，则影响了口述历史的真实性。经过历史记忆加工、历史叙述呈现及口述文本整理三重阻隔后而形成的口述历史文本，与历史记忆有较大的距离，与客观的历史真实距

---

① 钱茂伟：《公众史学或公共史学辨》，《史学理论研究》2014年第4期。
② 参见赵冬梅《公共史学范畴下的专业史学家：责任、挑战与操守》，《史学理论研究》2014年第4期。
③ 参见徐善伟《公共史学在中国高校发展的可行性及目前存在的问题》，《史学理论研究》2014年第4期。

离更远。但是，口述历史工作者不应悲观，因为历史的真相或许是唯一的，但对它的记忆及其呈现出来的面相则是多样的。口述历史不能呈现全部的历史真实，只能反映部分的历史真实，历史学家应该着力发掘记忆之真而减少记忆呈现的阻隔，无限逼近历史的真实。①

由前引观点可见，2014年关于公众史学的讨论主要集中于三个问题，一是概念辨析。究竟是"公共史学"还是"公众史学"？其内涵究竟如何？二是如何看待和借鉴美国经验。三是如何令公众史学与现行学科体制进行结合，实现其学科化。论者多认为专业历史学界对公众历史学不应持拒斥或轻视的态度，而应有专业学者投身其间加以引导。公众历史学在当前的中国处于草创时期，自然需要借鉴海外有关经验。但也有学者指出，公众历史学在中国有基于传统和现实需要的自发发展，在吸取美国经验的同时，应具体分析这些发展的由来、趋势和特点，并据此制定今后的发展路径。笔者认为，援奥海外经验，是因为一定程度上，历史学和历史学家面临了时代发展中的相似问题。中国民间自发的历史热与不同于学院派历史学的历史记录、历史表述和历史实践，可以借助公众历史学这股学科化、规范化的认知潮流，正式登入学术殿堂。因此，将公众历史学纳入主流史学的范围，并使之逐步学科化、规范化，这可能是未来一段时间须引起学界重视并为之付出切实努力的一个发展方向。笔者以为，这也正是专业史家关注社会现实、承担其社会责任的一条重要途径。至于是否应将美国公众史学的发展路径照搬照抄，应在更深入评估美国得失的基础上再做讨论，然而，正如王希所说，公众历史学背后所反映的哲学思想，对我们是否要发展、如何去发展公众历史学来说，是更有指导意义的，那就是："如果历史是人民创造的，难道历史学家不应该把史学还给人民吗？"②

（四）灾荒史与环境史

2000年以来，灾荒史研究大量涌现，成为炙手可热的研究领域之一。但是，与数量的突出相比，问题也很严重。从不同时空入手的"微型叙事"型的灾荒史研究，结构重复、面目相似，给人以千篇一律、索然乏味

---

① 参见左玉河《历史记忆、历史叙述与口述历史的真实性》，《史学史研究》2014年第4期。
② 王希：《把史学还给人民——关于创建"公共史学"学科的若干想法》，《史学理论研究》2014年第4期。

之感。要遏制这种粗放式发展，必须实现研究方法的多元转换。为此，《史学月刊》专门组织了几篇检讨灾荒史研究的方法论基础的文章。

文化史与灾荒史结合，是灾荒史理论方法的一种可能。余新忠主张，从文化史的角度展开中国灾荒史研究，本应是中国灾荒史研究的题中之义。作为历史研究对象，灾荒并不仅仅是自然性事件，同时也是人类社会的文化现象。从一定程度上说，灾荒是"由自然的异常因素所引发的人类的文化产品"。过去的理论反思已或多或少指出，未来的灾荒史研究应该更多体现人的价值或更多地关注社会中人的活动。余新忠认为，从国外新文化史或国内所说的社会文化史的角度来研究灾荒史，应有助于建立"人"在其中的主体地位。[①]

美国灾害史研究主要受环境史研究的理论思潮影响。过去，顶级群落理论流行于美国环境史学界，而在后现代主义思潮影响下，混沌理论受到了更多关注。顶级群落理论认为环境本身会自我调节，会走向最为合理的一套存在秩序。而混沌理论认为，不存在一个井然有序的天然环境，人类活动对环境的影响是不可预料也无法评判的。近年来美国环境史学界的研究，更倾向于不同群体对于灾害的体验和认知，也就是注重研究灾害条件下的社会文化，而不再探讨灾害的成因，尤其是人类活动对灾害所负的责任问题。[②]

环境史是近年来颇受学界关注的一个分支领域，也被视为新的学术增长点。现时代的环境和生态危机推动了"生态环境史"的迅速发展。2014年，中国的环境史研究进入了跨领域研究的视野范围。环境问题涉及政治、经济、社会、文化等几乎所有领域，因此，跨学科的环境史研究可以说应时而生。南京大学人文社会科学高级研究院在这方面作出了尝试。2013年12月底，在南京召开了跨越八个学科（哲学、历史学、地理学、人类学、经济学、政治学、法学、社会学）的"环境问题演变与环境研究反思"小型学术研讨会。从历史角度而言，环境史从环境的角度重新观察人类历史的演变过程，"不仅在史实、史料等方面扩展了历史学的疆域，也带来了历史观的变革：自然成为重要的历史角色和历史演变的力量，和

[①] 参见余新忠《文化史视野下的中国灾荒研究刍议》，《史学月刊》2014年第4期。
[②] 参见高国荣《环境史视野下的灾害史研究——以有关美国大平原农业开发的相关著述为例》，《史学月刊》2014年第4期。

人类一道塑造了历史。"与此相应,"自然状况将成为新的历史评价尺度,用于重新考量人类活动的影响和意义"。① 这种跨学科的环境史研究思路能沟通各学科之理论与方法,有助于建立环境史研究的科学性,提升其深度与价值,是未来环境史研究发展值得关注和推动的新思路。

余新忠提出了环境史(生态史)研究中的文化维度问题。他认为,既然环境史首先是一门历史,文化研究当然就不可或缺。然而,揆诸现实,可以明显看到环境史研究中对文化维度的轻忽。在环境史研究中引入文化维度,不仅有利于更全面深入地考察环境变迁的内在机理,而且也可以更好地认识和理解人类环境认知的复杂性、多样性和历史性。②

2014年的灾荒史、灾害史以及环境史,进入一个理论反思的阶段。从数量上看,参与探讨者不多,且有些依然停留在介绍国外研究情况上,与中国史、中国近代史的结合不深。但亦有一些学者多年来持续关注这一问题,不断将思考引向深入。难能可贵的是,意识到了中国的灾荒史需要更多地与文化史相结合,需要走出环境本身而研究人对文化的思考。虽然这样的视角依然面临着将国外经验与本土实际相结合过程中的诸多老问题,尤其是用国外的分析框架和概念工具来进行具体叙述时,是否存在只有概念而无历史真实的问题。但是文化分析的方法本身还是值得尝试的,也许能为今后的灾荒史、环境史研究打开新的局面。

(五) 其他理论方法探讨

长期以来,关于中国近代史的两种研究"范式",一直是近代史学界关注的话题,尽管近年来关于范式问题的讨论已不多见,但"革命"与"现代化"范式的分野在近代史研究的宏观层面,仍然是有重大影响的根本性理论。左玉河总结了自库恩提出范式问题以来,关于中国近代史研究的范式的论争。文章认为,中国近代史研究的范式,就是指中国近代史研究者所体现出来的共同特征,包括中国近代史研究的基本线索、基本框架、基本方法。中国近代史研究中出现的两种范式,实际上就是两种研究取向、两种解释框架和叙事模式。革命史范式和现代化范式不是替代更换

---

① 张玉林:《环境问题演变与环境研究反思——跨学科交流的共识》,《南京工业大学学报》(社会科学版)第13卷第1期,2014年3月。
② 参见余新忠《浅议生态史研究中的文化维度——基于疾病与健康议题的思考》,《史学理论研究》2014年第2期。

的关系,也很难相容兼采,那么可行的办法就是共存并立,以宽容的态度对待两种范式。同时,两种范式的缺点和局限,决定了必须力图超越两种范式,重建中国近代史研究的新范式。①

艾尔曼认为,现代化进程在中国自有其存在的时段,但是绝不能将其滥用于前现代化的历史阶段。在儒学研究领域就存在不加批判地套用现代化框架的现象。这是一种目的论推演的错误。"将一种适于评价 1860 年后中国史现象的概念框架用于描述该时代之前的情形,是一种时代错置。"如果儒学研究、历史研究都陷入这种"解答现代化"的自我束缚,则容易把与现代化无关的东西,硬生生地与"促进了现代化"或"阻碍了现代化"这两种问题联系起来,从而人为地把历史现象虚化为与其本真毫不相干的东西。同样,艾尔曼也反对将解读西方社会的关键概念不加考虑地运用于中国史或全球史的研究当中。②

历史学的社会科学化,是近一个世纪以来历史学发展中的一个突出现象。在各门社会科学不断发展的今天,历史学的专属理论,似乎不够与时俱进和富有说服力。如何保持自身的学科特质,成为一些历史学家持续不断的忧思。李里峰指出,和社会科学相比,历史学的学科特质主要体现在三个方面,即时间之学、叙事之学和人文之学。只有既保持自身的特质,又借鉴社会科学的长处,才能令今天的历史学家得以安身立命。③ 金冲及认为,"社会科学化"本身并不可怕,关键是要把握好"化"的度,在"化"的同时要保留历史学本身的特质,而不能被化成了别的东西,成为其他学科某些现成模式的注解。④

(执笔人:尹媛萍)

---

① 参见左玉河《中国近代史研究的范式之争与超越之路》,《史学月刊》2014 年第 6 期。
② 参见[美]本杰明·艾尔曼《"公共领域"对阵"哲学诠释学"——全球史视野下中国区域史的曲解》,《复旦学报》(社会科学版) 2014 年第 4 期。
③ 参见李里峰《从社会科学拯救历史——关于历史学学科特质的再思考》,《江海学刊》2014 年第 6 期。
④ 参见金冲及、张燚明《金冲及先生治学答问》,《史学月刊》2014 年第 5 期。

第六章

革命史

2012—2014 年度

2012—2014 年的革命史研究取得了一定的进展，研究领域涉及政治、军事、经济、社会文化等方面，尤其是社会史的成果，有明显增多，反映了学界新的研究热点的出现。

（一）建党和大革命时期的研究

中国共产党在领导新民主革命的进程中，特别注重向民众宣传马克思主义，创办自己的报刊，以充分发挥媒体的宣传效能。徐信华考察了中国共产党早期报刊在推进马克思主义大众化的进程中所作的努力、特点及局限和作用等。发现中国共产党早期报刊在宣传马克思主义理论时作出了积极努力，具有鲜明特点：在思想上中国共产党早期报刊明确地表明了自身的无产阶级立场；在内容上从不同角度和层面推进马克思主义大众化；在栏目设置上，注重编读往来；在语言风格上，主张多样性。但在宣传过程中也遇到不少困难，在内容上仍然无法完全满足群众需求；由于受当局压迫和经费不足，无法完全按计划出版发行。同时，中国共产党早期报刊始终把握中国革命的发展趋势，密切联系工农群众，强调理论阐释的通俗化和生活化，注重对实际问题的研究、调查和总结，促进了马克思主义的传播。①

在早期马克思主义大众化过程中，高校的作用非同一般。周良书以北京大学、上海大学和广东大学为例，探讨了高等学校与中国早期马克思主义大众化问题。指出，在中国早期马克思主义大众化的过程中，高等学校常处于"摇篮"和"策源地"的位置。其中，有三类学校值得特别说明。

---

① 参见徐信华《中共早期报刊对马克思主义大众化的推进》，《党的文献》2012 年第 2 期。

一是在军阀政府统治下的高校，如北京大学；二是由中国共产党主持或创办的高校，如上海大学；三是在国共合作下的高校，如广东大学。三类高校虽然所处环境、办学宗旨和影响范围均各不相同，但对早期马克思主义大众化都作出了重要贡献。它们不仅培养了一大批发展马克思主义的骨干人才，而且还在实践中探索出一套马克思主义大众化的有效途径，这极大地促进了马克思主义在中国的传播和运用。①

在中国新民主革命及建设的一个较长的时期内，"阶级"及"阶级斗争"观念极大地渗入和影响了社会的方方面面。栗荣从概念史角度考察了"阶级"一词的起源及其在20世纪20年代的含义变化，力图展现中国共产党早期思想观念的发展变化。认为，近代中国社会的阶级意识起源于对马克思主义著作的译介及西方革命胜利的经验。在中国共产党的历史中，"阶级"问题始终都是关系革命力量的重大问题。20世纪初，中国社会对阶级内涵的认识仅仅停留在表面，显得相当肤浅和模糊。中国共产党的"阶级"观念从早期经济学、政治学含义，演变成包含经济、政治、思想意识的统一体的含义，它是在一定的社会历史背景下形成的。"阶级"与"阶级斗争"宛如一对孪生兄弟，阶级斗争的观念，随着中国革命实践的深入而日益强化。② 需要指出的是，"阶级斗争"不只是中国共产党对国民党斗争的理论武器之一，而且在较长一个时期，成为中共革命的主旋律，对中国新民主革命及建设、中国社会及民众的影响至深且巨。

以往研究中共党史的著作，在阐述中共二大召开的背景时，均未涉及陈独秀与共产国际代表马林会前在国共合作方式上产生的严重分歧，以致掩盖了许多历史问题。如中共二大为什么没有共产国际代表参加？为什么大会代表不是各地支部推选，而是集中了部分党的骨干仓促召开？中共二大通过的《关于"民主的联合战线"的决议案》与当时共产国际有关中国问题的决议为何格格不入？马林、共产国际对二大的决议为何采取否定的态度？朱洪详细考察了中共二大召开的背景以及陈独秀与马林在国共合作方式上产生的严重分歧，解决了上述疑惑。指出，为了抵制共产国际代表马林提出的中国共产党加入中国国民党的主张，陈独秀趁马林回莫斯科之

---

① 参见周良书《高等学校与中国早期马克思主义大众化——以北京大学、上海大学和广东大学为例》，《马克思主义研究》2012年第2期。
② 参见栗荣《"阶级"概念的起源与中共早期的理论认知》，《党史研究与教学》2012年第2期。

时，紧急召开中共二大，以致代表未经正式推选，各地代表不均衡，代表人数少，起草文件仓促，共产国际代表未能出席。这次大会通过了关于建立国共联合战线的宣言，强调无产阶级政党的独立性，明确了两党只能进行党外合作，并通过了党的纲领，区别了国共两党不同的宗旨等，均是反驳马林关于国共两党党内合作的提议。马林在得到共产国际支持后，出席了西湖会议，迫使陈独秀等放弃了二大的原定政策。同时，共产国际作出"指令"，对中共二大采取了否定的态度。[1]

20世纪20年代前后，中国政治渐呈严重的军事化割据态势，失去纲纪约束的军人势力尤其是北洋军阀集团成为国人聚焦、反对并力图"解决"的对象。关于民初军阀问题，学界已有诸多翔实的研究，但对五四前后各种新的政治力量是如何提出"解决"即"打倒"军阀这一重大社会问题的，中国共产党与其他政治力量各自扮演了什么角色，这些"解决"方案具有何价值和作用，学界尚缺乏系统考察。翁有为对此作了系统梳理和探讨。认为在国家陷入纷争和割据之中、战乱不止之境况下，各种政治力量均提出了"解决"军阀问题的不同主张和方略。与其他政治力量和代表人物相比，在提出解决军阀问题的时间上，共产党人最早提出了打倒军阀的主张；在解决军阀问题方略的内容上，共产党提出的方略最系统、完整、明确。国共两党，尤其中国共产党关于政治革命和社会革命性质的话语言说是"解决"军阀问题"大合唱"中的主导声音，其理论体系的传播发挥了巨大的反军阀作用。[2]

发生于20世纪20年代的国民会议运动，是国共两党联合开展的国民革命的重要组成部分。以往对于国民会议运动的研究，较多地关注运动在宣传和动员民众方面的作用与影响，而对中国共产党所赋予运动的国民革命"新手段"的意义，则没有给予足够的重视。于化民对国民会议运动各个阶段中共政治主张的内容和特点作了梳理和分析，并着重考察国民会议运动中中共政权思想变化的历史轨迹。指出，国民会议运动前后历时三年，与国民革命相伴始终。国民会议运动的意义和价值，并非在于仅仅起到了宣传和动员民众的作用。作为国民会议运动的实际主导者，中国共产

---

[1] 参见朱洪《中共二大：陈独秀应对马林和共产国际的一次紧急会议》，《党的文献》2012年第1期。

[2] 参见翁有为《二十世纪二十年代初中共与其他政治力量关于军阀问题"解决"方略之考察》，《中共党史研究》2012年第5期。

党更是把民众运动看作达成国民革命目标的新手段和新方法,期望通过召开由民众团体选举的国民会议,建设"真正民主政治"和"平民革命政权",从而推翻帝国主义和军阀在中国的反动统治。在国民会议运动的不同阶段,中国共产党关于政权问题的具体主张也有变化,并在上海工人第三次武装起义期间进行了初步实践。虽然国民会议运动最终归于失败,但中国共产党对政权问题的探索为而后的苏维埃政权建设提供了历史的启示。[①]

共产国际与中共革命的关系,历来为学界关注。吕静从新的视角阐述共产国际"两个联盟"策略的变化与中国革命的关系。指出,共产国际二大前夕,面对日益高涨的欧洲革命形势,为了实现建立全世界苏维埃社会主义共和国联盟的构想,共产国际将东方落后的民族和殖民地国家的民族解放运动也纳入世界社会主义革命的范畴,由此提出了共产国际的东方战略,而东方战略中的"两个联盟"策略又为共产国际指导中国革命提供了理论依据,此后苏俄和共产国际的各路代表被派往中国,基本上都是依据这一策略原则来指导中国革命实践的,特别是在早期的中国革命中,这种策略的影响尤为深远,它直接导致了共产国际对中国革命盟友的选择以及对待国共两党的策略变化。[②]

以往对湖南农民运动的研究虽对平粜阻禁运动有所论及,但并不充分。罗辰茜详细考察了湖南基层农村阻禁谷米风潮的来龙去脉,探讨了这场粮食争夺战中的社会冲突。研究表明,1926年10月开始迅猛发展的湖南农民运动,以平粜阻禁谷米为主要经济内容。在平粜阻禁运动中,收入形式为谷米或为银钱的在乡农民出现不同的倾向,农村"联合战线"出现危机。中国共产党希望农民协会能执行粮食自由流通的政策,基层农协却置若罔闻。随着北伐战事的推进,缺粮的贫农与需米的军队、政府之间的矛盾不断激化,湖南省内多个县之间及湘鄂之间也因谷米不能自由流通而出现粮荒。这场粮食争夺战对武汉政府最终决定分共的影响不容忽视。不断删改的《湖南农民运动考察报告》,掩盖了20世纪20年代湖南农民的

[①] 参见于化民《民众运动与平民政权的实现——中共在国民会议运动中对政权问题的探索》,《晋阳学刊》2012年第2期。

[②] 参见吕静《共产国际东方战略中的"两个联盟"策略与中国革命的关系》,《党史研究与教学》2014年第4期。

反市场行为。①

(二) 苏维埃革命研究

大革命失败后,中共党员从 5 万余人迅速减少到 1 万多人,但不久即开始回升。20 世纪 30 年代初中共党员曾大大超过 10 万人。与 1927 年底相比,出现过 10 倍以上的增长。在革命低潮时期,党员数量为何出现快速膨胀?这种膨胀带来了哪些影响?学界相关研究比较薄弱。何益忠对此作了细致梳理与分析。认为,大革命失败后相当长一段时间,中国革命处于事实上的低潮时期,在此期间中国共产党本应采取收缩、调整政策,党员数量一般不会快速增长。可事实相反,在 1928 年以后的几年间,中共党员却出现了快速增长。其原因主要是中共中央错误判断革命形势,认为革命高潮已经或即将到来,要求各地、各级组织大力发展党员、壮大党的力量以迎接革命高潮。由此中国共产党开始大规模"征收"党员,进而迅速取得中国革命的成功。在很多地方,发展党员成为一场运动。运动式地发展党员,扩大了党员规模,也"征收"到了一些坚定的并为党的事业作出重大贡献的革命者,但降低了党员标准,一些并不具备入党条件的人在"运动"中被发展成中共党员。党员数量确实增加了,但是质量并没有提高,反而使一些盲目者、怀有不良动机分子进入党内,给党的事业带来诸多负面影响。②

关于中国共产党在苏区建立的社团组织,以往研究多侧重于苏区单个社团的研究介绍或长时段社团史的考察,何友良则从国家与社会关系的角度,对苏区社团建立的过程及特点、社团的权能与作用等作了综合论述。指出,苏区社团是中共革命构建新社会战略中的重要创置,也是国家权力深入乡村的另一种路径。它通过主动转移一部分权力和职能,使社团成为有限权能分担的社会共同体,与乡村政权互为依存和补充,在动员组织民众、变革社会结构、建立新意识形态和人民对国家权力的认同、实现民众利益与乡村治理的宏大目标中发挥作用。苏区社团与乡村政权的创置和实

---

① 参见罗辰茜《1926—1927 年湖南农民运动中的平粜阻禁问题》,《近代史研究》2014 年第 5 期。

② 参见何益忠《大革命失败后中共党员的"征收"运动》,《史林》2012 年第 1 期。

践，开创了中国共产党重新整合与治理乡村社会的新模式。①

1928年济南五三惨案是近代中日关系史上有重大国际影响力的事件，已有研究对中国共产党在济南惨案后的反应与对策，关注较少。黄昊的研究表明，1928年济南五三惨案发生后，中共留守中央起初采取了较为激烈的反日反蒋方针，在执行不力的情况下，留守中央及时转变斗争目的与策略，力图通过加入国民党所组织的反日团体、联合各类工会与小资产阶级等较为灵活的手段恢复与扩大党在城市的力量，这使中国共产党在城市的党团组织得到了一定程度的恢复。在共产国际影响下，中共六大以后，中央对"济案"引发的反帝运动的方针再次趋于激烈。中国共产党对"济案"的应对有效地促进了全国反帝运动的蓬勃发展，但也体现出一些政策脱离实际、打击面过宽等问题。②

在中国革命进程中，"苏俄"和共产国际的对华政策深刻地影响了中共的决策。李斌考察了20世纪二三十年代，"苏俄"通过共产国际对中国共产党的反帝废约政策所作的一系列指导与指示。指出，纵观中国共产党的有关文件、声明，基于国内外形势的变化，在"苏俄"和共产国际的影响下，中国共产党在不同时期反帝废约的策略和方式有所调整和变化。从最初接受共产国际的直接指示，将反帝废约主张纳入党的纲领，并将反帝废约运动与工农运动相结合，促使反帝废约成为第一次国共合作的共识；在大革命失败后，受苏联的消极影响，中国共产党坚持反对所有帝国主义国家和废除一切不平等条约，并把反日与"保卫苏联"相联系，脱离了中国实际，使自身利益受损；九一八事变以后，中国共产党逐步调整并最终形成符合国情及国际形势的反帝废约方针，成功地建立了反法西斯统一战线。认为其影响既有积极的促进，也有消极的制约。③

不论是战时还是和平年代，标语都是中国共产党重要的宣传载体之一。吴晓荣对中央苏区的革命标语进行了研究，考察了其起因、内容、特点及作用。认为，中央苏区时期，受灌输理论的影响，在毛泽东等领导人

---

① 参见何友良《权能分担与社会整合——国家与社会关系视野下的苏区社团》，《近代史研究》2014年第3期。
② 参见黄昊《"济南惨案"与中共留守中央的应对策略》，《党史研究与教学》2014年第2期。
③ 参见李斌《"苏俄"、共产国际与二十世纪二三十年代中国共产党的反帝废约政策》，《中共党史研究》2012年第3期。

重视、党政军相关部门共同参与的前提下,革命标语逐渐兴起并日益繁荣,成为一种重要的宣传动员方式。这一时期的革命标语内容极其丰富且具有针对性,不仅包含了共产党在这一时期的方针路线、政策策略和政治理想,而且多角度地反映了中央苏区的革命任务和斗争目标,传播程序严密并具有很强的组织性,表现形式多样且通俗易懂,标语书写在苏区群众视线范围之内,为动员组织群众参加革命,打击敌人发挥了重要作用。同时,也促进了马克思主义大众化,并成为中国共产党政治动员和价值构建的一种新方式,在日后长期得到运用。①

第二次国内革命战争时期,南方三年游击战争期间赣闽边区民众的政治生存状态,学界尚无专门研究。已有的一些相关论述,主要是关于南方三年游击战争初期的;关于后期的主要是针对中共游击区的。游海华依据文献资料和实地调查的研究表明,中共中央和主力红军长征以后,对于苏区民众,南京国民政府本身并无寻仇报复的冲动,主观上也无引导地主豪绅进行"反攻倒算"的动机;对于"收复"后的赣闽边区社会,亦希望通过各种举措,以恢复战前的和平秩序。因此,南京国民政府对于原中央苏区军民,除顽强抵抗的加以枪杀外,其他均视不同情况或不追究,或抓捕后释放,或"感化",或关押,大都陆续获得自由。重获自由或停止对抗的原中央苏区军民,绝大部分得以生存。其生存状态大致有四种:其一是尽管生存下来,但不同程度地受到地主豪绅等地方势力的报复和折磨,或备受社会歧视;其二是在家乡找不到生路,只好流落异乡谋生;其三是受到宗族、士绅等地方势力的保护,得以在家乡安居乐业;其四是几乎没有经过什么变动,他们回到家乡,重整家园。总体看来,1935年夏以后的赣闽边区(不包括游击区),尽管不乏阶级报复的行为和情绪,但基本上恢复了普通民众所需要的相对稳定的生存环境。这也是赣闽边区得以成长为中国东南抗战大本营的中心,并发挥其东南抗战堡垒作用的主要因素之一。②

中央红军长征进程中,在贵州的四个多月特别重要。相关研究成果已十分丰富。金冲及选择其中的几个重大问题,诸如中央红军为什么会进入贵州、几种政治力量的剖析、从黎平到遵义、四渡赤水、西进云南等作了

---

① 参见吴晓荣《略论中央苏区的革命标语》,《江西社会科学》2012年第1期。
② 参见游海华《南方三年游击战争时期赣闽边区民众政治生存状态考察》,《中共党史研究》2012年第7期。

进一步深入探讨。认为，在当时极端复杂而险恶的环境中，中央红军面对众多不确定因素之所以能突破国民党军重围，从被动转入主动，闯出一条新路来，一方面是坚持从实际出发，多次果断灵活地调整行进方向的结果，另一方面，强大的精神力量，也是中央红军能在贵州取得成功的重要原因。① 黄道炫运用国共双方的大量资料，对红军长征进入西南地区后的进兵做了具体研究。文章认为，红军进入西南后，应该说前三次渡赤水国共双方都是在各自寻求克制对方的办法，中国共产党尚未清楚意识到两军间力量的巨大差距，硬碰硬思路既使自身有落入对方重围的危险，也让一直寻找红军作战的蒋介石有机可乘。正是在总结经验的基础上，毛泽东准确认识到双方的实力差距，以逸出对手包围圈而不是打击对手为作战目标，由此开始四渡赤水后的一系列军事行动，在崇山峻岭的西南地区，为红军创造出游龙戏水般的走势。从而成功脱出对手的包围圈，在金沙江扬长而去。中国共产党所创造的这段经典的传奇，不是演义小说中的神机妙算、灵光乍现，而是实实在在一步一个脚印的探求。②

陕甘边根据地的历史近年来颇受学界重视，也取得了一些比较重要的研究成果。但实证性的成果并不多见。受"新革命史"研究范式影响，黄正林、温艳从 20 世纪二三十年代陕甘边地区社会生态入手，对陕甘边红军建立过程中收编民团、农民武装以及所产生的影响等问题进行了探讨。指出，从民国建立到 20 世纪二三十年代，由于苛捐杂税和自然灾害，陕甘边地区政治与自然生态日益恶化，农民的生活艰难到了难以忍受的边缘，农民或形成民团与官府对抗，或放弃家园落草为寇。在此期间，刘志丹等共产党人灵活运用统一战线政策，把 1928 年大旱灾以来由灾民组成的各种民团、农民武装尽可能地吸收到红军队伍中来，建立了陕甘边游击队及红军。这支队伍成分复杂，屡屡发生违反纪律甚至抢劫事件，严重影响了中共陕西省委、北方局乃至中央对红军领导人及其军队的评判。③

中国共产党在革命实践中，一直善于运用各种可能的形式宣传革命理念、扩大革命影响。"列宁符号"即是其形式之一。胡国胜系统梳理了中

---

① 参见金冲及《中央红军在贵州的若干重大问题》，《历史研究》2014 年第 1 期。
② 参见黄道炫《1935：国共在西南地区的缠斗》，《蒋介石与现代中国的形塑》第 2 册，台湾中研院近代史所 2013 年版。
③ 参见黄正林、温艳《民团、农民武装与陕甘边红军的建立及影响》，《中共党史研究》2014 年第 5 期。

国共产党在民主革命时期建构与传播"列宁符号"的过程、内容及作用等。指出,"列宁符号"是中国共产党运用列宁名字、肖像、忌日等象征来对一些具有重要革命意义的时间、空间、生活物品等进行建构装点的政治符号产品。中国共产党借助"列宁符号"的时间建构与传播,树立中国革命形象、总结中国革命经验、指导中国革命实践、进行中国革命动员;借助"列宁符号"的空间建构与传播,推进中共革命社会化、进行中共革命教育、传播中共革命理念;借助"列宁符号"的生活建构与传播,传播中共革命象征、促进中共革命认同、传播中共革命信仰。通过革命领袖进行革命符号装点的做法,使得中共革命成果马克思主义化,借助"列宁符号"时间化、空间化、生活化的物质载体来推进马克思主义大众化。为今后中共政治符号建设提供了诸多启迪:中国共产党在政治符号的建构与传播过程中必须把握其传播方式方法,既要正确使用,又要发挥作用;既要合理,又要符合社会道义;既要看到其传播的"魔力",又要学会抵制其传播的消极一面,真正发挥出中共政治符号的引导力量。①

(三) 抗日战争时期

抗日战争是一场全民族反侵略的战争,战争是这一历史阶段最重要的内容。然而,不能不承认,无论是正面战场还是敌后战场,相关的研究都并不充足,尤其让人觉得遗憾的是,对中国敌后战场的研究,实证性的成果远远不够。近年这方面的研究似乎有得到重视的趋势。《军事历史研究》2013 年第 1 期发表一组文章,包括毕建忠的《平型关战役有关史实的辩正与存疑》、岳思平的《平型关大捷属性及战果等问题论略》、高凤山的《平型关之战敌兵力使用及八路军战果考》、潘泽庆的《平型关大捷前后中共关于八路军战略方针的探讨》等,这些文章有战略层面的探讨,更多的则是对战争具体进程的实证性考察,包括参战兵员、伤亡人数、战争进程、战争属性等,这些细致具体的研究,即便其中不无继续讨论的空间,但其实证性的研究方法,仍然值得在抗战史的研究中大力提倡。

华北敌后战场日军对八路军的进攻常通过"扫荡"作战进行,"扫荡"和反"扫荡",是八路军对日军进行持久抵抗的重要内容。关于八路军的反

---

① 参见胡国胜《革命与象征:民主革命时期"列宁符号"的建构与传播》,《党史研究与教学》2012 年第 3 期。

"扫荡"作战,以往的专题研究罕见。邹铖选取冀中的五一反"扫荡"做了个案研究。冀中军区在1942年5月的反"扫荡"作战中,遭受重大损失,其原因,除了日军本身实力占优、战术上进行一定的调整之外,最重要的是日军此次作战不是一般"扫荡",而是以彻底摧毁冀中根据地为目的的作战。冀中军区没有及时觉察到这一点,只以一般"扫荡"来对待,最终在局势日益严峻的情况下被迫转移。虽然冀中八路军主力部队转移,但冀中不能轻易放弃。八路军调整对策,采用隐蔽斗争的形式,运用两面政策、派遣武工队和扩大统一战线,显现出愈挫愈勇的态势。此后的事实证明,八路军和日军的较量远远没有结束,中国共产党在冀中平原的发展难以阻挡。[1]

将新四军、八路军在武装上连成一体,打通南北地域,是中共中央和毛泽东在八路军、新四军改编之初就存在的构想,关乎抗日战争胜利的格局与性质,以及抗战胜利后国共两党的成败。王骅书、王祖奇对这一战略构想的来龙去脉做了具体研究。认为在中共中央和毛泽东关于新四军、八路军"连通"的战略构想中,两军应在南北同时发展,会合华中。具体实施则要在努力保持抗日民族统一战线的前提下,依据国际国内军事政治态势的变化,或以新四军为主,或以八路军为主,或抓住时机两军主力南北同时对进,没有一定之规。新四军、八路军华中"连通"战略目标最终在陈毅率领江南新四军主力北渡长江,与黄克诚率领的八路军主力在苏北胜利会师而正式宣告实现。[2]

抗战初期,中共武装在抵御日军入侵的大背景下进入华北,并逐渐在华北开辟敌后战场、建立根据地,站稳脚跟。对其具体路径、方式等,学界缺乏实证探讨。黄道炫选取河北、山西、河南等省份作为研究对象,考察了中国共产党进入华北后在不同省份各具特色的发展模式,突出展示中国共产党进入各省后最具特点的生存、发展路径,以点及面,贴近当时当地的实态,动态呈现当年中国共产党在坚持抗战同时寻求生存发展的具体路径。指出,抗战初期,中国共产党面对当时纷繁复杂的形势,审慎估计各方力量变化,因势利导,在日军、国民政府和地方力量间求取自己的有利生存空间,实现政治、军事目标的利益最大化,堪称政治力量谋求发展

---

[1] 参见邹铖《冀中八路军1942年五一反"扫荡"新探》,《抗日战争研究》2013年第2期。
[2] 参见王骅书、王祖奇《新四军、八路军华中"连通"战略的缘起与逐步实现》,《史学月刊》2013年第3期。

的成功范例。无论武装出动,还是统一战线、群众运动,中国共产党在华北都放在具体情境中灵活运用,原则和策略不断调整,最大限度地在各地区寻找制敌和发展的良机,中心则不离力量对比这一核心要素。因此,中国共产党在华北敌后的发展,首先是自身努力的产物,同时,和战前华北的特殊态势、战争初期日军的进攻和占领方式也密切相关,正是这些因素的共同作用,造就了抗战初期中国共产党在华北发展的奇迹。[①]

中国共产党在发展正规抗战武装的过程中,特别注重培养相应规模的地方武装,以配合游击抗战。而对地方武装的形成路径等,缺乏具体探讨。姜涛从太行根据地武装结构变化的角度切入,考察了民兵、自卫队等地方武装的动员组织状况及其作用等。认为,太行根据地1941年前正规军思维较强,民兵、自卫队发展缓慢。1941年转入对日持久作战后,太行根据地便逐渐转变思路,加强民兵、自卫队的工作。民兵、自卫队的动员与组织体现着基层中共权力架构中军事、生产与阶级斗争的有机结合。通过民兵、自卫队这座"桥梁",中国共产党可以更加稳固地掌握基层政权。抗战末期,随着日军颓势日显,太行根据地的民兵、自卫队逐渐从战略防御性的、分散的转变为具有进攻性、半集中性与战勤性等特点的武装力量,开始了由抗战向为国共内战准备的转型。[②]

中国共产党领导武装深入敌后抗日,部队给养问题之重要不言而喻。抗战时期中国共产党在敌后根据地粮款等给养的筹集,经历了从摊派、合理负担到统一累进税的调整过程。以往研究多关注合理负担政策的实施。周祖文选取冀中根据地为样本,以公粮征收为例对之进行了具体探讨。指出,冀中根据地的公粮征收经历了从摊派、村合理负担到统一累进税的过程,其实质是从比例走向累进,从纷乱走向整齐的过程。在统一累进税的推行过程中,冀中创造性地发展出了绘制产量地图等调查方法。整齐不乱的统一累进税既能增加财政税收和公粮收入,又不加重人民负担,是冀中农民"不怕拿"的根源所在。[③] 王建国利用丰富资料,初步考察了华中抗

---

① 参见黄道炫《抗战初期中共武装在华北的进入和发展——兼谈抗战初期的中共财政》,《近代史研究》2014年第3期。
② 参见姜涛《中共抗日根据地的民兵、自卫队——以太行根据地为例》,《抗日战争研究》2014年第3期。
③ 参见周祖文《"不怕拿,就怕乱":冀中公粮征收的统一累进税取径》,《抗日战争研究》2014年第3期。

日根据地征收田赋状况。认为，在抗日根据地初创时期，共产党领导的游击武装就已经在华中部分地区征收田赋和田亩捐。在一段时间内，华中抗日根据地田赋征收秩序相当混乱，加重了田赋的流失。随着抗日民主政权的建立，田赋征收在华中抗日根据地全面展开。为了扭转局面，抗日民主政府决定进行彻底整顿，严格要求征收机构由各县政府领导责成县政府财经科负责执行，尽量使用政治上、经济上可靠的人员。令人关注的是，抗日民主政府还采取了田赋征粮、清查田亩、废除册书制度、整顿征收秩序等重要举措，实现了华中田赋征收史上的重大变革。同时指出，由于被敌伪分割、包围，不仅不同根据地田赋标准没有统一，即使同一根据地内，征收标准也不尽相同。华中根据地田赋征收取得了良好的业绩，为新四军坚持华中抗战提供了稳定的经费来源。① 王倩分析了华北抗日根据地农民与地主在减租减息中的互动关系。抗战时期，根据地的租赁关系，是在中共的强力介入下，农民与地主双方利益博弈的产物。农民与地主在实际历史过程中处于高度互动关联的状态，农民实践减租减息的积极性和地主对农民减租减息要求的认同与否，因时空不同而异，也会随着时局变化而起落不定。在减租减息中，中国共产党起着发动者和调和者的作用，既调动了农民的积极性，又维护了与地主阶级结成的抗日民族统一战线。② 罗衍军以山东省郓城县乡村社会为中心，考察土地革命过程中的"敌""我"划分，试图以此从微观视角阐释中国乡村革命运动与乡村社会变迁的内在关联。土改过程中的"敌""我"划分，不单是从地主与贫雇农对立角度出发以阶级成分为标准的划分，而且乡村各阶层的政治身份、政治态度、人际关系以至个人观念等各种因素在"敌""我"划分中都具有各自的影响。土改时期的"敌""我"划分过程，也正是整合乡村民众思想、确立新的革命性表述的过程。③

值得注意的是，由于抗战时期中共根据地所处的敌后游击战争环境，统一累进税的实施受制于环境因素较大，合理负担甚至摊派制并没有绝迹。抗战时期，农业是根据地经济的支柱，而农业技术则是推动农业发展

---

① 参见王建国《华中抗日根据地田赋征收考述》，《中共党史研究》2012年第4期。
② 参见王倩《华北抗日根据地减租减息中农民与地主的博弈》，《湖南师范大学社会科学学报》2013年第2期。
③ 参见罗衍军《敌我之分：20世纪中国乡村的社会变迁和革命运动——以土改时期山东省郓城县乡村社会为中心》，《江苏师范大学学报》（哲学社会科学版）2013年第2期。

的关键。已有学者就抗日根据地的农业技术做过相关研究,主要侧重于陕甘宁边区、晋察冀边区或根据地整体,而对晋绥边区农业技术改进尚无专门论述。张晓玲探讨分析了抗战时期晋绥边区的农业技术改进的具体状况。指出,抗战时期,晋绥边区主要通过政府主导、群众供给、机关援助等路径,以开荒、兴修水利、精耕细作、选种、畜牧饲养等为主要内容,系统改进农业生产技术,促进了农业经济增长,取得了显著绩效。以经验性为特征的农业技术改进反映了边区政府尊重群众经验、密切联系群众的优良传统。① 在抗日根据地的减租减息运动中,农会发挥了重要作用,但尚无研究专论。徐建国的研究探明,在抗日根据地的减租减息运动中,农会成为领导农民开展运动的核心,农民在农会的领导下看到组织起来的力量,农会在宣传和教育群众、争取和维护农民利益等方面发挥重要作用。通过农会的组织运作,提高农民的组织程度,彻底改变农民的分散状态,打破农村原来的权力体系框架,把农民纳入权力运作的轨道,达到自下而上地改造农村社会的目的,奠定中国共产党在农村的群众和组织基础。② 以往不少学者在论及根据地大生产运动的缘起时,多以部队机关学校为主体,却忽视了移难民这个重要群体。汤春松以陕甘宁边区为中心,考察了移难民的救济安置与大生产运动之间的互动关系。指出,抗战时期,面对大量移难民迁移边区,中国共产党领导下的陕甘宁边区政府想方设法救济安置,在财政经费十分困难的情况下,实行以工代赈,组织移难民参加生产运动。特别是1942年12月边区高干会后,边区各级政府按照毛泽东提出的"发展经济,保障供给"的正确方针,大力实施奖励移民政策,迅速形成了移难民大量拥进边区的局面。此举不仅救济了边区内外的移难民,还增加了整个边区的劳动力,大大促进了边区经济建设的发展,增强了抗战力量。更为重要的是,中国共产党在救济优待移难民的过程中赢得了民心,为最终争取抗日战争的胜利奠定了深厚的群众基础。③

抗战初期投奔延安和抗日根据地的知识青年,有相当一部分被分发到军队中充任政工干部。这批"新知识分子"是中共扩军过程中一支不可忽视的力量。谢敏从阶级话语与具体实践互动的角度,考察了"新知识分

---

① 参见张晓玲《抗战时期晋绥边区的农业技术改进》,《中国农史》2014年第2期。
② 参见徐建国《抗日根据地减租减息运动中的农会》,《中国农史》2014年第3期。
③ 参见汤春松《陕甘宁边区大生产运动中的移难民问题》,《党史研究与教学》2014年第3期。

子"在中共军队中的权力分布和生存实况,探讨了他们在军队中的作用及影响等。指出,"新知识分子"进入中共军队后,受工作能力、经验资历等因素的影响,大多只能从事基层政治工作,这导致了新知识分子干部与工农老干部之间的矛盾冲突,进而触发了整风在军队基层的开展。中国共产党一方面无法完全摆脱阶级话语的窠臼,仍在严肃地批评知识分子的"小资产阶级意识",另一方面也无法全面贯彻阶级话语的原则,更多是根据现实需要在这两类干部中寻求平衡和进行调解。①

抗战时期,面对强大的日军,中共军队善于对敌开展政治攻势,对日伪军的瓦解工作就是其中之一。唐国东对新四军广泛开展瓦解日军工作的便利条件、实施途径以及经验教训进行了论述。认为,抗战时期,针对华中地区错综复杂的敌情、日军兵员成分的变化以及心理特点,新四军广泛组织力量调研和收集日军情报,进行战场宣传,优待释放日军俘虏,精选人员打入日军内部策反,并建立日人反战同盟,开展了强有力的瓦解日军工作,收到了显著成效。其主要经验是,根据战场形势和敌军心理特点,科学制定瓦解日军工作方针政策;组织机构严密,各方密切协同;根据日军心理特点,及时调整对敌宣传内容和手段;坚持群众路线,专业性与群众性密切结合。②

由于军婚的特殊性及重要性,以军婚为主题的研究已引起学界广泛关注,但对新民主主义革命时期的军婚问题,探讨不足。岳谦厚、徐璐以抗战时期陕甘宁边区为例,着重考察军婚纠纷及政府的应对,并分析陕甘宁边区军婚改革的复杂性及军婚初创阶段对之后军婚制度发展的影响。认为,抗战期间,陕甘宁边区政府实行了婚姻制度改革,其中军婚不同于普通婚姻,处理军婚问题时既要考虑到保证前线战士的抗战积极性,又要照顾到因丈夫长期不在而产生不安情绪的抗属,若处理不当极易影响边区政权稳定。边区政府为解决军婚中存在的问题和矛盾,采取了一系列积极措施,诸如制定相关法律条例、实施拥军优抗政策、大力塑造良好的军嫂形象等,并取得了良好效果。③ 抗战开始后,以妇女动员为目的展开的婚姻制度改革,一定程度上为华北各根据地区域乡村妇女婚姻生活的改变带来

---

① 参见谢敏《抗战时期"新知识分子"与中共军队干部》,《近代史研究》2014年第6期。
② 参见唐国东《抗战时期新四军的瓦解日军工作》,《军事历史研究》2014年第1期。
③ 参见岳谦厚、徐璐《抗战时期陕甘宁边区的军婚问题》,《晋阳学刊》2014年第1期。

了希望，以至出现"妻休夫"的离婚热潮，以往研究多视之为中共推行妇女解放运动的成功例证。江沛、王微从公私两个领域和传统、革命、性别三个视角切入，考察了这一婚姻变革现象的曲折过程及其与民族战争、政治变革、性别解放等相互纠缠的复杂关系。认为，1940年后，由于华北各根据地陆续颁布婚姻条例及妇女动员的广泛开展，以女性主动提出为特征的"妻休夫"离婚现象急剧增加。"妻休夫"现象所呈现的婚姻自由诉求、抗战需要与乡村习俗、家庭与社会稳定需求间的颉颃，使各地中共政权在实际操作中陆续调整女性婚姻政策，从支持"妻休夫"重新转变为以维护稳定为主的婚姻政策，以适应情与法冲突下乡村社会实态和军心稳定需要。[①] 秧歌是中国北方农村民众喜闻乐见的艺术形式，被中国共产党成功地运用于政治动员之中。崔一楠、李群山即对华北根据地的秧歌改造作了初步考察。指出抗战时期，中国共产党对华北根据地的秧歌进行了改造，并积极利用群众运动的方式进行推广，收到了极好的效果。中国共产党对戏剧的改造并不是简单地与旧有传统决裂，而是渗透和移植、改造和置换，以新的象征去替代旧的符号，进而发挥政治认同和群体凝聚的功能。改造后的秧歌不再是单纯的民间娱乐，而是乡村民众接受政治教育、理解革命话语的渠道，是他们表达政治意愿的途径。这种新变化赋予了民间艺术特殊的时代使命，有力地促进了中共革命事业的发展。[②]

中外学界关于中共革命动员的研究论著很多，但是以民俗节日为研究对象的成果并不多见。李军全以民俗节日——春节为研究对象，考察中国共产党围绕它进行一系列政治技术运作以实现革命动员目标的过程，以及春节作为乡村民俗文化载体在外力侵入时所发生的变化。指出，1937—1949年，中国乡村社会最具有影响力的民俗节日——春节成为中共革命动员的理想路径。经过中国共产党一系列政治技术运作后，华北根据地、解放区乡村社会中的春节经历了从延续传统到革命化的变化过程。无论是新年画，还是春节娱乐，中国共产党都是从利用旧形式开始，通过置换内容来实现改造的目的，当政治、社会等条件成熟时，象征着边区新秩序的新形式、新内容就被创造了出来。春节的这种变化不仅是中共革命动员有效

[①] 参见江沛、王微《传统、革命与性别——华北根据地"妻休夫"现象评析（1941—1949）》，《四川大学学报》2014年第3期。

[②] 参见崔一楠、李群山《"植入"革命：华北根据地的秧歌改造》，《党史研究与教学》2014年第4期。

性的表现，实际也是中共政治文化改造乡村民俗文化的结果，折射出华北乡村社会民俗文化在近代战乱环境中的演进形态。① 旗帜作为政治力量申明政治立场或宣示自身权威的符号早已进入研究者的视野。但对抗战时期中国共产党对中华民国国旗与中共党旗的交替使用情况，缺乏实证探讨。李军全以陕甘宁边区和华北根据地为分析中心，以中共根据地机关报节庆活动的新闻报道为史料依据，考察 1937—1949 年中国共产党在节庆中国旗和党旗的使用情况，梳理了中国共产党借助现代政治符号建构革命政权权力象征的变化过程。指出，基于抗战大局和自身发展需求，中国共产党在节庆活动中围绕国旗和党旗的使用进行着双重思虑，即如何在独立的政治前提下表征国家的统一，在统一的政治局面中显示自身的独立。依据政治斗争形势和节日类型，中国共产党适时地调整策略，有选择性地引入、使用国旗和党旗，这使它们在节庆活动中呈现出此起彼伏的变化轨迹。这种变化，不仅展现了政治符号自身的演化规律，也能够折射中国政局的变幻莫测，更能反映出中国共产党驾驭复杂局面的政治智慧。②"开明绅士"，作为抗战时期形成的一个特定的历史概念，广泛存在于各类历史文本当中。杨东对"开明绅士"与"开明士绅"两个概念的异同，以及中国共产党与民众在看待"开明绅士"这一问题上的一些细微差异，作了探讨。指出，用"开明绅士"来表示抗战时期中间势力这一重要社会群体，应该更为恰当一些。因为它不仅是抗战时期形成的特定概念，有其明确的指向内涵，同时也更符合抗战时期"开明绅士"的具体实际。同时，在认定"开明绅士"的社会属性、阶级基础以及"开明"的标准上，中国共产党有着明确的政治策略倾向，而民众则依然遵循固有的乡土伦理秩序，由此在价值评判上也形成了一些细微的差异和分歧，但是这些差异和分歧并非实质性的。以品行而不是财富来判断一个"开明绅士"，无疑是普通民众的一个评判基准。因为仅有财富并不能使家庭在社区中享有社会地位。这种立足于乡土血脉中的"好人"，在很大程度上体现着民众传统绅士认知的烙印。当代表地主阶级的绅士参与政权时，只有在更大程度上能满足民众的愿望与要求，才能使其在当地社会中获得合法性，也只有这样的绅士才是

---

① 参见李军全《民俗节日与革命动员——华北根据地、解放区乡村社会中的春节（1937—1949）》，《党史研究与教学》2014 年第 1 期。
② 参见李军全《"统一"与"独立"的双重思虑：中共根据地节庆中的国旗和党旗》，《江苏社会科学》2014 年第 1 期。

开明的。随着历史的演进,"开明绅士"最终也伴随着其实体的消亡而成了一个沉睡在史籍文本中的历史名词。①

中外学界关于中共组织史和中国革命史的研究论著已经相当丰富,但以统计数据对中共党员群体的社会构成进行深入分析者并不多。李里峰以山东省为个案,考察了中共党组织的规模、普及程度及阶级构成的变化,重新思考了战时中共的社会基础问题。认为,中国共产党的自我定位始终是"中国工人阶级的先锋队",但除了一个很短的时期之外,工人(尤其是产业工人)在整个党组织中所占的比例极小,农民(尤其是中农)才是中共党员群体的主要组成部分。山东抗日根据地的统计数字表明:中国共产党在抗战时期得到了迅速发展,党员总数与总人口之比例、支部数与村庄数之比例都达到了较高的水平;在党员群体的阶级构成中,农民党员占据绝大多数,工人、知识分子和其他成分的比例都很小,农民成分中又以贫农和中农为主;随着抗战时期中农阶层的扩大,党的阶级构成也发生了相应的变化,中农成分在党内的比例上升,贫农比重则相应降低。指出,抗战时期党的主体力量是农民(主要是贫农和中农)而不是真正意义上的无产阶级(产业工人),这虽然有违党的组织路线,却恰与近代中国社会阶级阶层分布的实际状况相同构,从而决定了中国共产党有可能真正贴近中国革命的现实,获取足够的政治资源。② 中国共产党在夺取全国政权之前,除了短暂的第一次国共合作时期,在实际控制区域外,都处于地下状态。由于资料等限制,关于中共地下党生存及成长历程的研究鲜有人问津。黄道炫详细考察了甘肃徽县中共地下党产生、发展的历程及其地理、人文背景和政治、社会、民族等复杂因素。指出,民国时代的中国复杂多样,地下党的生存、发展也往往因缘时会、各呈机锋。甘肃徽县位于中共革命的边缘地区,交织着政治、社会、地域、民族、文化等多种冲突,这里地下党的孕育、生存、发展同样别具特色,强大的社会关系网络是其生存、发展的重要依靠。尤其是"清官"刘中仁的出现,使徽县地下党的生存、发展呈现更多可能。同时,徽县党的成长历程使其刻上了深深的统一战线烙印,在坚持原则基础上,妥协、让步、忍耐某种程度已成为他们独

---

① 参见杨东《谁为绅士,何以开明——中共视野中的开明绅士与根据地民众的乡土影像》,《福建论坛》(人文社会科学版)2012年第6期。

② 参见李里峰《抗战时期中国共产党的社会基础问题——以山东抗日根据地为中心》,《抗日战争研究》2012年第2期。

特的气质。从徽县地下党的成长,透视中国革命的发展路径,还可看到,在苏维埃革命遭遇挫败后,当年几濒绝境的中国共产党,也正是借助抗战爆发,在抗日民族统一战线的退让政策下重获生机,通过北方广大根据地的发展,奠定最终夺取政权的基础。①

作为国民党第二次反共高潮的标志,皖南事变早为学界关注。但关于新桂系与皖南事变关系的研究较少。黄昊通过系统考察指出,皖南事变的最终发生,实际上是新桂系、中国共产党、三战区三方博弈的结果。新桂系安徽省府与中国共产党的关系从抗战初期的密切合作,逐步发展到皖南事变前夕的势若水火,在很大程度上左右了皖南新四军对北移路线的选择,最终导致了皖南事变的发生。抗战时期中国共产党与新桂系在皖关系虽是个案,但究其根源,国共两党不同的政治理念及各自对地方政权的排他性争夺,是桂系与中国共产党在皖关系由合作走向对抗的根本原因。②

中国革命史上,共产国际的指示与中国革命的动向密切相关。皖南事变前后,共产国际对国共两党之间的关系是怎样看待的,对中国共产党处理同国民党的关系产生了什么影响,20世纪90年代一些学者曾发表过若干研究文章,但因资料缺乏,不够深入。王新生利用俄罗斯最近公布的有关档案材料,对以上问题作了进一步考察。指出,皖南事变前后,共产国际在思考、处理中共与国民党关系问题时,中心是力图维护抗日民族统一战线,不致发生破裂。这符合中国抗日战争的需要,也符合苏联远东安全的需要,同时也符合世界反法西斯斗争的需要。在国际国内形势急速变化的情况下,皖南事变前中共中央、毛泽东对国内局势的判断虽然一度出现偏差,曾制定过脱离实际的军事方针,但在下决断时是慎重的,并及时地征求共产国际的意见。在实际斗争中,中共中央并没有急躁从事,而是正确处理斗争与团结的关系,强调斗争的作用,以斗争求团结,坚持政治大反攻为主,同时重视军事上的准备,采取防御战,态度强硬,毫不让步,并注意争取中间势力的支持,有理有利有节。这一段时间,共产国际和中共中央之间的配合是比较好的。共产国际在方式上注意进行原则指导,发出的指示多是以建议和提醒的口吻,不像过去以僵硬的命令口吻。中共中

---

① 参见黄道炫《扎根:甘肃徽县的中共地下党》,《近代史研究》2012年第6期。
② 参见黄昊《从新桂系与中共的合作与冲突看皖南事变的发生》,《史学集刊》2014年第1期。

央对共产国际的指示是尊重的，对共产国际有不同意见，多解释，并及时通报情况；在执行时，不像过去那样采取机械的教条的方式，而是从实际出发，尽量吸取其合理、正确的部分。打退国民党顽固派发动的第二次反共高潮，是共产国际积极指导，中共中央尊重共产国际的指示，两者之间相互理解、相互配合的结果。①

关于山东抗日根据地的北海银行及其发行的北海币，学界相关研究非常薄弱，且多侧重于北海币与法币斗争层面或停留于简单史实的叙述，几乎不涉及北海银行的曲折发展历程及抗日民族统一战线前提下山东抗日根据地货币政策的变化，与北海银行在山东抗日根据地发展史上的地位和作用极不相称。王士花利用档案报刊资料，系统梳理了抗战时期北海银行的设立、发展历程，指出北海银行在山东抗日根据地的创立，是中国共产党历史上偶然性与必然性相统一的事件之一。在抗日民族统一战线框架下，随着抗日形势的发展变化，中国共产党在山东抗日根据地的货币政策也经历了由维护法币法定货币地位，向逐渐排挤、驱逐、停用法币的转变，北海币也从分区独立发行的辅币逐渐过渡为统一的法定货币。在推行北海币的过程中，中国共产党提出了独特的"物资本位论"，并善于运用经济法则和政治力量，使北海币保持了币值和物价的稳定，取得了对法币和伪币斗争的胜利。北海银行及中共在山东抗日根据地推行的货币政策，不仅为山东抗日军民提供了资金融通之便，保障了军需民用，而且发展了生产，改善了群众生活，使中国共产党领导的山东抗日武装获得了广泛的群众基础和坚实的物质保障，为山东抗日根据地的巩固与发展，作出了巨大贡献。②

王士花研究了抗战时期山东农村两面政权，认为两面政权的出现，初期是中国共产党变通抗日策略的产物，后来与中国共产党调整抗战战略息息相关。从两面政权的具体形成过程看，有中国共产党成功争取伪政权而成的，也有安插地下党员或进步人士实际控制伪政权而成的，甚至有中国共产党主动建立的。除中国共产党实际控制的两面政权外，一般两面政权对中国共产党的态度犹疑不定，持续可以依靠的两面政权数量有限。尽管

---

① 参见王新生《试析皖南事变前后共产国际关于中共同国民党关系的策略》，《中国延安干部学院学报》第5卷第5期，2012年9月。
② 参见王士花《北海银行与山东抗日根据地的货币政策》，《史学月刊》2012年第1期。

如此，乡村两面政权作为潜在的抗日力量，对中国共产党在敌后立足、扎根，坚持抗日游击战争，发展抗日力量，开创抗日根据地提供了掩护、救助、情报、物资供应等多方面协助。中国共产党与日军力量对比悬殊、日伪对农村控制力薄弱、中国共产党对伪职人员严惩与教育争取相结合的政策、巧妙的斗争策略、乡村民众自保诉求与心中民族大义意识，都是抗战时期山东农村日伪基层政权走向两面性的重要因素。① 杨东研究了抗日根据地的参议员群体。指出作为抗战时期特定历史条件下产生的新型权力主体，尽管从总体上来看，都是在抗日民族统一战线政策和民主政权建设的宏观背景下，通过动员式的规模性选举而产生的，但是由于各抗日根据地之间地域环境、战争形势、社会生态的差异，又在很大程度上决定了根据地之间的参议员的不同。将陕甘宁边区与华北抗日根据地的参议员做一比较，就能很明显地窥探出处于不同地域社会中参议员的一些独特面貌和群体特征。②

近年来，关于六法的话题渐成热点，但讨论的重点在于中国共产党是否应废除六法，而具体考察中共革命根据地援用情况的实证研究尚不多见。胡永恒运用陕甘宁边区高等法院档案，从民事审判的角度考察了边区当时援用六法的情况，探究了援用六法的原因及背景。认为，陕甘宁边区各级法院于1942年至1943年上半年较为经常地在民事审判中援用六法全书，之后则停止了援用。所援用的法律主要是民事诉讼法和民法。援用的原因，主要是边区自身立法不足，民事审判缺乏法律依据，加上这一时期中国共产党实行统一战线政策，营造了较为宽松的政治氛围。同时，一批具有专业法学知识和较高文化素质的干部走上司法岗位，为边区援用六法全书提供了技术支持。边区对六法全书的援用有一定的原则，但在不同时期有所变化。在实践中，对六法全书的援用存在与当地社会脱节的问题，并存在与中国共产党的阶级立场相悖之处。整风运动过后，六法全书在边区实际上被废止。③

抗日战争时期是中国共产党走向世界和开始真正外交的时期，而中国

---

① 参见王士花《抗战时期山东农村两面政权研究》，《史学月刊》2013年第9期。
② 参见杨东《地域社会中的参议员差异——陕甘宁边区与华北抗日根据地参议员的比较研究》，《人文研究》2013年第3期。
③ 参见胡永恒《陕甘宁边区民事审判中对六法全书的援用——基于边区高等法院档案的考察》，《近代史研究》2012年第1期。

共产党和美国的来往,在其整个外交活动中占主要地位。以往学术界对此期间双方关系的论述较少涉及合作内容。李东朗对此作了详细考察,指出,抗战时期,中国共产党对美国的政策,经历了一个联合、断绝、再联合的曲折演变过程,并在太平洋战争爆发后最终确立。但是,中国共产党通过斗争改变美国政府政策、争取可能的合作的努力没有实现。美国政府扶蒋反共的政策,导致了中国共产党与美国合作的逆转、萎缩和终结。然而,虽然太平洋战争爆发后的中国共产党和美国的合作没有坚持下去,甚至其中许多也只是协议,还没有变成现实,但对中国共产党仍然是有意义的。表现为:对国民党的反共行为产生了一定的约束作用;展现了中国共产党的真实情况,扩大了中国共产党在世界的影响和声誉;为中国共产党积累了一定的外交工作经验。①

(四) 三年内战时期

抗战结束后,中国两大政党又面临战与和的选择。于化民探究了国共围绕对日受降权之争背景下中国共产党与美国的关系,认为国共两党抗战胜利后围绕对日受降权问题的斗争,成为国共军事冲突的直接导火索。美国从自身的战略利益出发,从一开始就站在国民党一边,拒绝承认中国共产党作为战胜者一方接受日本投降的正当权利。尽管声称不卷入中国内战,但杜鲁门政府以协助受降为名,通过派遣海军陆战队在华北登陆、大规模空运海运国民党军队、继续实行租借法等一系列举措,增强国民党的军事实力,帮助国民党夺取战场优势等美国的所作所为,已经远远超出受降的需要,形成了对国共内战事实上的军事介入。在对受降权据理力争的同时,中国共产党根据形势的发展变化,灵活调整对美政策,政治上发动宣传攻势批评美国干涉中国内政,军事上则保持了适度的克制和忍耐,使以斗争为主、斗争与合作兼而有之成为这一时期中国共产党对美关系的主要特点。②

1945年抗战结束后,特别是从1946年5月到1948年初,中国共产党的土地政策发生了频繁的变动,此种变动对其指导下的群众运动和基层工作造成了极大影响。有关这方面的历史情况,杨奎松几年前曾做过较系统

---

① 参见李东朗《太平洋战争爆发后中共和美国的合作》,《新远见》2012年第1期。
② 参见于化民《对日受降权争端背景下的中共与美关系》,《史学月刊》2011年第12期。

的考察和介绍。鉴于学界对中国共产党战后土地政策几度转变的情况和原因仍有不同看法，杨奎松依据文献档案对这一连串政策变动的原因，做了更直接且更有针对性的考辨与分析。指出，战后中共土地政策迅速转趋激进和"左"倾，原本并不在中共中央的计划中，而是战后三大主客观因素，即国共内战的威胁、各解放区农民运动的压力及对重犯历史错误的担心这三大因素合力作用下"不得不"的结果；战后中共土地政策出现"过火"倾向，尤其在内战爆发情况下转向激进，颇难避免；在中共中央领导人当中，毛泽东在土地政策上并不总是激进的，而和中共中央相比，地方党的政策执行又通常更容易趋向激进；中共中央虽然身处农村的环境中，事实上对农村特别是农民的情况仍易隔膜。因此，这里面每一步政策变动，都和中共中央对当时内外形势的估计判断、其自身政治理念、经验教训的总结有关，和他们对争取中间派与争取根据地农民孰先孰后、孰轻孰重的政治考量有关，同时更是和地方党及其基层组织的态度、做法所带来的影响有关。[①] 罗平汉依据中共文献和中华人民共和国成立前后的土地调查等资料，对地主、富农进行了深入探讨。指出，地主的情况并非千人一面而是千差万别。旧中国的土地集中程度，并非以往宣传的那样地主、富农占有农村土地的80%，但地主、富农占有的土地仍数倍于农民亦是事实。中国共产党将减租减息转变为"耕者有其田"即土地改革，除了动员农民应对国共战争的因素外，很大程度上是一些根据地农民已不满足于减租减息，而是迫切要求分配土地，需要出台一个统一的政策。土地改革激发了解放区广大农民参军参战的热情，并且使农民对中国共产党的执政地位充分认同。[②]

近年来，随着社会学和政治学研究者的介入，土地改革研究开始从国家层面延伸到村庄层面、从制度层面深入实践层面，涉及土改运动中的权力运作、民众动员、行为机制、集体记忆等诸多内容，极大地丰富了人们对这一历史事件的细节性认知。李里峰进一步探讨了对华北土改整党运动中党组织、党员与群众三者间的互动关系，从一个侧面揭示出中国革命进程中权力运作和乡村治理的基本特征。认为，在土地改革期间，中国共产

---

① 参见杨奎松《战后初期中共中央土地政策的变动及原因——着重于文献档案的解读》，《开放时代》2014年第5期。
② 参见罗平汉《老解放区土地改革运动的几个问题》，《安徽史学》2014年第5期。

党针对基层党员干部发动了广泛而深入的整党运动。整党运动的基本特征在于让党外群众介入其间，并对基层党员干部行使审查评议之权，即所谓"开门整党"。整党运动中党组织、党员与群众之间的关系，表征了乡村权力结构和共产党乡村治理模式的深刻变化。借助群众力量进行整党，不仅可以实现对基层政治精英的有效监控，也有助于将乡村民众整合到党和国家的权力体系中来，因而对乡村治理目标的实现具有重要意义。同时指出，土改期间的整党运动，还在很大程度上彰显出运动式乡村治理模式的困境：乡村治理目标的实现只能以治理成本的成倍增加和治理形式的非制度化为代价。[①] 李里峰还从公共政策学视角出发，进一步考察了战后中国共产党土地政策的演变与执行情况，并对其中展现出的政策运作逻辑作了初步探讨。指出，抗战结束后中国共产党土地政策的演变与执行，体现了政策运作中延续与变迁、表达与实践、温和与激进、上级与下级间的辩证逻辑。中国共产党土地政策演变的前后阶段往往呈现出相互交叠的特征，政策制定者也会根据不同情形而分别强调政策的"变"与"不变"；政策执行可能偏离政策规定，政策目标与政策宣传可能背道而驰，政策制定者也可能有意利用政策执行之偏差；温和意味着团结和秩序，激进意味着斗争和活力，政策的温和与激进既是客观形势之后果，也与政策制定者的主观选择密切相关；政策执行者并非同质性的整体，上下级之间在政策演变和执行中不断互动，其间既有命令与服从，也有批评与抵制、推诿与抗拒。[②]

整党是中国共产党强化自身干部队伍建设的基本方式。随着解放战争的爆发和土改运动的发动，党内各种非无产阶级思想、意识、行为再次膨胀。为了纯洁党员干部集体、动员普通农民参军参战并彻底实现"耕者有其田"的目标，中国共产党于1947年至1949年在推进并深化土改的过程中，开展了大规模的基层整党运动。关于解放战争时期的土改整党，近年成为学界研究热点，已有成果颇丰。岳谦厚、李鑫以太岳解放区为个案，系统梳理了1947年至1949年该区土改中整党的缘起、经过、方式方法与成效。指出，太岳解放区的实践经验表明，通过此次土改整党，中国共产党强化了党员干部队伍的自身建设；肃清了党内阶级不纯的现象，混入党内的异己分子被清

---

① 参见李里峰《党组织、党员与群众——华北土改期间的整党运动》，《安徽史学》2012年第1期。
② 参见李里峰《政策运作的辩证逻辑——战后中国共产党土地政策的演变与执行》，《江海学刊》2012年第1期。

理；中农已成为农村新党员的重要力量；克服了党员发展中的"拉夫现象"、密切了党与群众的关系，并将政权逐步植根于广大农村。①

解放战争之初，中国共产党在陕甘宁、冀东、晋绥、晋冀鲁豫、山东等区域进行了以征购为特征的和平土改尝试。这一土改模式持续时间较短，在上述不同区域的进度和程度也不尽相同，与中国共产党在整个民主革命时期大部分时间内所推行的清算、没收等土改路线相比较，影响有限，因此长期以来研究不够。刘景岚选择陕甘宁边区对这一模式展开研究，指出作为中共中央所在地的陕甘宁边区，实施这一政策最早，波及范围最广，影响也最大。和平赎买政策在陕甘宁边区呈现出复杂的状态，不失为土改的一种有益尝试。② 郝正春、张玮研究了土改时期的干部，认为中国共产党在新区土改期间各项政策的贯彻执行必须依赖一定数量与质量的地方干部，但其时恰处中国共产党即将获得政权并不断巩固政权的关键时段，大批干部被分散于各项社会建设中，专注于土改的干部资源明显不足。为此，中国共产党不断采取措施积极应对，把有限的干部资源合理有效地配置于土改实践，同时努力克服这些干部因信心不足、思想不纯、经验缺乏、素质低下、纪律不严等自身局限对土改实践可能造成的消极影响。虽然各项举措并未完全达到预期效果，但对中国共产党在土改中及土改后的干部队伍建设和执政能力提升助益颇多。③ 黄进华研究了1947年春东北解放区的大生产运动。认为此时展开大生产运动，是中国共产党在内外双重压力下的合理选择。东北解放区出台一系列方针、政策，推动大生产运动逐步展开，并走向高潮。这场大生产运动为期不长，却成效显著，既成为解放战争胜利的物质保证，使东北成为抗美援朝的可靠后方，又对中华人民共和国的建设与发展产生了重要影响。④ 张晓玲考察了解放战争时期晋绥边区的物价问题。由于自然灾害、战争、农币过度发行、商人投机、币值不稳、贸易逆差等因素相互作用，边区物价短期内迅速上扬。在此情况下，边区政府在生产、金融、贸易、财政、流通等领域积极采取多

---

① 参见岳谦厚、李鑫《太岳解放区之土改整党》，《中共党史研究》2012年第7期。
② 参见刘景岚《中共"和平土改"的有益尝试——以陕甘宁边区为中心的考察》，《社会科学战线》2013年第7期。
③ 参见郝正春、张玮《新区土改时期的地方干部群体——以晋中新区为例》，《安徽史学》2013年第1期。
④ 参见黄进华《解放战争时期东北解放区大生产运动研究》，《中共党史研究》2013年第2期。

种措施平抑物价，使物价趋于相对稳定，反映了边区政府在复杂经济问题面前较强的应变和处理能力。① 张永撰文对 1929 年红四军"七大"前后朱德、毛泽东的争论做了梳理。②

于化民对中国共产党阶级与国家理论作了系统考察。在国共内战中的阶级关系变动与人民民主专政理论形成的研究中，他认为，国共内战引起了政治格局重组和国内阶级关系的重大变化，中国共产党敏锐地关注着这些变化并对自己的阶级政策作出适时调整。中共领导人没有简单地回到曾经主张过的工农民主专政，而是一再强调避免重犯历史上"左"的错误，把尽可能多的人团结到革命统一战线中来，从而最大限度地孤立国民党统治集团。工人阶级、农民阶级、城市小资产阶级、民族资产阶级虽在民主革命中的地位有所不同，但都是革命统一战线的重要组成部分。他们共同构成了"人民大众"的内容实体，成为人民民主专政的阶级基础，亦即新中国国家政权的社会基础。人民民主专政理论的产生是内战期间国内阶级关系变化合乎逻辑的结果。这种新的国家政权样式没有照搬照抄外国革命的经验，而是建立在对国内社会各阶级在民主革命以及新的社会发展阶段中的地位作用的科学认识基础之上，具有鲜明的中国特点。③ 在解放战争时期中共建国思路的研究中，强调：中国共产党自建党始，其所有工作和斗争，都是朝着彻底改变中华民族受压迫、受奴役的命运，创建一个人民大众当家做主的新中国的方向而努力的。进入解放战争后，在国共两大阵营生死较量的结局基本明朗后，这一目标的实现具有了现实可能性，中央通过制定正确的政治路线和阶级政策，实施正确的战争指导，建立最广泛的人民民主统一战线，团结和凝聚一切民主进步力量，推翻了国民党集团在中国大陆的反动统治，在敌我力量对比转换和国内战局推进的同时，中共中央适时提出建立人民共和国的任务，确立了新中国的国体政体等根本制度和大政方针，并对成立中央人民政府的程序和步骤进行了精心筹划和准备。随着新民主主义革命的胜利，中华人民共和国宣布成立，标志着资

---

① 参见张晓玲《解放战争时期晋绥边区物价问题研究》，《中共党史研究》2013 年第 4 期。
② 参见张永《1929 年朱毛之争与红军的权力结构演变》，《近代史研究》2013 年第 5 期。
③ 参见于化民《国共内战中的阶级关系变动与人民民主专政理论的形成：论毛泽东对确立新中国国体的贡献》，《中共党史研究》2013 年第 3 期。

产阶级民主革命的终结,又成为走向社会主义的起点。① 在国民革命视界中的阶级与国家的研究中,提出:国民革命为幼年期的中国共产党走上中国政治舞台的中心提供了历史机遇。共产党人不再企求在中国一步实现苏维埃式的无产阶级专政,而是运用马克思主义的观点方法剖析中国社会的基本结构,主要矛盾以及由此决定的社会性质和特点,考察各主要阶级的经济和政治状况以及对于革命的态度,并在此基础上制定了建立多阶级联合专政的政权目标。随着革命进程的推进,中国共产党内部对中国革命一系列基本问题尤其是对国民革命联合战线中各阶级地位作用认识上的分歧逐渐显现,进而形成了两种不同的革命思路和策略主张。大革命给共产党人留下极其深刻的经验教训,同时也开启了马克思主义中国化的历史进程。②

1948 年,美国人韩丁来到太行山脚下的张庄,实地观察革命来了后的中国农村,并留下《翻身》这部纪实作品,展现以 1948 年整党为中心的农村风云变幻。黄道炫选取地主申金河、新权贵王雨来、中国共产党新型干部陈书记及整党、工作队作为考察对象,对这部作品进行了再解读,试图将后世研究者通过史料阅读获得的认知与实际观察者韩丁呈现的样本,碰撞交集。从韩丁观察的张庄可以看到,中国共产党的到来给民众奠定了翻身的基础,翻身的实绩则依赖中国共产党的继续努力。中国共产党相信,坚持党的领导可以保证民众获得的权力不被重新剥夺,整党就是依靠民众、发动民众,保证民众和干部权力保持平衡的一个重要举措。从某种程度上说,在整党中,试图把自己超脱于干部和民众之外,成为双方博弈的仲裁者,这是中国共产党坚持自己的民主理念的重要努力。但在实际的利益链条中,显然干部比民众和党离得更近,在干部普遍党员化的背景下,党与干部也很难真正分开。因此,中共整党的努力还是一个需要不断提升的过程。中国共产党的强大之处不在于尽善尽美,而在于其朝着目标始终不懈地努力推进。③

抗战爆发直至解放战争时期,农民大量参加中共军队,为中国共产党

---

① 参见于化民《人民共和国的孕育与新生:解放战争时期中共建国思路的发展轨迹回溯》,《晋阳学刊》2013 年第 5 期。
② 参见于化民《国民革命视界中的阶级与国家:对中共"平民政权"思想演进轨迹的考察》,《中国社会科学》2013 年第 12 期。
③ 参见黄道炫《革命来了——韩丁笔下的红色张庄》,《近代史研究》2013 年第 3 期。

提供了雄厚的人力资源，成为中共取胜的一个决定性因素。农民为什么愿意参加中共军队？对此学界争论较多。传统观点认为，农民之所以参军，是其天然的阶级意识和地位、觉悟和民族意识使然，具有必然性。齐小林认为据此难以解释一些复杂的历史现象。因此，他结合农民日常生活的逻辑，对华北革命根据地农民参加中共军队的动机作了实证考察。阐明，1937年至1949年，中国共产党在华北的革命根据地内推行了一系列社会、政治、经济改革，使农民的阶级意识和民族意识逐渐觉醒。然而，农民在漫长的农耕社会中形成的社会文化心理和行为模式韧性极强，对其进行根本性的改造，是不可能在短时间内完成的。因此，在这两种因素的交错作用和影响下，农民参加中共军队的动机呈现出异常复杂的面相：部分人因民族意识和阶级意识的觉醒而参军，但多数人在面对中国共产党的参军动员时，其行为在很大程度上依然遵从其日常生活的逻辑。因此，在这一时期，追求物质利益、摆脱生活困境和提升政治地位成为华北农民参加中共军队的主要动机。①

吴满有是抗战时期大生产运动中著名的劳动英雄。已有研究未能充分地发掘吴满有运动对根据地、解放区农村经济发展以及新民主主义经济理论的积极影响。麦正峰的研究在这方面作出了努力。他指出，吴满有运动集奖励劳动英雄、创造模范乡村、制订生产计划和开展生产竞赛等多种工作方法为一体，成为中国共产党动员和组织广大农民发展生产的一种重要形式，尤其是开创了劳模运动的首例，使之成为中国共产党在开展生产和各项建设工作中的一种经久不衰的组织形式和工作方法。同时，吴满有运动的实践进一步深化了新民主主义经济理论。②

两淮盐业在中国盐业史上占有重要地位，而华中革命根据地的地域范围即涵盖了大部分的淮盐产区和销区。关于中国共产党经营两淮盐业的状况，尚无专文论述。周倩倩对1940年至1949年华中革命根据地的两淮盐业进行了考察。指出，1940年至1949年，中国共产党在华中革命根据地的两淮盐区展开了一系列的军事斗争和经济活动。新四军等中共华中部队经过与日伪军和国民党军的激烈争夺后，最终实现了对两淮盐场的全面控

---

① 参见齐小林《华北革命根据地农民参加中共军队动机之考察》，《中共党史研究》2014年第1期。

② 参见麦正峰《吴满有运动与新民主主义时期中共农村经济政策》，《党史研究与教学》2014年第2期。

制。中共政权通过大力发展盐业生产、建立各种形式的运销组织,成功地发展了淮盐经济。两淮盐业为华中革命根据地的巩固和发展提供了有力的物资和财政保障,对根据地摆脱日伪政权和国民政府的经济封锁、建立起独立的财政体系,作出了很大贡献。①

关于民主革命时期中国共产党领导的工人纠察队、"工人地下军""人民保安队"等,以往虽有不少研究,但就中国共产党对国民党组织的工人武装的对策及活动,缺乏深入探讨。周斌以解放战争时期国民党护工队为中心,考察了国共两党与上海工运的复杂关系,并揭示出中华人民共和国成立前夕上海地下党赢得工人拥护的原因。认为,抗战胜利后,国民党上海市党部逐渐建立起由工运党团、工人福利委员会和护工队组成的,旨在控制上海工人运动的系统。但由于国民党不能真正维护工人群众的根本利益,因而难以获得众多护工队员的信任和支持。中国共产党则从工人利益出发,通过发动工人的经济斗争,改善其生活条件和待遇,进而获得工人群众的拥护。上海地下党不仅成功地渗透、利用和瓦解护工队,且直接组织了"以工人为主体的武装自卫组织"——人民保安队,配合解放军顺利解放和接管上海。国共两党对工人利益尊重与否,不仅决定护工队内双方影响力的此消彼长,一定程度上也影响着上海新旧政权的更替。②

解放战争后期,大量山东干部南下,有力支援了中国共产党对华东及大西南地区的有效占领及接管。刘大可对山东干部南下的起因、组织与派遣的具体进程、影响等作了系统梳理与考察。认为,解放战争的后半程,人民解放军在战略决战后迅速向长江以南地区推进,大量的国民党统治区域被占领,亟待接管。山东解放区各级党组织遵照中共中央的指示,周密部署,精心组织,破除地域界限,克服多种困难,多批次、大规模地调配派遣各类干部南下广大新区,其中区党委、地委、县委、区委四级干部数量就多达数万人。山东各战略区在组织动员、人员审定、集中整训各个环节,全力以赴地开展工作,并且顺应形势的不断变化,及时推动调配工作走向系统化和正规化,创造性地完成了中央下达的南下干部配备和派遣任务。③

---

① 参见周倩倩《华中革命根据地的两淮盐业活动》,《党史研究与教学》2014年第3期。
② 参见周斌《国共政争与国民党上海护工队的兴亡》,《近代史研究》2014年第3期。
③ 参见刘大可《解放战争时期山东干部南下的组织调配与派遣》,《东岳论丛》2014年第6期。

从1949年春开始，人民解放战争进入战略追击阶段。作为中共中央、中央军委的领导核心，毛泽东直接部署和指挥了人民解放军的战略追击和清剿土匪的作战行动。于化民对此作了详细考察和深入分析。认为，在向全国进军的过程中，毛泽东根据华东、中南、西南、西北各大战场的作战对象、战场环境等实际情况，有针对性地实施不同的作战方针，探索渡江、渡海等新的作战样式及其特点和规律，为各大野战军的战略追击作战提供了正确灵活的战略指导。与此同时，制定一系列行之有效的剿匪方针和政策，指导各地迅速清除国民党军溃散后遗留下的严重匪患。战略追击和剿匪斗争的胜利，实现了中国大陆的基本统一，为新中国的建立和人民民主政权的巩固打下了坚实的基础。毛泽东高超的战略远见、灵活的作战原则和杰出的指挥艺术，不仅为战略追击和剿匪斗争提供了正确的战略指导，也极大地丰富了人民解放军的战略战术理论。①

从1945年9月中旬中共中央确立"向北发展、向南防御"的全国战略方针，由关内各解放区抽调干部和部队出关，大举进军东北开始，到1946年5月下旬长春失守，中共中央根据形势的发展变化，先后4次调整经营东北的战略方针。陈文峰详细考察了此间中共调整东北战略方针的具体过程。指出，解放战争战略过渡阶段，中共中央根据国内外形势的变化多次调整经营东北的战略方针，经历了从"控制东北门户，堵绝国民党军进入东北"，"分散兵力发展沿边根据地"，"集中兵力，堵住大门，独占东北"，"依托中小城市和广大乡村建立巩固的东北根据地"到"集中兵力进行最后一战，争夺大中城市和主要交通线"的一系列变化。东北局领导全区军民努力贯彻落实上述战略方针，取得显著成绩，为最终取得东北解放战争的胜利奠定了基础。②

中国人民解放事业中，除主战场以外，还有第二条战线，那就是国民党统治区的学生运动。金冲及从学生运动的特定历史背景及其前所未有的规模和作用两方面，深刻分析了解放战争时期的学生运动何以成为第二条战线。指出，中国青年学生有着深重的爱国传统和强烈的民族意识，而清贫的生活现状和惨淡的就业前景，使他们在苦苦寻求出路的同时，更加痛

---

① 参见于化民《论毛泽东对向全国进军作战的战略指导》，《东岳论丛》2014年第7期。
② 参见陈文峰《解放战争战略过渡阶段中共经营东北战略方针的演变》，《军事历史》2014年第2期。

恨内战，渴望和平，并在中国共产党的影响下投身学生运动。与此相对应，这一时期的学生运动经历了从小到大逐步壮大的过程，并表现出明显的阶段性。学生运动之所以被称为第二条战线，之所以在中国人民解放事业中占有如此重要的历史地位，根本原因在于：人心向背从来都在政治局势演变中起着决定作用。①

2012—2014年度，出版了一些值得注意的著作。陈铁健主编的《简明中国新民主革命通史》（上海人民出版社2011年版）吸纳了近年来最新的研究成果，叙事客观，褒贬适当，评价公允。注重准确把握历史细节，远离长期流行于世的某些过时之论、不实之说。简要阐述了中国新民主革命政治、军事史，同时对经济、思想、文化、社会等方面也有所涉及。何友良《苏区制度、社会和民众研究》（社会科学文献出版社2012年版）不仅对中国苏维埃运动整个历史过程、苏区基层政权和民众状态进行了系统、整体的阐释，而且对这段历史进行了认真反思，讨论了苏维埃制度兴替的历史价值和经验教训。郭德宏主编的《王明年谱》（社会科学文献出版社2014年版）引起学界关注，作者在多年王明研究积累的基础上，全面吸收了学界的研究成果和可能看到的资料，力求还原一个真实的王明。王明前《红旗卷起农奴戟——中国苏维埃土地革命研究》（中国社会科学出版社2014年版）在考察土地革命早期从暴动到苏维埃的进程的基础上，循历史发展的脉络，对各革命根据地的苏维埃政权、土地革命和财政经济做了专题研究。郑立柱《华北抗日根据地农民精神生活研究》（人民出版社2014年版），依据中国共产党对其培育和变革的力度，从文化、娱乐、信仰、人生礼仪、社会交往五个层面，探讨了华北抗日根据地农民的精神生活，论述了民族战争、社会变革与农民精神生活彼此依存、相互影响的互动关系。

黄修荣等著《国共关系纪实》（人民出版社2014年版），在占有丰富史料的基础上，以纪实手法全面系统地考察和叙述了自国共两党成立至21世纪初的90多年来两党关系发展的历史。

（执笔人：王士花）

---

① 参见金冲及《论解放战争时期的第二条战线》，《南京大学学报》（哲学社会科学版）2014年第1期。

第七章

民国政治史

2012 年度

2012年民国政治史研究的发展,主要体现在:辛亥鼎革前后的政治转型和历史延续性问题研究,民国法律文本和制度建设研究,北洋政府时期历史研究的探讨,梳理政治和社会、文化、学术等其他领域的互动,有关蒋介石新史料发掘与蒋介石研究的深入等。

(一) 辛亥革命与清末民初的政治转型

2011年是辛亥革命百年纪念,2012年是清帝逊位一百周年,因此辛亥革命和清末民初政治转型的研究热点持续到了2012年。学界以往关于辛亥革命的研究,大多是从和过去决裂的角度切入,强调作为中华民国肇端的辛亥革命与前朝历史之间的断裂。近年来,已有学者强调,辛亥革命后所肇建的中华民国其实延续和汲取了许多传统资源的养料。[①] 2012年6月16日至18日由中国人民大学清史研究所主办的"清帝逊位与民国创建一百周年"国际学术研讨会就主要从清末民初历史延续性的角度入手,探讨在"建国"问题上清帝逊位对维系国家领土完整和主权统一的积极意义,以及清末民初政治改革与共和观念的承继关系。

李细珠和关晓红两位学者关于辛亥鼎革之际地方督抚与辛亥时期地方省制的研究也都强调了民国初年与晚清之间的连续性。李细珠指出,至辛亥鼎革之际,中央与地方权力关系表面上演变为"内重外轻"之格局,实际上是一种"内外皆轻"的权力格局。一方面,中央收束地方权力,使地方督抚实际权力大为缩小;另一方面,清廷中央对地方缺乏实际控制力,

---

[①] 参见杨念群《"断裂"还是"延续"?——关于中华民国史研究如何汲取传统资源的思考》,"中华民国史研究的回顾与未来走向高峰论坛"会议论文。

而所谓中央集权只是有名无实。其总体表征是中央与地方权威一并流失，中央无法控制地方，地方无力效忠中央。这一"内外皆轻"权力格局的形成，其直接后果是清廷中央与地方均无法有效地应对革命，致使清王朝走向覆亡之路。另一严重的后果是掌握军队尤其是新军的军人势力的崛起，出现军人干政，导致民国初年的军阀政治。① 关晓红认为辛亥各省光复政权乃至民初政府的省制，多在清末外官改制和各省独立自治的基础上加以变通而形成。因此，辛亥年间的省制纠结实际延续了自清末以来官制改革的"地方"困扰。作者通过爬梳辛亥时期《申报》《民立报》《大公报》等朝野舆论中关于省制的方案与争论，得出结论认为：对于辛亥时期政体选择过程中出现的省制困扰，不宜单从民主与专制较量的角度立论，还应考虑时人对国家统一的向往与对分裂的隐忧。此外，由于以省为地方自治层级范围过大，东西方各国无此先例，单一制与联邦制均不适合，民初省制因此成为本土国情与域外制度纠结甚深的焦点。②

章永乐从制宪和国家建设的角度来思考辛亥鼎革前后的延续性。他在《旧邦新造：1911—1917》一书中强调南北议和、清帝退位和南北政府融合构成的"大妥协"塑造了主权的连续性，避免了国家的分裂与崩溃。同时，他也指出，建立在"大妥协"基础上的民国，国家建设先天不足，在共和宪政方面，不同阵营之间分歧严重，诉诸不同的政治整合路径，从而埋下了宪政失败的伏笔。③ 于明也从"建国"的角度来分析民初十年制宪史，他认为制宪的失败不仅因为军阀的干预，还源于辛亥鼎革并未能成功构建起一个统一的主权国家，导致了在"建国"问题上的不足，而1923年宪法及其法统被抛弃，也在很大程度上是因为当时人倾向于重新选择建国道路，以党国政治代替了打着宪政旗号的军阀政治。④

随着研究的深入，辛亥革命中一些原来为人忽视的因素受到重新审视。李良的研究通过考察各省都督府代表会，这一在辛亥革命过程中独立各省为了组建统一政府而组织起的临时权力机构，指出该机构在联合立宪派和革命派时起到重要作用，尤其是这一政治联盟选举黄兴为大元帅，大

---

① 参见李细珠《辛亥鼎革之际地方督抚的出处抉择》，《近代史研究》2012年第3期。
② 参见关晓红《辛亥革命时期的省制纠结》，《近代史研究》2012年第1期。
③ 参见章永乐《旧邦新造：1911—1917》，北京大学出版社2011年版。另见章永乐《多民族国家传统的接续与共和宪政的困境——重审清帝逊位系列诏书》，《清史研究》2012年第2期。
④ 参见于明《政体、国体与建国：民初十年制宪史的再思考》，《中外法学》2012年第1期。

大削弱了武昌首义后黎元洪的领袖地位,使孙中山回国后能够获得稳固有力的政治优势,顺利当选为临时大总统。① 洪九来研究了辛亥前后《东方杂志》对"辛亥革命"话语的表述和不断追述,指出该刊物在革命过程中从立宪派转向温和、理性的革命派,并且通过一次又一次与辛亥革命相关的特刊编辑,强化了革命、共和主义、民族主义等关键词在政治舆论中的影响力。他的研究使我们注意到较少党派色彩的商业媒体在政治文化构建中实际起到的重要作用。②

《史学月刊》2012 年第 1 期组织了"辛亥革命与近代中国民权政治"笔谈。郭世佑认为一方面不应该过高估计辛亥革命在创建民权政治过程中的实效和历史贡献,另一方面也不应该低估了辛亥革命终结帝制开启"共和"的首创之功,他强调民权政治发展必须是个循序渐进的过程。刘阿荣高度评价了辛亥革命后建立起来的宪政体制、法治精神和基本人权观念。宝成关也认为要认识到"假共和"在构建新政治秩序上的真价值,继承辛亥革命的思想遗产,也即围绕国民观念塑造新政治价值观的尝试。任剑涛指出辛亥之后孙中山从主张民权到高扬党权的转变,而辛亥之后的不断革命正是因为民权迟迟得不到落实。郭相宏反思民初制宪的挫折,认为主要原因还在于西方宪法分权和限制公权的理念与当时中国中央集权的政治传统难以调和,这是结构性的政治转型和法律移植问题。董彦斌考察 1912 年南京参议院拒绝孙中山提出的《中华民国临时组织法草案》一事,指出参议院与孙中山争夺立法权和制宪权的重要性,具有法政素养的参议员们制定的《临时约法》过于强调分权,在某种程度上导致了民初政局的不稳。③

(二) 民初政治和北洋军阀

长期以来受资料方面的限制,北洋时期历史一直是民国史研究中较为薄弱的一环,随着对民国史研究的深入,学者日益意识到这一时期承上启

---

① 参见李良《各省都督府代表会与临时大总统选举》,《中国国家博物馆刊》2012 年第 7 期。

② 参见洪九来《在场与追忆——〈东方杂志〉构建"辛亥革命"话语的历程》,《安徽大学学报》(哲学社会科学版) 2012 年第 4 期。

③ 参见郭世佑、刘阿荣、宝成关、任剑涛、郭相宏、董彦斌《"辛亥革命与近代中国民权政治"笔谈》,《史学月刊》2012 年第 1 期。

下的重要性，开始打破以往对北洋时期军阀混战、政府腐败无能的刻板印象，在充分掌握史料的基础上，展现出历史的复杂性。

从1912年1月1日南京临时政府成立到1913年7月"二次革命"的爆发，其间革命派、立宪派和北洋派为角逐中国的政权，进行若干回合的政治较量。马建标的论文从"党争"的角度来解读民初政局，认为立宪派领袖梁启超与张謇是民初党争运动的始作俑者，但他们因缺乏足够的政治力量而不得不依靠袁世凯的支持。袁世凯是民初党争的幕后操纵者。以宋教仁为代表的国民党人是民初"党争"运动的中流砥柱。宋教仁的遇刺是民初"党争"的分水岭。宋案之后，孙中山和黄兴领导国民党人重新走向了武装革命的道路。进步党人失去党争的对象，而袁世凯则以宋案为契机，不仅镇压了"二次革命"，也由此完成了权力的集中。因此，民初党争，与其说是西式的"政党政治"，不如说是中式的"派系政治"。①

1914年，袁世凯政府将清末以来陆续设置的地方审判厅裁并三分之二，初级审判厅全部裁并。这一事件成为此后整个民国时期司法与行政不分的背景，以及初级审判组织迟迟无法建立的源头。唐仕春的论文在已有研究成果的基础上，利用《政治会议议案》《政治会议速记录》及《司法公报》（北洋）等资料，从清末民初司法改革的历史脉络来进一步考察1914年审判厅大裁并的源流。作者指出，袁世凯是根据政治会议的呈覆而下令裁撤审判厅的，而政治会议的裁厅议案首先来自梁启超的"司法计划书十端"。政治会议上关于司法议案的讨论并非众口一词，而是多种声音在激荡。议员们一方面认为，借财政困难和用人不善而停办审判厅在逻辑上是不能够成立的；另一方面，财政困难事实上又成了最后作出停办审判厅决定的最主要依据。因此，可以说，袁世凯、梁启超、地方大员、政治会议等在裁撤审判厅过程中扮演了不同的角色。②

杨天宏从宏观上考察了北洋时期的政局走向。他认为，袁世凯作为北洋领袖在民国初年成为众望所归的国家首脑，但是他在主政期间却强调完善立法和强化国家行政权力，限制北洋各军事势力的权力，表现出"去北洋化"的倾向。袁死后，北洋裂变，南北对峙，皖、直两系军阀争夺"北洋正统"的招牌，作为其武力统一的"合法性"基础。然而，此时曾经在

---

① 参见马建标《袁世凯与民初"党争"》，《近代史研究》2012年第3期。
② 参见唐仕春《一九一四审判厅大裁并之源流》，《历史研究》2012年第3期。

清末民初鼎革之际被寄予厚望的"北洋正统",已经在连年军阀混战中失去了民众的支持,反而是标榜维护"法统"的国民党在苏俄帮助下另辟蹊径,跳出"正统"的藩篱,重新塑造新的政治合法性共识,也因此而奠定了后来北伐胜利的基础。①

北洋政府时期政治制度史的研究也有所进展。中华书局出版了谷丽娟、袁香甫合著的三卷本《中华民国国会史》,在相当大程度上了弥补了对民国国会史研究的薄弱,详细描述了采用西方议会制度建立的国会随着民国的肇兴而成立,又在民初党派纷争之中,走向腐败和衰落的历程。该书不仅梳理了国会制度和规则,还综述了这十几年国会所做的重要决议,有助于北洋政治史研究的进一步扩展和深入。②余杰对1916—1917年"府院之争"的研究也指出,国会在北洋时期并非无用的摆设,在民初设计的政制体系中,国会对国务院的行政权有一定的制约作用,但政府无权解散国会,因此"府院之争"一个重要原因是占国会多数的在野党与段祺瑞内阁无法调和的派系冲突。③

与此同时,新史料的出版也引起了学界的关注。比如马忠文利用新近出版的《许宝蘅日记》考察了从清帝逊位到洪宪帝制这个时期的袁世凯。许宝蘅在清末民初的中央政府任职,因此近距离接触了一些当时的政坛秘辛,其中有些记载在他的日记里。尤其是辛亥革命爆发后载沣与袁世凯的权力交接、民初政府机构及官衙转迁、袁世凯死后的评论,都有生动的第一手记载。马忠文对此日记的解读有助于学界进一步利用这一新出史料来考察清末民初政局。④

20世纪20年代初从北洋时期到国民革命的激变是学者研究的热点问题。王建伟考察了五卅运动对北洋政府的重要影响。他认为五卅运动激发了民众一致对外的民族主义情绪,而代表中国政府的北洋政权却不能相应地对此作出有效反应,尤其是1926年的"三一八"惨案严重损害了段祺瑞政府的道义基础,因此而导致的执政府倒台,不仅使北京政府失去了中

---

① 参见杨天宏《袁世凯的"去北洋化"与"北洋正统"幻灭》,《四川师范大学学报》(社会科学版)2012年第3期。
② 参见谷丽娟、袁香甫《中华民国国会史》,中华书局2012年版。
③ 参见余杰《制衡中的冲突——"府院之争"中的国会运作》,《西南大学学报》(社会科学版)2011年第6期。
④ 参见马忠文《从清帝退位到洪宪帝制——〈许宝蘅日记〉中的袁世凯》,《北京师范大学学报》(社会科学版)2012年第2期。

央政府的权威，尤其是对经济和外交的掌控权，甚至连作为"中央政府"的象征意义也不再存在，最终导致了最高政治权力的南移。① 周鼎则认为在五卅运动之前段祺瑞的临时执政府已经面临非常严重的统治危机，由于五卅运动后段政府转而支持群众运动，国共两党又把动员群众的中心从南方移向北方，使得北京的群众运动又一次高涨起来，并且发展出组织化和暴力化的特征。各派政党团体相互争夺群众的领导权，段政府羸弱无能，实际掌握北京局势的国民军又采取机会主义的态度，导致群众运动失控。貌似毫无征兆的"三一八"惨案正是在这种气氛中发生，可谓偶然中的必然。②

1924年11月，清室被国民军驱逐出故宫一事也被学者置于北洋后期北伐前夕的大背景中审视。当时尽管遗老为恢复优待条件而奔走，同情于清室的段祺瑞、张作霖等人也试图施以援手，但直到北京政府覆灭，溥仪也没能重回紫禁城。北京大学历史系博士生李坤睿的论文通过梳理时人的日记和《晨报》《申报》《京报》等当时的各种报刊资料，揭示出围绕国民军驱逐清室出宫事件的相关舆论的变化和各种政治势力之间的互动。他指出，国民军对北京的有效控制是遏制恢复优待条件的重要保证。在诸势力的互动过程中，社会舆论越发激进，时人倾向于把"共和"与"复辟"看作非此即彼的两端，并将恢复1924年11月前原状的努力等同于谋求复辟；1925年夏天"复辟文献"的发现使这一逻辑看上去获得了实证材料的支持，以至于1926年国民军出京之后，同情清室的北洋实力派为了避复辟之嫌，同情一直未能转为行动。③ 胡晓的研究则指出了国民党在溥仪出宫一事中发挥的重要作用，国民党不仅参与了驱逐溥仪出宫，还操控了出宫后的社会反响，并且积极参与了清室善后委员会的工作和创建故宫博物院，可以说是其领导的国民革命运动的重要组成部分。④

---

① 参见王建伟《五卅运动前后北京政府的认同危机与社会舆论》，《安徽史学》2012年第5期。

② 参见周鼎《危机与暴力：北伐前夕北京群众运动的政治文化研究（1924—1926）》，《四川大学学报》2012年第2期。

③ 参见李坤睿《王孙归不归？——溥仪出宫与北洋朝野局势的变化》，《南京大学学报》2012年第5期。

④ 参见胡晓《国民党与溥仪出宫事件》，《安徽史学》2012年第2期。

(三) 国民党政权的组织和动员

长期以来，民国政治史研究偏重政治人物与历史事件，而对民国时期的政治制度与法律等问题研究的深度与广度均有待进一步加强。本年度两位学者关于国民党的"党团"制度和孙中山晚年的法制思想的研究值得关注。"党团"在民国政治史中是非常独特的重要指称，专指国共两党设置于非党机构和社会团体内的秘密组织。国共两党几乎同时建立各自的党团组织，且均是对俄共相关制度的模仿。党团曾在国共两党早期历史上扮演重要角色，但由于党团组织及其运作的秘密性，对于曾经作为两党重要制度的党团，学界研究非常有限。徐秀丽《中国国民党党团述论（1924—1949）》一文无疑具有填补空白的重要意义。该文主要依据台北党史馆所藏的"五部档""汉口档"和中国社会科学院近代史研究所藏的《中国国民党党团委员训练实施纲领》等原始文献资料，勾勒了国民党在大陆统治时期党团的组织形态、活动方式及其实际运作情形。指出，党团的历史反映了国民党在执政之后的民运政策在理想与现实、制度与实际、目的与手段等诸多方面的错位。[①]

法治与党治的关系是困扰晚年孙中山的一个重要的理论与实践问题。李在全的论文从党权政治的角度分析了孙中山晚年的司法思想与实践。他指出，孙中山的革命学说因时势变化而变化，党权政治学说引入后，晚年孙中山完成了从"主权在民"到"主权在党"、从"天赋人权"到"革命民权"的思想转变。在这一过程中，孙中山认为，在革命时期，作为治权之一的司法权要掌控于国民党手中，而非超越党派政治。实践中，孙中山努力探索司法"国民党化"之道，但囿于国民党党势、党力之不足等原因，国民党掌控司法的很多举措不免流于形式。[②]

国民党政权的巩固仍然是学者关注的问题。佟德元考察了东北易帜后国民党争夺东北党权的努力，指出奉系为了与国民党竞争，一方面公开与国民党争夺东北党务领导权，使国民党成为奉系的"官党"，另一方面又打压破坏国民党试图绕过奉系在东北发展的秘密势力。因此，表面上看奉

[①] 参见徐秀丽《中国国民党党团述论（1924—1949）》，《历史研究》2012 年第 1 期。
[②] 参见李在全《从党权政治角度看孙中山晚年的司法思想与实践》，《近代史研究》2012 年第 1 期。

系军阀在国民党化,但其实他们并没有真正融入国民党。①

国民党青年运动政策和处理学生运动的态度是观察南京国民政府的执政能力与国民党党力的一个重要指标。南京国民政府建立后,随着国民党由革命党转变为执政党,国民党青年运动政策开始从"动员"转为"统制"。严海建的论文探讨了南京建政初期国民党青年运动政策转变之发起、反复,以及这一转变最终实现的历史过程,并揭示了国民党青年运动政策转型的困境。作者指出,南京建政初期国民党青年运动政策转型之所以会出现反复和摇摆,一方面体现了南京建政之初政局变动的频繁和政策转型的复杂,另一方面也反映了国民党内教育行政部门与党部、国民党中央与基层党部之间矛盾与分化。②

(四) 民国政治与社会、文化、经济等其他方面的互动关系

新兴社会组织(尤其是商会)与民国政治的互动关系也是今年学者研究的热点问题。虞和平与陈君静的研究指出商会参与"废督裁兵"运动所起到的积极意义,而且商会在1920年前后积极参政的过程中对孙中山国民革命的理念日益认同趋近,在一定程度上为国民革命和北伐的兴起做了铺垫和动员。③彭南生分析了1923年以上海马路商界联合会为基础的上海商界反对曹锟贿选的运动。这一运动表达了上海中小商人抵制曹锟贿选的坚定态度、实行国民自治的政治主张,以及通过罢税罢市给北京政府施压的具体手段。然而,由于大商人控制的上海总商会把持了领导上海商界反贿选运动的民治委员会,使这次带有强烈政治诉求的社会运动无果而终。不过,在这次运动中体现出的新兴社会力量,尤其是中小商人的政治自觉和进步态度,也给了早期共产党人理解商人阶级并制定相应行动策略的机会。④李永芳指出南京国民政府成立后,对全国商会、同业公会等改组,加强对民间社团组织的控制,商会组织的参政热情和政治活动因此而有所削弱。郑成林对抗战前夕中国商会政治参与的研究指出,改组后的商会并

---

① 参见佟德元《党权之争与奉系军阀国民党化:1929—1931年》,《安徽史学》2011年第6期。
② 参见严海建《南京建政初期国民党青年运动政策研究》,《南京大学学报》2012年第1期。
③ 参见虞和平、陈君静《1920年前后废督裁兵运动中的商会与孙中山》,《广东社会科学》2012年第3期。
④ 参见彭南生《1923年上海商界的反贿选运动——以上海马路商界联合会为分析中心》,《华中师范大学学报》(人文社会科学版)2011年第6期。

未完全失去政治自主性，相反，商会在争取选举权、参与国民会议、主导废止内战等活动中，都发挥了重要作用，表达了商人群体希望获得安定公平的经营环境和更为开明的政治环境的政治诉求。①

南京国民政府时期的大学成为透视政治与学术之间复杂关系的重要场域。蒋宝麟通过考察战前中央大学经费问题的演变，指出1921年国立东南大学在南京成立，经费完全由江苏省截留的"国税"承担。1927年南京国民政府成立后，东南大学改组为国立中央大学。此时，南京政府对中央与地方财政收支进行重新划分，直接影响中央大学教育经费的来源。此后，各方围绕该校经费的来源和数额问题展开旷日持久的博弈。直到1932年8月，中央大学经费完全由中央财政承担，学校完成教育经费层面上的"再国立化"。中央大学国立化过程中围绕经费问题的艰难演变过程，凸显了国民党治下中央与地方关系的新框架中，政治与学术的复杂关系。②王春林通过考察东北大学自1923年创立至九一八事变爆发前的发展过程，折射出奉系集团内部的特殊面相。作者指出，东北大学自创办到九一八事变前，东北大学始终处在奉系地方势力的羽翼下。建校初期，围绕东北大学的筹建与经费分摊，奉系地方势力的省际矛盾凸显出来。冲突的结果是奉天省完全主导了东北大学的经费问题与校务管理。因奉系地方势力的主导，为东北大学提供了良好的办学环境，而奉系集团的政治文化也延伸到该校中，该校因而呈现出明显的衙门化特点。③

董佳对1928—1929年南京国民政府《首都规划》的解读也很有启发。城市设计在某种程度上表现为一种有意设计的政治符号，董佳通过梳理南京城市规划的部门沿革，发现南京城作为国民政府首都的规划设计本身就涉及桂系、孙科、蒋介石等诸多政治势力的角逐，而《首都规划》的设计文本则蕴含了民族主义的政治隐喻，把传统的建筑符号与西方近代城市功能相结合，希望以此凝聚社会共识，获得统治正当性。④

---

① 参见郑成林《抗战前夕中国商会的政治参与》，《河南大学学报》（社会科学版）2012年第1期。
② 参见蒋宝麟《财政格局与大学"再国立化"》，《历史研究》2012年第2期。
③ 参见王春林《"知识与权力配合"：九一八事变前的东北大学和地方势力》，《中山大学学报》2012年第1期。
④ 参见董佳《缔造新都：民国首都南京的城市设计与规划政治——以1928—1929年的首都规划为中心》，《南京社会科学》2012年第5期。

（五）国共内战时期

内战时期的研究仍然相对较少。张皓从孙科角度来考察1948年末到1949年初国共和谈的复杂过程，他指出在这一时期短暂担任行政院长的孙科本想寻求"光荣的和平"，但在国民党政府战略决战失败的背景下，他已经很难挽回败局；另外孙科又试图阻挠桂系与中共的和谈，甚至决定行政院迁穗，造成南京政府更大的混乱，最后在中共、桂系和蒋介石的几方压力下，不得不黯然下台。[①]

1948年北平的东北流亡学生发动的"七五"事件引起学者注意。"七五"惨案并不是由中共主导的反政府学潮，而是因为东北流亡学生对北平参议会议以军训来安置他们的提案深感激愤，遂冲击市参议会会场，遭到警察镇压，酿成惨案。贺江枫认为推动"七五"惨案从学潮演化成政潮的主要力量，是国民党东北地区党内人物，尤其以国民大会代表、立法院委员为主。这一事件反映了中华人民共和国成立前夕国民政府治下社会的脆弱和紧张，学潮善后的不力更是暴露出国民党政府在内战后期中央与地方、地方与地方之间的深刻矛盾，以及国民党内部各派系的纠葛。[②] 王春林对"七五"事件的研究则强调国共争夺东北的大背景，国民党政府将东北大中学生作为重要教育资源撤到关内，却对他们的安置没有妥善安排，导致这些学生与北平地方当局的冲突。而事件发生后，政府又控制舆论将学潮与中共联系起来以自辩，这又进一步激起东北地方民众对国民政府的不满情绪，因而使国民政府在辽沈战役之前就失去了东北的民心。[③]

（六）蒋介石研究的进一步深入

随着《蒋介石日记》及相关档案材料的公布，加之国共双方意识形态对立色彩的淡化，近些年来学界关于蒋介石的研究呈现出一种明显的趋势，就是试图"把蒋介石从中国现代政治的一个标志性的符号，还原为一

[①] 参见张皓《孙科和蒋介石、李宗仁之争与国共和谈》，《学术研究》2012年第12期。
[②] 参见贺江枫《从学潮走向政潮——1948年北平"七五"惨案研究》，《南京大学学报》2012年第1期。
[③] 参见王春林《国共内战中的国民政府、地方当局与流亡学生——以1948年北平七五事件为中心》，《南京大学学报》2012年第1期。

个有血有肉的普通人物"。① 本年度出版的三部关于蒋介石的著作,都体现了这一研究趋势。

金冲及先生所著的《决战:毛泽东、蒋介石是如何看待三大战役的》一书,主要探讨的是作为国共双方最高军事统帅的蒋介石和毛泽东是怎样判断、决策和应对三大战役决战的。金先生以研究毛泽东、刘少奇、周恩来等中共领导人见长,他通过仔细排比国共双方最高统帅关于决策三大战役的相关核心史料后,得出结论认为,和中共领袖毛泽东相比,蒋介石作为国民党最高统帅掌控全局的战略决策和驾驭复杂多变局势的能力要明显逊色。辽沈、淮海、平津三大战役,对蒋介石的军事指挥才能是一次严格的检验。三大战役决战的失利暴露了蒋介石作为最高统帅的诸多弱点。其中,最为重要的一条是主观同客观实际相脱离,不全盘而细心地研究实际情况,不认真听取第一线将领的意见,一味凭自己的主观愿望和主观意志办事。由于对战场的具体情况和可能发生的变化心中无数,往往说许多空话,提不出解决问题的切实办法。平时忙于一大堆枝节问题,一旦遇到出乎意料的情况又只是被动应付,或者轻率地一再改变主意,使第一线将领无所适从,或虽有不同意见也不敢提出。这些都说明蒋介石最终在大陆失败的历史命运并不是偶然的。②

陈铁健和黄道炫两位先生合著的《蒋介石:一个力行者的思想资源》一书,是在 1992 年由香港中华书局出版的《蒋介石与中国文化》一书的基础上,根据学界最新公布的《蒋介石日记》和台湾"国史馆"的"蒋中正总统档案"等档案资料,重新设计修改完成的著作。该书在原著着重阐释蒋介石力行哲学的基础上,新增蒋介石的政治与社会文化统治资源和作为军人的蒋介石的权术、信仰、情感等部分,旨在验证蒋之力行哲学的实践效用,更加立体地呈现蒋氏的知与行。③

由汪朝光、王奇生、金以林三人合著的《天下得失:蒋介石的人生》一书,集结了三人最近几年利用《蒋介石日记》和其他历史档案文献资料所撰写的有关蒋介石研究 11 篇论文。④ 该书最突出的特点是,把对民国政

---

① 黄道炫、陈铁健:《蒋介石:一个力行者的思想资源》,山西人民出版社 2012 年版。
② 参见金冲及《决战:毛泽东、蒋介石是如何看待三大战役的》,北京大学出版社 2012 年版。
③ 参见黄道炫、陈铁健《蒋介石:一个力行者的思想资源》,山西人民出版社 2012 年版。
④ 参见汪朝光、王奇生、金以林《天下得失:蒋介石的人生》,山西人民出版社 2012 年版。

治的结构性思考与蒋介石这一核心人物的经历融会贯通起来,从而超越个别历史人物的视域,带领读者进入尺度更大更广的历史大趋势中去。比如金以林写的第三章"关键的一年",讲述了蒋介石在 1932 年经过第二次下野对执政理念和策略的反思和调整,从这一貌似平淡的一年中看到政治组织结构上的巨大变化。王奇生写的第四章"从倚重元老到闲置元老"谈的是蒋介石在羽翼未丰时先利用借重国民党元老,在权力稳固后又疏远架空这些元老的经过,他提示这一过程并非简单地用蒋介石翻脸无情就能解释,更反映了国民党代际更替的结构性变化。汪朝光写的第十章"最后的改革:金圆券发行"详述了这一公认的对蒋介石政权威信危害极大的金融改革,同时又在更大的历史视野中指出,蒋介石及其政权在金圆券改革过程中从民间搜刮的硬通货成为其后来成功退守台湾的经济保障。历史的吊诡之处,不免让人掩卷叹息。

(七) 探讨民国史研究的方法和路径

在民国政治史研究的方法和路径上,刘文楠通过介绍海外用新文化史方法研究民国政治史的代表性英文专著《唤醒中国》《塑造共和国民》《公民之辩》与《迷信体制》,展现了新文化史方法与传统政治史互补的可能性,新文化史强调核心概念和文化象征在意义嬗变与政治权力结构性变化之间的互动关系,有助于拓宽政治史的视野,突破革命叙事和现代化叙事对民国政治史的桎梏,探讨政治与社会、文化、日常生活等多方面的内在联系。[①] 黄雪垠则提出政府史的新视角,也即探讨政府如何运用技术手段(包括行政、经济、法律手段等)行使其管理职能的历史,关注行政管理技术的动态发展,从而与传统的政治史、政制史相区别和互补。[②]

由中国社会科学院近代史研究所民国史研究室主办的"中华民国史研究的回顾与未来走向高峰论坛"(2012 年 11 月 3—4 日),集聚了国内外民国史研究领域的知名学者,讨论 16 卷《中华民国史》出版之后,民国史研究"再出发"的路径和方向。其中,杨天宏提出以往民国政治史研究的两大薄弱环节,一是北洋政府时期,二是沦陷区时期,应该有所加强。

---

① 参见刘文楠《新文化史视野下的民国政治——海外民国史近著评述》,《史林》2012 年第 5 期。
② 参见黄雪垠《民国史研究的新路径探索:政府史的产生及研究视角》,《南京社会科学》2012 年第 7 期。

茅海建认为在制度史方面，尤其是"志书"的编纂上，还可以下功夫。杨念群、王奇生等提出应该打破1911年和1949年两个分水岭的阻隔，把民国史研究置于更大的时间尺度中去考虑中国近现代史的延续和断裂。王奇生、许纪霖等则提出要重新审视"革命"在民国史中所起的核心作用，尤其应该展现出"革命"在历史过程中的多元表述和行动实践。与会学者们对民国时期新史料的发掘表现出了极大的热情，但桑兵、牛大勇等也提出应该超越单纯的史料发现，进入对史料更加深入细致、更有批判性的使用和解读。

2012年民国政治史领域的学术成果和学界对未来研究方向的思考，还是有诸多暗合之处。对辛亥鼎革前后的政治转型和历史延续性的重视，对法律文本和制度建设的强调，对北洋政府时期历史研究的加强，梳理政治和社会、文化、学术等其他领域的互动关系，有关蒋介石的新史料对蒋介石研究的不断推动，都是今年本领域的亮点。相信以上对民国史未来研究方向的思考在今后几年里也会有助于本领域学术成果的不断创新。

（执笔人：罗敏、刘文楠）

2013年度

2013年民国政治史研究在反思以往研究经验的基础上，开始探索未来发展的方向。学者们就如何认识晚清与民国历史之间的断裂与延续，如何从概念史、社会史、空间思维的角度进一步拓展民国政治史的深度与广度进行了深入而有益的讨论。孙中山研究是民国政治史领域的老题目，本年度学者们一方面从方法论的角度，探讨了如何进一步提升孙中山研究的取径，同时也从微观实证角度考察了孙中山与五四新文化运动之间的关系。北洋史研究逐渐转热，成为引人注目的学术增长点。国民政府史研究也出现值得关注的新动向，研究对象由传统政治史以事件与人物为主，转向从政治文化史的分析视角考察国庆、五四等纪念活动背后的政治运作。随着抗战胜利70周年即将到来，本年度抗战史研究开始升温，抗日战争时期华北根据地、战时国民政府的内政外交措施等问题成为学者关注的重点。随着《蒋介石日记》的公布，学者们开始关注蒋介石对战后日本问题的处理。

（一）关于民国史研究方向的反思

经过2011年辛亥革命百年庆典后，民国史研究又开始了新的征程。2012年11月，中国社会科学院近代史研究所民国史研究室在成立40周年之际，邀请海内外民国史研究的知名学者，举办了"中华民国史的回顾与未来走向"高峰论坛，希望借此次论坛，总结以往研究的经验，探索未来的研究方向。与会学者的相关讨论刊发在《南京大学学报》2013年第1期的民国史研究专栏中。[①] 杨天宏指出政治史在传统历史撰述中曾居主导地位，但在西方新史学排斥政治史的取向影响下滑至边缘。新史学拓展了历史研究领地，也带来了需要正视的"碎片化"问题。桑兵则指出民国史的研究，因为起步较晚，史料极大丰富，目前尚处于发现史料的初级阶段。随着海内外相关史料的大量涌现以及科技手段的突飞猛进，坐拥书城对于学人变得轻而易举，治学应当超越发现进入发明阶段，重心由看得到转向读得懂，由做什么变成怎样做，从而进一步提升民国史研究的学术水准。他痛感史学基础工作的乏力，发出这样的疾呼"无需多日，少量的近代文献将毁损殆尽，读书种子难以安身立命，海内便无可读书之人，亦无善读之人"。杨念群指出，以往的中华民国史研究深受革命史观的影响，突出强调的是与清朝统治的断裂。而没有注意到，在民国肇建过程中，并非只是从西方引进的知识和制度在发挥着作用，清朝遗留下来的一些因素同样具有一定的建设性。

如何深化研究是学者们考虑的下一个问题。罗志田认为，民国的建立是一个从帝制到共和的"五千年之大变"，需要从更长的时段观察思考民国究竟在哪些基本的面相上带来了变化，这些变化又怎样影响了中国的政治、社会、经济和文化。立足于古今中外的常态，才能真正认识近代中国出现了不少与所谓传统中国和人类其他社会很不一样的变态。总体上，似可以更开放的心态看待发展中的共和制"国体"。杨天宏则以子之矛攻子之盾，克服"碎片化"还需借鉴国外史学的发展路径，即政治史在多学科交叉的基础上翻"新"，并对政治史的本色保持必要的学科认同，由此形

[①] 参见杨天宏《政治史在民国史研究中的位置》；桑兵《超越发现时代的民国史研究》；杨念群《"断裂"还是"延续"？——关于中华民国史研究如何汲取传统资源的思考》；罗志田《知常以观变：从基本处反思民国史研究》；孙江《切入民国史的两个视角：概念史与社会史》；叶文心《空间思维与民国史研究》，《南京大学学报》2013年第1期。

成的"新政治史"取径，或许预示了民国政治史研究的希望。孙江对于何谓"民国"的理解，将杨天宏的预想具体化。他认为历史研究切入视角不同，所见面相自异。概念史方法和社会史方法两面观民国史，当更接近真史。叶文心通过解构列文森的《儒家中国的现代转型》，提出民国史研究今后如果从空间入手，应当可以取得新的学术成果。

无论横向还是纵向或是空间构筑，学者们的讨论说明民国史有路可走，有很长的路需要走，但无一捷径。

（二）孙中山研究进一步深化

辛亥革命本身的研究，虽然随着百年庆典的落幕而渐趋转冷，但是，孙中山先生作为辛亥革命的标志性人物，仍然受到研究者的关注。《广东社会科学》杂志成为推动孙中山研究进一步深化的主要阵地。

桑兵《提升孙中山研究的取径》一文，提供了如何读懂史料的方法，认为以长编考异之法，编辑各方致孙中山函电、孙中山史事编年以及孙中山思想政见论争等大型资料集，可以前后左右比较参评各种史料史事，推动孙中山研究更上层楼。[①] 孙中山的文化思想已经有了不少的研究文章，林绪武所著《孙中山五权宪法的"中西合璧"文化解读》颇有新意。林绪武提出五权宪法并不是三权分立的扩大，而是对三权分立不足的纠正，以中国文化纠西方文化之偏，且认为五权宪法不是分权主义，而是集权主义的体现。他认为孙中山的集权主义与墨子主张相似，并在组织上带有秘密会社的痕迹。[②] 耿云志先生的《孙中山与五四新文化运动》一文，则具体分析了孙中山与新文化运动的关系。[③] 他不同意孙中山是五四运动领导者的说法，提出孙中山关注了新文化运动和五四爱国运动，因而对国民党在思想上和组织上的建设采取了重大步骤，从而开创了中国政治的新格局。他指出，孙中山和新文化领导者一样不满现状，试图从思想上反省，在改变人们的思想方面下功夫。孙中山致力于心理建设，提出"知难行易"的学说，与新文化运动领袖们的实践颇吻合。在行为上，孙中山保持着与新文化运动领袖分子密切的接触。孙中山思想历程与新文化运动领袖们的思

[①] 参见桑兵《提升孙中山研究的取径》，《广东社会科学》2013年第3期。
[②] 参见林绪武《孙中山五权宪法的"中西合璧"文化解读》，《广东社会科学》2013年第5期。
[③] 参见耿云志《孙中山与五四新文化运动》，《广东社会科学》2013年第1期。

想历程,以及五四后的青年运动是同步平行发展而又互相吸引、相互激励的。这篇文章真实地体现了孙中山与新文化运动之间的关系,是近年来相关问题讨论中最具说服力的文章。

孙中山的建设思想研究,相关论文的研究范围超出了经济建设的范畴。王先明《建设告竣时,革命成功日——论孙中山建设思想的形成及其时代特征》和赵立彬《"建设必自人民始":从"立础"视角看民初孙中山政治思想的转变》,都认为孙中山的建设思想在民国初年主要围绕着"建设必自人民始"的观念来展开。[①] 不同的是,赵立彬先生将时间限定为"民初"。王先生则总结归纳孙中山自1912年直到去世的建设思想,在时间和内容上涵盖面更广。他认为孙中山在辛亥革命后,提出了革命时代与建设时代的两个概念,并将建设放在更为重要的地位。随后,孙中山的建设思想经历了三个不同的时期,建设思想得以逐步完成和充实。他以为孙中山在民国后,形成以民权为核心、以民生为目标的思想体系。另外,黄琨《再论孙中山与民粹主义》一文[②],试图寻找孙中山社会主义思想的内在逻辑结构,认为孙中山之所以认为中国能够避免资本主义道路而直接过渡社会主义,是因为他将社会主义看作一种人道主义的制度设计,因此,他没有对社会主义必须建立在高度发达的生产力发展水平与物质条件基础上的认识,而是将社会主义看作一种制度建构,可以通过合理的制度安排来抑富助贫,消除由社会不公平引起的潜在的社会革命,从而进至公平和平等的社会。并且由于中国的社会问题还处于"未病"的状态,中国就有了先于西方各国进入社会主义的"跨越"优势。孙中山的主观社会主义与民粹主义有着根本的不同,他站在现代工业文明而不是站在农民、小生产者的立场来思考问题,采取了自认为"简单易行"的平均地权。该文的突出之处在于认为孙中山始终将民生作为建设的目标,使之具有了超越意识形态的根本动力。三位学者关心的焦点,凸显了孙中山关于中国社会发展道路的思想及其意义。

---

① 参见王先明《建设告竣时,革命成功日——论孙中山建设思想的形成及其时代特征》、赵立彬《"建设必自人民始":从"立础"视角看民初孙中山政治思想的转变》,《广东社会科学》2013年第1期。

② 参见黄琨《再论孙中山与民粹主义》,《学术界》2013年第8期。

(三) 北洋史研究逐渐升温

最近几年来，一直属于冷门的北洋史研究悄然升温。为了继续推动北京政府时期民国史的研究进一步走向细化、深化，民国史学科与四川大学历史文化学院合作举办的"第二届中华民国史高峰论坛"将议题聚焦于北洋史研究。这次会议于 2013 年 10 月 25—27 日在成都召开，来自海内外的 40 余名学者与会。会议既对北洋时期及北洋史研究作了总体概观，也从政治、经济、外交、思想文化等不同角度进行了审视。

北洋时期的立宪制度，成为研究者们探讨的学术热点。和以往批判的眼光不同，学者们将这一段历史放入中国宪政的历程中加以客观、理性地考察。叶曙明所著《国会现场：1911—1928》一书[1]，回顾了自晚清新政至北洋军阀覆亡十几年间，以开国会、立宪法为主的中国代议制民主从兴起到失败的全过程。作者对中国第一届国会议员们的贡献评价很高，认为议员们在1913 年到 1924 年，用了十余年时间，历尽艰辛制定了一部"最接近完美"的宪法。书中再现了这一特定历史时期军阀混乱、政客弄权、国会内讧、派系林立、政争纷扰的社会现实。作者以民初的事实说明，国会不等于代议政制，宪法不等于宪政，民主不等于共和。国会有可能不是代民去议政，而是代官去议政；有宪法而没有宪政环境，宪法也是一纸空文；没有自由的民主，很可能会变成多数人的暴政；民初的宪政运动充分说明，宪政之难，不是民众程度太低，而是官员程度太低，不是民众不想宪政，而是官僚不想要宪政。

杨天宏《比较宪法学视阈下的民初根本法》一文，指出民初立宪经历了一个不断积累经验的过程，并通过借用比较宪法学的眼光来审视民初的几部根本法，得出与学界已有看法不尽相同的新观点。他发现《临时约法》未必能体现民主宪政精神，所设计的是一种不仅足以导致利益冲突甚至引发战争的畸形政治体制，而 1923 年宪法无论在国体还是政体设计上，都更加符合民主宪政的原则。[2] 唐仕春《北洋时期的政治分立与司法统一》就司法实践角度观察，发现在北洋时期的多数年份里，全国绝大部分省区与北京政府都保持着司法统一。南北政治分立使南方各省与北京政府之间

---

[1] 参见叶曙明《国会现场：1911—1928》，浙江人民出版社 2013 年版。
[2] 参见杨天宏《比较宪法学视阈下的民初根本法》，《历史研究》2013 年第 4 期。

的司法关系发生了不同程度的断裂。南方各省之间的政治状态以及司法行政与审级管辖的差异导致各地司法关系断裂的不同步。促使司法关系中断的最主要因素,是南方各省建立了最高审判机关。①

李吉奎考察了中华民国第一届责任内阁——唐绍仪内阁,认为唐内阁实际上是经过协商形成的混合型内阁,实权掌握在袁世凯手中。唐本人为袁的亲信,又被南方革命党人接受,加上交通系的背景,是一个很合适的总理人选,但仍难见容于袁世凯,终至垮台。唐绍仪内阁虽然存在时间很短,但在中央政府机构的设置及官制的制定上,刑法草案及其修正等相关政策法令的制定上,采取了从传统向现代转型过程中必要的举措。唐内阁是近代中国民主宪政从理念进入实践的最初尝试。②罗毅从政治史的角度,考察了外交系与"好人政府"和"好政府主义"之间的关系,认为外交系在野时与当时主张"好政府主义"的胡适等自由派知识分子互为同道,相互声援。自由派知识分子也一度将实现"好政府主义"的希望寄托在外交系身上。在20世纪20年代初期的政治舞台上,外交系的政治资源是在中央政府统治权威走向衰败的情况下,由外交资源转化而来的,然而在当时军阀政治的背景下,缺乏武力,北京的外交系非常软弱,无法摆脱实力派军人吴佩孚的影响,沦为直系派操纵北京政局的一个工具,最终导致"好人政府"成为各方抨击的对象而倒台。③

北洋史研究视角进一步拓展。张华腾教授以民国国庆纪念为重心,考察了袁世凯对辛亥革命的态度及其变化过程,认为袁世凯对辛亥革命的认同,大致经历了一个否定—肯定—再否定的过程。④张德明通过发掘大量当时西文史料中传教士对袁世凯的看法,考察袁世凯与近代来华基督教之间的互动关系。⑤刘利民《日本越界侵渔与民国北京政府的应对(1924—1927)》一文,探讨了民国时期北京政府对日本越界侵渔问题的应对政策,指出当时的北京政府采取了许多措施,除了外交方式外,北京政府专门召开了护渔会议,制定应对政策。其中,海军护渔政策颇具亮点,在一定程

---

① 参见唐仕春《北洋时期的政治分立与司法统一》,《近代史研究》2013年第4期。
② 参见李吉奎《论民元的唐绍仪内阁》,《学术研究》2013年第2期。
③ 参见罗毅《好政府主义·好人政府·外交系——1920年代初北京政治生态一瞥》,《史林》2013年第2期。
④ 参见张华腾《袁世凯对辛亥革命的态度及其变化——以民国国庆纪念为重点的考察》,《史学月刊》2013年第5期。
⑤ 参见张德明《袁世凯与近代来华基督教》,《史学月刊》2013年第8期。

度上打击了日本侵渔行为。江浙地方政府亦采取了一些抵制措施。但由于多种原因,日本侵渔现象并未遏制,反而加剧。①

过去较少关注的边疆史事进入研究者的视线。辛亥革命后,在国家政制转型的关键时期,英国加紧对西藏侵略,策动西藏分裂,川边、滇边政局随之动荡。吴燕和刘一民合写的《尹昌衡西征三题》一文,记述了四川都督尹昌衡率军西征平叛的历史过程,指出尹之西征对初创的共和国是有力支持,它维护了国家领土主权和民族团结,推动了边藏地区的近代化转变,为后来的边地建设奠定了基础。②

(四) 国民政府史研究的新动向

本年度国民政府时期历史研究出现了一个值得注意的新动向,研究对象由传统政治史偏重研究历史事件和人物,开始转向关注国庆纪念日、五四纪念活动等政治文化现象,考察国民党是如何通过整合和运用文化资源来强化其政治统治的。郭辉《北伐前后国民党对国庆纪念日的整合与运用》一文,考察了北伐前后国民党对国庆纪念日的整合与运用,指出国民党由在野党成为执政党,利用国庆纪念日的方式和策略也随之发生从消极抵制到积极运用的转变,表达其政治利益诉求。③ 张艳通过考察南京国民政府成立初期对五四运动的纪念情况,指出,自1930年起,为了配合意识形态的重建和宣传,南京国民政府对五四纪念的重视程度与1927年之前相比大大增强,通过建构自己的五四话语系统来论证自己的政治合法性。但国民党对五四的态度又是充满矛盾的:国民党需要五四的爱国主义、民族主义等巨大的思想资源来号召青年,却又害怕学生被动员起来后扰乱其统治秩序,甚至被共产党利用;它认为五四运动是国民革命链条上的一环,却又批评它没有三民主义指导;它看到了五四新文化运动在民众思想革新方面的价值,同时也注意到其自由、民主的价值取向以及否定传统的态度对重建政治、文化秩序的潜在威胁。五四"缺点"的被发掘,成为南京政府由新生政权向稳固政权转化后逐步限制乃至取消五四纪念活动

---

① 参见刘利民《日本越界侵渔与民国北京政府的应对(1924—1927)》,《抗日战争研究》2013年第3期。
② 参见吴燕、刘一民《尹昌衡西征三题》,《近代史研究》2013年第3期。
③ 参见郭辉《北伐前后国民党对国庆纪念日的整合与运用》,《史学月刊》2013年第7期。

的主因。①

社会生活很难与政治截然分开,民国时期电影检查制度的发展离不开政治因素的影响。汪朝光《影艺的政治——民国电影检查制度研究》一书,通过研究电影检查制度在民国时期的发展历程,认为道德教化的关怀与民族主义情感是创立民国电影检查制度的两个基本元素。作者指出,推动电检制度出台的关键因素是,民国时期的中国,仍然积贫积弱,人们希望作为舶来品、新兴艺术的电影发挥正面的教育作用,而不是首先作为一门娱乐或产业。从这个意义上讲,当时的民国文化教育界,要比北洋政府和国民政府更热衷推动电检制度出台。但是,到了国民党统治下统一的、严格的中央电影检查制度建立后,意识形态因素之作用日渐渗入电影检查,政治性压倒了一切。文化教育界人士对这一制度的态度,从支持变成反感、抵制。②

(五) 抗战研究开始"预热"

随着抗战胜利70周年的临近,2013年度学界关于抗战史的研究成果提前预热,成果颇丰。学者们从抗日战场、战时内政、大后方研究等各个不同的角度展开细化研究,并有几部厚重的作品面世。

《华北抗战史》一书对于抗战时期该地区的抗战历史进行了全面的记述。③该书突出之处在于:明确七七事变以后,华北地区国共双方结成了广泛的抗日民族统一战线,两军顽强地坚守在华北大地;对华北地区国民党的抗战,作了完整的介绍。抗战之初,国民党中央确立了游击战方针,第二战区以山西为根据地,以冀察和苏鲁为敌后游击区,在华北开展游击战。并指出华北作为国民党游击战的重点区域,作为抗日的正规军在敌人后方的存在,牵制日军、破坏交通,发挥了积极的作用,涌现出不少抗日英雄。同时指出,国民党游击战由于战术上侧重于对正面战场的配合,丧失了许多歼灭日军的战机;另外,在敌后制造摩擦,削弱了抗战的力量。抗战进入相持阶段后,国民政府开展了"冬季攻势",进行了大张旗鼓的部署,恢复了五原和绥西等地,并消灭了一些敌人的有生力量。该书详细

---

① 参见张艳《南京国民政府初期的"五四"纪念》,《史学月刊》2013年第6期。
② 参见汪朝光《影艺的政治——民国电影检查制度研究》,中国人民大学出版社2013年版。
③ 参见李茂盛、杨建中、马生怀《华北抗战史》(上、下),山西人民出版社2013年版。

地介绍了1941年5月至6月,日寇发动以驱除国民党正规军为目的的中条山战役,强调此役之后,"华北的游击战便由中共军独占了"。该书呈现出了这样的历史事实:国民党在华北,抗战初期颇为活跃,抗战中期有所努力,但是总的趋势是越来越弱;而中国共产党相反,则是越战越强。对于日、国、共三种力量在华北的消长进行了全面的概述。郭贵儒著《河北沦陷区伪政权研究》一书将重心转向研究抗战时期华北地区的伪政权。[①] 该书的特点在于介绍了日伪当局对于河北的层层统治,即华北治安维持会的组织结构,伪省公署的辖区,县署的组织系统,乡镇、保甲的基础伪组织,进一步指出日本对河北的操控不同于伪满,对省、道、县通过以"顾问""辅佐官""联络员"为主的第二线来操控决策权和人事权,以体现"以华制华"的特色。书中采用统计学的方法,借助不少图表和统计数字以说明问题。刘志鹏、方艳华著《国民党华北党政军联合办事处探析》一文[②],探讨了七七事变之后,国民党在组设的华北党政军联合办事处的组织机构及沿革、自身运作情形及对党政军系统的联络推动,展示了沦陷区特殊的社会政治处境下国民党的生存状态及其为化解民族危机所进行的调整以及存在的问题。上述三种论著,从不同的角度,呈现抗战时期华北地区的国民党、共产党和伪政权的真实状况,弥补了以往对该地区该时段研究的缺乏。

在已有研究基础上深入发掘史料,以便于解决一些疑难问题,是一些学者努力的方向。曾景忠《有关高桂滋师参与平型关战役之评析》一文,通过考评指出高桂滋师在平型关战役中的贡献和牺牲,即使与备受赞誉的林彪师相比,亦绝不相让,而在抗战史的记述中却有霄壤之别,这是不公正的。[③] 潘洵等著《抗日战争时期重庆大轰炸研究》一书,在前人研究的基础上,使用了大量的原始资料,使重庆大轰炸的历史事实更为清晰。[④] 徐锋华所著《身份、组织与政治——宋庆龄和保盟—中福会研究(1938—1958)》则以保盟—中福会的成立、沿革、工作内容、运行机制为主要内容,以宋庆龄为中心,梳理了保盟—中福会从抗战至1958年中华人民共

---

① 参见郭贵儒《河北沦陷区伪政权研究》,人民出版社2013年版。
② 参见刘志鹏、方艳华《国民党华北党政军联合办事处探析》,《近代史研究》2013年第6期。
③ 参见曾景忠《有关高桂滋师参与平型关战役之评析》,《抗日战争研究》2013年第3期。
④ 参见潘洵等《抗日战争时期重庆大轰炸研究》,商务印书馆2013年版。

和国建立初期,这一延续了七十多年的特殊组织的历史,揭示其与国民政府、人民政府两个政权结成的复杂关系,体现社团与国家间复杂的关系,展现了宋庆龄政治生涯的一个重要侧面。①

抗战时期国民政府内政方面的措施也为学者们关注。如陈红民、罗树丽《抗战期间蒋介石兼任四川省政府主席述论》一文,考察了蒋决定亲自兼四川省主席的现实考虑以及主政四川一年多的各种政策,肯定了蒋把四川建设成为安定的抗战大后方所起的积极作用,同时指出蒋也借机强化了中央对四川的控制,并进一步分析了蒋驭政之术。② 房列曙《抗战时期国民政府干部训练探析》一文,考察了抗日战争时期国民政府通过在全国举办各级训练团、所,训练200多万国民党党政军干部的具体行政操作。③《战时国民党监察网》作者王舸、何志明在文中指出抗战时期,国民党为了强化对党员的控制,建立了党员监察网制。这一制度带有浓厚的特务色彩,与当时实施的新县制有着密切的关系。这种特殊的党内监督的方式,暴露了以蒋介石为代表的国民党领导人缺现代政党观念,在党务建设上,不是从组织形态层面解决问题,而是回归传统寻求支撑。④ 刘萍《1942年蒋介石裁冗移民令的缘起与流产》一文,介绍1942年9月,蒋介石密令裁撤中央机关公务人员移送西北,从事开发工作,以达到解决政府经济困境和巩固边疆的目的。但因该令不仅违背现实,也触动了被裁各机关和个人的利益,遭到各方抵触和反对,从而导致裁冗移民计划的流产。⑤ 罗敏《抗战前期蒋介石对中共态度的演变——基于国际背景因素的考察》一文,梳理了抗日战争爆发后蒋介石对中国共产党态度的变化,指出西安事变后,他坚持以政治胜利者的姿态"收编"中国共产党,导致抗战爆发前两党之间的关系一度陷入僵局。1937年底南京失陷后,蒋出于外交方面联苏的现实考虑,对中国共产党的态度出现好转,国共关系进入以"合作"为主的"蜜月期"。随着苏联对华抗战重要性逐渐减弱,蒋的对外政策重心转向联合英美,加之中共武装力量的迅猛发展,1939年底,蒋之对中共政

---

① 参见徐锋华《身份、组织与政治——宋庆龄和保盟—中福会研究(1938—1958)》,上海书店出版社2013年版。
② 参见陈红民、罗树丽《抗战期间蒋介石兼任四川省政府主席述论》,《抗日战争研究》2013年第4期。
③ 参见房列曙《抗战时期国民政府干部训练探析》,《安徽史学》2013年第5期。
④ 参见王舸、何志明《战时国民党监察网》,《抗日战争研究》2013年第3期。
⑤ 参见刘萍《1942年蒋介石裁冗移民令的缘起与流产》,《抗日战争研究》2013年第3期。

治发生逆转,回到"剿共"的老路上。①

抗战时期,兵源和治军之重要,不言而喻。隆鸿昊《抗战时期湖南兵役初探》一文,研究了抗战期间,湖南省当局为推动兵役工作所建立的机构和采取的措施,揭示兵役工作中存在的严重弊端。②陈默所著《抗战初期的国军整理:部队的整补扩充和新编制的形成(1937—1938)》一文,指出抗战初期的16个月中,国民党军一面对日作战,一面持续对野战军、师进行补充和整理,逐渐形成了一套较为成熟的整军标准,并开始采取轮训的方式整补既有部队。同时,着力于扩大部队数量,增加新的军和师。在编制上,改制战前采用的调整师,1938年12月确立了国军的新编制。③

以往学界对于国民党及国民政府的研究比较忽略边疆和少数民族地区,赵峥《"党化"边疆:抗战时期的国民党西康党务活动》和王尤清《国民政府在贵州少数民族地区的抗战动员》对此有所弥补。赵峥选择西康这一特殊地区,从组织发展、党员构成、宣传动员等不同层面入手,叙述抗战时期国民党在西康地区组织开展的各项活动,通过考察其过程、成效以及存在的问题,揭示战时边疆党务的组织和运作实态。王尤清则关注国民政府在少数民族地区的抗战动员,指出动员内容涵盖政治、经济、军事、文化等方面,主要由国民政府、国民党以及半官方的社会团体组织发起,通过抗战宣传、教育强化、组建抗战团体和兵役运动等方式,使少数民族同胞对国民政府的抗战政策形成社会共识,同时增强少数民族对国民党政权合法性的认同,加强国民政府对少数民族地区的社会控制。④

(六) 关于战后对日处置问题

抗日战争胜利后,蒋介石对日问题处置主要是基于对战后国共内争的现实需要,其对日本战俘和侨民问题的处置对战后国家的重建产生了深远的影响。汪朝光《抗战胜利的喜悦与对日处置的纠结——由蒋介石日记观其战后对日处置的一面》一文,旨在说明战后蒋对日处置具有双面性特

---

① 参见罗敏《抗战前期蒋介石对中共态度的演变——基于国际背景因素的考察》,《抗日战争研究》2013年第3期。
② 参见隆鸿昊《抗战时期湖南兵役初探》,《抗日战争研究》2013年第3期。
③ 参见陈默《抗战初期的国军整理:部队的整补扩充和新编制的形成(1937—1938)》,《抗日战争研究》2013年第1期。
④ 参见赵峥《"党化"边疆:抗战时期的国民党西康党务活动》、王尤清《国民政府在贵州少数民族地区的抗战动员》,《抗日战争研究》2013年第1期。

质，即一方面对抗战胜利感到喜悦与欢欣，另一方面出于对未来中国走向的考虑，为了应对即将来临的国共对垒，蒋又希望在接收过程中得到投降日军的合作，以便获得更多的地盘与物资。因此，蒋之所以在战后提出对日"以德报怨"，除去中国传统文化的影响以及"不念旧恶""与人为善"等因素之外，现实需要仍然居于重要的地位，不无私心自用之举。蒋介石当时矛盾纠结的心态是基于对当时情势的判断，但他也为此付出了一定的代价。[1] 鹿锡俊依据《蒋介石日记》与相关原始档案，考察了1945年抗日战争胜利至1949年大陆政权更替，蒋介石和国民党是如何处理包括战俘与侨民在内的侵华日本人的。作者揭示了蒋遣返日俘的多重性质，展现了留用日籍技术人员的目的及基本方针的变化，还分析了国民党在大陆崩溃前后蒋招聘日籍军事教官和组建"中日义勇军"计划的前因后果。得出结论认为，战后两党相争以两党隔海对抗为结局，和日本人发挥的作用有密切关系，在研究战后的国家重构时，日本人所充当的角色是一个不可忽视的因素。[2]

（执笔人：贺渊）

2014 年度

2014 年的民国政治史研究继续呈现选题多样，论述深入，热点突出，社会关注度高的特征，研究论题涉及政权交接、革命话语、制度变迁、民国人物等诸多领域，著作和论文成果丰硕。

（一）民国建立与北洋政治史

纪念辛亥革命 100 周年前后，关于清帝退位诏书问题，曾经引起学界的热烈讨论，关注此问题的学者撰写了不少论著，讨论延及 2014 年。针对有些学者认为，《清帝退位诏书》授权袁世凯组织共和政府，以"禅让"方式实现了"主权转移"，民国主权的合法性由此得以实现；由于清

---

[1] 参见汪朝光《抗战胜利的喜悦与对日处置的纠结——由蒋介石日记观其战后对日处置的一面》，《抗日战争研究》2013 年第 3 期。

[2] 参见鹿锡俊《蒋介石与战后国共相争中的日本人角色》，《抗日战争研究》2013 年第 1 期。

帝拥有"天下共主"地位,诏书的颁布使中华帝国得以避免同期奥匈帝国类似的分裂命运,促成了"五族共和",因而退位诏书实乃"建国"纲领,堪比《临时约法》。杨天宏在《清帝逊位与"五族共和"——关于中华民国主权承续的"合法性"问题》一文中提出自己的看法,认为民国是革命建国而非前朝皇帝授权变政;君主专制与民主共和分属两种不同的政治体制,各有"法统"和"政统",法理上不可能存在权力授受关系。即便是承接诏书的袁世凯,其总统权力也是严格按照民国法定程序,通过选举,由民国参议院颁玺授予;从时间上讲,民国成立在前,清帝颁诏退位在后,逻辑上前者也不可能由后者授权创建。民国政府"五族共和"的主张及维护领土主权的内外努力,虽未完全保住既有疆土,却也避免了全局性崩盘,这一历史事实,不应漠视。①

在中国传统政治文化中,改朝换代是惨烈的,"君死社稷,臣死封疆,士死制","死"构成了一种政治规约。但在1912年前后,在家国与种族的种种缠结当中,"坚守"丧失了合法性以及价值支撑,"妥协"则成为"奉天时""循尊养"的正当表达。沈洁在《"家""国"与"满""汉"——再论清帝逊位和1912年大妥协》一文中讨论了辛亥、壬子鼎革的政治文化主题,认为清帝逊位和1912年妥协是中国政治文化的一次剧变,这不仅在于完成从帝制到共和的转折,还在于这场妥协更新了传统意义上的"改朝换代"。西方世界的革命与现代转型大多循契约而成,这种由契约精神引领的妥协在中国传统政治中并不多见。因此,如果将妥协视为议会、宪政的一种基本原则,那么,辛亥年底的这场大妥协即具备了更为特殊的意义。革命,因种族之辨聚拢而成,又在形成风暴之日迅速摆脱、超拔出这种单一的动员策略,进而"家""国"与"满""汉"在平衡中达成和解。从"反满"到共和,撼动的不仅是帝制,还在形式上终结了帝制时代的政治文化。② 同样是"革命"主题,陈忠纯在《"革命"的负面化与民初政争形势的发展》一文中,认为辛亥革命后,国人"革命"情绪急遽消退,由竞言"革命",转为讳言"革命",以至忧心"革命"再起。"革命"形象的迅速负面化源于国人对"革命"的认知,也与旧官

---

① 参见杨天宏《清帝逊位与"五族共和"——关于中华民国主权承续的"合法性"问题》,《近代史研究》2014年第2期。

② 参见沈洁《"家""国"与"满""汉"——再论清帝逊位和1912年大妥协》,《华东师范大学学报》(社会科学版)2014年第3期。

僚及立宪派的推波助澜密切相关，而革命党人未能挺身为"革命"辩护，加速了"革命"信仰的失落。革命前后国人对"革命"态度的强烈反差，说明"革命"尚未成为国人的"集体信仰"。作者认为，当时国人眼中的"革命"更多的还是类似于传统的改朝换代，故被许多人视为"暴力""破坏"的代名词，民国成立，其合法性亦不复存在。①

除了讨论前述的主权承续与革命政治文化之外，桑兵在《接收清朝与组建民国》一文中侧重从中央机构、人事、财政等方面探讨政权更迭中的交接问题。该文指出，南北和议告成，国务院成为统一民国政府的权力中枢，也是各方角力的关键。南京临时政府自认为是中国唯一具有正当性的共和政权，而清朝末届内阁总理全权大臣袁世凯变身统一临时政府的大总统，千方百计将阁府部院当作民国的北方政府。作者认为，接收清朝旧署与建置民国新部的南北新旧之争相纠葛，频起风潮，新政府的成立及其运作举步维艰，作为责任内阁的国务院无形中大幅度被弱化和虚化。② 陈明《民初政体重建与〈中华民国临时约法〉之省制缺失》一文，主要聚焦于南京临时政府方面。该文认为，辛亥革命爆发后，共和制取代君主制成为共识，但取法何种模式及形制，不同政治力量在角力中探索。南北统一后，为限制袁世凯独霸政权，保存共和果实，孙中山在规划未来政制时，试图划分中央与各省权限，但同盟会内部意见分歧，时势倾向建立强有力的中央集权政府，《中华民国临时约法》未能对省制及中央与各省权限予以规定。作者指出，这一缺失把北京临时政府时期的省制构建，置于各派政治力量角力之下，并成为此后政局不稳、社会动荡的肇因之一。③

在很长的一个时期内，北洋政治史是民国政治史研究中的薄弱环节，有鉴于此，由中国社会科学院近代史研究所民国史研究室与四川大学历史文化学院合办的"第二届中华民国史高峰论坛"于2013年10月在成都举行，会议主题聚焦于民国时期的北洋史。此次会议一些文稿在2014年陆续刊发。罗志田在《民国初年尝试共和的反思》一文中，认为民初袁世凯时期，告别数千年的帝制，尝试一种前所未有且所知不多的全新政治体

---

① 参见陈忠纯《"革命"的负面化与民初政争形势的发展》，《北京师范大学学报》（社会科学版）2014年第1期。
② 参见桑兵《接收清朝与组建民国》，《近代史研究》2014年第1、2期。
③ 参见陈明《民初政体重建与〈中华民国临时约法〉之省制缺失》，《广东社会科学》2014年第5期。

制，是整个中国历史上一个举足轻重的过渡时期。从长时段来看，"共和"与"专制"是竞争的关系，若民国能让人民感觉比过去更好，新政体便固若金汤，但问题是，不少士人以革命的眼光看待共和，重视社会甚于政治，民国不如清成为很多新旧士人的共识。作者指出，其实这更多或是那些关注社会革命的读书人代民失望，一般老百姓似未见那么多不满；这些错综复杂的矛盾现象提示研究者，需要以长程的历史眼光具体考察民初尝试共和期间方方面面的变与不变。① 桑兵在《从北洋军阀史到北京政府时期的民国史》一文中指出，长期以来，革命与军阀统治这两条线索的不断冲撞被描述为这段历史的主线，"北洋军阀史"遂成为这段历史的通称。但这样的指称不仅与当时实情有所出入，而且导致种种偏蔽和局限。实际上，北京政府时期恰是中国政治、经济、文化、社会承前启后的重要时期，历史内涵复杂而丰富。② 台湾学者唐启华在《北洋视角与近代史研究》一文中认为，若从北洋的视角来考察近代史，从清末到抗战，北洋派都是重要的政治、军事、外交力量，甚至在实业、司法、教育等方面，都举足轻重，这期间许多历史脉络的连续性可能超过断裂性，故此，北洋时期实不宜只被视为无足轻重的过渡时期。③

前述的北洋史论述侧重于总体层面，也有不少具体的个案研究。邓野所著《巴黎和会与北京政府的内外博弈：1919 年中国的外交争执与政派利益》一书，从书名来看，是一本关于中外关系的专书，其实更多涉及国内的政派纷争。该书从巴黎举行的世界和会与上海举行的中国南北和会切入，把 1919 年前后中国政治的派系林立、矛盾冲突纷然杂陈的历史呈现出来，并勾勒出徐世昌、顾维钧、吴佩孚等历史人物的形象。作者指出，巴黎和会就其本身而论，只是一个纯粹的外交意义上的国际会议，但是外交是内政的继续，在南北分裂、派系林立的特定条件下，外交不可避免地卷入政争。1919 年的五四运动并非一场纯粹的下层学运，大批职业政客，尤其是失意政客，纷纷加入学潮与政争的行列，从中谋取自身利益的最大化，可

---

① 参见罗志田《民国初年尝试共和的反思》，《南京大学学报》（哲学社会科学版）2014 年第3 期。
② 参见桑兵《从北洋军阀史到北京政府时期的民国史》，《南京大学学报》（哲学社会科学版）2014 年第 3 期。
③ 参见唐启华《北洋视角与近代史研究》，《南京大学学报》（哲学社会科学版）2014 年第3 期。

以说五四运动既是学潮，又是政争。① 陈明《沟通中央与各省的努力——民国元年行政咨询员选派及分歧》一文认为，行政咨询员是袁世凯政府在实施一系列中央集权政策受到各省抵制后，仿效前清督抚派员参与外官改制的旧例，旨在疏通中央政府与各省都督间意见的产物。袁世凯及政府对行政咨询员的态度随着时势发生变化，终因在对行政咨询员的性质及权限的认知上中央与各都督存在较大分歧、行政咨询员的职责发挥受到很大限制，无疾而终。② 彭南生在《政争、权争与派系之争：上海商总联会分裂原因初探》一文中，考察了1921年上海商界总联合会分裂为以陈则民为代表的旧总会和以赵南公为中心的新总会的矛盾与分裂原因，认为政见的分歧是双方对立的基本原因，权力争夺是彼此角力的关键因素，在政争、权争与派系之争的背后，既掺杂着宁波帮与非宁波帮之间复杂的地缘因素，也存在着内部制度设计不合理、商联会成员社会成分复杂等组织缺陷。作者指出，通过该个案研究可考察商人团体参与政治的深度及其所受到的冲击，也可透视出外部政治力量对商人团体的渗透及其所带来的影响。③

（二）国民政府时期的政治史研究

沈成飞在《广州官产投变事件中的革命政府与地方社会》一文中，考察了国民政府前身的大元帅府的政治、财政与地方社会问题。因为客军盘踞省垣，控制税捐，1923年的广州大元帅大本营穷于应对。为从财政上支持大元帅府讨伐沈鸿英、东征陈炯明与北伐统一的事业，孙科治下之广州市政厅以投变广州官产的方式进行筹款，但其手段显有强取之嫌，一度造成社会秩序混乱。无疑，此举对广州革命政府形象、民众对政府的认同、地方社会发展及政局稳定均产生较为负面的影响；但从积极方面看，官产投变收入为大元帅府的正常运作，及讨沈、征陈和北伐军事斗争，提供了基本的财力支持，顺应了近代中国革命统一的历史大势。④ 关于北伐前后的政治史，陈红民、潘建华《从"转向革命"到"被革命"——对黔系

---

① 参见邓野《巴黎和会与北京政府的内外博弈：1919年中国的外交争执与政派利益》，社会科学文献出版社2014年版。
② 参见陈明《沟通中央与各省的努力——民国元年行政咨询员选派及分歧》，《学术研究》2014年第3期。
③ 参见彭南生《政争、权争与派系之争：上海商总联会分裂原因初探》，《史学月刊》2014年第8期。
④ 参见沈成飞《广州官产投变事件中的革命政府与地方社会》，《历史研究》2014年第4期。

军阀参与北伐的历史考察》一文，讨论了以袁祖铭、彭汉章、王天培为首的黔系军阀与国民政府的关系及其参与北伐的过程，作者认为，在国民革命与北伐战争的大环境之下，黔系军阀从"革命"的对象转变为"革命"的参与者，最终又以"不革命""反革命"而被消灭的历史过程，揭示了当时"革命""反革命"等话语的任意性、专断性。1927年"四一二"事件后，东征讨蒋抑或继续北伐成为武汉政府不得不面对的棘手问题。① 易凤林在《"四一二"政变后武汉政府北伐东征之争及其影响》一文中对此作了讨论，该文认为，苏联顾问鲍罗廷主张北伐，共产国际代表罗易主张东征，双方激烈争辩。国共双方在鲍、罗争论中摇摆不定。虽然联席会议最终通过了北伐决议并付诸实施，然而局势变化使事态旋即逆转。冯玉祥的倒戈、南京政府的军事威胁等促使武汉政府不得不放弃北伐，转而实施东征讨蒋。因无可靠军事力量支持和政府内部分化等原因，东征很快中断，陷入尴尬境地，最终武汉政府无奈地与南京政府合流。②

1927年，南京国民政府成立及次年北伐胜利后，以蒋介石为代表的国民政府在重建政治统治秩序的过程中，不断受到来自中央与地方各种力量的掣肘与挑战，其中最大的离心力，是两广地方实力派和以胡汉民、汪精卫为代表的粤籍政治人物。罗敏所著《走向统一：西南与中央关系研究（1931—1936）》一书，利用最新公布的《蒋介石日记》及其他相关人物的日记、信函等资料，从国家政权建设角度，通过勾勒以蒋介石为首的南京政府如何应对和解决西南问题，展示蒋介石作为政治领袖的成长与局限；同时兼顾地方视角，通过还原胡汉民及其周围相关人群的活动轨迹，审视在中央集权重建过程中失势政治人物与地方政治势力的生存困境。该书认为，20世纪30年代西南与中央之间的争斗，既是中国政治传统上的中央与地方之争，也是国民党内部派系斗争的结果；以蒋介石为首的南京政府虽积极推动内部整合，但并未从制度上根本解决中央与地方矛盾产生的根源，西南与中央之间团结的形式虽告成功，但并未从实质上增进统一

---

① 参见陈红民、潘建华《从"转向革命"到"被革命"——对黔系军阀参与北伐的历史考察》，《社会科学辑刊》2014年第4期。

② 参见易凤林《"四一二"政变后武汉政府北伐东征之争及其影响》，《军事历史研究》2014年第2期。

之效率。① 曾辉《"党""国"之间：论国青合作之形成（1931—1938）》一文，考察了九一八事变后，青年党与国民党关系的缓和、妥协、合作之过程，认为在这过程中，国难与反共是两党合作的基础，而"宪政"与"训政"之分则是合作的主要障碍。双方均在自身利益与国族利益之间权衡博弈，最终在"党""国"之间寻获大致平衡，共同步入抗战建国的历史进程中。②

关于国民党政权为何覆灭是民国政治史研究一个饶有兴趣也是常谈常新的问题。汪朝光在《进退之间的博弈——战后东北苏军撤离研究》一文中，指出苏联对日宣战及其后苏军进驻东北，对于中苏两国的战后因应具有不同的意义。苏联通过进军东北，可以获得更多的国家利益，扩张其势力范围。国民党则对于苏美两强相争的国际环境和国共两党相争的国内环境，一直缺乏明晰的判断和清醒的认识以及相应的战略战术，最终结果不仅苏军未能按期撤离，而且国民党也没有因此有何收益。作者指出，这样的结果预示着国民党在此后东北争夺中败于共产党的最终结局。③ 李翔在《最后的挽歌——国民党军队覆灭之际的政治工作（1948—1949）》一文中，探究了国民党在大陆溃败前夕的政治工作。1948年国民政府面对军事局势的快速恶化，用政工局取代新闻局，以加强政治工作。但政治工作同样流于形式，官兵战斗力的低迷、军民关系的陌路与敌对，说明政治工作的功效完全丧失。南京政府的正统性被越来越多的民众所抛弃，政治工作犹如国民党政权行将就木之际的一曲挽歌，无力哀叹着南京政府在大陆的统治走向崩溃。④

从法律与制度角度考察国民政府的变化与调试，不失为一种较佳的观察视角。朱英在《二十世纪二十年代商会法的修订及其影响》一文中，考察了20世纪20年代中后期，随着国民党推行的商民运动逐步兴起与扩展，商会遭遇前所未有的生存危机。修订商会法以确保自身存在与发展的

---

① 参见罗敏《走向统一：西南与中央关系研究（1931—1936）》，社会科学文献出版社2014年版。
② 参见曾辉《"党""国"之间：论国青合作之形成（1931—1938）》，《安徽史学》2014年第4期。
③ 参见汪朝光《进退之间的博弈——战后东北苏军撤离研究》，《南京大学学报》2014年第6期。
④ 参见李翔《最后的挽歌——国民党军队覆灭之际的政治工作（1948—1949）》，《江海学刊》2014年第4期。

合法性，成为许多商会的强烈诉求，对此，国民党起初采取的策略模棱两可，但在南京政府建立后，从"革命的破坏"进入"革命的建设"新阶段，对商会性质与作用的认识也有所改变，最终于1929年8月颁行新商会法，商会随之安全度过政治危机而得以继续合法存在。作者认为，此次商会法的修订不仅动因独特，而且进程复杂，商会主动参与的程度也较深，但总体而言，依照新商会法改组后的商会，仍基本上保留了独立民间工商团体的性质。① 魏文享《"党规"与"国法"：国民党民众组训体系中的社团制度分析》一文，认为南京国民政府成立后，国民党由革命党成为执政党，其民众运动方针也由"运动"转向"组训"。具体方案是在党内设立民众训练委员会，颁布系列党内规章及政府法令，构建起以职业和社会团体为中心的民众组训体系。党规直接体现国民党试图重构党民关系的政治意旨，政府将之以国家法律形式予以推进。职业及社会团体的政治与专业职能制度边界虽由此大体确立，但党规与国法的表达重点仍存差异，党政之间组织及主义的传导存在落差。②

近年不少学者将政治史研究视角转向地方政权与基层政治。佟德元《政治博弈与制度异化：1928年奉系政权的重建》一文，考察了1928年皇姑屯事件后东北政权的变化，认为该政权的重建主要受到三方面因素的影响：国民党和国民政府、民意、以杨宇霆为代表的内部反对派。③ 焦润明在《东北讲武堂与奉系东北军的现代转型》一文中，考察了东北讲武堂在奉系东北军由传统旧军队向现代军队转型过程中的作用。④ 朱煜在《民众教育馆与基层政权建设——以1928—1937年江苏省为中心》一文中指出，抗战前江苏民众教育馆面对九一八事变后内忧外患的危局，产生协助政府重建基层社会秩序的意识；而国民政府因"官办自治"成效甚微及基层控制能力脆弱，也欲借助民众教育馆支持其参与基层政权建设。民众教育馆在其施教区组建以"改进会"为核心的基层自治组织，协助政府选举和训练基层领袖，召集各种"谈话会"协调基层社会的利益关系，承担大量调解民间纠纷的事务，投入"馆长兼区长"的政改实验等。作者认为，

---

① 参见朱英《二十世纪二十年代商会法的修订及其影响》，《历史研究》2014年第2期。
② 参见魏文享《"党规"与"国法"：国民党民众组训体系中的社团制度分析》，《华中师范大学学报》（人文社会科学版）2014年第2期。
③ 参见佟德元《政治博弈与制度异化：1928年奉系政权的重建》，《史林》2014年第4期。
④ 参见焦润明《东北讲武堂与奉系东北军的现代转型》，《军事历史研究》2014年第2期。

民众教育馆的所作所为，在某种程度上充当了官方代理人和民间社会组织者的双重角色，一定程度上疏通了已经淤塞的基层政治轨道。①

（三）以人物为中心的政治史研究

关于孙中山、袁世凯、蒋介石等人的研究向来为民国政治史研究的重点，2014年亦然。关于孙中山研究，陈先初在《孙中山民权主义的宪政考量》一文中，认为孙中山的民权主义，包含着某些宪政因素，但与宪政的要求相去甚远。由于近代中国的主要任务不是从事国家建设，而是驱逐外国势力和推翻封建帝制，为建立新国家扫清障碍，这决定了孙中山民权主义不可能遵循宪政的逻辑，但其中关于未来中国政治制度的目标设定，仍具有宪政意义。② 郭辉《孙中山的"共和"政制构想及其特征》一文，认为孙中山"共和"政治思想与"共和"政治制度构想呈现出不变与变的疏离，围绕反对专制、重视民权展开其"共和"言论，而"共和"影响下的政制构想和设计则甚为多变。孙中山的"共和"政制构想历经美国联邦制共和政体，到法国内阁制共和政体，以及后来强调瑞士、美国等地直接民权，甚至在联俄联共后，承认俄国政治的共和性质。与此同时，孙中山也探索符合中国国情的"共和"政制，运用"五权宪法""三民主义"进行国家建设。③ 宋德华《孙中山"主权在民"思想的演变及其价值》一文，认为在辛亥革命时期、民国初年和护法运动前后直至北上促开国民会议等各个历史阶段，针对不同的民主革命任务，孙中山对"主权在民"的论述各有重点。从创建民国以根除帝制，到坚守约法和国会以对抗军阀，再到聚焦"直接民权"，以实现人民掌权的理想，其思想主张既一脉相承，又不断走向深化。④ 王杰《告别"显学"回归本原——关于拓展孙中山研究的思考》一文，在简要回顾百年来孙中山研究的基础上，对曾在20世纪80年代至21世纪之交被誉为"显学"的孙中山研究提出几点思考：未来的孙中山研究，既要拓展孙中山"个体身份"的多重维度，又要深化孙中山"不同团队"的复杂层面，以还其人之原本；既要研究其"中国式"路

---

① 参见朱煜《民众教育馆与基层政权建设——以1928—1937年江苏省为中心》，《近代史研究》2014年第3期。
② 参见陈先初《孙中山民权主义的宪政考量》，《安徽史学》2014年第4期。
③ 参见郭辉《孙中山的"共和"政制构想及其特征》，《广东社会科学》2014年第3期。
④ 参见宋德华《孙中山"主权在民"思想的演变及其价值》，《学术研究》2014年第2期。

向的独特建树,又要深化其对世界的贡献;既要将孙中山的思想接载当今的"地气",又要发掘新史料以升华"底气",还要恢复学术争鸣的"元气"。①

关于袁世凯研究,尚小明《攻击与回应——民初袁世凯三传面世之幕后故事》一文,考察了袁世凯在民初如何维护、塑造自己的形象问题。民初袁世凯受任临时大总统,但因其过往行事常为人所不满,如《照妖镜中之袁世凯》一书系站在革命党立场攻击袁,《阴谋家袁世凯》一书反映部分日人及与日人关系密切的宗社党对袁之憎恶。面对口诛笔伐,袁一面设法查禁二书,一面支持亲信以《容庵弟子记》为本编撰《正传袁世凯》,再以日人名义印行,以为回应。此外,袁还收买早稻田大学教授青柳笃恒,通过多种方式在日本制造舆论,以维护其形象,并宣传其统治的合法性。② 关于前述青柳笃恒,尚小明在《青柳笃恒:一个被湮没的袁世凯的高等间谍》一文中,根据典藏于北京大学历史学系的多件青柳笃恒致总统府秘书曾彝进的密函,发现曾为袁世凯顾问有贺长雄助理的早稻田大学教授青柳笃恒,实际上是袁在1913—1914年重金收买的密探,其最初任务是破坏革命党和日本财界的联系,旋因"二次革命"失败后大批革命党人流亡日本,其主要活动变为刺探流亡党人行踪,破坏其反袁活动,同时收集日本朝野与革命党的关系及对袁态度等方面的情报,并设法通过多种途径在日本进行有利于袁的宣传。通过青柳的活动,袁获取了流亡革命党人的大量信息。③

蒋介石研究依然是民国人物研究中的热点。关于蒋介石与国民党派系政治方面,金以林在《蒋介石与政学系》一文中,考察了政学系的组织轮廓,勾勒出国民党各派系之间的人物谱系。该文认为,政学系初期,党内各派因反对杨永泰个人,而将其周围的一群朋友冠以"政学系"之名。杨永泰死前10个月形成的中央政府新内阁,是所谓政学系的成熟期,核心人物是黄郛,大都是有欧美留学背景的教育、金融界专业人士,有一定的

---

① 参见王杰《告别"显学"回归本原——关于拓展孙中山研究的思考》,《广东社会科学》2014年第3期。
② 参见尚小明《攻击与回应——民初袁世凯三传面世之幕后故事》,《历史教学》2014年第4期。
③ 参见尚小明《青柳笃恒:一个被湮没的袁世凯的高等间谍》,《近代史研究》2014年第6期。

治国能力，与杨永泰并无多少交集。由于这批行政官僚无派无系、居高位且由学而仕，符合政学系的人物描述，故旁人多以政学系视之，而这些人也多因同声相求，愿与其他被视作政学系之人相往来，两种过程，交错为用，共成政学系之名。作者指出，政学系不仅满足了蒋介石政权建设的需要，也改变了国民党"一党专政"的权力结构。[①] 贺江枫《蒋介石、陈立夫与1948年行宪组阁的困局》一文，考察了1948年国民党内各派系围绕立法院副院长和行政院院长人选展开激烈争夺。陈立夫虽在立法院副院长选举中险胜，但不满蒋介石未予全力支持，因而在行政院院长人选问题上与蒋暗中较量。蒋支持张群蝉联行政院院长，CC系则推举何应钦，并制造假票，逼蒋就范，蒋最后只能选择各派系均认可的翁文灏出任行政院院长。由此事件可窥视国大行宪在国民党派系斗争中迅速异化为各派系争夺的工具，宪法赋予立法院的质询权和同意权反而成为CC系与蒋较量的制度保障，因公开竞选，国民党各派系日趋组织化与公开化，宪政体制成为国民党内斗的催化剂。[②]

关于蒋介石与日本关系方面，尤淑君在《论1927年蒋介石的访日问题》一文中，部分纠正了过去学界关于1927年蒋介石游历日本问题的看法。该文认为，1927年8月蒋介石下野返乡后，并未停歇，而是不断接见党内人士，并赴日游历，拜访日本朝野要人，尤其与日本总理大臣田中义一的会谈最为重要，由此也有助于理解蒋坚持北伐、回避满蒙问题的做法，实际出于中日力量悬殊的现实考虑。[③] 金冲及在《七七事变前蒋介石对日政策的演变》一文中认为，七七事变前的几年间，蒋介石的对日政策经历了从"攘外必先安内"到停止内战、合作抗日的变化过程。蒋长期坚持"攘外必先安内"，主要原因是：看不到中国民众中蕴藏着的巨大抗日潜力，并且害怕它，因而对经济实力和武器装备远为强大的日本军国主义势力充满恐惧；对国内异己力量特别是对中国共产党的疑忌太深。因此，蒋总希望日本的侵略能适可而止，并期望国际社会能对它实施约束，但日本侵略者要征服中国，独霸东亚，远远超出蒋所能退让的底线。经过诸多曲折，到西安事变后，蒋终于下决心停止内战，合作抗日。[④] 段瑞聪在

---

① 参见金以林《蒋介石与政学系》，《近代史研究》2014年第6期。
② 参见贺江枫《蒋介石、陈立夫与1948年行宪组阁的困局》，《史林》2014年第3期。
③ 参见尤淑君《论1927年蒋介石的访日问题》，《民国档案》2014年第3期。
④ 参见金冲及《七七事变前蒋介石对日政策的演变》，《近代史研究》2014年第1期。

《蒋介石与抗战时期总动员体制之构建》一文中,通过考察抗战时期蒋介石的动员理念,国民政府有关总动员实施机关之变迁,国家总动员设计委员会的成立、改组与解散,有关总动员法制工作的制定情况等,探讨国民党和国民政府建构总动员体制的过程及其存在的问题。该文认为,蒋介石在建立抗战总动员体制过程中缺乏调和能力,但也不能把抗战初期国家总动员严重滞后的责任简单归结在蒋身上。①

汪精卫是民国政治史上非常重要而且复杂的人物,虽然关于他的传记作品很多,但少有学术性的新著问世。近十余年来,海内外大量新史料的公布与开放,为重新深入研究汪精卫提供了条件。李志毓《惊弦——汪精卫的政治生涯》是一部关于汪精卫政治生涯的学术性评传。该书呈现汪精卫从革命到退隐,从联共到反共,从主战到主和的历史轨迹,重新考察"革命者"汪精卫与"通敌者"汪精卫的复杂思想与行动,特别关注汪"主和"的思想、政治脉络,以及"和平运动"的展开与沦落。该书既不赞同将汪精卫简单贴以"汉奸"标签,也不认为他的对日媾和与成立汪伪政府是"舍身饲虎"的英雄主义行为。作者指出,汪精卫有救国的愿望,也有鲜明的党派立场,在其"主和"的政治考虑中,包含着对中国共产党的恐惧,对社会革命的恐惧,以及对蕴藏在整个中国底层社会中排山倒海的磅礴力量的恐惧。作为一位政治家,汪精卫与此庞大的历史力量背道而驰,奔走一生,最终只能以悲剧收场。简言之,汪氏一生的悲剧性源于一个军事化时代的文人的处境,也源于自身的弱点。②贺渊在《"和平运动"中的陶希圣》一文中,考察了1937年7月到1940年1月,作为"和平运动"理论的提出者和积极实践者之一的陶希圣参与并退出"和平运动"的全过程,由此丰富了学界对抗战前期以汪精卫为首的"和平运动"的认识。③

地方实力派人物方面,张文俊在《袁世凯帝制自为中的阎锡山》一文中,认为在袁世凯帝制自为中,阎锡山因时而变,经历了由从众支持袁称帝、观望形势离弃袁,到最后公开抗袁的过程。阎既不是袁的真正投靠者,也非袁帝制的忠实支持者。阎、袁之间的这种交往,更多地显示了阎

---

① 参见段瑞聪《蒋介石与抗战时期总动员体制之构建》,《抗日战争研究》2014年第1期。
② 参见李志毓《惊弦——汪精卫的政治生涯》,牛津大学出版社2014年版。
③ 参见贺渊《"和平运动"中的陶希圣》,《抗日战争研究》2014年第3期。

的政治品格及其实用主义的处事风格。① 肖自力《南京政府前期地方实力派的政治生存——以何键为中心》一文,考察了1929—1936年处在特殊地缘政治夹缝之中的湖南实力派何键。该文认为,何键与蒋介石及中央隔阂、矛盾渐增,与具有地缘共同利益的西南反蒋阵营越走越近:先是"挟西南自重",后与两广结成三省反蒋同盟;1936年两广事变时更极力阻止中央军进军衡阳,以配合两广出兵。作者指出,何键的政治态度和生存策略具有很大的投机性、多变性及不确定性,很难用"拥蒋"或"反蒋"的固化概念来界定,这主要是由湖南特殊的地缘政治决定的。② 张金超在《陈济棠、陈策与1932年粤海风潮》一文中,考察了20世纪30年代广东的陈济棠、陈策因海军改隶问题引发的一场政潮。作者认为,风潮并非由私人恩怨引致,乃系权力之争使然,双方政治地位、军事实力、舆论导向、自身问题等决定了危机走向,风潮为粤派势力的一次严重内耗。③

其他一些民国军政人物也有相关论文刊发。段智峰在《共赴国难下的政治潜流:1932年孙科政治活动的探讨》一文中,考察了淞沪一·二八抗战期间下野蛰居沪上的孙科。该文指出,起初孙科借国难积极策动各方挑战南京法统,到淞沪停战后,孙科在南京与西南间依违两端,并趋向挟西南自重,与南京作政治博弈一途,最后借行政院长汪精卫辞职与国民党四届三中全会即将召开的微妙形势,孙科与蒋介石达成妥协,就任立法院院长。④ 徐锋华《社团与政治——宋庆龄和保卫中国同盟研究》一文,认为在抗战中,保卫中国同盟表现出高超而微妙的政治、经济和社会功能,此源于团队成员的主观努力,也与中共高层的支持和宋庆龄的国际影响、人格魅力等客观因素密切相关。⑤ 张皓《忍痛含垢 与敌周旋——七七事变期间的张自忠》一文,考察了七七事变期间,身为第29军所部第38师师长和天津市市长的张自忠的所作所为,认为张氏是力争在国家领土不失的

---

① 参见张文俊《袁世凯帝制自为中的阎锡山》,《史学月刊》2014年第7期。
② 参见肖自力《南京政府前期地方实力派的政治生存——以何键为中心》,《历史研究》2014年第3期。
③ 参见张金超《陈济棠、陈策与1932年粤海风潮》,《学术研究》2014年第6期。
④ 参见段智峰《共赴国难下的政治潜流:1932年孙科政治活动的探讨》,《民国档案》2014年第2期。
⑤ 参见徐锋华《社团与政治——宋庆龄和保卫中国同盟研究》,《史林》2014年第2期。

前提下维护第 29 军的地位，这才是其"忍痛含垢，与敌周旋"的良苦用心。[1] 卢艳香《1934年"顾孟余被弹劾案"再探》一文，考察了1934年监察院弹劾时任铁道部部长顾孟余的前因后果与台前幕后，认为此案既包含着中政会在实际运作中突破"指导"权限的展现，也包含着国民党高层政争。蒋介石、汪精卫、胡汉民、于右任、孙科等人之间复杂的关系、矛盾与相互利用，是导致"顾案"持续发酵的制度外重要因素。[2]

（执笔人：李在全）

---

[1] 参见张皓《忍痛含垢 与敌周旋——七七事变期间的张自忠》，《北京师范大学学报》2014年第3期。

[2] 参见卢艳香《1934年"顾孟余被弹劾案"再探》，《史学月刊》2014年第3期。

第八章

近代中外关系史

　　近代中外关系史是中国近代史研究的重要组成部分，主要内容涵盖1840—1949年中国与外部世界的关系。2012年至2014年的近代中外关系史研究中的大部分成果，仍集中于传统外交领域，并因具体年份的区别而有所侧重。与过去一般意义上的中外关系史研究主要侧重从政治史、外交史和国际关系史的角度进行的研究不同，近年来，随着近代中外关系史研究领域的不断拓展，许多学者开始尝试通过跨学科方法和多视角的维度来寻求突破，并且取得了一定的成绩，这已经成为中外关系史研究未来发展中的一个研究取向。此外，亦有相当的研究成果，开始反思近代中国百年外交的理论和体系问题，并试图从更高的层面归纳、总结传统中国的外交体系。

2012年度

　　2012年度近代中外关系史领域的论文、专著大约50篇（部）。从历史时段而言，抗战时期的外交仍然是近代中外关系史领域的研究重点。晚清外交的文章总数并不少，但集中探讨双边关系案例的研究并不多，而是集中于外交理论与体系方面，这也说明学界开始投入更多的精力去做理论性的研究。

（一）外交理论与体系
1. 朝贡体系与宗藩关系

　　以越南使臣为中心，陈国保论述了清代中国与越南之间的宗藩关系。[①]越南非常重视对入清使臣的物色，目的在于通过使臣，达到对清关系主

[①] 参见陈国保《越南使臣与清代中越宗藩秩序》，《清史研究》2012年第2期。

动、平等以及获得更多国家利益的目的。使臣人选一般深谙中国文化精髓，在遵循宗藩朝贡体制的前提下，为争取平等的双边话语权而煞费苦心。他们为整个清代中越双边关系的稳定发挥了重要作用。

栾景河、张俊义主编的《近代中国：文化与外交》论文集的出版，涵盖多篇有关外交理论与体系的文章，大大丰富了此一领域的研究。[①] 东西之间因国际秩序原理的不同，在朝鲜门户开放问题上形成了属邦自主与实效管辖之间的冲突。张启雄以外交转型为视角，以朝鲜为案例，分析了此种状况下的中朝外交。文章指出，1880 年前后，清政府因无法独力保护朝鲜，乃决定开放朝鲜门户，让列强相互制衡，不料造成中体西用的外交转型。之所以转型，并非其历史文化价值不如西方，也不是"中华世界秩序原理"不如"近代西洋国际法"，而是力不如人所致。[②] 张卫明则探讨了晚清中国与朝鲜的关系重建，并以宗藩体制和国际公法为切入点。[③] 文章认为，19 世纪 70 年代以降，直至甲午战争，中朝关系在外力的逼迫下无法以宗藩体制为单一轨迹运转，转而在宗藩体制与国际公法之间演进。

以域外视角审视近代中国外交，会给人以不同的启发。日本学者川岛真在充分利用外交档案的基础上，对由晚清至民国中国近代外交的形成过程，予以系统阐述，并分类探讨了外交行政制度的确立、文明国化与不平等条约的修改、中国传统式外交的保留以及地方政府的外交行为。作者强调，仅仅依靠文明国化和近代外交并不能全面解释中华民国前期的外交，历史上形成的东亚秩序仍然有重要影响。作为中国传统外交的推陈出新时期，民国前期外交具有独特的作用与地位。[④]

2. 条约体系与不平等条约问题

侯中军关于近代中国不平等条约标准与数目专著的出版，进一步推动了学界在不平等条约研究领域的深入。[⑤] 该书首次系统探讨了近代中国不平等条约的评判标准问题，在全面梳理近代中国约章的基础上，提出两个

[①] 参见栾景河、张俊义主编《近代中国：文化与外交》，社会科学文献出版社 2012 年版。
[②] 参见张启雄《东西国际秩序原理冲突下的外交转型》，栾景河、张俊义主编《近代中国：文化与外交》，社会科学文献出版社 2012 年版。
[③] 参见张卫明《在宗藩体制与国际公法之间——晚清中朝秩序的重新建构》，栾景河、张俊义主编《近代中国：文化与外交》，社会科学文献出版社 2012 年版。
[④] 参见［日］川岛真《中国近代外交的形成》，田建国译，北京大学出版社 2012 年版。
[⑤] 参见侯中军《近代中国的不平等条约——关于评判标准的讨论》，上海书店出版社 2012 年版。

评判原则：一是缔结形式和程序是否平等；二是条约是否对等，内容是否损害了中国的主权。所谓缔结形式与缔结程序是否平等，强调缔结过程中是否有强迫行为的发生，是否有直接或间接的威胁（这种威胁既可以体现在武力方面，也可以体现在其他方面，但主要是武力方面），若是则为不平等条约。约文是否对等，条约的内容是否侵害了中国的主权，是条约形式和实质上平等与否的主要根据。该书提出，近代中国的不平等条约国有23个，共签订了343个不平等条约。

杨国强在条约制度方面的研究，强调了西方世界与晚清中国之间的改造和被改造。① 文章提出，19世纪中叶以来，中西之间由交冲而交往的过程，本质上是西方人执条约以范围中国的过程。由于条约体现了西方人的权益、利权、意志和规则，因此其主要内容，是用来改造中国的，而在此过程中，中国人和中国社会处于一种被动的地位。由于纸上的条约权利最终都是在一个一个地方转化为现实利益，地方官成为那个时候最直接面对条约流弊的人。

随着中国与西方列强条约关系的建立和深化，清政府的外交模式也发生了转变，李育民、熊剑锋将其简称为从羁縻之道到条约外交。② 鸦片战争后，清政府仍以羁縻之道因应新的中外关系，但已经不像以往所运用的驭外之道。经过第二次鸦片战争，对外观念开始转化，传统与近代混合交织在一起。经过甲子、庚午，清政府进一步放弃羁縻之道，确立了条约外交意识。

李育民对鸦片战争后近代中国条约关系的酝酿及趋向进行了探讨。③ 通过主导方英国的作为，显示了一种理性与强权相混合的复杂趋向。这是两种不同文明体制的嫁接，在那个特定时期，公理与强权，先进与落后，侵略与自卫，相互交织在一起。

3. 废约问题

中国共产党在20世纪二三十年代的反帝废约政策得到关注。李斌将其与苏俄、共产国际之间的关系联合起来进行考察。④ 文章认为，苏俄通

---

① 参见杨国强《条约制度：西方世界与晚清中国之间的改造和被改造》，《华东师范大学学报》（哲学社会科学版）2012年第3期。

② 参见李育民、熊剑锋《从羁縻之道到条约外交》，《湖南师范大学学报》2012年第1期。

③ 参见李育民《中外条约关系的酝酿及趋向》，栾景河、张俊义主编《近代中国：文化与外交》，社会科学文献出版社2012年版。

④ 参见李斌《"苏俄"、共产国际与二十世纪二三十年代中国共产党的反帝废约政策》，《中共党史研究》2012年第3期。

过共产国际对中国共产党的反帝废约政策给予了一系列指导和指示,包括革命纲领、统一战线等的出台。大革命失败后,反帝废约运动出现了过左政策,脱离了革命的实际状况,而且"保卫苏联"的口号也偏离了反帝废约的宗旨。九一八事变后,这种反帝废约方针得到进一步调整,在强调反对日本帝国主义的同时,建议可以与各国签订完全平等的新约。

(二) 晚清时期的对外关系

1. 两次鸦片战争前后的中外关系

张涛关注到了美国在 19 世纪早期对华认知与孔子之间的关系。① 文章指出,1800—1815 年的美国报刊和大众出版物,从肯定基督教文明立场出发,并以孔子为线索,建构出具有双重特性的中国观。一方面,孔子本人因为与基督一样宣扬道德理想,并表现出得到上帝启发的迹象而备受赞赏;另一方面,孔子又不是真正意义上的思想家,其学说被打上异教烙印。褒扬孔子、贬低中国的对华认知模式就此固定,引导着美国人日后的对华接触。

吴义雄将鸦片战争前的商人集团纳入中西关系体制中,提出不同的认识。② 文章提出,鸦片战争前的中西关系体制,不应看作一种由清政府完全控制的静态制度,而是在中西互动过程中经历了再建构的过程,商人集团在这个过程中扮演了关键角色。来华西方商人及其团体,利用各种手段,对清政府的一系列制度和规章进行了多种形式的侵蚀。所谓的"广州体制"在他们的侵削下,已经千疮百孔。可以认为,这一群体在行动和舆论上都为打破"广州体制"进行了诸多努力,同时又利用该体制为自己谋求最大化的利益。西方商人集团是鸦片战争前后中西关系建构的决定性因素。

一言考察了 19 世纪 40 年代中国人的对德认识。③ 文章认为《海国图志》和《瀛寰志略》代表了鸦片战争后中国知识阶层对世界认知的最高水平,对德国的介绍大都比较准确。王维江则关注了此一时期德意志人的对

---

① 参见张涛《孔子与 19 世纪初期的美国对华认知》,《安徽史学》2012 年第 2 期。
② 参见吴义雄《商人集团与中西关系建构——鸦片战争前中西关系体制的再认识》,《史学月刊》2012 年第 3 期。
③ 参见一言《1840 年代中国人的德国观——以〈海国图志〉和〈瀛寰志略〉为例》,《历史档案》2012 年第 3 期。

华认知。① 文章认为，自19世纪60年代以来，来华德意志人留下了大量的游历文字，包括日记、书信、回忆录、报刊专栏文章等，反映了他们对中国文化的认识兴趣和谋求现实利益的诉求。随着德国在华通商和殖民利益的扩大，德意志人对中国的评价也越来越低。

地方层面的中外交涉作为中央交涉的对照物，当更为丰富而具体。陈开科以俄国总领事与晚清天津海关道为论述对象，选取刻本史料《辩论阜通茶船被碰案》《俄国空总领事来函》为基础资料，以个案考察了中俄地方层面的交涉。② 文章认为，地方层面的交涉在条约体制下运作，是中俄关系的基础组成部分。中俄双方在具体交涉过程中所表现出的交涉原则差异，体现了当时两国在东亚区域内整体外交态势的差异。

作为晚清中国的海关总税务司，赫德是一个在中外关系史上有重要影响的人物，随着近年来北爱尔兰贝尔法斯特大学赫德日记的整理，赫德研究再次有新的论著出现。张志勇充分利用赫德日记的手稿，系统而细致地梳理了许多有关赫德参与中英交涉的史实，从多层面、多角度审视了赫德的历史作用。③ 在另一篇文章中，张志勇考察了赫德与晚清中国驻英使馆建立的关系，肯定了赫德对使馆建立的贡献。④

2. 甲午战争前后的中外关系

戴东阳系统论述了甲午战前的中日关系。以深入考察历任驻日使臣何如璋、黎庶昌、徐承祖为切入点，在认识驻日使团全面情况的前提下，对甲午战前中日外交关系，尤其是琉球问题、朝鲜问题、修约问题这三大交涉重点，进行了系统深入的梳理与剖析。⑤

关于战争爆发的原因，有文章从日本国内的观念变化寻找根源。王美平以日本报刊舆论为中心，系统梳理了甲午战争前后日本对华观念的变迁。⑥

---

① 参见王维江《从新加坡认知中国》，《史林》2012年第3期。
② 参见陈开科《俄总领事与清津海关道——从刻本史料看同治年间地方层面的中俄交涉》，《中国社会科学》2012年第4期。
③ 参见张志勇《赫德与晚清中英外交》，上海书店出版社2012年版。
④ 参见张志勇《赫德与晚清中国驻英使馆》，栾景河、张俊义主编《近代中国：文化与外交》，社会科学文献出版社2012年版。
⑤ 参见戴东阳《晚清驻日使团与甲午战前的中日关系（1876—1894）》，社会科学文献出版社2012年版。
⑥ 参见王美平《甲午战争前后日本对华观的变迁——以报刊舆论为中心》，《历史研究》2012年第1期。

文章认为，近代日本对华观念与侵华战争存在密切关系。在甲午战争爆发前夕，日本国内的精英阶层已经产生了对华的优越感，这种优越感主要体现于精神领域。这种优越感，正是日本敢于对华发动战争的精神驱动。清政府的战败及日本国内舆论对华诬蔑性的报道，使日本主流民众完成了从"仰慕"中国到"蔑视"中国的逆转，这为其继续侵华提供了社会基础。日本舆论形成的对华"蔑视"是其长期实施侵华政策的认识诱因。"蔑华观"在政界升级，逐渐病变为"侵略客体观"。

此时的德国驻华公使巴兰德引起学界注意。王维江以巴兰德在中国为题，将其在华的历史活动与中德关系的发展著文加以探讨。[①] 王文认为，巴兰德深度参与同光两朝的外交活动，与许多清政府重要大臣成为朋友。作为个性鲜明的外交官，他促进了总署官员的观念转变，并同时协调驻京各国公使与总署之间的关系。可以认为，巴兰德是中国近代史、中德关系史上绕不过去的人物。

3. 晚清十年间的中外关系

美国在义和团运动中随其他国家一起出兵中国，但学界多从政治、外交的角度加以分析，如果从文化视角出发，分析美国的行为，当能有新的发现。刘青的文章指出，美国出兵中国，除保护侨民安全外，维护大国荣誉是美国出兵中国的一个重要考虑。[②] 从这次出兵行动中，美国人的大国意识获得了加强。与此同时，美国人逐渐意识到，美国国内的自由、民主，须仰赖于美国在国际上的声望和地位，而达到此点，须张扬权势，包括使用武力。

辛亥革命前夕，中、美、日三国之间微妙的外交关系通过摄政王载沣驱袁事件可以窥知一二。崔志海指出，载沣之所以没有处死袁世凯，美国等列强的强力干预是原因之一。袁世凯的联美制日外交妨碍了日本对中国东三省的侵略，日本方面实际上欢迎袁被罢黜，而美国出于抵制日本的考虑，坚决反对罢免袁世凯。美、日两国较量的影子在载沣驱袁斗争的背后随处可见。[③]

陶森甲因其代表张之洞参加"东南互保"交涉而为人所知，其实作为

---

① 参见王维江《巴兰德在中国》，《近代史研究》2012年第5期。
② 参见刘青《维护大国荣誉：义和团运动中美国出兵中国的文化解读》，《史学月刊》2012年第5期。
③ 参见崔志海《摄政王载沣驱袁事件再研究》，《近代史研究》2011年第6期。

中日关系史上的重要人物,他还具有特殊的身份和作用。戴海斌有专文予以探讨。① 陶森甲既代表中国官方参与"东南互保"交涉,又以个人身份加入中国国会,并为日本驻沪总领事提供情报。他本人与地方督抚、维新士人及日本政府等多种势力之间有着错综复杂的关系,体现了深刻的"双面"性质。

杨秀云关注到了1905年中英上海公堂案的后续交涉。② 文章指出,1905年12月18日的流血冲突是上海公堂案交涉发生逆转的关键,此后的交涉英国开始占据主动,不但不提对死伤中国人的赔偿,却要索赔巨款,上海道袁树勋被迫赔款结案。

以往一般认为清政府在《辛丑条约》议定过程中几乎没有介入,戴海斌著文提出不同见解,从惩罚董福祥的交涉过程入手,将清政府的介入进行了初步探讨。③ 由于以往主要是依赖外国史料进行辛丑议和谈判的建构,因此清政府一方似乎是毫无作为,但事实上清政府并非毫无努力,只是由于内部各种政治力量之间的相互制约,内耗掉了自身的影响,未能形成对外的合力。董福祥最终被革职,主要推力来自外部,其能够避免外人所要求的死刑处罚,一方面在于慈禧刻意保全,另一方面在于董在西北地方的影响力。

(三) 民国北京政府时期的对外关系

1. 民国政府初期的中外关系

承认问题是中华民国成立后面临的重大外交问题之一,侯中军依据当时的国际惯例及传统国际关系视角,提出了不同于以往研究的认识路线。④ 文章认为,列强的中立及对革命军交战团体身份的默认,是中华民国寻求列强承认的前奏。从中华民国成立到清帝逊位,属于过渡时期,不能简单地视此一时期的拒绝承认为刁难与要挟。日本虽然主导了列强对中华民国的延迟承认,但承认问题并非由日本首先提出。在中国国内,面对承认问

---

① 参见戴海斌《陶森甲:近代中日关系史上的双面人》,《史林》2012年第3期。
② 参见杨秀云《1905年中英上海公堂案的后续交涉》,《历史档案》2012年第1期。
③ 参见戴海斌《〈辛丑条约〉议定过程中的一个关节问题——从"惩董"交涉看清政府内部多种力量的互动》,《北方民族大学学报》2012年第1期。
④ 参见侯中军《"成立在我,承认在人"——辛亥革命期间中华民国承认问题再研究》,《近代史研究》2012年第5期。

题的困难局面，外交部条约研究会并不主张中国主动要求各国承认。美国虽然并不是第一个承认中华民国的国家，但其决定承认民国政府的政策影响深远。

2. 第一次世界大战前后的中外关系

俄国十月革命爆发后，给当时的中俄关系提出了新的问题，在引渡和经贸问题上，新疆与苏俄进行了积极交涉。赫建英认为，此时主政新疆的杨增新在处理交涉问题上基本是成功的。① 双方交涉的重点在引渡旧俄领事、难民和败兵问题以及经贸问题，能否处理好这些历史遗留以及新问题，关系着新疆的安全。在与中央政府的合作下，新疆地方通过交涉收回了部分主权，也使苏俄继续成为一支制衡英国势力的力量。

马建标以华盛顿会议期间的国民外交代表为探讨对象，揭示了公众舆论如何影响政府外交。② 1921 年底，余日章和蒋梦麟作为国民外交代表参与华盛顿会议。他们对中国政府代表团进行舆论监督，力促政府代表早日提出山东问题。他们在此期间利用各种渠道构建一个舆论宣传网络，努力维护中国的国家形象，揭露日本侵略中国权利的实际情形。文章总结认为，余日章、蒋梦麟在华盛顿会议期间的国民外交活动堪称20世纪20年代初期中国精英利用公众舆论影响政府外交的一个典型。通过考察华盛顿会议期间的国民外交运动，马建标认为，其本质是一场复杂的民族运动。③ 在这场运动中，大体有四种政治力量参与，即北京政府、广州政府、"在野派系"和精英团体。在野派系借助国民外交运动之名，暗行倒阁运动之实，全国国民外交大会已经沦为政争的工具。

（四）南京国民政府时期的对外关系

1. 南京国民政府初期的中外关系

美国军方对华态度甚少得到关注，事实上，军方的意见在战时特别受到决策部门的重视。王成勉著文探讨了美国驻华第 15 步兵团的历史活动，

---

① 参见郝建英《杨增新时期新疆与苏（俄）在引渡和经贸问题上的交涉》，《中国边疆史地研究》2012 年第 2 期。

② 参见马建标《精英、舆论与外交：华盛顿会议期间的国民外交代表》，《安徽史学》2012 年第 4 期。

③ 参见马建标《民族主义旗号下的多方政争：华盛顿会议期间的国民外交运动》，《历史研究》2012 年第 5 期。

并梳理出中美关系史上一个重要但被忽视的群体。[①] 该步兵团孕育出一些美国军界的中国专家。在 20 世纪 40 年代至 50 年代初期,许多涉华事务的重要将领都出身该步兵团。文章集中论述了该团早期在华驻扎情况、军官在华积累的经验,并检讨了这些经验的影响。

2. 抗战前期的中外关系

罗家伦的抗日观念得到专门探讨,并被称为理性抗日观。冯夏根认为,自九一八事变直至全面抗战,罗家伦随时警惕日本的侵略,以理性的态度主张对中国自身缺陷进行反省,主张以多边、务实的外交掩护国防经济建设,以持久战和消耗战打败日本。罗家伦的理性抗日观在一定程度上是近代中国自由主义者理性民族主义的一个缩影。[②]

九一八事变后,上海等地爆发了对日经济绝交运动,齐春风分析了国民党在此运动中的作用及影响。[③] 国民党上海市党部成为运动的领导力量,中央党部认可并支持各地党部积极介入运动。国民政府和上海市政府从当政者的地位出发,虽然认可民众的爱国热情,但面对日方的压力,逐渐对运动转向压制。对日经济绝交过程中,国民党党政方面的分歧表现明显。文章认为,国民党压制运动及对日妥协,实出于现实中的无奈,极大地损害了国民党的声誉。

陈群元考察了 1933 年日本与国民政府围绕税率问题展开的交涉。[④] 1933 年 5 月国民政府公布新税率后,引起日本等国的强烈不满,日本将其称为"排日税率",要求国民政府予以修正。然而检讨中方档案,可以发现日本方面属于误解。引起此种状况的原因在于财政部方面秘密的办事方式,误导了日本方面的情报,再加之日本正侵犯华北地区,双方之间沟通渠道不畅,都属于导致误解发生的重要原因。

罗斯福就任美国第 32 任总统后,在对待伪满洲国政策上,继续实行"不承认主义"。针对 1934 年伪满洲国出台《石油专卖法》给美国商业

[①] 参见王成勉《美国军方对华态度溯源——第 15 步兵团之研究》,《近代史研究》2012 年第 2 期。

[②] 参见冯夏根《论罗家伦的理性抗日观——兼谈近代中国自由主义者的理性民族主义》,《史学月刊》2012 年第 10 期。

[③] 参见齐春风《国民党与"九一八"时期的对日经济绝交运动》,《江海学刊》2012 年第 2 期。

[④] 参见陈群元《日本与国民政府 1933 年关税税率问题:税率公布之前的双方动向》,《社会科学研究》2012 年第 1 期。

利益造成的打击，国务院加强与美孚石油公司合作，保持在东北市场的营销额。①

尼泊尔与西藏地方的关系在1930年一度陷入危机。邱熠华著文指出，藏尼危机牵涉中国、尼泊尔、英印政府等不同主体，可惜公布的相关藏汉文原始文档不多。②1929年西藏地方政府派出军警进入尼泊尔驻拉萨代表处逮捕杰波夏尔巴事件，是危机的导火索。在危机过程中，英印政府通过干预藏尼纠纷，试图恢复自身在西藏地方的影响力，莱登拉受派入藏，为锡金官员维尔1930年拉萨之行创造了条件。南京国民政府派出谢国梁、巴文峻为特派员，加强与西藏地方和尼泊尔的联系。

西安事变时的中外关系错综复杂，目前已经有很多研究，但对英国态度的研究却很薄弱。张俊义指出，在西安事变发生过程中，英国政府反应迅速，行动积极，但在相关政府档案中却没有记录英国政府如此作为的动机与原因。通过许阁森的表述，并联系在此前后英国的对华政策和对日政策，可以一窥英国的幕后动机：对日实行姑息政策，不希望对华政策影响到对日政策。英国只希望谈中英之间的经济合作，而避谈政治及军事合作。根本的原因在于，中日和解，符合英国的利益。③

3. 抗战后期的中外关系

张万杰注意到了季米特洛夫与中共抗日民族统一战线政策形成之间的关系。④张指出，中国共产党对蒋方针在统战政策制定过程中有三次重要转变：从最初的反蒋抗日转到逼蒋抗日，西安事变之初又短暂转向除蒋抗日，继而转为联蒋抗日。季米特洛夫在方针转变过程中发挥了重要影响。中国共产党一方面参考季米特洛夫的意见，另一方面也有自身的创见。

天津存银问题是发生于日本侵占天津后，围绕中国银行和交通银行所存租界中的白银而展开的中、英、日三方的交涉。吴景平指出，1938年春夏之交，为避免留存于天津租界的巨额白银被日本窃夺，中国方面展开了以英国为主的交涉。由于蒋介石本人对存银问题关注不够，导致相关部门

---

① 参见段永富《富兰克林·罗斯福总统第一任期内美国对伪满洲国政策的演变》，《抗日战争研究》2012年第1期。
② 参见邱熠华《1930年尼泊尔与西藏地方关系危机探析》，《中国藏学》2012年第2期。
③ 参见张俊义《英国政府对西安事变的反应》，栾景河、张俊义主编《近代中国：文化与外交》，社会科学文献出版社2012年版。
④ 参见张万杰《季米特洛夫与中共抗日民族统一战线政策的形成——围绕中共对蒋介石方针三次转变的考察》，《中共党史研究》2012年第3期。

未能充分应对,使得英国采取了对日妥协的态度,法国紧随英国对日妥协。日本最终监控、攫夺了天津租界中国存银。文章进而认为,英国因此在国民政府战时外交全局中的地位下降。①

蒋介石访印促进了抗战后期中印关系的发展,伊原泽周以翔实的资料再次论述了此历史事件。② 蒋介石原本不打算会见甘地,然而甘地的一封函电,改变了蒋介石的态度,决定在泰戈尔的大学内会见甘地。蒋介石试图说服甘地以革命精神改变其非暴力抵抗的主张,但二者之间存在精神及信仰的差异,很难说服对方。英印和谈虽然失败,但甘地、尼赫鲁在中美同情与支持下,推进了向英国要求自治权的运动。

曹大臣考察了日本驻芜湖领事馆,并将抗战时期领事馆的活动单独加以考察,认为其协助日军抢掠当地资源,利用伪组织维持地方治安,成为日军在占领区的统治工具。③

谭备战以《大公报》为载体,分析了抗战后期中国人对战后国际和平组织的设想。④ 文章指出,在抗战胜利前夕,中国社会上下希望成立一个有利于战后中国发展的国际组织。而已经存在的国联,此时已经不为中国人所看好,人们希望在新成立的国际组织中避免中国在国联曾经遭受的经历,不再成为一个无足轻重的角色。在各种设想中,既有政府计划,亦有民间和个人设想。随着联合国的成立,中国成为创始会员国,并成为五个常任理事国之一,中国人的设想大都实现。

以中苏围绕独山子油矿展开的交涉为中心,分析国民政府对新疆地方外交权的整合与掌控,是以具体案例对当时中苏关系的一种论述。⑤ 车志慧认为,20世纪40年代初盛世才与苏联决裂,为国民政府谋求新疆中央化提供了契机。在盛世才配合下,国民政府将新疆外交事务逐步纳入正常

---

① 参见吴景平《抗战时期天津租界中国存银问题——以中英交涉为中心》,《历史研究》2012年第3期。

② 参见[日]伊原泽周《论太平洋战争期中的中印关系——以蒋介石访问印度为中心》,《抗日战争研究》2012年第2期。

③ 参见曹大臣《日本驻芜湖领事馆的历史考察(1922—1945)》,《民国档案》2012年第3期。

④ 参见谭备战《抗战后期国人对战后国际和平组织之设想——以〈大公报〉为考察中心》,《史学月刊》2012年第10期。

⑤ 参见车志慧《国民政府对新疆外交权的整合与掌控(1942—1943)——以中苏独山子油矿事务的交涉为考察中心》,《民国档案》2012年第2期。

的中苏国家关系轨道上来,并逐步深化外交部驻新疆特派员的职权,从而一步步将新疆的外交事权收归中央。

蒋经国与1945年中苏条约谈判存在重要关系,甚至可以称为中苏谈判之关键人物,并在关键时刻提供决策性建议。肖如平就蒋经国在谈判中的特殊身份和地位进行探讨,认为宋子文在谈判中虽然身居要职,但象征意义大于实际意义,职位不高的蒋经国才是关键。① 蒋经国不但是最早与苏方谈判的中方代表,而且在谈判过程中密会过斯大林。在为蒋介石传递各方信息的同时,提供决策性建议,力荐蒋介石签订盟约。作为蒋介石的私人代表和亲生儿子,蒋经国的双重身份无疑具有特殊意义。

对华经济援助是抗战时期重要的中外关系组成部分,苏、美都曾经济援助中国。苏联在援助国民政府的同时,也给予当时的中国共产党以经济援助。抗战时期,苏联多次向中国共产党提供数目不小的资金援助,这些援助对中国共产党坚持抗战起到了一定作用。② 杨雨青探讨了美国战时生产顾问团在华情况。③ 文章认为,以纳尔逊为团长的美国战时生产顾问团两度来华,帮助国民政府成立战时生产局,组织战时生产,并讨论中国的战后经济重建事宜。该团既属美国战时经济援华的举措,也为中美战后经济合作开辟了前景。对于1942年的5亿美元借款,美方曾为国民政府出谋划策,并希望中国接受美国的建议。④ 美国显然希望这笔巨款能得到有效利用,而不是打水漂。然而,围绕黄金运华、借款的具体运作方式、国民政府的黄金政策等问题,中美双方产生了诸多分歧。这些分歧反映了美国作为援助国和中国作为受援国的不同立场和认识,也体现了双方在经济援助与合作领域的矛盾与冲突,并与两国在军事政治领域的矛盾纠缠在一起,造成中美关系的紧张,引发相互间的不满。

4. 抗战时期的中外文化关系

王立新以美国传教士为观察对象,长时段考察了对中国文化态度的演变。⑤ 美国传教士自踏上中国领土开始,就面临着如何处理基督教与中国

---

① 参见肖如平《蒋经国与1945年中苏条约谈判》,《抗日战争研究》2012年第1期。
② 参见孙艳玲《抗战期间苏联向中共提供资金援助问题初探》,《抗日战争研究》2011年第4期。
③ 参见杨雨青《美国战时生产顾问团在中国》,《史学月刊》2012年第8期。
④ 参见杨雨青《1942年美国借款使用中的中美之争》,《广东社会科学》2012年第3期。
⑤ 参见王立新《美国传教士对中国文化态度的演变(1830—1932)》,《历史研究》2012年第2期。

本土信仰与文化的关系问题,在刚来中国的19世纪,他们中的绝大多数对中国文化抱着毫不妥协的态度,企图用基督教文明取代中国的本土信仰、伦理和价值观,实际上就是要对中国进行文化征服,"为基督征服中国"。到了20世纪,在理性主义、民族主义的冲击和第一次世界大战的影响下,主流的传教团体开始倡导文化合作,提出基督教与其他宗教携手"共同追求真理",以及借鉴中国文化遗产以补充和丰富基督教传统的重要思想,开始尊重和欣赏中国文化。传教士思想的改变,带来了传教运动面貌的改变,加快了基督教会在中国本土化的进程。在抗战时期,美国还通过设立文化交流项目,向中国输入有利于美国的"美国理念"。[①] 通过中美文化关系项目,美国在抗战时期加强了美国文化在中国的影响,也增进了中美两国在知识、学术、教育和文化等方面的合作。

(五) 解放战争时期的对外关系

1. 国民党对外关系与台湾问题

20世纪四五十年代美国对台政策的演变已经有很多研究,提出新的观点非常困难,但如果能以新的档案文件补充现有的研究,亦能有所收获。黄凤志等以NSC37/8文件为基础,再次探讨了1949年前后美国的对台政策。[②] 文章指出,美国国家安全委员会的NSC37/8文件,昭示了杜鲁门政府接受蒋介石盘踞台湾的现实。

研究美国对台援助,以往一般侧重于经济援助,对于军事援助未做全面系统探讨,杜继东在此问题上著文予以探讨。[③] 美国对台军援有以下几个特点。其一,持续时间长。自第二次世界大战结束以来,美国与台湾当局的军事联系一直未中断,即使在1950年上半年美国打算"放弃"台湾当局且拒绝增加经济援助的情况下,对台军援仍未停止。朝鲜战争爆发以后,美国对台军援的力度进一步加大,"美台"并于1954年底签订《共同防御条约》,形成同盟关系。美国致力于提高台湾军队的防御能力,提供了大量最新式的武器装备。1965年6月30日美国停止对台经济援助之后,

---

① 参见杨雨青《抗战时期美国对华"文化外交"——美国国务院中美文化关系项目初探》,《抗日战争研究》2011年第4期。
② 参见黄凤志、吕平《NSC37/8文件与美国对台政策转变》,《史学集刊》2012年第4期。
③ 参见杜继东《美国对台军事援助研究(1950—1965)》,栾景河、张俊义主编《近代中国:政治与外交》,社会科学文献出版社2012年版。

军援没有停止,而是一直持续到20世纪70年代。其二,军援金额大于经援金额。截至1965年6月,美国对台军援总价值为23.8亿美元,经援总价值约15亿美元。这与美国对外援助的总体趋向也是相符的。

1950年6月28日,周恩来总理谴责美国侵略中国台湾,随后向联合国提出控诉。围绕中华人民共和国控诉美国侵台背景下的台湾地位问题,侯中军著文以国民党当局的应对为中心,展开探讨。① 杜鲁门借控美案企图将台湾问题国际化,借助联合国解决台湾问题。国民党当局反对美国将提案提交联合国讨论,但未能达到目的。在此种状况下,国民党后退一步,希望联合国安理会只讨论美国侵台问题,而不涉及台湾政治地位问题。为了寻求最终的平衡,国民党当局选择了一条中间道路,既不反对美国的建议,也不允许联合国讨论台湾法律地位问题。

史宏飞等考察了20世纪40年代中、美、苏三国在中国新疆的争夺,认为苏联第二次世界大战期间一度被中国逐出新疆,冷战期间与美国争夺新疆,并支持中国共产党解放新疆。②

2. 中国共产党对外关系

国共内战爆发前后,英国对中国共产党的态度发生了转变,奚庆庆等著文关注了此一问题。③ 文章把国共内战前后,英国对中国共产党态度的演变分为三个阶段:抗战中后期到内战全面爆发,英国对中国共产党持欣赏、同情态度;内战全面爆发后到1948年进入战略决战,英国配合美国执行扶蒋反共政策;1948年后直至内战结束,英国抛弃国民政府,努力与中国共产党合作。英国对中国共产党态度转变的主要原因在于内战朝着有利于中国共产党的方向发展,其自身希望继续拥有香港的愿望及英美特殊关系的存在,也是原因之一。英国外交政策的核心仍是国家利益至上的原则。

郭渊关注到冷战初期的南海问题。④ 苏联支持当时的中国政府对南海诸岛的主权要求,并通过《开罗宣言》《波茨坦公告》予以承认。在旧金山和会上,苏联与中国政府积极配合,坚称西沙、南沙群岛的主权属于中

---

① 参见侯中军《新中国控诉美国侵台背景下的台湾地位问题再探——以国民党当局的应对为中心》,《中共党史研究》2011年第11期。
② 参见史宏飞、白建才《论20世纪40年代中美苏三国在中国新疆的博弈》,《史学集刊》2012年第4期。
③ 参见奚庆庆、张生《国共内战前后英国对中共态度的转变》,《民国档案》2012年第1期。
④ 参见郭渊《冷战初期苏联支持中国政府对南海主权的捍卫》,《俄罗斯学刊》2012年第1期。

华人民共和国,要求将上述岛屿交给中国政府管理。

邓丽兰对英国在中华人民共和国联合国席位问题上的政策予以关注,将英国内部议院辩论与舆论意见纳入考察视野。① 此前对此问题的研究已经将英美之间的合作与分歧进行了详细的探讨,但对英国内部的分歧还不够充分。文章认为,英国执政党的民主社会主义理念、对于中国革命与前途的认知及对美国对华政策的负面印象使英国政府力图奉行独立的对华政策。在英国议院中,传统的均势观念使英国主张以国际组织协调国际关系。英国利益集团,主要是工党左翼与商业集团也对英国的对华外交产生了重要影响。自 1961 年起,英国重新投票支持中华人民共和国重返联合国。

3. 冷战史研究

《联共(布)党史简明教程》,是由苏联领导人斯大林亲自组织编写,并严格按其观点论述联共(布)历史的著作。该书自 1938 年出版以来,发行量高达四千余万册,一度作为苏联共产党在党员教育、统一思想、强化党在意识形态领域中地位的重要工具。该书不仅在苏联共产党的建设与发展中起到过纲领性作用,而且几乎被所有社会主义国家视为建设社会主义、实现共产主义事业的理论经典。自 1956 年苏共二十大以来,由于苏联开展了全盘否定斯大林的政治运动,该书自然也被看作斯大林进行个人崇拜的代表作而不再出版,逐渐淡出人们的视线。但 2005 年 12 月,我国某媒体称,俄罗斯教育部再版发行了《联共(布)党史简明教程》,从而引起学术界高度关注,至今余波未平。栾景河指出,其实该书再版与俄罗斯教育部并无关联。就算是俄罗斯政府部门真的再版了《联共(布)党史简明教程》,也不能说明俄罗斯社会对苏联历史、斯大林的评价能有什么新的变化或新的倾向。这也只能说明,俄罗斯的历史教学正在走向一个多元的时代。②

2013 年度

2013 年度,近代中外关系史研究延续上年的研究态势,在各个时段都

---

① 参见邓丽兰《论英国在新中国联合国席位问题上的政策(1949—1951)》,《当代中国史研究》2012 年第 1 期。

② 参见栾景河《俄罗斯教育部再版发行〈联共(布)教程〉了吗》,《理论视野》2012 年第 7 期。

有推进。

（一）晚清时期的对外关系

有关条约体制问题。李育民认为，晚清时期，清政府逐渐形成条约关系观念，对外观念和意识有了很大改观，但因既乏坚定决心，又无废约意识及整体修约筹划，且无法彻底摆脱传统观念，其挽回国家权益的努力收效甚微。①

有关中印边界的研究取得了新进展。吕昭义认为，19世纪中期有关中印边界东段的协定文本及形成这些协定的背景、进程、结果表明，在英属印度入主阿萨姆前，存在着一条沿着布拉马普特拉河谷平原边缘，或喜马拉雅山南侧坡脚行走的传统习惯线。英属印度入主阿萨姆后，通过这些协定的订立承袭了传统习惯线，并以有利于它的方式解决了两属及不完全按照属地原则管辖的状况，但并未改变传统习惯线的基本走向，也未将管辖扩大到山地部落地区。②

朝鲜独立问题，在近代东北亚国际关系史上具有举足轻重的地位。张晓刚、国宇认为，19世纪70年代后，日本通过"日朝修好条规"逼迫朝鲜开港，并试图强行将朝鲜"独立之邦"的虚像实化，清政府遂着手调整和加强与朝鲜之间旧有的"宗藩"关系。以"壬午军变"的解决为转折点，清政府与朝鲜之间的关系得以逐渐加强，而日本对朝鲜的控制力则开始下降。③

以往学界很少关注法国与中日甲午战争的关系，葛夫平利用法文资料对此做了研究，认为中日甲午战争爆发前后法国虽一再宣称在朝鲜问题上没有直接利益，表面上持观望态度，但实际上，法国从一开始就将中日战争视为巩固法俄同盟和进一步侵略中国西南边疆的天赐良机，乐见中日开战，并始终与俄国保持一致立场，抵制英国在调停中扮演主导角色。④

1899年清政府与朝鲜之间达成的《中韩通商条约》，奠定了两国政治

---

① 参见李育民《晚清时期条约关系观念的演变》，《历史研究》2013年第5期。
② 参见吕昭义《19世纪中期中印边界东段的若干协定》，《中国边疆史地研究》2013年第1期。
③ 参见张晓刚、国宇《"壬午军变"前后的中日两国对朝策略》，《武汉大学学报》2013年第2期。
④ 参见葛夫平《法国与中日甲午战争》，《中国社会科学》2013年第3期。

关系的新模式。陈尚胜认为，作为中方全权订约代表及首任驻韩公使，徐寿朋以国际法及中韩两国现实需要为依据，推动《中韩通商条约》的达成，在处理中韩民事与边务纠纷时擅长运用条约文本阐述和保护本国利益，并维护了中韩关系大局。①

孙宏云探讨了有贺长雄与清末预备立宪关系密切，认为考察政治大臣端方和戴鸿慈起草了考察政治报告，之后又为考察宪政大臣达寿和李家驹讲解欧美、日本的宪法与官制，并对清政府预备立宪提出较为系统的建议，核心是建立"责任内阁制"。但如何处理大权政治下君主与内阁以及满汉官僚之关系，是困扰清末官制改革的主要症结。②

日俄战争结束后，与日本的交涉事务成为清政府善后外交工作的一项重要内容。李皓以盛京将军赵尔巽为中心考察了日俄战争后的中日交涉，认为作为日俄战争的主战场暨争夺目标之一，奉天也是清政府处理战争善后工作的地方行政单元。身为地方最高军政长官的赵尔巽，同时也是该项工作的参与者与地方主持人；在协助中央政府处理战争遗留问题之余，还要为维护国家利益而与日本驻奉天军政当局展开交涉。这些外交工作，在一定程度上打击了日本侵略势力的嚣张气焰，维护了国家利益。③

孙宏云探讨了高田早苗与清末中日教育交流的关系，认为高田早苗将中国视为日本对外进行帝国主义扩张的主要舞台，但又主张用和平手段，促进中国教育改革，通过日本来接受西洋近代文明。1905年，他来华进行为期三个月的教育考察，为设立早稻田大学清国留学生部争取各地督抚的支持。回国后，他又向日本国内传达其对中国教育状况的认识与评价，以及他本人对中日教育关系等问题的思考与建议，希望说服日本人从教育上对中国进行诱导开发，形成两国利益共同体。而在其游历中国前后，亦有不少中国官绅前往日本视察，与高田有所接触。高田在为他们提供方便的同时，也将早稻田的师生推荐到中国来担任教习或顾问，从而扩展与加深了早稻田大学在近代中国的影响。④

---

① 参见陈尚胜《徐寿朋与近代中韩关系转型》，《历史研究》2013年第3期。
② 参见孙宏云《清末预备立宪中的外方因素：有贺长雄一脉》，《历史研究》2013年第5期。
③ 参见李皓《日俄战争后的中日交涉——以盛京将军赵尔巽为中心的考察》，《东北师大学报》2013年第4期。
④ 参见孙宏云《高田早苗与清末中日教育交流》，《史林》2012年第6期。

（二）民国北京政府时期的对外关系

民国初年，西藏问题的症结在界务之争。1917—1918 年第二次康藏纠纷爆发后，西姆拉会议遗留的汉藏划界问题亟待解决。朱韶华指出，在英国驻华公使的一再要求下，北京政府于 1919 年 5 月重提了袁世凯政府 1915 年所作出的最后让步方案，英政府同意以该提案作为谈判基础，但未及展开，北京政府却突然中止了谈判，其原因是在五四运动引发的全国大规模的民族主义浪潮下，川、甘地方与大众舆论重新对绒坝岔协议中承认为西藏所有的金沙江两岸之地提出异议，希望恢复清末赵尔丰的川边改土归流后的汉藏分界，使得北京政府放弃了与英国的谈判。汉藏划界问题的搁置宣告了英国意图使中国接受西姆拉条约目标的失败，而且，西姆拉会议上秘密划定的藏印边界始终得不到西藏地方的认可。[①]

1912 年 1 月至 1922 年 7 月，日本陆军派遣队入侵汉口并驻扎十年半之久，非法获取土地修建军营，擅自架设大功率无线电台，竭力维护日本权益，强化了日本陆军在长江中游的谍报网。李少军认为，在长江流域力量最大的英国出于自身利益考量支持日本，是该队得以为所欲为的重要外因。该队最终撤出汉口回国，与当时日本为缓和中国民众反抗浪潮、避免受到美英牵制而调整对华姿态有关，并且是以日本在长江上的海军实力增强为前提。[②]

民国政坛重要人物对日认识得到学术界的关注。朱宝琴对汪精卫早期对日心态进行了评述，认为 1905 年前后，初至日本留学的汪精卫，由于未曾接受近代民族主义理论体系的熏陶，在对日本的认知上表现出高估日本明治维新成就，对具扩张主义色彩的倒幕骨干怀有个人崇拜的情绪倾向。[③] 张玉萍则以五四运动为中心，通过对戴季陶的经历及思想，分析了其日本观，并与五四运动以前的时期进行比较，探明其日本观变化及持续的部分，以此刻画出此时期戴季陶日本观的特征，并思考在其一生的日本观形成过程中所占据的位置。[④]

[①] 参见朱韶华《"五四运动"前后的中英西藏界务问题交涉》，《云南民族大学学报》2013 年第 4 期。
[②] 参见李少军《民国初期在汉口之日本陆军派遣队述略》，《近代史研究》2013 年第 2 期。
[③] 参见朱宝琴《早期汪精卫对日政治心态述评》，《民国档案》2013 年第 2 期。
[④] 参见张玉萍《戴季陶的日本观——以五四时期为中心》，《史林》2012 年第 6 期。

(三) 南京国民政府时期的对外关系

南京国民政府成立后,外交上继续推动废除治外法权和收回租界交涉,列强承诺逐步放弃在华治外法权,上海公共租界因此面临出路问题,于是聘请南非法官费唐来沪调查,为上海公共租界的未来提出建议。自1931年4月起,"费唐报告"陆续发表。报告从历史与现状的角度,论证租界不能立即交还中国政府,应设立一长达几十年的过渡期,待各项条件成熟后再交还。报告出炉后遭到中国坚决反对,英国则反应冷淡,上海公共租界当局也不肯采纳。王敏认为,"费唐报告"的命运折射出国际格局变动背景下中英关系发生的根本性变化。[①]

抗战初期国民政府对结盟问题的理论推断,以"英法苏合作"和"民主国阵营获胜"为前提。由于1939年夏《苏德互不侵犯条约》的签订和1940年春英法在欧战中的溃败,这两个前提一时消失,并带来众多变数,致使蒋介石在对外政策上陷入观望和动摇。鹿锡俊指出,1940年9月日、德、意三国同盟诞生后,围绕中国的国际形势开始好转,但因为苏联的取向未明,蒋介石喜忧交加,故其初期因应系以中立谋左右逢源。其后,随着对德苏关系及英德战局观察的深入,蒋介石引导中国外交重返首重美国、促进中美英苏抗日合作的路线。在针对日、德、意三国同盟的多边外交中,蒋介石以国际形势压日本接受公正和平的尝试受挫,但其他方面均获基本成功。[②]

自1940年4月起德国在欧洲发起军事攻势,日本乘机在法属越南攫取军事和经济特权。张智丹、刘会军认为,国民政府为保障西南国际交通和西南根据地的安全,希望达成中法在越南的军事合作,即一旦日军侵入越南,中国可派兵入越进行协防。但由于自身军事缺陷,且未得到法、英、美诸国的切实配合,国民政府在派兵入越作战的谋划和筹备过程中遭遇重重困难。在法越当局屈服于日军使其进占越南北部的情况下,国民政府决定暂时搁置派兵入越计划,转而加强同英、美的军事合作交涉。[③]

[①] 参见王敏《中英关系变动背景下"费唐报告"的出笼及搁浅》,《历史研究》2012年第6期。

[②] 参见鹿锡俊《蒋介石对日德意三国同盟的反应》,《近代史研究》2013年第3期。

[③] 参见张智丹、刘会军《1940年国民政府派兵入越计划及其搁置》,《民国档案》2013年第1期。

侨民与保护侨民的美军，是民国时期美国维持在华存在的重要标志。中日战争全面爆发后，战火迅速从平津蔓延到京沪等地。这些地方是美国在华侨民的集中居住地，美国政府对华侨安全十分关切。陈志刚、张生指出，与十年前的武力护侨政策不同，此时的美国面对日本的步步推进，采取撤侨政策予以应对，并调兵遣舰，为美侨撤离中国提供帮助。"帕奈号"事件发生后不久，不仅美国侨民，美国在华驻军也被撤走。从撤侨到撤军，这既标志着美国传统武力护侨政策的放弃，也是抗战初期美国绥靖日本的体现。①

七七事变后，绝大多数中国留日学生返回了祖国，但日本政府为培养"中日亲善"的"楔子"和"大东亚新秩序"建设的"协力者"，以服务于其侵略战争政策，遂蛊惑或强令伪中华民国临时政府、维新政府及日后的汪伪政府和伪满、伪蒙疆政权继续选派留日学生，从而在中日战火纷飞的年代竟出现了中国沦陷区留日学生赓续不绝的特殊现象。徐志民指出，日本政府虽不惜重金扩建留学教育设施和改善留日学生经济待遇，相当重视留日学生的教育和培养，但并不相信这些留日学生一定就能遂其所愿，故在教育留日学生的同时，提高警戒，强化监控。这些留日学生回国后虽不得不服从日伪的工作安排，但甘心附逆者并不多，甚至在战后反而参加对日遣返或审判日本战犯工作。日本侵华战争时期的中国留日学生政策随着日本战败投降而灰飞烟灭，但其给留日学生所带来的影响值得深思。②

（四）战后中外关系

国际货币基金组织、世界银行和关贸总协定是战后世界最为重要的经济组织，中国在其创建过程中发挥了重要作用。张士伟认为，从战后亟须重建与复兴的现实出发，中国促使各国尤其是发达国家在创建战后国际经济组织的过程中考虑不发达国家的利益，并将不发达国家的工业化作为战后世界经济发展的重要内容。中国集大国与不发达国家的身份于一身，力争合理利益，能够作出让步，为战后国际经济组织的成功创建作出了特殊贡献。③

---

① 参见陈志刚、张生《抗战初期美国在华撤侨撤军决策与行动》，《安徽史学》2013年第6期。
② 参见徐志民《日本的中国留日学生政策（1937—1945）》，《历史研究》2013年第3期。
③ 参见张士伟《中国与战后国际经济组织的创建》，《近代史研究》2013年第1期。

日本为了保住对琉球的主权，自第二次世界大战结束就开始研究对策，通过多种渠道影响美国的对日领土政策。隋淑英、陈芳指出，冷战的出现尤其是朝鲜战争的爆发，为日本取得对琉球的残存主权提供了机会。日本以向美国提供琉球的驻军权换取日本保有琉球主权的领土政策，一箭双雕，既解决了日本的安全保障问题，又解决了琉球的领土主权问题，是日本现实主义外交政策的体现。日本设法通过将琉球群岛改换成"西南群岛"的方式扩大琉球领土的范围，美国并未接受。但由于1953年的"第27号令"将钓鱼岛划入美国所托管的琉球区域，1971年美国向日本返还冲绳施政权时将钓鱼岛的施政权也交给了日本，使中日钓鱼岛争端复杂化，并导致中日钓鱼岛纠纷始终存在美国因素。①

从1945年抗日战争胜利到1949年大陆政权更替，蒋介石与国民党是如何处理宝库偶战俘与侨民在内的滞华日本人的？鹿锡俊依据《蒋介石日记》与相关原始档案，论述了对这一问题所含若干侧面的考察结果。作者指出，战后国共相争以两党隔海对抗为结局，和日本人发挥的作用有密切关系；在研究战后的国家重构时，日本人所充当的角色是一个不可忽视的因素。②

（五）近代史研究所中外关系史学科的年度研究

2013年度，学科全体成员以将本学科建成国内近代中外关系史综合研究中心为基本目标，在学科建设与发展上努力工作；积极参加所内外举办的各种国内、国际学术讨论会，就近代中外关系史若干问题发表看法，部分研究成果在学术界处于前沿地位。出版专著1部，50万字；出版论文集1部，90万字；发表研究论文25篇，44.3万字，研究报告1篇，0.35万字。

栾景河、张俊义主编的《近代中国：思想与外交》文集，为学科的重点建设项目，是在近代中外关系史学科主办的第四届"近代中外关系史"国际学术所收录的论文基础上编辑完成，主要内容涉及外交观念与制度的转型研究、晚清外交研究、北京政府的外交研究、外交关系中的经济贸易与文化研究、南京国民政府的外交研究、抗战外交研究、中华人民共和国

---

① 参见隋淑英、陈芳《战后初期日本对琉球的领土政策——兼论钓鱼岛问题》，《近代史研究》2013年第5期。
② 参见鹿锡俊《蒋介石与战后国共相争中的日本人角色》，《抗日战争研究》2013年第1期。

成立前后的外交研究七大主题,几乎涵盖整个近代中国对外关系的全部内容。① 该文集的出版,必将极大地丰富国内近代中外关系史研究的内容。

黄庆华著《中法建交始末——20世纪40—60年代中法关系》,以战后中法关系的建立到中华人民共和国成立14年后法国政府承认中华人民共和国政权为主线,系统讨论了法国作为西方大国,第一个宣布承认中华人民共和国并建立正式外交关系的曲折历程,客观、全面、系统地展现了中法建交的历史轨迹与脉络,为国内外中法关系史研究最具前沿的成果。②

关于辛亥革命期间日本及沙皇俄国的对华政策。栾景河强调,武昌起义爆发之初,无论是日本,还是沙皇俄国并未形成较为明确的对华政策思路,其对华政策的变化与发展,很大程度上取决于中国国内局势的走向,同时又与日俄双方各自的利益紧密相连。日本与沙皇俄国之间在辛亥革命期间签订第三次日俄密约,划分各自的势力范围,无疑是对中国的又一次伤害,但从日本与俄国的外交决策来看,在中国处于动乱的情势下,通过外交手段,解决日俄之间可能存在的问题,或许是在这场革命中得到利益最大化的唯一手段。因此,在内忧外患的困局中,中国政府也只能无奈面对再次被瓜分的局面。③

关于战后中法关系。黄庆华指出,回顾法国承认中国的漫长路程,探究法国从起初犹豫到最终承认并建立正式外交关系的真实原因,应该说是十分必要和有意义的。中华人民共和国成立14年后,法国决定承认中国并建立外交关系,此举不仅是法兰西第五共和国政府奉行独立自主外交政策的结果,也是戴高乐主义在法国谋求世界大国地位和重返东南亚战略的具体实践。④

关于南方政府对英外交问题。张俊义指出,从1917年8月至1923年初,孙中山以"护法"为名,三次在广州建立政权,与北洋各系军阀把持的北京政府相抗衡。广州政权的建立,遭到了在华各西方列强的冷遇与反对,列强们纷视北京政府为当时中国的唯一合法政府,认为孙中

---

① 参见栾景河、张俊义主编《近代中国:思想与外交》,社会科学文献出版社2013年版。
② 参见黄庆华《中法建交始末——20世纪40—60年代中法关系》,黄山书社2013年版。
③ 参见栾景河《有关辛亥革命期间日本与沙皇俄国对华政策的再讨论》,栾景河、张俊义主编《近代中国:思想与外交》,社会科学文献出版社2013年版。
④ 参见黄庆华《中法建交述略——建交前法国对新中国的态度》,《晋阳学刊》2013年第5期。

山建立的政权是中国统一的"破坏力量"。而广州政府建立后,为了争得其合法性地位并获取来自外部的援助,其外交重点也相应地放在了争取在华各列强的承认与支持上。作为一个不被西方列强看好的搞"分裂"的政权,广州政府和孙中山寻求外部承认与支持的努力屡遭挫折,然而他们的努力终有收获。十月革命后的苏俄政府出于摆脱西方帝国主义围剿的反帝需要,选择了支持孙中山和他的广州政权,而四处碰壁的孙中山经过慎重考虑,最终选择了联俄容共,从而掀起了一场轰轰烈烈的国民革命运动。[①]

关于五卅惨案。张丽认为,目前海内外学术界关于五卅惨案的研究成果,多集中于五卅案所激发的中国民族主义运动、五卅运动期间美英日对华外交之异同、五卅运动与英美总体对华政策的调整等方面,而关于五卅惨案交涉的具体过程、英国执意推行强硬路线的策略与手法,以及列强内部协调应对之策的内幕隐情,则尚有较大的余地可作进一步的发掘与完善。该文主要是根据新出版的英文档案资料,以外方为中心对于五卅惨案的交涉过程加以考察,即对影响五卅案交涉的外方势力予以较为细致的分析,探究其各自的立场、观点、外交策略以及相互之间的矛盾冲突,从而补充和丰富了五卅案交涉的研究。[②]

侯中军强调,民族主义概念的出现要早于不平等条约,孙中山早期的民族主义可以用"革命排满"来概括,有一个逐步发展的过程,虽然该口号很大程度上具有狭隘民族主义的成分,但获得了良好的社会动员效果,并引导了辛亥革命顺利进行。五四以后,孙中山力图重新解释三民主义,并致力于为其民族主义注入新的内容,以图在中国寻找到一个可以广泛动员民众的口号,不平等条约概念应时而出。当三民主义被解释为是为了打倒不平等这一层面,而民族主义专是"对外打不平",废除不平等条约与民族主义的结合就水到渠成了。苏俄与早期中国共产党在促进孙中山将不平等条约与民族主义相结合的过程中亦是一个重要因素。苏俄将民族自由与废除不平等条约相结合的宣言无疑给孙中山以启迪。孙与苏俄的合作所求的不仅是外交,而且是舆论和人心,争取的是

[①] 参见张俊义《广州政府对英外交探(1917—1924)》,栾景河、张俊义主编《近代中国:思想与外交》,社会科学文献出版社2013年版。

[②] 参见张丽《有关五卅惨案的中外交涉——以外方为中心的考察》,《近代史研究》2013年第5期。

寄予苏俄无限希望的国人。①

陈开科认为，19世纪80年代，宁静的东北亚开始演变为中、日、俄三角及其他列强介入的复杂局面，朝鲜被迫对外通商开放并由此引起内部政治力量分裂为亲日、亲俄、亲华等政治派别，且与当时东北亚复杂的国际局势相呼应。通过"壬午兵变""甲申政变"，日本的势力暂时蛰伏，然俄国势力却趁机介入，相继发生"韩俄密约"和"巨文岛事件"，挑战中朝宗藩关系体制。为解燃眉之急，也为了长远协调中、俄朝鲜政策，1886年9月，李鸿章邀请俄国驻华代办拉德仁至天津进行了五次会谈，最后双方达成了具有实效的口头"君子协定"，不但杜绝了"韩俄密约"、迫使英国退出了"巨文岛"，且双方都承诺"不占朝鲜领土"、（有条件地）"不改变朝鲜现状"，中、俄两国从战略上建构和协调了彼此的朝鲜政策，对维持甲午战前东北亚局势的相对稳定起了一定作用。②

戴东阳指出，6届中国驻日使团围绕琉球问题、朝鲜问题和修约问题展开的日本研究，其基调完全是防卫式的。从阶段性对日研究来看，无论处理早期的中日琉球交涉案，以及劝导朝鲜开港通商，还是稍后的处理壬午兵变和甲申事变，使团均有不少值得称道的地方。只是晚清中日关系中有些迷惑人的层面一定程度误导了这些外交官，尤其是甲申事变以后的那几届使团。这与中日之间一些特殊层面的历史背景及相关因素有相当关系。③

张志勇认为，赫德是英国人，又是中国的官员，这就决定了他在参与中英交涉过程中对中英双方的利益都要顾及，但在中英矛盾尖锐，这种矛盾威胁到英国在华的根本利益时，赫德就毫不犹豫地完全站在了英国的一方。这在中英滇案交涉的初期表现尤为明显，赫德不仅不是在起调停作用，而且是在支持和鼓动威妥玛坚持对华采取强硬政策。赫德中国海关总税务司的身份又决定了他并不是真正希望中英间发生战争，从而决定了他最终还是要回到调停者的角色上来。赫德对中英交涉能够进行调停是有前提的，那就是与中

---

① 参见侯中军《近代中国的民族主义与不平等条约——基于孙中山革命理论与实践的探讨》，《人文杂志》2013年第2期。
② 参见陈开科《1886年李鸿章、拉德仁天津会谈与中、俄朝鲜政策》，《近代史研究》2013年第6期。
③ 参见戴东阳《清末驻日使節団の日本理解——琉球・朝鮮・条約改訂》，《対立と共存の歴史認識——日中関係150年》，東京大學出版會，2013年8月。

英双方负责谈判者都关系密切,而当与任何一方的关系破裂后,他就会弱化甚至失去这种调停功能。在与威妥玛的矛盾公开化后,赫德无法再像以前那样调停中英矛盾,而是主要充当中方的外交顾问,但是由于其海关总税务司的地位,威妥玛在某些问题上却不得不咨询赫德的意见,他又充当了英方的外交顾问,从而得以继续有限地调停中英矛盾。[①]

李珊指出,随着近年来研究的不断深入,北京政府修约外交的作用和意义越来越受到肯定,北京政府实施修订不平等条约的路径及依据的原则奠定了民国时期修订不平等条约的基调。但是,学术界目前对于北京政府修约外交的研究主要集中在实践层面,以及修约外交所依据的个别法理依据,如"情势变迁"原则,从思想层面对于修约理念的形成及其包含的内容的关注则相对较少。论文通过对北京政府时期出版的大量有关中外关系的著作的考察,探究近代中国学人将西方国际关系及国际法的知识引入中国的过程,同时着重考察这些思想资源是如何为修约外交的法理及事实依据的,并对修约外交的实践产生了深远的影响。[②]

2014 年度

2014 年适逢甲午战争爆发 120 周年,第一次世界大战爆发 100 周年,近代中外关系史学科围绕这两次大战的学术探讨分量凸显,是为本年本学科的一大特色。抗日战争时期的对外关系亦是本年学术成果较为集中的领域。本综述主要以本年度发表的学术论文为主,虽然顾及了部分学术专著,但限于收集信息的困难,一些专著并未列入。由于大部分专著在正式出版前已经将主要观点发表在相应的学术杂志上,因此某种程度上,或可减少缺少专著之憾。

(一) 两次鸦片战争前后的中外关系

1. 鸦片战争前的中外关系

鸦片战争前的中西贸易研究得以扩展。研究者认为,事实上,鸦片战

---

① 参见张志勇《赫德与中英滇案交涉再研究》,栾景河、张俊义主编《近代中国:思想与外交》,社会科学文献出版社 2013 年版。
② 参见李珊《北京政府时期学人的修约理念研究——以英文中外关系研究著作为中心》,《中国社会科学院近代史研究所青年学术论坛(2012 年卷)》,社会科学文献出版社 2013 年版。

争前的中西贸易中，使西方贸易入超局面改观的不是来自西方的货品，而是来自东方殖民地的货物，棉花在其中扮演了重要角色。这是中国历史上第一次规模化的外来原料输入，牵涉到中国最重要的两个经济领域——农业和手工业，外来原料直接由大批的小农和小手工业者使用。此时中国的棉花经济，已不单纯局限于中国境内的国内经贸体系，而且开始受到异域的影响，英国开始赖此重建对华贸易结构。①

领事裁判权问题以往的研究多集中于鸦片战争后，鸦片战争前的领事裁判权问题较少得到关注。有研究曾以德兰诺瓦案为主题进行了再阐述，提出领事裁判权能够调节中西不同法律层次，能推进中国法律的近代化，加快中西交流。对此，有学者提出明确的反驳，认为1821年美国商船意大利籍船员德兰诺瓦杀害中国妇女，在案件审理过程中，美方以种种不端行径，干扰中方正常的司法活动。后来，在与清政府订立不平等条约时，美方借口中国法律"野蛮、落后"，提出获取领事裁判权的无理要求，这是彻头彻尾的侵略行径。②

有专著详细探讨了鸦片战争前俄国戈洛夫金使团事件。论者指出，19世纪初的戈洛夫金使团外交的失败绝不是一件孤立的外交事件，它不但是当时整个东方外交接触中的一环，也是当时俄国远东外交活动链条中的一环，体现了中俄两国异质文化的冲突。③

《中国丛报》由美国来华传教士创办，1832年至1851年发行于香港。研究者指出，通过《中国丛报》所发有关台湾的文章，为西方读者建构了台湾的形象，体现了荷兰人在"失去"台湾岛后依然长期存在的"福摩萨情结"。这些文章和报道就台湾的历史与现状提供了一些值得注意的信息，但都坚持殖民扩张时代西人关于台湾历史的观念和认识，试图否认台湾岛与大陆之间日益密切的联系。该刊主要运用反映西人观点的西文文献，对中文文献的运用与解读服从于作者的论述需要。④

---

① 参见郭卫东《印度棉花：鸦片战争之前外域原料的规模化入华》，《近代史研究》2014年第5期。

② 参见邱涛《领事裁判权的历史渊源和历史作用——关于〈"治外法权"起缘〉一文相关论点的反驳》，《北京师范大学学报》2014年第3期。

③ 参见陈开科《嘉庆十年——失败的俄国使团与失败的中国外交》，社会科学文献出版社2014年版，第451—467页。

④ 参见吴义雄《"福摩萨情结"与台湾形象的建构——〈中国丛报〉台湾论述解析》，《近代史研究》2014年第4期。

2. 鸦片战争及其以后的中外关系

五口通商虽然在《南京条约》中有明确的记载，但何时开始通商并不明确。有论文就此对"开埠通商"的标志以及各口正式开埠的具体时间和过程进行了梳理，指出实施新的海关税则是最重要的必要条件。①

关于租界问题。两次鸦片战后，英国先后在中国开辟七块租界地，界内土地的租用方式却不尽一致。有五块土地是通过由英政府与其本国商民订立皇家租契租用的，其中天津英租界扩张次数最多、面积最大、租地关系最为复杂，具有较高的典型性。在原有帝国主义、殖民主义的解释框架中，皇家租契订约双方属于协同利益群体，二者间发生的旷日持久的纷争几乎无法想象。②

在1876年至1879年"丁戊奇荒"期间，日本国内涩泽荣一、益田孝、岩崎弥太郎和笠野熊吉四位实业家发起了对华赈济活动。明治天皇及皇后政府要员、平民百姓均参与其中。竹添进一郎亲自来到中国就地施赈。虽然如此，对华赈灾义举不过是日本国家为实现经济发展而采用的手段，无法掩盖其背后经济扩张的目的。③

有研究关注了晚清时期外交礼仪的变化与争论，论者选取同治朝、光绪朝前期的对外交涉为对象，剖析其形式的变化及原因。此时期对外交涉的重点虽在维系"天下秩序"的理想及皇权的正当性基础，但清政府应对外国公使团的态度已由消极被动转向积极主动，并试着把国交平等的西式外交惯例，比附传统中国儒家经典的词汇或概念，使总理衙门顺利转换概念，让这些新政策拥有历史依据与理论基础，得到行动的正当性，借以避免传统士人或官员的反对，也能维护皇帝作为天子的至尊地位。④

在学界关注近代中国留日学生的同时，亦有研究开始关注日本留华学生。1873年末，日本明治政府陆军省派遣八名军官来华留学，是为近代日本军方派出的首批留华学生。八人曾先后在上海、天津、北京学习北京官话，直至翌年年末中日围绕"牡丹社事件"的谈判陷入僵局，日本以为和

---

① 参见周育民《鸦片战争后的五口开埠问题》，《清史研究》2014年第3期。
② 参见耿科研、江沛《英国近代在华租界土地制度述论》，《民国档案》2014年第3期。
③ 参见王瓒玮《丁戊奇荒期间日本对华赈济及其内在动因初探》，《清史研究》2014年第2期。
④ 参见尤淑君《从〈申报〉的觐事报道论同治、光绪年间对"与国"定义的转变》，《史林》2014年第5期。

谈无望，战事将起，才将其陆续撤回。所以，他们前后在华仅一年时间，而其他不利因素也影响了留学效果。然而，此次陆军军官来华留学实为日本军方策划侵略亚洲"大阴谋"的前奏，标志着日本军方通过分批派遣军官来华留学、侦察，以便为对外侵略扩张服务的阴谋就此展开。①

马嘉理案件又有新的探讨。通过观察马嘉里案件中多方之间的交涉与合作，认为威妥玛与总理衙门、李鸿章虽然都秉承各自政府的意旨，但其与各自政府之间亦存在分歧，这些都影响了案件的交涉进程和最终走向。②

(二) 甲午战争前后的中外关系

甲午战争与宗藩关系的存废一直是学界关注的问题之一。通过甲午战前赵太妃之死与清廷的赐奠，论者论述了清政府与袁世凯坚持事大礼仪的原因及妥协之处，从中可见朝鲜国王追求自主的企图。中朝两国礼仪之争的结果，最后还是清政府略胜一筹，成功让各国驻朝公使了解名分控制朝鲜君臣的有效性，却让朝鲜君臣加强了反华意识，埋下日后中朝宗藩关系破裂的导火线。③新近的研究从甲午战后中朝关系的确立为视角，再次审视这一传统命题。透过《中韩通商条约》的议约过程，可见中韩两国都反复强调其特殊关系，不惜牺牲商业利益也要确保政治上的合作，可知中韩两国虽切断了宗藩关系，却仍保有"名分秩序观"的文化体认，这成为甲午战后中朝关系的基调。甲午战后，中朝之间一直没有遣使缔约，也未建立外交关系，回避"是否承认朝鲜独立"的问题。韩国虽切断宗藩关系，但"乙未事变""俄馆播迁"等事件凸显了朝鲜无法自立的危机，于是试图联络中国，请求遣使缔约，借以破除日俄合作谋韩之局。④

甲午战后，中国开始主动向日本学习，中国近代留日运动开始兴起。刚刚摆脱半殖民地危机的日本，由于大力发展教育事业，率先于欧美诸国普及义务教育，故在中国留学生蜂拥赴日时，能够接受和施以教育。亚洲主义者打着"同文同种"和"亚洲主义"的旗号，劝诱、蛊惑中国学生赴日留学。日本政府则从培养亲日分子和向大陆侵略扩张的目的出发，积极接收中国留学生，从而为甲午战后中国留日热潮的兴起提供了相应的政治

---

① 参见谭皓《近代日本军方首批留华学生考略》，《抗日战争研究》2014年第1期。
② 参见方英《合作中的分歧：马嘉理案交涉再研究》，《史学集刊》2014年第4期。
③ 参见尤淑君《从赵太妃之薨论清政府对朝鲜的名分控制》，《清史研究》2014年第4期。
④ 参见尤淑君《甲午战后的中朝关系》，《山东社会科学》2014年第5期。

保障。但是，日本政府和亚洲主义者别具用心的留学教育目的，不仅为留日学生与日本政府之间的冲突埋下了伏笔，而且或明或暗地影响着未来的中日关系。①

日本在华的军事侵略行动中，海军的活动较少得到关注。甲午战争后，日本海军以长江流域为重点，进行扩张，并逐步将触角从上海延伸到重庆，组成主要针对长江流域的舰队。从1917年下半年起，日舰常停泊于长江流域重要口岸；到20世纪20年代，面对中国反帝浪潮和地方动荡，日本海军日趋暴虐，派水兵上日船护航，并实现了对陆上设施的非法拥有，在上海和汉口形成河用炮舰组装能力。在此扩张过程中，日本海军与英国保持协同关系。日本在长江流域的巡航警备，原本是步欧美后尘，又是在所谓英国在华势力范围内展开，起初在能力上较之英国等国海军相差甚远。英国对日本海军在长江流域的活动，从未设置障碍，而是彼此协同，究其根源，当为英国对日本侵华的支持和利用。可以认为，是英国为日本海军在长江流域迅速扩张铺平了道路。②

甲午战后日本对华的经济侵略引起学界关注。甲午战后，日本对中国经济的重心所在地沪杭苏地区展开侵略步骤。觊觎上海航运咽喉吴淞，染指江南内河航运，在苏州、杭州设立日租界。③对于甲午战后日本亚洲主义的演变，论者指出其存在两个特征：一是在太平洋战争爆发前不断变换名称；二是始终未变其国家利益至上的实质。④

为了筹措对日赔款，清政府被迫大举借债，其中有三次主要借款，英德续借款即为其中之一。学界以往对赫德在续借款中的活动表述简略，新近的研究利用赫德日记等资料完整再现了赫德的活动。⑤

(三) 清末十年的中外关系

义和团运动失败后，列强迫使清政府订立《辛丑条约》，强迫清政府赔偿4.5亿两白银。面对如此大额赔款的筹集，清政府并未采取甲午战后直接贷款的方式，而是采取了抵押分期偿还的办法。列强通过甲午战后的

---

① 参见徐志民《甲午战后中国留日热潮的日本因素》，《江苏师范大学学报》2014年第4期。
② 参见李少军《国民革命前日本海军在长江流域的扩张》，《历史研究》2014年第1期。
③ 参见戴鞍钢《日本与甲午战后的沪苏杭》，《史学》2014年第4期。
④ 参见翟新《甲午战争后日本亚洲主义演变的两个特征》，《史学》2014年第4期。
⑤ 参见张志勇《赫德与英德续借款》，《江苏社会科学》2014年第4期。

贷款获得了巨大利益，为何此次赔款不再续演上一次的模式呢？列强能同意中国分期偿还，并不意味着其否定甲午战后的政治贷款，而只是一种为了帮助清政府维持统治，从而实现其利益最大化的行为。①

有研究讨论了中葡围绕海界的争端，并以此切入晚清中国对海权的认识。作者提出，晚清中国的海权认识，正是以1906年中葡海界争端为契机而形成的。自此次争端以后，"海权"一语不仅逐渐见诸广东地方官员、绅商的公文禀文中，而且见诸地方报章舆论中。他们对"海权"的认识也随着澳门海界争端的展开而不断深入，一方面在抓住国际法中领海权的题中之意的同时，重点围绕"主权"去理解"海权"，另一方面则发展出综合运用"国势"、外交与"商务"的理念维护"海权"。②

围绕中英开平矿务纠纷，有研究聚焦袁世凯与张翼的内争，分析中英之间的纠纷。袁世凯、张翼对新政不同的利益企图，决定了官场上解决开平问题的价值取向，这与列强在华商业利益角逐相勾连，英国则从袁、张内讧中取利。③

对于辛亥革命期间驻汉口五国领事的中立布告，出现了不同的解读。诸多论著引用该布告内容时存有歧异，对布告发布过程亦说法不一。新近的研究认为，中立布告的发布仅针对租界，与驻汉口五国领事及汉口租界有关，是特定背景下的产物。由于美国在汉口没有租界，因此美国领事并未参与其中。由于领事不同于公使，不能代表国家宣布外交政策，因此中立布告并非各国政府或公使决策的结果，它仅在租界发布，由领事署名，所以并不表明列强已经宣言中立。④

辛亥革命期间的政府继承与条约的关系问题是一个较新的课题，研究者认为，辛亥革命期间发生的继承是政府继承，继承过程及时机与当时复杂的国内外形势息息相关。由于中华民国政府的成立与获得列强的承认并非发生于同一时间，而这二者均对承认问题产生决定性的影响，尤其是对条约继承产生决定性影响。在列强承认中华民国之前，晚清的条约、义务

---

① 参见侯中军《庚子赔款筹议方式比较研究》，《清史研究》2014年第2期。
② 参见周鑫文，《海洋史研究》2014年第6辑。
③ 参见王天根《面子与法理：中英开平矿权纠纷及赴英诉讼》，《史学月刊》2014年第12期。
④ 参见朱文亮《〈驻汉五国领事严守中立布告〉难言"中立"》，《历史研究》2014年第5期。

等已经事实上由中华民国临时政府继承,此时的继承是法理继承;其次,在未承认中华民国之前,有关各国与晚清政府的条约暂时处于冻结状态,某一国的条约何时发生效力,取决于该国何时正式承认中华民国政府。由于各国承认的时间并不一致,因此中华民国条约继承完成的时间也有区别。中华民国完全意义上的继承发生在列强承认民国之后。辛亥革命本是提供给中华民国修改不平等条约及建立新型国际关系的机遇,但由于中国国内政治斗争的严峻形势,孙中山及袁世凯政府都未能充分利用上述机遇。①

学界注意到德国在青岛租界创办的报纸,并以之分析德国对华关系。研究选取了《德华汇报》《青岛新报》《山东汇报》三份德文报纸作为考察对象,认为1898年至1914年德国在青岛的报业变迁史中交织着德国对汉学的关注,也体现了殖民统治者所重视的商业利益,以及在华势力扶植所必需的文化政策。活跃在青岛的德国报人在其中起到的作用,除了维护德国殖民统治者的利益以外,还以其职业的敏锐性,在德国的殖民统治体系中时刻捕捉先机,为其起到了指明方向的作用。在德国统治者眼中,青岛始终是作为德国在中国的商业基地而存在,此点可通过三份德文报纸的命运体现出来。②亦有研究关注到成立于上海的同济医工学堂,并以之分析此时德国的对华文化政策。德国人希望通过学堂对中国文化施加影响,从而获得长久利益。然而,该学校能否发挥影响不仅仅取决于德方的意愿,更取决于中方的接受程度。同济医工学堂的教学总体上得到了中国社会的肯定。③但亦有较为复杂的中外医院纠纷,如清末杭州广济医院租地案。该案起源于1894年广济医院租地,20世纪初,由于租地的特殊性以及医学传教士梅腾更擅自扩大租地面积,引起与地方的冲突。交涉过程中,浙江各界卷入其中,体现了复杂的中外关系以及官民关系。④

(四) 民国北京政府时期中外关系研究

中华民国南京临时政府成立后,孙中山任命王宠惠为首任外交总长,

---

① 参见侯中军《辛亥革命期间的政府继承与条约问题》,曾业英主编《四川辛亥革命暨尹昌衡国际学术研讨会论文集》,中国社会科学出版社2014年版。
② 参见高莹莹《青岛德文报纸的创办与德国殖民政策》,《河南大学学报》2014年第5期。
③ 参见崔文龙《同济医工学堂与德国对华文化政策》,《史林》2014年第3期。
④ 参见李传斌《清末杭州广济医院租地案研究》,《史林》2014年第1期。

颇受舆论争议。最近的研究认为，除王宠惠具备担任外长的一般职业素养外，还在于外交总长的选任实质是各派政治力量角逐的一个缩影，暗含着孙中山要将重要的外交权揽归自己掌控的意图。① 对于新成立的外交部，其人事安排及组织结构如何，亦有专门论文涉及。晚清总理衙门、外务部与民国初年外交部在人事关系上一脉相承，但随时代变迁、制度因革，其官员来源与结构有着巨大差异。人员多从外务部留任，但大量裁汰原总理衙门官员、举贡考试人员及留日学生，通晓外语、有驻外经验者构成外交部官员的主体，并逐渐形成一个成长、选任皆具相对独立特征的职官群体。②

有研究关注到了民国期间的中印边界问题。民国元年（1912），中华民国特使会同察隅地方政府与驻军南下巡查边界，在压必曲龚建立中华民国界牌，彰显国界。这一界标是在西藏地方分离势力掀起"驱汉"狂潮围攻察隅之际，针对英国和英属印度推行"战略边界计划"侵占中国察隅等边境地区固有领土而竖立的，标志着新建立的中华民国对中印传统边界线的继承。③

2014年是第一次世界大战爆发100周年，学界在中国与一战领域集中推出了一些专著和论文。对于民国政府筹备加入巴黎和会的研究出现了新的论点，认为一战爆发后，为保全自身利益，民国政府因求中立而不可得，开始筹划加入战后和会。在国内进行理论探讨的同时，先是派驻巴西公使刘式训赴欧调研，继之以外交部参事夏诒霆为特使探询欧洲各国状况。为达到参会目的，外交部分别分析了交战双方及中立国的态度，在中国屡求参战而不可得的状况下，为设想以中立国身份出席和会作了大量外交调研。外交部在中国参战前所做的这些调研，为中国作出正确的选择提供重要参考。关于中国对德绝交与宣战，除先前学界所认识到的原因外，德国对战后和会的处理方式与中国的预期并不相同，极其不利于中国，就外交而言，这也是中国绝德的重要原因之一。④ 北京政府对和会筹备的大方针，在中立时期偏重于研究海牙保和会以来，国际公约对中立国

---

① 参见吴佩林、董清平《王宠惠何以担任民国首任外交总长》，《史学月刊》2014年第10期。

② 参见李文杰《继承与开新之间——清末民初外务（交）部的人事嬗替与结构变迁》，《社会科学》2014年第6期。

③ 参见吕昭义、刘名望《民国标界第一桩——民国元年察隅巡边标界史实考》，《中国边疆史地研究》2014年第2期。

④ 参见侯中军《中国与一战：中立国身份下的预筹与会》，《人文杂志》2014年第11期。

权益的保障，调查日本破坏中国中立的证据，并研究欧洲外交史对中国参加和会有利的先例。保和会准备会所做之种种讨论，是理论上的准备，探讨中国以中立身份加入和会的可能性。①

中国参加巴黎和会，外交目的是什么？采取了何种方针？学界新近的研究认为，就中方而论，无论北京政府还是社会舆论，都是强调废除不平等条约，等于把废除中国的半殖民地问题提了出来，虽然将山东问题提了出来，但朝野上下均未将其视为一个主要问题。② 至于陆征祥过境日本所产生的有无达成协议问题，"两国代表在会仍愿彼此遇事接洽"之语，的确出自陆征祥本人。从当时的谈话来看，此言不过是普通客套话，并无特别含义。陆征祥既未接受，也未反驳，也就是说，日方的安排尚未获得中方确认。③

第一次世界大战时期日本在中国上海成立东方通信社，作为对华刺探情报的谍报机关，有研究对其进行全面考察，论述了东方通信社成立和发展的过程。作为日本在华最早设立的通信社，在中国各大城市遍设分支机构，通过向当地报刊提供电讯等方式，为日本进行各种宣传。1914 年至 1919 年是通信社发展的前期，由上海领事馆具体领导，是外务省在华最大的舆论操纵机关。1920 年 8 月，东方通信社归外务省情报部直接经营，其主要活动亦转向谍报活动。④

1923 年，列强商定《禁助中国海军协议》，以不助长中国内战之名，规定列强不得援助中国海军建设。日本对此协定的态度得到审视。研究认为，日本虽然当初大力推动此一协议，但在协议达成之后的遵守问题上，却有着自己的考虑。在中国渤海舰队修缮问题当中，日本外务省对于是否接受修缮委托存在不同意见。亚细亚局认为，即使不修缮武器系统，仍不应接受委托，认为此举将会违反协议精神。但外务省高层基于维护商业利益的立场，接受了条约局相对宽松的解释，采取了不鼓励但也不禁止的事态处理方针。不过，这并不代表外务省就此撒手不管。外务省对三菱公司的处理方式，进行了关键性的指导规划。⑤

---

① 参见唐启华《巴黎和会与中国外交》，社会科学文献出版社 2014 年版，第 13 页。
② 参见邓野《巴黎和会与北京政府的内外博弈》，社会科学文献出版社 2014 年版，第 30 页。
③ 同上书，第 49 页。
④ 参见许金生《近代日本在华宣传与谍报机构东方通信社研究》，《史林》2014 年第 5 期。
⑤ 参见陈群元《日本与〈禁助中国海军协议〉以渤海舰队修缮问题为中心》，《社会科学研究》2014 年第 5 期。

英国政府与广东国民政府开征二·五附加税的问题再次得到关注。1926年10月，广东国民政府采取断然行动，自行开征二·五附加税，该税虽冠以内地税之名，实则等同于华盛顿会议所承诺之二·五附加税。国民政府此举引起了有关国家的强烈抗议。在应对广东征税行动的过程中，英国政府出于取消对英联合抵制、保护海关、中国内部政局大势和中外关系未来走向的综合考虑，采取了与他国完全不同的行动方针。初则极力主张公使团默许广东征税行动，继则撇开他国率先单独发表无条件承认华盛顿附加税并全面软化对华立场的声明。本文对关税会议后期到广东开征附加税之间的英国对华政策脉络进行了细致的梳理，为透视中国局势剧变年代的国民政府外交和英国对华政策提供了个案的解析。①

对于北京政府修约外交，研究者开始从英文中外关系著述为中心进行探讨。就思想层面而言，北京政府时期完整而具体的修约理念的形成仍有探讨的空间。这一时期的英文著作以扎实的资料，理性阐述不平等条约对中国主权造成的侵害，使中国在国际社会中寻求公道的申辩与交涉更加有力。这些英文著述所附带的国际政治、国际法等知识也在一定程度上推动了近代民族主义在中国的发展。

（五）南京国民政府初期的中外关系

南京国民政府初期，英美等国在"上海问题"上有一个共同的底线：放弃武力，采取开明的亲善政策。1927年，国民革命军收回汉口、九江英租界，上海公共租界何去何从，成为焦点。英、美的反应有所不同：英国不愿意提出一揽子解决方案，而是主张逐个解决问题。美国提出上海中立化的提议，后又试图通过民间机构介入调查，并最终推动上海工部局聘请外部专家调查。但在此问题上，起决定作用的还是英国。英国不支持外部因素介入，美国便难有作为。②

有研究深入探讨了日本对华的战争罪行，尤其是无差别轰炸部分。研究认为，日本对华的无差别轰炸，始于日本关东军的陆军飞行队在九一八事变期间对锦州等地的作战。日本在九一八事变后，扩大了对华航空轰炸

---

① 参见张丽《英国政府与广东开征二·五附加税》，《广东社会科学》2014年第4期。
② 参见王敏《上海何去何从？——论南京国民政府初期英美的"上海问题"政策》，《近代史研究》2014年第5期。

和作战的规模。1932年一·二八事变期间，日本海军航空队又在上海及周边苏州、杭州等地配合地面作战的同时，与国民政府空军数次交战，并对包括租界在内的民用设施和平民进行了大范围的无差别轰炸。国际社会对日本的无差别轰炸虽有谴责，但强度有限，且前后有别，不足以对日本形成制约。日本陆海军对华航空作战的最初经历，进一步刺激了日本发展军事航空的欲望，助长了其在发动全面侵华战争后实施无差别轰炸的普遍性和残暴性，国民政府也深感这种新的作战形式未来会对中国构成巨大的国防威胁，逐步开启了应对日本空中侵略的各项防空建设举措。①

八一三事变前，日本海军陆战队已经活跃在长江流域。新近的研究指出，1927年，日本"上海海军特别陆战队"开始非法长驻上海和汉口，且在1932年挑起一·二八事变后正式建制，以强化对中国江海的威胁与钳制，自此后，日本与英美日益对立。②

学界在关注华侨研究的同时，亦开始将视野扩展至在华外侨，如对天津美侨社会的关注。20世纪20年代，美货和美国电影涌入天津，美侨在天津的影响力和主导性日渐显现，这一方面得益于美国势力的扩张，另一方面也离不开在津美侨的努力经营。虽然美国在天津没有专管租界，但在使领馆外交人员、驻军以及各侨民团体的纽带作用下，美侨群体呈现出显著的"共同体"特征。不应回避外国驻军与外侨群体的关系。③

对于日益紧张的中日关系，张群在任外交部部长期间处理对日关系时具有自己的特色理念，力图通过政治外交努力缓解、拖延中日冲突的爆发。总体而言，张群这时期的外交还算守住了底线。④

有研究从借款的变现及用途为中心，再次考察了1933年的中美棉麦借款。华资纱厂是棉麦借款的主要促动者，但在财政压力之下，国民政府并没有让华资纱厂在变现销售、经费支持方面受惠。在经济危机背景下，此次借款并非具有实际效用的外债形式。无论是将现货转换为财政资金，还是在贷款资金的运用上，国民政府与华资纱厂之间均存在诸多理念上和

---

① 参见袁成毅《日本陆海军对华航空初战及其影响（1931—1932）》，《历史研究》2014年第3期。
② 参见李少军《论九一八事变前在长江流域的日本海军陆战队》，《近代史研究》2014年第5期。
③ 参见耿科研、江沛《1920年代前后天津美国侨民群体述论》，《史学月刊》2014年第3期。
④ 参见左双文、付江春《20世纪30年代中期张群调整中日关系的努力及其策略》，《抗日战争研究》2014年第2期。

运作上的矛盾。①

中东路的研究。中东路的出售是苏联东方政策转变的一大标志性事件，随着中东路经营的恶化，陷入进退两难的苏联面临着日本大举侵略东北并扶植伪满洲国等一系列事态。中东路的出售固然包含了政治、外交等方面的原因，但是经济方面的考虑却是最重要的因素，其涉及的政治外交举措与其说是为了回避纷争，不如说是随着铁路经济价值的降落和军事战略重要性的降低而带来的必然结果。苏联趁机出售中东路，一定程度上缓解了与日本间的紧张局势。②

（六）抗日战争时期的中外关系

1. 抗战前期的中外关系

抗战时期是中外条约关系的转折时期。在遭受日本侵略的同时，中国又努力扩展平等的条约关系。抗战时期基本上废弃了不平等的条约关系，但由于中国没有从根本上改变弱国地位，这一关系又含有不平等的因子。③

引用胡佛研究所藏《张嘉璈日记》，研究者分析了张的对日态度。虽然《张嘉璈日记》并未记有张本人明确的对日态度，但其呈现出的张与蒋介石、杜重远、张群等人的过从往来，恰是张对日态度的体现。④

七七事变前，日本政府派遣儿玉经济使节团访华，作为"佐藤外交"政策的实践。该使节团的来访，可视为抗战前中日国交调整的最后尝试。国民政府捕捉到了日本对华态度的变化，给予使团高规格的接待。蒋介石通过张群与儿玉进行秘密交涉。张群主张以政治谈判的形式通盘解决华北问题，而儿玉主张从经济手段着手，逐步解决，双方存在分歧。儿玉使团并未改变中日关系恶化的现状，但确立了两国解决华北问题的开端。儿玉使团这种民间外交模式，为战时日本经济界开展对华民间外交工作起到了先导作用。⑤

---

① 参见马陵合《华资纱厂与棉麦大借款——以借款的变现及其用途为中心》，《中国经济史研究》2014年第2期。
② 参见金志焕《中东路出售的经济背景》，《近代史研究》2014年第5期。
③ 参见李育民、许健柏《抗战时期的中外条约关系论析》，《晋阳学刊》2014年第3期。
④ 参见卢艳香《张嘉璈对日态度初探——以胡佛研究所藏〈张嘉璈日记〉（1935—1937）为中心》，《民国档案》2014年第2期。
⑤ 参见王萌《抗战前中日国交调整的最后尝试与失败——1937年日本儿玉经济使节团访华研究》，《史林》2014年第4期。

关于抗战时期的英国侵略西藏问题，学者们关注了为英国效力的藏族人诺布顿珠。作为英国谍报人员，诺布顿珠是英国方面进藏的先遣队员，也是英国驻留拉萨的所谓外交人员，亦装扮成对抗国民政府维护所谓西藏利益的人。这样的小人物，在关乎西藏历史走向的敏感时刻，到处会发现其活动的身影。①

抗战初期，日本提出扣留津、秦海关税款，总税务司与英、美政府都曾试图说服国民政府接受日方的要求。蒋介石明确表示反对，但又无法提出合适的解决策略，只得以拖延战术应对。总税务司提出由其以个人名义处理此问题，英、美亦提出多种方案，但在日本军方的反对下，交涉并未取得结果。在武力威胁下，国民政府最终妥协。②

2. 抗战后期的中外关系

1941年12月太平洋战争爆发前，美日之间曾进行了长达近8个月的秘密谈判，这次谈判的结果直接导致了太平洋战争的爆发。在美日谈判的后期，有关这次谈判的消息陆续为外界所知，作为美日谈判的最大利害攸关国，中国政府的态度与反应尤其引人注目。在美日双方即将达成妥协的关键时刻，国民政府和蒋介石主动出击，打了一场漂亮的外交公关战。在此过程中，身为国民政府最高领导人的蒋介石和以特使身份常驻美国的宋子文都发挥了出色的作用。蒋介石要宋子文代转美方的那封电报，词真意切，感情饱满，既表达了中方的极度失望之情，又直陈美日妥协将可能对中国所造成的危害，危言之下，令美方不敢小视。而宋子文则充分利用其在美国积累下的人脉，多方游走活动，在罗斯福总统与国务院周围汇聚起一股庞大的同情中国势力，终令上到总统，下至国务院，都不敢轻言对日妥协。③

苏德战争爆发后，蒋介石的早期预测得以验证，避免了中国在结盟问题上作出错误的选择，又引导国民政府克服了《日苏中立条约》后一度出现的动摇，还通过中国共产党为苏联提供了宝贵的情报。在局限于苏德双边关系时，蒋的判读是有远见的，但当将日、苏、德三边关系并列考虑

---

① 参见梁忠翠《为英国侵略西藏效力的谍报专家诺布顿珠》，《史林》2014年第4期。
② 参见杨换宇《抗战初期日本侵夺津、秦海关税款保管权问题再考察》，《民国档案》2014年第2期。
③ 参见张俊义《1941年太平洋战争爆发前国民政府对美日妥协之因应》，《抗日战争研究》2014年第4期。

时，蒋又陷入理想化。蒋视苏德战争为中国否极泰来的转机，其在战争实际爆发后确定的联苏反德方针，主要目的是促成苏德战争扩大为日苏德战争。①

有论文考察了汪伪驻日使领馆问题。中日战争后期，汪伪驻日使馆属于一种中日特殊关系下的外交畸形。从编制和经费上看，重上轻下；从日常工作来看，重虚务轻实务；在最为重要的侨务工作上，无意又无力，并伴随着人事变动，效率低下。②

中国虽然在抗战后成为大国之一，并成为安理会常任理事国，但在对美外交上仍然有诸多挫折与失败。1944年国民政府的对美外交，因驻华美军费用结算问题、史迪威指挥权问题、是否应向中共部队提供部分租借物资问题等，与美国发生冲突，引起美国朝野对国民政府极为不满，中国在盟国内部实已陷入孤立无援之境。③

抗战后期的香港研究有新的进展。从1943年1月中英新约签订后到1945年8月英国重占香港之前的两年多时间里，是决定香港命运的关键时期。中国拟将香港列为"自由港"换得主权。英国则成立"香港计划组"，旨在计划由中国军队攻占香港的前提下，重返香港。由于英国态度强硬，中国的外交努力未能奏效。然而1944年开始的日军作战，延迟了中国军队的反攻，并由于日本的突然投降，攻占香港的军事行动未及实施。英国则提前制订了派遣舰队登陆香港的计划，为重占香港迈出了关键一步。④

（七）解放战争时期的中外关系

战后初期，美国曾积极争夺中国新疆，将之打造成反苏、反共的基地。美国以驻迪化领事馆为据点，积极插手新疆事务。为了开辟通往中国西北的航线，美国进行了种种准备活动，并在中苏航空协议谈判问题上试探中国的立场。为了防止苏联垄断新疆矿产资源，干预中苏经贸合作，并

---

① 参见鹿锡俊《蒋介石对苏德战争的预测及因应——蒋介石抗日外交个案研究之四》，《抗日战争研究》2014年第1期。
② 参见藏运祜、张展《战时中日特殊关系下的外交畸形——关于汪伪驻日使领馆实态的考察》，《民国档案》2014年第2期。
③ 参见左双文《大国梦难圆：抗战后期国民政府的外交挫败——以1944年国民政府的对美外交为中心》，《社会科学研究》2014年第3期。
④ 参见孙扬《论抗战后期中英处置香港问题之方略》，《抗日战争研究》2014年第1期。

一直试图将新疆从中国分离出去。由于苏联的抵制以及中国形势的变化，美国对新疆的争夺终归失败。[1]

赫尔利调停国共谈判中的一些史实得以重新厘清。《协定的基础》最初可能由王世杰拟定，而由赫尔利出头，赫尔利本人将国共双方的意见来了个大调和。由于他的自信与疏忽，在第一次谈判中实际上已偏离了调停者的位置，成为谈判当事人。由于国共双方都怪罪他，此后，赫尔利便不再将自己卷入谈判中，只做一个见证人。[2]

（执笔人：侯中军）

---

[1] 参见闫自兵《战后初期美国对新疆的争夺》，《史林》2014年第5期。
[2] 参见姜涛《赫尔利调停国共谈判事实考辨》，《中共党史研究》2014年第10期。

第九章

台 湾 史

2012 年度

2012年度台湾史研究论著颇多，涉及面广。大陆与台湾学界比较，在研究选题方面有一个明显的区别：大陆学界仍然重视政治史研究，尤其战后台湾政治转型与两岸关系仍是研究重点；台湾学界则重视社会文化史研究，对于台湾本土社会研究深入。以下拟简要介绍一些重要的研究成果。

（一）台湾通史与资料

本年度最重要的通史类著作是张海鹏、陶文钊主编的《台湾史稿》（上、下两卷）[1]，为中国社会科学院重大课题的研究成果。该书在正确的台湾历史观的指导下，建立了一个完整的叙述台湾历史的科学框架，为进一步研究台湾历史指明了新的方向，是中国社会科学院近代史研究所台湾史学科建设的开拓之作和奠基之作。在借鉴已有的学术成果与分析历史资料的基础上，该书从台湾的三处旧石器时代文化开始一直叙写到2010年底，对台湾古代、近代、当代的历史做了细致的考察、研究和叙述，是迄今为止全面、系统、完整叙述台湾历史的一部通史性著作。该书薄古厚今，对日据时期台湾历史和战后台湾历史的阐述尤其深入全面，对于传播正确的台湾历史知识，在理论和历史事实上驳斥"台独"谬论，有重要意义。

田珏、傅玉能主编的《台湾史纲要》（修订本）[2]也是一本教科书性质的通史类著作。该书分述了从远古到明代的台湾，荷据时期的台湾，郑成功收复台湾和明郑统治下的台湾，康熙统一台湾与台湾建省，日据

---

[1] 参见张海鹏、陶文钊主编《台湾史稿》（上、下），凤凰出版社2012年版。
[2] 参见田珏、傅玉能主编《台湾史纲要》（修订本），福建人民出版社2012年版。

时期的台湾，国民政府收复台湾和国民党统治下的台湾政治、经济、文化，以及两岸关系等诸多内容。台湾通史著作在大陆并不多见，有的出版较早，不能反映近年来的历史发展。这两部通史著作有助于普及台湾历史知识，正确解释有关台湾历史的观点，使一般读者了解台湾问题的历史由来。

台湾博扬文化事业有限公司出版的《民间私藏民国时期暨战后台湾资料汇编》（政治篇续编）①，共24册，是本年度台湾出版的重要史料汇编，与大陆九州出版社出版的《馆藏民国台湾档案汇编》的官方档案比较，该书收集了大量民间文献资料，两者可以互补，相得益彰。两岸文化部门近年来相继出版了多种大型原始资料汇编，对进一步推动台湾史研究非常有益。

（二）台湾政治史与经济史

有关台湾政治史研究，尤其是关于战后台湾政治转型、党派等研究，依然是大陆学界台湾史研究的热点。相对而言，荷据、清代、日据时期的台湾政治史研究则比较少。这方面的研究者不局限为专业史学工作者，政治学、法学等领域的学者也有涉及。

台湾政治转型问题多年来主要是政治学者研究的热点。随着时间的推移，台湾政治转型至今已有几十年历史，从而逐渐进入历史学研究视野。张文生著《台湾政治转型与分离主义（1988—2000）》② 是这方面的重要成果。大陆学界对李登辉主政期间的分裂主义言行多有分析和批判，但在李登辉下台后，从一个较为全面的回顾的视角重新审视和研究李登辉时期推行的分裂主义路线，该书是大胆的尝试。作者从李登辉分裂主义政治路线的根源、背景、表现、危害等多个层面综合分析，深入解读，以期从更广阔的背景和更全面的角度揭示其政治本质。全书分四部分，首先探寻李登辉分裂主义政治路线的思想、政治与社会根源，介绍了李氏个人的思想历程以及台湾社会的特殊环境；接着分析了李登辉分裂主义政治路线产生与发展的现实背景；后两部分探讨了李登辉分裂主义路线在两岸关系政治定位中的表现，以及在"外交"与"宪改"领域的表现。于兰兰、陈剩勇

---

① 参见杨莲福、陈谦主编《民间私藏民国时期暨战后台湾资料汇编》（政治篇续编），博扬文化事业有限公司2012年版。

② 参见张文生《台湾政治转型与分离主义（1988—2000）》，九州出版社2012年版。

《二十世纪中叶以来台湾的地方行政体制改革：回顾与展望》①一文，是对台湾地方行政体制改革的历史研究。台湾乡（镇、市）（以下简称乡镇市）制度的设置始于1945年，历经地方自治团体地位的确定（1950）、解除戒严（1987）、精省（1997）、《地方制度法》的实施（1999）等重大制度与政治变革，法制化程度不断加深，是台湾地方制度的基础。作者认为，乡镇市制度的实际运作并没有因为地方自治法制化程度之深入而趋向规范。相反，却出现了诸如地方派系、黑金、贿选以及缺钱、缺人、缺权等问题，地方自治成效欠佳。

宋帮强著《日据时期台湾共产党研究》②一书，是近年来为数不多的专门研究台湾共产党的专著。台共党史本应引起足够的重视，但由于种种原因（比如过去台共史料缺乏及政治禁忌太多），以致日据时期台共研究工作，进展得非常缓慢，并留下一些似是而非、模糊不清的问题，亟待揭开其神秘的面纱。宋帮强《日据时期台湾共产党研究》一书对台共诞生的历史背景、台共的成立、台共政治纲领焦点问题、台共败亡的原因、台共与日共和中共及共产国际的关系、台共对台湾社会运动的影响等问题，作了深入、缜密的论述。宋帮强还专门发表《日据时期台湾共产党与中国共产党的关系研究》③一文，进一步探讨台湾共产党的历史。台湾共产党从成立到瓦解，历时约四年，其成立、活动乃至失败，均受到中国共产党的指导和影响。台共创立时，中共给予了大量无私的帮助，主要包括：派台籍中共党员加入台共，充实其组织；认真周详地指导台共成立大会。后期，由于恰逢共产国际"左"倾进攻路线和中共"左"倾教条主义与冒险主义盛行，台共也深受影响。

陈星著《民进党权力结构与变迁研究》④一书，是研究民进党权力博弈及其政党势力更迭演变的学术性著作。全书以"美丽岛事件"为切入点，按事件发展顺序论述了民进党的成立过程、与国民党的权力博弈、上台执政后的权力结构变迁，以及执政后的发展困境等，从一个侧面展现了

---

① 参见于兰兰、陈剩勇《二十世纪中叶以来台湾的地方行政体制改革：回顾与展望》，《台湾研究》2012年第2期。
② 参见宋帮强《日据时期台湾共产党研究》，中国社会科学出版社2012年版。
③ 参见宋帮强《日据时期台湾共产党与中国共产党的关系研究》，《武汉科技大学学报》（社会科学版）2012年第3期。
④ 参见陈星《民进党权力结构与变迁研究》，九州出版社2012年版。

30余年来台湾政治发展的复杂面相。

事件史研究成果较少,二二八事件仍是学界关注的重要课题。褚静涛著《二二八事件研究》[①]一书,在前人研究的基础上,对二二八事件进行了全面系统的考察。该书认为,台湾光复初期,社会剧烈转型,两个疏离了50年的群体,走到一起,碰撞难以避免。在政治权利与经济资源重新分配的过程中,统治者与被统治者、官与民的斗争,沿着省籍边界展开。二二八事件是台湾民众自发的省政改革运动,是近现代全中国城市市民运动的典型案例。客观阶级、主观阶级、行动阶级的差异性,决定了在二二八事件中,起领导作用的是城市资产阶级、小资产阶级,参加者主要是台籍日军退伍兵、社会闲散人员、青年学生。二二八事件是阶级冲突而非省籍冲突,却开战后台湾省籍矛盾的先河。

本年度台湾经济史研究论著比较缺乏。吴琳琳《台湾财经杂志发展研究(1949—2010)》[②]一文,考察了1949—2010年台湾财经杂志61年的发展历程。作者将台湾财经杂志的发展变迁置于台湾社会的历史环境中进行考察,认为它有利于分析其与台湾特定的政治、经济间的相互关系。胡艳君《海峡同根情寄农桑——两岸农业比较与合作研究》[③]一书,是有关农业经济史的著作。该书主要研究了海峡两岸农业经营管理模式的异同,以及在合作模式方面的新发展。通过两岸的比较,作者针对大陆农业,提出了一些在解决"三农"问题上的有益经验和可资借鉴的方法。

台湾学者林玉茹编《比较视野下的台湾商业传统》一书[④],是2010年9月召开的"黄富三教授荣退暨第二届台湾商业传统国际学会议"的论文集,主要由台湾学者撰写,也有个别大陆学者和日本学者,共收集论文16篇,分旧议题新思考、在农业与商业之间、市场制度与商贸网络、商品流通与消费文化四部分,涉及从荷据、清代到日据时期台湾商业贸易历史的诸多方面。

(三) 两岸关系与台湾对外关系

两岸关系史研究向来为学者所重点关注。李松林、祝志男著《中共和

[①] 参见褚静涛《二二八事件研究》,社会科学文献出版社2012年版。
[②] 参见吴琳琳《台湾财经杂志发展研究(1949—2010)》,《台湾研究》2012年第2期。
[③] 参见胡艳君《海峡同根情寄农桑——两岸农业比较与合作研究》,九州出版社2012年版。
[④] 参见林玉茹编《比较视野下的台湾商业传统》,台湾中研院台湾史研究所2012年版。

平解决台湾问题的历史考察》① 是近年来的又一部专著。国民党退守台湾后，人民解放军为什么不"宜将剩勇追穷寇"，在提出"解放台湾"的口号后，却迟迟未付诸行动？以炮击金门为标志的两次"台海危机"是在何种背景下发生的？其间美国等西方势力起到了什么作用？从"和平解放台湾"到"一国两制，和平统一"的构想又是在怎样复杂的国内外形势下提出的？为了反对"台独"势力的分裂活动，两岸人民进行了怎样的努力？该书立足于历史事实，详细论述了大陆对台政策的演变。张万余《毛泽东在涉台问题上的"联蒋抗美"》② 一文，认为20世纪50—60年代在台湾问题上"联蒋抗美"的策略方针，是毛泽东对台工作的思想和实践的重要组成部分。这一策略方针是针对美蒋在金、马防卫问题上的尖锐对立提出的，其实质是挫败美国玩弄"两个中国"的阴谋。将金、马留在蒋介石手里，作为对付美国的一项绞索政策是这一方针的基本策略，以有限的地面炮火保持两岸的沟通是实施这一方针的有效方式。这一方针对中国共产党后来的对台政策产生了深刻影响，使其形成了在台问题上的完整的外岛政策，牢牢掌握了与美蒋斗争的主动权，并以全新的角度思考两岸的统一问题。高宏强《"二战"后影响台湾问题解决的掣肘因素剖析》③ 一文，探讨了战后两岸关系的国际背景。刘大禹《蒋介石对1958年炮击金门的应对——以〈蒋介石日记〉为中心》④ 一文，利用《蒋介石日记》做"金门炮击"研究，这是老问题利用新材料。人民解放军1958年炮击金门，是第二次"台海危机"的重大事件。炮击前，蒋介石做好了应战准备，且试图以此为契机，实施军事"反攻复国"的战略。炮击时，美国力促金门守军撤退，以造成"两个中国"。作者认为蒋介石反对从金门撤军，坚持"一个中国"的原则，在事实上与毛泽东遥相呼应，使台海问题继续停留于"国共内争"的局面。

战后"日台关系""美台关系"也比较受关注。孙立祥著《日本右翼

---

① 参见李松林、祝志男《中共和平解决台湾问题的历史考察》，九州出版社2012年版。
② 参见张万余《毛泽东在涉台问题上的"联蒋抗美"》，《兰州大学学报》（社会科学版）2012年第2期。
③ 参见高宏强《"二战"后影响台湾问题解决的掣肘因素剖析》，《内蒙古大学学报》2012年第5期。
④ 参见刘大禹《蒋介石对1958年炮击金门的应对——以〈蒋介石日记〉为中心》，《台湾研究集刊》2012年第1期。

势力与"台独"——台湾问题中的日本因素研究》[①] 一书，认为日本右翼势力的持续支持和插手，是造成"台独"势力坐大和台海问题久拖不决的主要外部因素之一。该书循着"是什么""为什么""怎么办"这一基本逻辑思路，系统梳理了日本右翼势力支持"台独"的历史轨迹，全面分析了日本右翼势力支持"台独"的真正原因，深入探讨了排除日本右翼势力干扰和弱化其作用的具体对策。管颖《回顾与展望：冷战后的台日关系》[②] 一文总结了最近"台日关系"的发展历史和趋势。该文的视角立足于冷战后台湾当局的对日政策，据此考察分析国际形势发生深刻变化背景下的台日关系。冷战后的"日台关系"经历了李登辉、陈水扁和马英九三个时期。基于主流民意和民族认同，作者认为台湾当局把改善和发展两岸关系作为政策的优先方向，但同时也强调与日本的"特殊伙伴关系"。

何子鹏著《利益的纠结：美国涉台政策解读》[③] 一书，主要以国际格局和中美关系发展的关键时期为界，将内容分为上、中、下三篇撰写"美台关系"。上篇从中华人民共和国成立至尼克松访华约20年，主要描述中美紧张对峙时期的台湾问题；中篇从尼克松访华至冷战结束约20年，主要描述中美关系正常化时期的台湾问题；下篇从冷战结束至今约20年，主要描述冷战后的中美关系与台湾问题。

孙逊著《美国华侨华人与台湾当局侨务政策》[④] 一书是一部重要的研究专著。作者以美国华人社会存在的"合法代表"和"统独之争"两个核心政治问题为背景，重点分析和研究了台湾当局40多年间的侨务政策发展和演变，并对中国大陆的侨务工作提出建设性的观点和建议。曹云华、蔡秋燕《台湾的侨务政策：嬗变与延续》[⑤] 一文，以蒋氏父子执政时期、李登辉执政时期、民进党陈水扁执政时期、马英九执政时期的侨务政策为主线，通过政治经济及世界大环境背景的描述，配合侨务重点工作的整理及评析，阐述1949年至2011年台湾侨务政策的嬗变与延续。

陈红民《蒋介石与1961年联合国"外蒙入会案"》[⑥] 是大陆学界首次

[①] 参见孙立祥《日本右翼势力与"台独"——台湾问题中的日本因素研究》，人民出版社2012年版。
[②] 参见管颖《回顾与展望：冷战后的台日关系》，《中国海洋大学学报》2012年第2期。
[③] 参见何子鹏《利益的纠结：美国涉台政策解读》，九州出版社2012年版。
[④] 参见孙逊《美国华侨华人与台湾当局侨务政策》，九州出版社2012年版。
[⑤] 参见曹云华、蔡秋燕《台湾的侨务政策：嬗变与延续》，《东南亚研究》2012年第1期。
[⑥] 参见陈红民《蒋介石与1961年联合国"外蒙入会案"》，《社会科学辑刊》2012年第2期。

涉及该问题研究的论文。1961年台湾与大陆关于联合国内中国代表权问题的争论发生重大转折，台湾在联合国的地位受到威胁。蒋介石在如何应对"外蒙入会案"的问题上与美国产生分歧，他先是要求美国协力阻止外蒙古加入联合国，态度强硬，后来迫于美国压力与国际现实，又不得不作出让步而改变政策，默认外蒙古加入联合国的事实。蒋介石在日记中详细记载了他与美国交涉的过程及心理变化。作者认为在处理"外蒙入会案"的过程中，蒋介石在政务处理中表现了策略与技巧，同时蒋的独断专行事必躬亲以及将个人好恶情绪带入政务处理等惯常的行事风格亦表露无遗。范宏伟《缅北蒋军撤台与蒋介石"反攻大陆"：台湾与美国的分歧和妥协》[①]一文研究"美台矛盾"。1950年初，2000余名国民党军先后败退撤至缅甸北部。随后，在台湾当局、美国中情局支持下，实力逐渐壮大，成为台湾当局试图"反攻大陆"的一支"偏师"。但是缅北蒋军不仅未能完成其使命，反而因其带来的诸多影响导致美国改变对蒋军的态度，迫使台湾当局两次从缅北撤军。作者认为缅北蒋军问题反映了台湾当局与美国的不对称依附关系，以及冷战时期"美台关系"中相互利用又相互制约的双重特征。

（四）台湾族群与社会文化史

台湾的族群问题与少数民族史向来研究者众多，学者多倾向于民族学与社会史方向的研究。吴月刚著《台湾地区少数民族政策研究》[②]一书，着眼于不同历史时期台湾地区的民族政策及原住民社会发展状况，以历史的眼光考察分析了台湾地区不同历史时期民族政策的发展演变。张崇根《日据时期的台湾民族学调查与研究》[③]一文，指出日据时期的民族学调查，除日本民族学会派出的鸟居龙藏等学者、台湾总督府"临时台湾旧惯调查会"外，还有地方团体如东台湾研究会，以及学校和博物馆的工作人员。作者认为台湾总督府"临时台湾旧惯调查会"及后来的"蕃族课"或"蕃族调查会"，在组织民族学田野调查和研究成果的成功出版方面也取得了大量成果，建构了泰雅、赛夏、布农、邹、鲁凯、排湾、卑南、阿美和

---

① 参见范宏伟《缅北蒋军撤台与蒋介石"反攻大陆"：台湾与美国的分歧和妥协》，《南洋问题研究》2012年第2期。
② 参见吴月刚《台湾地区少数民族政策研究》，中央民族大学出版社2012年版。
③ 参见张崇根《日据时期的台湾民族学调查与研究》，《台湾研究集刊》2012年第4期。

雅美九族历史。当然，日据时期民族学调查是为殖民统治服务的。大陆学界有关台湾少数民族史研究论文还有孙炜《十八世纪台湾先住民生存状态考略》①、崔晓阳《日据时期台湾长老会原住民传教活动及其衰落探析》② 等。

台湾社会史近年来也备受关注。北京市台湾同胞联谊会编著的《台湾会馆与同乡会》③ 一书，具有一定的史料价值。该书第一次全面收集整理了在京台湾乡亲组织等重要资料和档案，详细记述了北京台湾青年会、台湾省旅平同乡会等历史，为了解京台关系沿革提供了较为准确的历史记忆。朱云霞《启蒙与救亡：台湾日据时期妇女解放运动的双重动力》④、王亚民、姚远《清初台湾乡村社会管窥》⑤、陈美霞《台湾外省第二代家族书写研究》⑥，范正义《试析闽台庙际关系的多重形式》⑦ 等都是本年度台湾社会史研究论文。

社会文化史研究是近年来台湾学界台湾史研究的重要趋向。此类研究涉及范围广泛，往往多学科交错，即便传统的政治、经济、文化史也注重比较研究，时间跨度大。谢国兴《1940年代的兴南客运：日治后期到战后初期的转折》⑧ 一文，论述了"兴南自动车"如何重组过渡到"兴南客运"。作者认为，这反映了战后初期台湾人企业面对新的政治、经济与社会文化变迁，如何调适与应变的过程。在战后初期政权转移的过渡阶段，要把日本公司法体制下经营的株式会社，调整为中国式经营规范下的股份企业，除了初期语言文字上的转换较为辛苦之外，公司组织与管理经营并无困难。

过去几年台湾学界的研究热点是日据时期台湾史研究，本年度清代台

---

① 参见孙炜《十八世纪台湾先住民生存状态考略》，《农业考古》2012 年第 3 期。
② 参见崔晓阳《日据时期台湾长老会原住民传教活动及其衰落探析》，《福建省社会主义学院学报》2012 年第 4 期。
③ 参见北京市台湾同胞联谊会编著《台湾会馆与同乡会》，北京大学出版社 2012 年版。
④ 参见朱云霞《启蒙与救亡：台湾日据时期妇女解放运动的双重动力》，《首都师范大学学报》（社会科学版）2012 年第 2 期。
⑤ 参见王亚民、姚远《清初台湾乡村社会管窥》，《吉林师范大学学报》（人文社会科学版）2012 年第 3 期。
⑥ 参见陈美霞《台湾外省第二代家族书写研究》，《台湾研究集刊》2012 年第 1 期。
⑦ 参见范正义《试析闽台庙际关系的多重形式》，《台湾研究集刊》2012 年第 3 期。
⑧ 参见谢国兴《1940 年代的兴南客运：日治后期到战后初期的转折》，《台南文献》2012 年创刊号。

湾史研究逐渐得到重视。近期《台湾史研究》发表了一系列颇有新意的清代社会文化史研究论文。李信成《清代宜兰猴猴人迁徙与社会文化的考察》① 一文，则研究了猴猴人在清代移居宜兰的历史及其社会文化。该文指出，猴猴人于16世纪三四十年代因受太鲁阁人压迫，从立雾溪口向北迁入和平溪，继受南澳泰雅人压迫而北迁，迁入宜兰平原武荖坑溪口的时间当不晚于1797年，嗣于1830—1850年迁徙南方澳，直到1921年因南方澳建设渔港而四散。就其迁徙、社会文化特质及语言变迁来看，猴猴人可能是在台湾东部少数民族族群由南向北迁徙的过程中，在途中停留较久，最后迁入宜兰的一群人，其传统文化可能原本就与噶玛兰人差异不大，遂在迁入宜兰平原后迅速噶玛兰化。简宏逸《从 Lamcam 到南崁：荷治到清初南崁地区村社历史连续性之重建》② 一文，用语言学方法分析荷兰档案及汉人地契资料中的蛛丝马迹，整理出荷兰人与汉人对桃园平地地区的命名与认知，再进一步重建此处的原住民村社从荷据到清初的连续性，以衔接前人对此地平埔族群的研究。李文良《立大清旗，奉万岁牌：朱一贵事件时的"皇上万岁圣旨牌"与地方社会》③、林玉茹和畏冬《林爽文事件前的台湾边区图像：以乾隆49年台湾番界紫线图为中心》④，则详细考察了朱一贵事件与林爽文事件时台湾地方社会的复杂面相。在近期《台湾史研究》上，清代台湾史研究论文数超过三成，可以说有助于平衡岛内原先失衡的研究状况。

日据时期的台湾史研究依然是台湾学界研究的重点。许雪姬《在"满洲国"的台湾人高等官：以大同学院的毕业生为例》⑤ 一文，研究了一个在"满洲国"的台湾人群体，涉及台湾学界以往较为忽略的台湾史研究领域。作者认为过去学界，仅重视在重庆台人的抗日组织，以致这批政治不

---

① 参见李信成《清代宜兰猴猴人迁徙与社会文化的考察》，《台湾史研究》第19卷第1期，2012年3月。

② 参见简宏逸《从 Lamcam 到南崁：荷治到清初南崁地区村社历史连续性之重建》，《台湾史研究》第19卷第1期，2012年3月。

③ 参见李文良《立大清旗，奉万岁牌：朱一贵事件时的"皇上万岁圣旨牌"与地方社会》，《台湾史研究》第19卷第2期，2012年6月。

④ 参见林玉茹、畏冬《林爽文事件前的台湾边区图像：以乾隆49年台湾番界紫线图为中心》，《台湾史研究》第19卷第3期，2012年9月。

⑤ 参见许雪姬《在"满洲国"的台湾人高等官：以大同学院的毕业生为例》，《台湾史研究》第19卷第3期，2012年9月。

正确的精英，遮掩其在"伪满"的经验。该文利用《满洲国政府公报》《居住长春台湾省民名簿》《大同学院同窗会名簿》（1942、1998）及《日治时期在"满洲"的台湾人》等相关史料，探讨了这个台湾人群体的特殊经验。黄唯玲《日治时期"平埔蕃人"的出现及其法律上待遇（1895—1937）》①一文，讨论了日据时期统治当局对于"平地蕃人"的特殊统治模式。该文逐一探讨户口、土地关系、租税、司法事项，试图厘清"平地蕃人"在法律上的待遇。作者认为，日据前期"平地蕃人"的行政与民事事项已逐渐与"本岛人"的权利义务内容近似，刑事惩戒事项亦自1920年以后放宽接受刑事审判之机会。吴奇浩《喜新恋旧：从日记材料看日治前期台湾士绅之服装文化》②一文，以《灌园先生日记》《水竹主人日记》《黄旺成先生日记》为基本史料，研究日据前期台湾士绅的服装文化，认为从20世纪头10年开始，洋服在台湾流行，同时日式和服也逐渐进入台湾士绅的生活，而台湾服逐渐被取代，但并未被淘汰，仍然出现在拜寿、祭孔及丧礼等具有传统文化性质的特定场合。台湾人对于服装，虽然非常"喜新"，但也相当"恋旧"，其服装文化呈现出多元现象。

（五）台湾思想史与人物研究

陈孔立在《台湾研究集刊》发表了一系列论文，探讨台湾的民意、历史记忆及群体认同问题。在《台湾社会的历史记忆与群体认同》③一文中指出，近十几年来，台湾当局极力推行"去中国化"的政策，制造新的历史记忆，极力歪曲真实的历史，企图割断台湾与大陆的关系，为建构台湾的所谓"国族认同"、分裂祖国的政治目的效力。该文应用历史记忆与群体认同的相关理论，结合台湾的实际，研究台湾当局制造历史记忆与群体认同的过程、手段、目的及其对建构群体认同的影响。他指出台湾社会现有的历史记忆与群体认同是可以改变的，也是必须改变的，而重构历史记忆与扩大群体认同是有利于两岸人民的一种选择。"双重认同"的观点是可取的，应当让两岸关系和平发展的过程成为两岸共同重构历史记忆与国

---

① 参见黄唯玲《日治时期"平埔蕃人"的出现及其法律上待遇（1895—1937）》，《台湾史研究》第19卷第2期，2012年6月。
② 参见吴奇浩《喜新恋旧：从日记材料看日治前期台湾士绅之服装文化》，《台湾史研究》第19卷第3期，2012年9月。
③ 参见陈孔立《台湾社会的历史记忆与群体认同》，《台湾研究集刊》2011年第5期。

家认同的过程。《台湾民意的三个层次》[①]一文认为，台湾民意有三个层次：（1）"台湾民意"有"一般意见"与"政治态度"之分，是可以改变的、多元的；（2）"台湾主流民意"有具体问题与总体发展之分，当前涉及台湾前途与两岸关系的主流民意有两岸关系和平稳定、维持现状以及"台湾认同"等；（3）"台湾认同"的形成有其国际因素、内部因素以及大陆因素，它是一种正常的现象，不等同于政治态度，"认同台湾"与"认同中国"并不一定互相对立。研究台湾民意的重点在于研究"台湾认同"，需要多学科、综合性的研究。《自尊需求与"台湾人认同"》[②]一文，从社会认同论的视角研究"台湾人认同"，认为"台湾人认同"是为了满足台湾民众提升自尊的要求，对于凝聚社会共识、建构社会认同具有积极意义。另外，"台湾人"的自尊是通过与"大陆人"（或"中国人"）的社会比较而实现的，因而必然出现"内群偏好"与"外群敌意"，形成一些刻板印象与偏见，而且已经对两岸关系的和平发展造成一些障碍和不利影响，因此有必要加以深入研究。《"台湾人"群体对中国大陆的刻板印象》[③]一文指出，当代台湾已经形成"台湾人群体"，而视大陆人为"他群"，他们对大陆的刻板印象多是负面的，从而形成偏见与歧视，对两岸关系造成严重的伤害。这是在两岸关系和平发展进程中，必须关注的一个问题。该文认为通过两岸群际沟通减少刻板印象，进而减少偏见与歧视，需要经过相当长的过程，至于增强两岸认同，形成"两岸共同体"更需要走很长的路。

张羽《殖民地台湾与"满洲"文化圈研究》[④]一文指出，20世纪前半叶，日本对中国台湾和东北地区发动文化管制，先后在两地建构出一南一北的殖民文化谱系。这些文化政策有着极大的相似性和延续性，造成了中国文学发展过程中的特殊映象。当时的报纸、文学期刊、日记等第一手资料，以及近年的口述历史等，真实地呈现出殖民地中国台湾和东北之间的文化连接与互动。殖民当局通过语言政策、报纸等强制推行日语，并最终废止汉语。作者认为，在日本帝国主义建构的"大东亚共荣圈"中，两地

[①] 参见陈孔立《台湾民意的三个层次》，《台湾研究集刊》2012年第1期。
[②] 参见陈孔立《自尊需求与"台湾人认同"》，《台湾研究集刊》2012年第2期。
[③] 参见陈孔立《"台湾人"群体对中国大陆的刻板印象》，《台湾研究集刊》2012年第3期。
[④] 参见张羽《殖民地台湾与"满洲"文化圈研究》，《厦门大学学报》（哲学社会科学版）2012年第3期。

文学先后成为其殖民文化体系的"南方文学"和"北方文学",沦为日本扩张殖民的文化工具。王仲《两百年来台湾文化变迁概述——兼论两岸文化交流的对策》[①]一文,用长时段和短时段结合的方法,考察两百年来台湾文化发展的主流态势,认为早期台湾文化是以接受中原文化而发展的。国民党在清除"皇民文化"之后,又人为地割断了台湾与大陆母体文化的联系,西方文化因经济发展适时涌入。经过冲突、融合与变迁,一种与大陆文化血脉相连,又具有浓厚地域特色的台湾文化终于形成。

在人物研究方面,本年度研究论著较少。林怡《严复与台湾》[②]一文,论述了严复与台湾深厚的情缘,主要表现在两个方面:一是作为马尾船政学堂毕业中国最早的现代海军成员,严复亲自勘测过台湾的海防,其现代海防思想与台湾岛、琉球岛等东南沿海岛屿在清末的得失紧密相关;二是严复的儿子严琥与台湾板桥林家姑娘林慕兰结为婚姻,这使得严复子孙后裔在台湾枝繁叶茂。作者认为,因为与严复的联姻,台湾板桥林家从与三坊七巷在近现代中国极有影响力的政治世家联姻拓展到与三坊七巷在近现代中国思想界最有影响力的文化家族联姻。周游、何卓恩《傅斯年对台湾大学精神的塑造》[③]一文,是对傅斯年晚年贡献的研究。傅斯年是光复后台湾大学的第四任校长,也是真正实现学校从工具型大学向学术型大学转变的关键人物。作者认为他执掌校印时间虽然并不很长,但他对台湾大学的改造却是影响深远的,尤其是他对大学精神的重建,为战后的台湾大学教育留下了典范。

2013 年度

2013年度台湾史研究依旧繁荣。与以往相比,本年国内高校出现了较多以台湾为题材的硕士、博士论文,这说明台湾史研究或者以台湾历史作为参照的其他社会科学研究越来越得到学界的关注。随着两岸学者交流日益频繁,今年有不少台湾学者在大陆发表论文。在研究选题方面,大陆学

[①] 参见王仲《两百年来台湾文化变迁概述——兼论两岸文化交流的对策》,《上海师范大学学报》(哲学社会科学版) 2012 年第 3 期。
[②] 参见林怡《严复与台湾》,《中共福建省委党校学报》2012 年第 8 期。
[③] 参见周游、何卓恩《傅斯年对台湾大学精神的塑造》,《湖北大学学报》(哲学社会科学版) 2012 年第 2 期。

界仍然重视政治史研究；台湾学界研究流行趋势还是侧重社会文化史研究，对于台湾本土社会研究深入。以下拟简要介绍一些重要的研究成果。

（一）台湾通史

本年度值得关注的是一些史学名家对台湾史的解读。知名台湾史研究专家陈孔立著《台湾史事解读》[①] 一书，可以说是对他几十年治台湾史的一个总结。主要内容分三个部分：第一部分主要是就有关台湾研究的史观与方法问题，与台湾学者商榷；第二部分针对台湾早期及清代初期历史的一些史实，提出一些不同的看法与学术界展开讨论；第三部分则是针对台湾方面有人蓄意制造"历史失忆"，作者根据具体历史事实对台湾的历史作出自己的解读。旅美台湾史学名家许倬云著《台湾四百年》一书[②]，是许倬云先生首次在大陆出版有关台湾史的著作。该书简明扼要地梳理了台湾的历史变迁，总结了20世纪70年代以来台湾政治经济发展的得失。作者以史家视野与语言，概述了四百年来台湾历史的起落兴衰。他认为从16世纪的大航海时代开始，台湾经历了荷兰殖民、郑氏集团、清政府、日本殖民和国民党政权的统治，始终未曾摆脱本土、大陆和世界三层因素的纠缠。

"台独"学者史明今年则出版了一部口述史作品《史明口述史》[③]，共三册《穿越红潮：1918—1949》《横过山刀：1950—1974》《陆上行舟：1975—2010》。该书收录史明一些事迹经历，以及他对台湾史的理解、写作等，特别是他加入"台独"运动的一些事迹，有比较多的口述回忆资料。该书"台独"倾向严重，对研究"台独"的来龙去脉有一定的参考价值。同是"独派"学者李筱峰，则新出一本《台湾史101问》[④]，继续推销其"台独"历史观。

（二）台湾政治、军事史与经济史

今年是康熙统一台湾330周年，中国社会科学院台湾史研究中心与兰州大学历史文化学院、西北民族大学历史文化学院联合在甘肃兰州举办"纪念康熙统一台湾330周年国际学术讨论会"，是第一次关于康熙统一台

[①] 参见陈孔立《台湾史事解读》，九州出版社2013年版。
[②] 参见许倬云《台湾四百年》，浙江人民出版社2013年版。
[③] 参见史明口述史访谈小组《史明口述史》，行人出版社2013年版。
[④] 参见李筱峰《台湾史101问》，台北玉山社2013年版。

湾研究的重要学术会议。中国社会科学院台湾史研究中心主办、中国社会科学院近代史研究所台湾史研究室编辑的台湾史研究学术集刊《台湾历史研究》第1辑开辟"纪念康熙统一台湾330周年"专辑栏目，发表相关论文5篇：《清郑力量的逆转与康熙统一台湾》（陈支平）、《施琅其人二三事》（邓孔昭）、《清郑对峙的历史记忆——以王忠孝及其家族的遭遇为中心》（杨彦杰）、《略论康熙皇帝对台湾的认识及其理台政策的演变》（李细珠）、《日本长崎唐通事眼中的康熙复台——以〈华夷变态〉为中心》（郭阳）。

台湾政治史研究时间后延是这几年的流行研究趋势。褚静涛著《国民政府收复台湾研究》[①]与冯琳著《中国国民党在台改造研究（1950—1952）》[②]是颇有代表性的成果。褚书以大量翔实的史料，探寻台湾回归祖国的进程，再现了波澜壮阔的历史场景。由于日本殖民统治，海峡两岸暌隔50年，走上了不同的发展道路，无论是政治制度、经济结构，还是文化认同、价值取向，都有相当大的差异。台湾社会剧烈转型，官民冲突不断升级。陈仪接收与重建台湾的一系列举措有合理的成分，亦有与台湾民众根本利益相背离的一面，埋下了二二八事件的若干火种。冯书在占有国民党中央的会议记录、报告等基本资料以外，还运用了国民党基层党部的大量资料及《蒋介石日记》，真实细微地还原了改造运动的实态，对改造运动在社会中下层的实际情况进行了揭示，对改造参与者的心理状态进行了考察，为了解当时台湾历史提供了重要资料。全书分九章，前四章为国民党的痼疾与改造前的反省、走向改造、改臃为简、重起炉灶——智囊与权力核心的组成、党务挂帅的全方位改造，主要介绍了改造背景、酝酿过程和改造内容。后五章是作者对改造运动的分析和认识，也是该书创新之处的主要所在，分别为改造的三大贡献、改造有限解决了哪些问题、改造未能解决的问题、几项新举措之述评、国民党改造运动的综合评论。

这方面的研究者不局限为专业史学工作者，政治学、法学等领域内的学者也有涉及。陈星《台湾民主化与政治变迁：政治衰退理论的视角》[③]

---

① 参见褚静涛《国民政府收复台湾研究》，中华书局2013年版。
② 参见冯琳《中国国民党在台改造研究（1950—1952）》，凤凰出版社2013年版。
③ 参见陈星《台湾民主化与政治变迁：政治衰退理论的视角》，九州出版社2013年版。

主要叙述的是台湾民主转型后的历史，是近年来该问题的又一部专著。他用亨廷顿的"政治衰退"理论来看台湾政治现代化进程及其得失，认为2000年以来的台湾政治发展出现了严重的政治衰退。李松林著《台湾政局60年》①是近年来比较少的台湾战后政治通史类著作。此书按照时间顺序，分五章，对战后台湾光复与初步发展、台湾从混乱到稳定时期、台湾经济起飞时期、台湾经济调整与政治革新、台湾从稳定趋于动荡时期、民进党主导下的台湾社会以及马英九与台湾社会新希望等内容作了介绍。该书文字简练，史料丰富，不仅对重大历史现象做了详细描述，而且对其产生的历史背景和造成的后果做了认真的深层次的分析。台湾知名学者许介鳞在大陆发表了《日本对台湾和朝鲜半岛殖民统治比较研究》②一文，该文认为日本的殖民统治，给中国台湾和朝鲜半岛留下了沉痛的伤痕，比较日本对中国台湾和朝鲜半岛的殖民统治，从历史文化、专制统治、地主制度、"皇民化"的应对到历史清算，则显示出不尽相同的特征。今年清代台湾政治史也获得学界的关注，如孙国业《清代之前中央政府对台湾的行政管辖》③、陈冬冬《清代台湾方志中所见郑氏政权之"灾祥"研究》④、仲光亮《从台湾朱一贵起义信息看日本江户幕府的情报网络》等⑤。

军事史是现代台湾史研究中的薄弱环节，台湾长期作为美国的冷战前沿，军事史理应值得关注，但是研究成果不多。姜廷玉主编《台湾地区五十年军事史（1949—2006）》⑥是一部全面系统研究1949年国民党军队败退台湾后至2006年50多年台湾地区军事历史的著作。该书剖析了台湾在蒋介石、蒋经国、李登辉、陈水扁分别主政的四个历史时期的军事状况和特点，探讨了台湾50多年来在军事战略、编制体制、军事训练、兵力部署、军事科技、武器装备、政战工作、院校教育、战争动员、对外军事合作等方面的发展演变。全书4章共32节，近40万字，是大陆第一部全面

---

① 参见李松林《台湾政局60年》，人民出版社2013年版。
② 参见许介鳞《日本对台湾和朝鲜半岛殖民统治比较研究》，《东北亚学刊》2013年第1期。
③ 参见孙国业《清代之前中央政府对台湾的行政管辖》，《江汉大学学报》（社会科学版）2013年第1期。
④ 参见陈冬冬《清代台湾方志中所见郑氏政权之"灾祥"研究》，《福建师范大学学报》（哲学社会科学版）2013年第2期。
⑤ 参见仲光亮《从台湾朱一贵起义信息看日本江户幕府的情报网络》，《历史档案》2013年第2期。
⑥ 参见姜廷玉主编《台湾地区五十年军事史（1949—2006）》，解放军出版社2013年版。

系统研究台湾地区现代军事史的著作。

台湾经济史今年研究成果不多。台湾学者叶淑贞著《台湾日治时代的租佃制度》① 是本年比较突出的台湾日据时期经济史研究著作。作者认为，过去研究台湾租佃制度的学者，绝大多数都主张日据时代租佃制度有口头租约、租期不定、租期太短等诸多不良惯行，致使佃农缺乏投资意愿；且地租过高，降低佃农的投资能力，造成佃农的生产效率不如自耕农，最终导致佃农所得的低落。但是作者认为，日据时代佃耕农场的经营效率并未低于自耕农场，而地租也未高于合理水平；此外，20 世纪 20 年代末，当经济、社会环境产生一些变化，业佃会的适时成立，推动租佃制度若干转变：最主要者为租约转而以书面订立，且租期延长。最后，该书认为战后实施的三七五减租，并未使佃农的技术效率提高得比自耕农多，因此前人主张土地改革提升了佃农的耕作意愿，这个说法可能有待商榷。该书应用经济理论建构分析方法，然后通过统计方法处理实际资料，并对所整理的数据进行了严谨的分析。徐晓望、徐思远《论明清闽粤海洋文化与台湾海洋经济的形成》② 一文是对多年前的一个老学术问题的再次研究。该文认为明朝的海禁使中国传统的海洋文化被压缩到闽粤交界的漳潮区域，明朝海禁松弛之后，闽粤海洋文化向环中国海区域传播，构成以闽粤人为核心的海洋贸易网络。台湾作为闽粤海洋网络的一个枢纽，从其海洋经济发生的一开始，就受到闽粤海洋文化巨大的影响。漳潮的海盗文化，是台湾开发的基础；闽粤的重商文化，培育了台湾的商人阶层；而闽粤沿海以出口为导向的海洋经济移殖，是台湾海洋经济产生的原因，也是台湾经济能够迅速走在中国前列的根本因素。张晓辉《日据时期的台湾银行与广东政府》③ 一文关注了前人较少关注的殖民地对外金融侵略问题。他认为日据时期，台湾银行驻粤分支机构对日本在广东的贸易商社进行融资，扶植和支持日商展开对粤贸易，并对广东地方政府大量贷款，势力迅速膨胀。战时台湾银行参与操纵广东沦陷区的金融，日本战败投降后，台湾银行驻粤机构被中国政府接收，终结了其在广东近半个世纪的侵略史。台湾学者曾

---

① 参见叶淑贞《台湾日治时代的租佃制度》，远流出版事业股份有限公司 2013 年版。
② 参见徐晓望、徐思远《论明清闽粤海洋文化与台湾海洋经济的形成》，《福州大学学报》（哲学社会科学版）2013 年第 1 期。
③ 参见张晓辉《日据时期的台湾银行与广东政府》，《暨南大学学报》（哲学社会科学版）2013 年第 3 期。

纯纯、朱有田在大陆期刊发表了一篇饶有兴趣的论文《日据时期台湾农村养猪业》①，该文认为养猪业一直是台湾地区畜牧产业的发展重心，养猪业在日据时期得到很大发展。日人统治期间，台湾总督府为改良猪种引进西洋种猪，开拓饲料供应来源，改善饲育管理，实施种猪登录制度，使台湾农民养猪数量大增，养猪产业逐渐向专业化与现代化的畜牧方式发展，而闽南人在接受殖民政府奖助繁殖西洋种猪、生产杂交肉猪、改良猪舍、聘雇工人与购买饲料的态度与意愿均高于客家人，闽南人倾向追求市场最高利润，客家人倾向维持传统、稳定扎实的生活形态。

（三）两岸关系与台湾对外关系

关于两岸关系史研究，陈小冲今年出版了两本著作：一本是专著《日据时期台湾与大陆关系史研究（1895—1945）》②，该书对日据时期台湾与大陆关系史进行研究，填补了该研究领域的若干空白，方便人们对于这段历史的整体了解。针对前期研究偏向于台湾义勇队、台湾籍民的状况，增加譬如两岸人员往来、经贸联系、文化交流等方面的探讨，从总体上把握该阶段海峡两岸关系各个领域的特点。作者提出了对日据时期海峡两岸关系发展史的新看法：尽管日本殖民当局的隔离政策使海峡两岸的往来受到种种限制，但在两岸同胞的共同努力下，台湾与大陆的关系仍然在夹缝中求得了生存和发展。另一本是编著《与祖国同生：台湾同胞在大陆的抗战足迹》③，该书讲述抗日战争时期台湾同胞冲破日本殖民政府的封锁，积极奔赴大陆，支持祖国抗战事业的英勇事迹，包括大量馆藏解密档案、160幅珍贵的历史图片，以及历史人物的诗文和书信等。

陈长伟《台湾与越战——一场充满悖论的历史遭遇》④ 一文关注了鲜有学者关注的问题。20世纪60年代中期，台湾国民党视越战升级为游说美国支持其"反攻大陆"计划的良好时机，通过各种渠道向美国灌输越战是一场"代理人"战争的理念，强调只有对中国大陆发动进攻才能从源头纾缓越战困局，向美国提出"炬光五号"等对大陆的军事进攻计划，希望

---

① 参见曾纯纯、朱有田《日据时期台湾农村养猪业》，《台湾研究集刊》2013年第1期。
② 参见陈小冲《日据时期台湾与大陆关系史研究（1895—1945）》，九州出版社2013年版。
③ 参见陈小冲《与祖国同生：台湾同胞在大陆的抗战足迹》，九州出版社2013年版。
④ 参见陈长伟《台湾与越战——一场充满悖论的历史遭遇》，《国际政治研究》2013年第2期。

在华南开辟第二战场。美国约翰逊政府却力图避免另一场朝鲜战争,屡次拒绝国民党出兵南越的要求。作者认为,随着越战升级,美国国内对华舆论发生转变,出现"遏制而不孤立"等观点。他认为,本可给国民党"反攻大陆"带来一丝曙光的越战,却促成了美国对华政策的新动向。为遏制这种转变,台湾当局又不得不协助美国在越南的行动。这不能不说是历史的悖论。张静《周恩来与基辛格1971年密谈中的台湾问题及日本因素——基于美国解密档案的考察》①一文,认为1971年7月中美北京密谈的主要目的是筹备美国总统尼克松访华及就包括台湾在内的双边、地区和国际问题交换意见。中国领导人在会谈之初订立"互惠"原则,迫使美方为实现总统访华而必须在台湾问题上作明确表态。美方在先军事后政治的"两步走"解决台湾问题的方案遭到中方否决后,又试图以"日本军国主义复兴"相威胁,实现延长在台驻军、维持"美台军事防御关系"的目的。但周恩来等中国领导人以高超的外交智慧,最终迫使美方进一步作出反对日本军事实力进驻台湾、不支持"台湾独立运动"的承诺。

钓鱼岛及琉球问题与台湾密切相关。今年由于国际形势与中日关系的新变化,钓鱼岛与琉球问题成为热点。钓鱼岛与琉球问题不仅涉及领土争端和主权问题,也是一个历史问题。《人民日报》刊发了一系列历史学者的学术文章,从多种角度谈论钓鱼岛归属问题,并提出琉球问题也可再议。张海鹏、李国强揭示了"日本内阁先窃据钓鱼岛,接着才有了不平等的《马关条约》"的史实,并指出根据《开罗宣言》《波茨坦公告》,不仅台湾及其附属诸岛(包括钓鱼岛列屿)、澎湖列岛要回归中国,琉球问题也可再议。② 李国强、侯毅指出从明清到当代,中国政府一直将钓鱼岛视为中国疆域的组成部分,从未承认日本非法占有且行使管辖权。③ 万明通过对明代官私文书进行梳理,证明最迟在明太祖洪武初年,即14世纪70

---

① 参见张静《周恩来与基辛格1971年密谈中的台湾问题及日本因素——基于美国解密档案的考察》,《党的文献》2013年第2期。
② 参见张海鹏、李国强《论〈马关条约〉与钓鱼岛问题》,《人民日报》2013年5月8日。张海鹏还在《环球时报》(2013年5月17日)发表《琉球再议,议什么》一文。他们观点的详细阐述见张海鹏、李国强《论〈马关条约〉与钓鱼岛兼及琉球问题》,《台湾历史研究》第1辑,社会科学文献出版社2013年版,第29—42页。
③ 参见李国强、侯毅《论钓鱼岛及其附近海域自古以来就是中国疆域组成部分》,《人民日报》2013年5月10日。

年代，钓鱼岛列岛已确定为中国海上领土的历史事实。① 王建朗提出台湾及澎湖列岛系日本通过《马关条约》割取，而钓鱼岛或是通过《马关条约》的含糊表述而窃取，或是通过日本单方面的内阁决议而窃取，无论是哪一种方式，日本系通过甲午战争而窃取钓鱼岛的事实是无可争议的，从而表明日本企图继续占有钓鱼岛不存在任何合法性。② 韩昭庆则从甲午战争前欧洲人绘制的 8 幅中国钓鱼岛列岛海域的地图，佐证甲午战争前钓鱼岛列岛早已进入中国管辖范围内。③ 廖大珂、徐斌分别研究《闽人三十六姓针本》《中山传信录》等文献，证实中国对钓鱼岛的实际占有权。④

尤淑君、黄俊凌分别从战后国民政府应对琉球问题的外交政策，揭示钓鱼岛与琉球等争端的由来。抗战胜利后，国民政府的琉球政策是"外宣托管，内行收复"，但忽视了介于台湾和琉球间的钓鱼岛问题。第二次世界大战后，日本加强了对琉球的影响，并实际控制，国民政府自身实力有限，最终无法有效争取琉球问题主动权，钓鱼岛主权之争随之而来。⑤ 王玉国则对 1968—1970 年台湾当局的钓鱼岛政策作了探讨。1968 年，在联合国亚洲及远东经济委员会的赞助下，美国、日本、韩国和台湾地区学者，在东海及黄海进行地球物理探勘。台湾当局即已经关注钓鱼岛问题，通过政治、经济、"外交"等方面的努力，坚持钓鱼岛列屿是中国固有的领土，产生了一定影响，但这些因应没有及时、全部对民众公开，被民众认为台湾当局在钓鱼岛问题上软弱无能而产生误解。⑥

褚静涛出版专著《中日钓鱼岛争端研究》⑦，是一部纵论 120 年来中日围绕钓鱼岛复杂博弈的学术著作。该书揭示了 1895 年日本窃取钓鱼岛的

---

① 参见万明《从明清文献看钓鱼岛的归属》，《人民日报》2013 年 5 月 16 日。
② 参见王建朗《钓鱼岛是被日本窃取的中国领土》，《人民日报》2013 年 5 月 23 日。王建朗还在《抗日战争研究》第 2 期发表《钓鱼岛三题》一文，将其观点进行详细阐述。
③ 参见韩昭庆《从甲午战争前欧洲人所绘中国地图看钓鱼岛列岛的历史》，《复旦学报》(社会科学版) 2013 年第 1 期。
④ 参见廖大珂《关于中琉关系中钓鱼岛的若干问题》，《南洋问题研究》2013 年第 1 期；徐斌《〈中山传信录〉中有关钓鱼岛史料考述》，《海交史研究》2013 年第 1 期。
⑤ 参见尤淑君《战后台湾当局对琉球归属的外交策略》，《江海学刊》2013 年第 4 期；黄俊凌《迁台后国民党当局在琉球问题上的政策演变——兼论琉球对中日钓鱼岛主权归属的影响》，《台湾研究集刊》2013 年第 1 期。
⑥ 参见王玉国《1968—1970 年间台湾当局对钓鱼岛主权维护的因应》，《台湾研究集刊》2013 年第 3 期。
⑦ 参见褚静涛《中日钓鱼岛争端研究》，台湾海峡学术出版社 2013 年版。

详细经过,琉球地位悬而未决;1972年,美国偏袒日本,将钓鱼岛的行政管辖权交给日本,在中日间制造新的领土冲突。发起于海外的保钓运动,从海外逐渐移至中国大陆;从以民间自发为主体,走向中国政府主动采取实际行动,是一个渐进、必然的过程。2012年9月,日本政府强行"购买"钓鱼岛,中国政府被迫作出反击,当前已经取得了阶段性的成果。中国坚持和平发展的方针决不动摇,继续坚持有理、有利、有节的原则,应对日本的挑衅,管控好钓鱼岛危机。随着中国综合国力的不断增强,日本终将体会到在钓鱼岛问题上挑战中国是没有出路的。该书以大量不容置疑的历史文献,驳斥了日本政府所持"1895年至1969年,中国人不知钓鱼岛问题",直接回应了日本学者的若干质疑,有助于钓鱼岛问题研究的深化与细化。李理编译关于钓鱼岛问题的资料集三种:《日本近代对钓鱼岛的非法调查及窃取》(社会科学文献出版社2013年版),《日本各界人士对日本尖阁列岛主张的反驳》(台湾海峡学术出版社2013年版),《日本馆藏钓鱼岛文献考纂(1885—1895)》(台湾海峡学术出版社2013年版),提供了日本窃取钓鱼岛重要的日方资料。

(四) 台湾族群、教育与社会文化史

台湾的族群问题与少数民族史向来两岸研究者众多,学者多倾向于民族学与社会史方向的研究。台湾学者叶高华发表《排除?还是放弃?平埔族与山胞身分认定》[①]一文对传统说法提出质疑。他认为对于大多数平埔族人不具法定原住民身份的原因,有两种截然不同的论述:排除论认为大多数平埔族人在20世纪50年代的山胞身份认定中遭到排除;放弃论则认为大多数平埔族人在山胞身份认定中放弃登记。他认为,1956年9月,还有两万多人在户口普查中回答自己是平埔族,却在随后展开的平地山胞登记中缺席了。可能原因是他们未获得告知,或者不认为自己是高砂族。无论如何,平埔族人未登记为平地山胞,不表示他们失去原住民认同;欲解决平埔族群身份认定的争议,有必要跳脱山胞身份认定的框架。

台湾学者陈丽华《"消失"的族群?南台湾屏东地区广东福佬人的身

---

① 参见叶高华《排除?还是放弃?平埔族与山胞身分认定》,《台湾史研究》2013年第3期。

分与认同》①一文则关注了台湾族群史上比较特殊的一个群体。在台湾的族群历史上,来自广东潮州、揭阳及汕尾(清代属潮州府、惠州府管辖)等地讲福佬话的群体,往往隐而不彰,甚至被视为"消失"的群体。他认为如果把眼光投向台湾南部的屏东平原地区,便会发现历史上这一群体身份的暧昧性:清代以降,他们便常与语言相近的闽南移民群体结成联盟,而与语言不通的客家人对立;不过面对客家人强势的六堆军事联盟的压力,"粤人"的身份也成为他们拉近与六堆关系的标签。在文化符号上,广东福佬人与客家人则存在不少交叉地带,韩文公和三山国王信仰便是最集中的体现,但二者背后体现的屏东不同语言群体的关系,却截然不同。日据时期至战后人群分类的变化,也将这一群体放置在两大族群的框架之下。近年客家运动兴起的背景下,此一群体特殊的族群认同亦有萌生之势。通过探讨屏东沿山地区潮语群体身份认同的演变,作者希望进一步厘清清代至当代台湾族群身份建构背后的机制和国家对不同语言群体身份塑造的深刻影响。

陈名实《台湾的闽南籍民与地方自治》②一文认为台湾光复以后实行的地方自治是以闽南籍为主的台湾民众长期努力的结果。他认为在明郑时期,闽南籍民众随明郑政权收复、开发台湾,形成自治的地方政府。台湾归清以后,闽南籍民众在朱一贵、林爽文等领导下发动反清起义,试图建立汉族在台湾的自治政权。日据时期,闽南籍台湾精英带领台湾民众争取民族自治权利,这些都对台湾光复以后国民党政权实行台湾地方自治产生重要影响。另外还有《台湾少数民族语言的历史传承》③《朱一贵事件与台湾客家、福佬关系的演变》④等大陆学者研究族群的论文。

本年度两岸学界都关注了台湾教育史。

陈小冲《日据时期台湾宜兰地方社会转型初论(1895—1936年)——

---

① 参见陈丽华《"消失"的族群?南台湾屏东地区广东福佬人的身分与认同》,《台湾史研究》2013年第3期。
② 参见陈名实《台湾的闽南籍民与地方自治》,《福州大学学报》(哲学社会科学版)2013年第3期。
③ 参见杨晓斌《台湾少数民族语言的历史传承》,《海峡教育研究》2013年第1期。
④ 参见谢重光《朱一贵事件与台湾客家、福佬关系的演变》,《宁德师范学院学报》(哲学社会科学版)2013年第2期。

以社会经济与教育文化为视域》①一文认为，日据时期台湾社会已经步入殖民地化进程，但各地社会变迁形态却有所不同。他以宜兰的例子观察，认为日本殖民者对当地社会经济的殖民地化改造似乎并不如人们想象的那么深刻，而在教育文化方面的影响则要大得多。他认为，台湾全岛各个地方千差万别，在探讨殖民地社会转型时，不可将其视作铁板一块，应具体问题具体分析，方能符合历史事实。

台湾学者许佩贤《日治末期台湾的教育政策：以义务教育制度实施为中心》一文以《茗荷谷文书》的档案及报纸杂志的报道为主要材料，借由义务教育制度施行的讨论为中心，尝试描绘日本殖民统治末期台湾的教育政策的决策过程及地方社会的教育状况。义务教育自日本占据台湾以后即不断被提出，并于1922年第三回台湾总督府评议会做成终将施行的决议，但是真正作为政策课题却在20世纪30年代以后。作者认为，义务教育于战争末期的实施，从统治者方面来看，无疑是为了配合战争动员的需要，特别是预想征兵制必将施行，而期待通过扩大基础国民教育来培养国家所需的人力资源。另外，台湾社会自20世纪20年代的民族运动以来，即从启蒙主义的观点主张应在台湾施行义务教育；20世纪30年代后期总督府再度提出义务教育的政策课题时，台湾社会很机灵地借用统治者的说辞，来提出义务教育的要求。另外，胡逢祥《史语所迁台与1950—1960年代台湾的人文学术建设》②也可以认为是一篇教育史的论文。他认为，当代台湾地区人文学术的建构，无疑以1948年底前中研院史语所的迁台最具开局意义。尽管史语所同仁在学术和政治的复杂抉择中心态纠结，却始终坚持了以学术为本位的进路，筚路蓝缕，从专业研究、人才培养和学术规范的确立等方面，为台湾现代历史学、语言学、考古学、民族学的发展奠定了不拔基业。作者认为，台湾的人文学术建设写下了中国现代学术史上不可忽略的一章，给后人以深刻的启示。

本年度，中研院台湾史研究所的《台湾史研究》发了两篇医疗史的论文，两位作者研究的医疗史都带有社会文化学的倾向。张晓旻《日治时期

---

① 参见陈小冲《日据时期台湾宜兰地方社会转型初论（1895—1936年）——以社会经济与教育文化为视域》，《台湾研究集刊》2013年第2期。

② 参见胡逢祥《史语所迁台与1950—1960年代台湾的人文学术建设》，《华东师范大学学报》（哲学社会科学版）2013年第2期。

台湾性病防治政策的展开》[1] 主要从法制面切入，探讨日据时期台湾性病防治政策的推展过程及其特色。该文注意到殖民地台湾承袭了近代日本"性病感染源＝娼妇"的核心概念，自1896年起性病防治政策便与买、卖春管理体制同步展开。殖民当局通过强制性病诊疗制的建立，同时监控公娼与私娼的身体。然而，针对私娼的性病诊疗制不到一年便戛然中止，长达25年的日据前半期，公娼成为性病防治的唯一目标。作者认为，性病防治对象的公/私娼之别，反映出殖民当局以民族差别主义为出发点的殖民医疗特质：通过彻底控管以日人为主的公娼身体，维护在台日人社会免于性病感染；另外，仅以刑事责罚约束以台湾女性为大宗的私娼，将其排除在性病防治体制之外。直到1923年"行政执行法"在台施行，殖民当局才重新展开对私娼的强制性病诊疗，并开始运用公权力介入台湾人社会的买、卖春活动。但其真正意图仍是出自维护殖民者本身利益为第一优先的考量，其着眼点为确保在台日人接触台湾人私娼后免于感染性病的风险。1937年，随着中日战争的爆发，殖民当局配合日本政府在台施行"花柳病预防法"，性病防治对象也从"娼妇"扩展至"全民"。看似达到性别上、民族上平等的日据末期性病防治政策，其实是为了因应战争需求、确保人力资源及强化人口素质的结果。张淑卿《复健、辅具与台湾小儿麻痹病患生活经验（1950s—1970s）》[2]则是另一篇饶有兴趣的文章。小儿麻痹症是20世纪五六十年代台湾常见的传染病，少数患者肢体麻痹，造成终身残障的遗憾。作者注意到，对小儿麻痹患者的关注始于教会医院，他们通过外国教会体系取得疫苗，建立小儿麻痹复健中心，甚至自行成立支架工厂。另外，以小儿麻痹复健为重心的振兴复健医学中心，则是由蒋宋美龄运用与美方良好的互动关系，成功获得外援的补助，让振兴复健医学中心成为国内首屈一指的复健重镇。该文以20世纪50—70年代为研究区间，作者认为因台湾当局于1966年推行小儿麻痹预防接种后，该疾病迅速得到控制，新感染人数急速减少。绝大部分的患者是在20世纪50—60年代感染，并于20世纪60—70年代开始复健并使用辅具，此时也正是台湾复健医学的草创时期。

本年度也有一些大陆学者的社会文化史研究论文发表，如徐文彬《清

---

[1] 参见张晓旻《日治时期台湾性病防治政策的展开》，《台湾史研究》2013年第2期。
[2] 参见张淑卿《复健、辅具与台湾小儿麻痹病患生活经验（1950s—1970s）》，《台湾史研究》2013年第2期。

代台湾地区节妇述论》①，林枫、孙杰《清代台湾义冢的破坏与维护》②，何绵山《台湾关帝庙探源》③，等等。

（五）台湾思想史与人物研究

本年度台湾思想史的研究成果不多。陈孔立著作《台湾民意与群体认同》④是作者研究台湾民众心态和民意趋向的文集。全书分三部分：第一部分研究各个历史时期台湾民众的政治心态，包括从古至今的历史记忆，1945年以来对台湾内部政治实践的心态、对两岸关系的心态；第二部分研究"台湾人认同"与两岸认同问题；第三部分研究"省籍—族群—本土化"的相关问题。作者认为，台湾民意与群体认同问题，必将成为今后一段时间两岸关系研究的热门课题，需要有多学科的综合研究。

张羽《日本殖民台湾时期糖业文化书写研究》⑤一文观察点比较独到，题材也比较新颖，是一篇比较独特的学术思想史论文。他认为，日据台湾50余年间，糖业作为台湾经济的核心问题，是殖民当局规划台湾经济的重点。台湾的制糖产业不仅为日本帝国带来了巨大的利润，也成为其勾勒台湾未来蓝图的方向标。他认为近年来日本和台湾地区学界频繁地出现美化日本殖民统治台湾的论调，并多以日本殖民台湾时期所进行的现代化事业为佐证，这些论调是不可靠的。作者从不同历史时段的媒体报道与纪实性作品等第一手资料中，解读当时知识分子在糖业公共政策、资源配置、农民运动和蔗农个体意识等层面的相关论述，据此进一步探讨殖民现代性的混杂性和多义性。

有关人物研究，邓孔昭《郑成功与明郑在台湾》⑥是其旧著《郑成功与明郑台湾史研究》的修订版，是作者研究郑成功及明郑政权史实的代表性著作。王忠孝是明末清初著名的遗臣志士，也是郑成功的重要幕僚，对郑成功收复台湾有着重大的影响，并对郑成功收复台湾后的社会发展起到

---

① 参见徐文彬《清代台湾地区节妇述论》，《地方文化研究》2013年第2期。
② 参见林枫、孙杰《清代台湾义冢的破坏与维护》，《厦门大学学报》（哲学社会科学版）2013年第2期。
③ 参见何绵山《台湾关帝庙探源》，《福州大学学报》（哲学社会科学版）2013年第1期。
④ 参见陈孔立《台湾民意与群体认同》，九州出版社2013年版。
⑤ 参见张羽《日本殖民台湾时期糖业文化书写研究》，《厦门大学学报》（哲学社会科学版）2013年第5期。
⑥ 参见邓孔昭《郑成功与明郑在台湾》（修订版），厦门大学出版社2013年版。

积极的作用。受到时代局限,王忠孝对台湾社会的影响始终不为人所重视。朱定波《明末清初王忠孝与台湾》①一文,通过收集两岸文史资料,并进行多次实地调查,探析王忠孝与台湾的关系,旨在推动人们充分认识王忠孝的历史地位、推动涉台历史文物资源保护和利用以及闽台文化交流。徐康编著《台湾同胞抗日丛书·人物集》第1集②描述了30位爱国台胞的抗日人生,从不同角度展示"祖国的抗日战争,台湾同胞没有缺席"的历史事实,如谢雪红、李友邦、蔡智堪、谢南光、康大川、李纯青、何非光等,以及为筹划收复台湾作出重要贡献的刘启光、连震东、谢东闵、黄朝琴等。

(六) 台湾史资料

尹全海等整理出版《中央政府赈济台湾文献·清代卷》③一书是今年大陆出版的一部重要的台湾史料书籍。该书为清政府赈济台湾相关原始文献的史料选编,包含了起居注档案、兵部档案、户部档案、奏折等各种文献资料。

台湾中研院台湾史研究所今年继续出版《灌园先生日记》④和《黄旺成先生日记》⑤,台史所许雪姬主持编注两人日记多年,颇有成果。《灌园先生日记》是林献堂1927年至1955年全部日记的汇编(缺1936年、1928年),每年1册,共27册,今年全部出齐。该日记除了林献堂家族历史外,还有丰富的经济、政治、社会、文化活动的资料,尤其是以林献堂为中心所展开的活动,如台湾文化协会、台湾地方自治联盟、一新会,故该日记不仅是林献堂一生最重要的见证,也可补充官方资料的不足,史料价值极高。《黄旺成先生日记》是目前仅见台湾公学校教谕所写的日记,也是一部拥有全台性知名度的记者、评论家的日记史料。时间跨度从1912年到1973年,中缺13年,共49年,今年出版到第11册(1924)。该日记以黄旺成为中心提供了丰富的生活史资料,举凡宗教、民俗活动、宗族

---

① 参见朱定波《明末清初王忠孝与台湾》,《福建文博》2013年第2期。
② 参见徐康编著《台湾同胞抗日丛书·人物集》第1集,台海出版社2013年版。
③ 参见尹全海等整理《中央政府赈济台湾文献·清代卷》,九州出版社2013年版。
④ 参见林献堂《灌园先生日记》(25—27),台湾中研院台湾史研究所、近代史研究所2013年版。
⑤ 参见黄旺成《黄旺成先生日记》(11),台湾中研院台湾史研究所2013年版。

史、娱乐史、读书记录、诗友会、下棋等,均详尽描写,是新竹地区重要的地方史料,亦是台湾史研究重要的参考资料。

另外,中研院台史所还与北京故宫博物院合作,出版《晚清台湾番俗图》[①]一书,将久藏于北京故宫博物院的清末同治、光绪之交的一套三十六幅台湾"番"俗图,完整地影印其全部图像与说明文字,并加以题注解说,为研究晚清台湾少数民族(所谓"生番")的生活风俗,提供了重要的图像与文字资料。

2014 年度

2014 年度,海峡两岸的台湾史研究涉及面广,学者之间交流频繁。在大陆学界,台湾政治史、经济史、对外关系史的研究依然为主流,台湾文艺史的研究,则获得比以往更多的关注。值得一提的是,本年度两岸关系史的研究是大陆学界的研究热点。台湾学界的流行趋势依然集中在社会文化史上。另外,二二八事件研究在沉寂几年后,本年度又获得台湾学界的关注。以下拟简要介绍一些重要的研究成果。

(一) 台湾史综论

台湾史研究的学术史清理,以及相关研究理论与方法问题,是今年学界关注的热点。张海鹏撰文,系统论述了 60 年来几种有代表性的台湾通史著作编撰的时代背景及其学术体系与特点,包括刘大年等著《台湾历史概述》、陈碧笙著《台湾地方史》、陈孔立主编《台湾历史纲要》和张海鹏、陶文钊主编《台湾史稿》,以及台湾学者宋光宇、戚嘉林分别在大陆出版的《台湾史》,在具体考察这些通史著作的基础上,进而探讨台湾史研究的基本立场、指导思想、历史观及历史分期等理论方法问题,明确提出研究台湾史要坚持唯物史观,站在中国史的立场上,反对站在台湾是一个独立国家立场上的"台独"史观。[②]李细珠则对大陆学界台湾史研究进行宏观检讨,具体分析 1949 年以前、1949—1979 年及 1980 年以后三个时

---

① 参见陈宗仁编撰《晚清台湾番俗图》,台湾中研院台湾史研究所 2013 年版。
② 参见张海鹏《60 年来有关台湾通史的撰写及理论方法问题》,《台湾历史研究》第 2 辑,社会科学文献出版社 2014 年版。

期台湾史研究的成果与特点，剖析唯物史观与"台独"史观论争的典型事例，对于台湾史研究的理论方法与通史撰写问题、早期台湾历史、荷据时期台湾史、明郑时期台湾史、清代台湾史、日据时期台湾史、战后台湾史等专题领域，指出其存在的问题，提出新的研究方向，并主张持开放的心态，加强两岸及与海外学界的交流、对话与合作，共同推进拓展台湾史研究。[1] 叶宏明、麦林利用 CNKI、CSSCI 与《人大复印报刊资料》提供的数据，从载文特点、被引特征、影响因子、网络传播趋势、共被引网络和关键词共现网络等方面，分析了《台湾研究》的学术影响力，认为《台湾研究》在大陆地区台湾研究发展进程中具有重要的学术地位和影响力，并为《台湾研究》及其他学术刊物提升办刊水平使其更具学术创新力、影响力和学术凝聚力而引领台湾研究领域学术传承与创新提供参考。[2]

由中国社会科学院台湾史研究中心主办、中国社会科学院近代史研究所台湾史研究室编辑的《台湾历史研究》第 1 辑于 2013 年正式面世，这是大陆学界第一家专门研究台湾历史的学术集刊。2014 年 6 月 28 日，中国社会科学院近代史研究所台湾史研究室举办"《台湾历史研究》创刊一周年暨台湾史研究理论与方法"学术座谈会，邀请相关研究学者就台湾史研究的理论与方法等问题进行了讨论。崔之清建议中国社会科学院台湾史研究中心整合各方面力量，与厦门大学、福建师范大学等台湾史研究机构分工合作，集体攻关，尽量减少学术重复，并建立统一的文献资料数字化平台。在研究方法上，要坚持以历史学方法为主体，坚持唯物史观，做到实证研究，厘清基本史实。同时，要就重大历史事件加强两岸学者对话，充分研讨，理性交流。谢必震认为台湾文化深受福建影响，可以说台湾文化是福建文化孕育出来的。他从闽台文化关系视角举出一些具体实例，证明历史与现实关系不可忽视。历史研究需要现实关怀，现实作为也需要历史思维。陈小冲指出大陆学界仍要加强运用唯物史观的自觉性，使之体现于研究内容，而不只是自称运用了唯物史观的简单表述。在研究方法上，要坚持传统方法，并借鉴人类学等其他学科的方法。同时要更多地开展田野调查，重视口述历史，发掘民间文献。臧运祜认为台湾史研究与中国历史研究相

---

[1] 参见李细珠《大陆学界台湾史研究的宏观检讨》，《台湾研究》2014 年第 5 期。
[2] 参见叶宏明、麦林《大陆地区台湾研究发展脉络视角下的〈台湾研究〉学术影响力评价——基于 CNKI、CSSCI 与〈人大复印报刊资料〉的统计分析》，《台湾研究》2014 年第 1 期。

比，有共性和特殊性，不能过分强调任一面。研究台湾史，首先要有一个准确的学科定位，台湾史是中国史的一部分，台湾史学科是中国史学的一个分支学科。同时要有世界史的视野，荷据、西据、日据时期殖民主义在台湾的问题都可以从这个角度解释。台湾史研究中的一些困境可通过借鉴其他学科的研究成果和方法来获得突破，但要警惕历史学的社会科学化。陶文钊提议加强对台湾社会转型及其影响的研究，认为对于转型期台湾社会形态、政党与民众关系等方面的研究，是理解许多现实问题的关键环节。杨匡汉从文学史研究的角度，强调台湾史的写作，要注意澄清史实，提高史识，史德要客观公正，史笔不要用统战话语，并特别强调台湾史研究需要以全球史观加强大背景的考察。李国强则建议从海洋视角开拓台湾史研究，重视台湾的海洋特质，台湾不仅是中国领土的一部分，更是中国海洋领土的重要组成部分，要加强对台湾与东海、南海关系和海洋主权方面的研究。张冠华结合目前历史研究与现实研究仍然是"两张皮"的现状，指出现实研究需要历史思维和史学底蕴，不能就事论事。台湾史研究要注意学术性与促进和平统一的问题，以及学术性与政治性的关系。罗燕明强调"国史"与"台史"的关系，认为"一国两制"史是"国史"联系"台史"的桥梁。宋月红主张台湾史研究要从关注政权更迭转向社会、文化、教育等领域，并提出撰写包括大陆与台湾在内的"祖国史"的新概念。[①]

（二）台湾政治史与经济史

清代台湾史获得学界不少关注。梁娟娟在《清代历史上关于台湾的两次论争》一文中指出，清代围绕如何处置台湾，曾出现两次论争。第一次在康熙年间，康熙君臣曾就如何统一台湾进行了长达20余年的群策群议，最终康熙帝采纳施琅的建议；第二次在光绪年间，《马关条约》换约之前，官员士子连篇累牍上书拒绝割让台湾岛，甚至请求清廷废约再战。作者认为两次参与的人员范围不同，产生的影响不同，但都不难看出时人对台湾

[①] 参见崔之清《台湾史研究理论与路径之浅见》、谢必震《台湾历史研究与两岸关系和平发展》、陈小冲《〈台湾历史研究〉与大陆台湾史研究之再出发》、臧运祜《台湾史研究的学科意识》、陶文钊《加强对台湾社会转型及其影响的研究》、杨匡汉《台湾史研究的史实、史识与史笔》、李国强《透过台湾史解读中国海洋主权的历史发展脉络》、张冠华《台湾问题研究亟待实现历史与现实的有机结合》、罗燕明《国史研究与台史研究的若干问题》、宋月红《从祖国史观认识和研究台湾史》，《台湾历史研究》第2辑，社会科学文献出版社2014年版。

重要地位的肯定。①

战后台湾政治史依然是大陆学界研究的热点。地方政治派系研究是台湾学界长期关注的热点之一，成果颇多，大陆最近也有呼应之作。作为政治发展中的一个特殊形式，派系政治是一个相当普遍的现象，尤其在亚洲特殊的政治文化背景下，派系政治更是成为亚洲政治的共性。派系曾在台湾各县（市）普遍存在，台湾的地方政治长期以来受到地方派系的左右，派系政治成为台湾地方政治中引人注目的现象。李睿著《台湾地方选举中的派系研究》专门研究派系在地方选举中的作用，具体论述了台湾地方派系的形成与演化、地方派系的类型与体系结构、地方派系与选举提名、地方派系与选举动员、派系与党派及选举结果的关系。② 张嵘《台湾地方派系与国民党关系的演变》则对台湾地方派系与国民党之间关系的形成和演变进行历史考察，分析台湾地方派系形成与运作的特点，探索地方派系在台湾政治转型过程中发挥的作用。③

研究台湾当代政治史，台湾政治中的民粹主义，也是学界非常关注的热点。郭中军《台湾地区民主转型中的民粹主义：1987—2008》一书对这个问题作了梳理。长期以来，对于民粹主义内涵的理解通常是被放在民主主义的对立面来进行考量的，但是作者认为，民粹主义对民生这一直接与民众利益相关强调使它与民主的对立性日趋模糊。作者指出，台湾的政客们在推动民主转型时也常常是以民生为借口来推行自己的民粹主义主张。④ 李立《台湾政党政治发展史》则对每个时期台湾政党政治展现的主要特点、发展变化的原因、发生的重大事件等做了深入的分析和探讨。⑤

在台湾学界关注的议题中，颇值得关注的是二二八事件重新进入学者的视野。中研院台史所的《台湾史研究》第3期，为二二八事件研究专辑，共发表4篇相关论文⑥。其中，林正慧在《二二八事件中的保密局》

---

① 参见梁娟娟《清代历史上关于台湾的两次论争》，《明清论丛》第14辑，故宫出版社2014年版。
② 参见李睿《台湾地方选举中的派系研究》，中国社会科学出版社2014年版。
③ 参见张嵘《台湾地方派系与国民党关系的演变》，九州出版社2014年版。
④ 参见郭中军《台湾地区民主转型中的民粹主义：1987—2008》，学林出版社2014年版。
⑤ 参见李立《台湾政党政治发展史》，九州出版社2014年版。
⑥ 参见苏瑶崇《谎言建构下二二八事件镇压之正当性：从"大溪中学女教员案"论起》、陈翠莲《"祖国"的政治试炼：陈逸松、刘明与军统局》、林正慧《二二八事件中的保密局》、蔡秀美《二二八事件期间消防队员的角色》，《台湾史研究》2014年第3期。

一文中，以军统局改组为保密局的过程线索，叙述该组织在台湾的布建情形，以及保密局台湾站在事件期间的组织运作，探讨保密局在二二八事件中的角色。蔡秀美《二二八事件期间消防队员的角色》一文，则探讨二二八事件期间各地消防队的角色、遭遇及发展。作者认为大多数的消防队成员都奉地方行政机关或警察局之命，协助维持地方治安。绥靖清乡期间，有些地方消防队干部成员因在二二八事件处理委员会表现活跃，而遭到当局追究责任，纷纷被罗织罪名入狱。幸而经一般法院调查审理后，大多被羁押数月即获释放。二二八事件研究成果可谓汗牛充栋，但是《台湾史研究》发表的几篇论文多与以往论著的观察角度不同，表明该老问题依然有发掘研究的空间。

台湾经济史研究成果不多。程朝云《战后台湾农会研究（1945—1975）》是一部近年来研究台湾社会经济史的少有专著。该书尽量还原光复初期台湾农民组织的遭遇，重点考察 1950—1954 年由农复会和国民党政权共同主导的农会体制改革。介绍农会内部采取的权能划分制度，农会经费收支安排情况。考察农会改革后至 20 世纪 60 年代中期农会三大业务部门，考察国民党与农会的关系以及围绕农会国民党与地方派系的关系，并围绕农会与国民党政权、农会和农民的关系进行了分析。[①] 陈思《明末台海官商盗三角关系与台海贸易》一文关注了台湾早期的商业贸易情况。明朝末年，台湾海峡的海商、海盗活动逐渐兴起，在官商盗之间，形成了错综复杂的三角关系。作者认为郑芝龙主导下的"台海新秩序"是台海官、商、盗三方经过长期博弈所能作出的兼顾三方利益的最优选择，打破了旧有体制限制，迎来新的发展高峰。[②]

台湾学者曾品沧的《生猪贸易的形成：十九世纪末期台湾北部商品经济的发展（1881—1900）》是一篇饶有兴趣的经济史论文。该文除了论述了猪与猪肉在台湾汉人农业生产与日常消费中的重要性外，还试图借此分析 19 世纪末期台湾北部发达之生猪进口活动，说明清末开港活动对当地民众之经济与日常生活的影响。作者认为，清代台湾猪的生产与

[①] 参见程朝云《战后台湾农会研究（1945—1975）》，凤凰出版社 2014 年版。
[②] 参见陈思《明末台海官商盗三角关系与台海贸易》，《厦门大学学报》（哲学社会科学版）2014 年第 4 期。

消费活动发达。[1]

(三) 两岸关系与台湾对外关系

两岸关系史的研究是本年度热点，成果丰富。王在希著《台湾问题与中华复兴》叙述了李登辉上台直到马英九当政后的两岸关系现状和岛内政局的发展演变，包括一些重大历史事件。该书对研究台湾问题颇具参考价值。作者致力于台湾问题研究已有40余年，并亲身参与两岸关系发展的重大事件，故而该书也有较高的史料价值。[2] 张春英《台湾问题与两岸关系史》是两岸关系研究的综合性著作。该书以时间为经，以海峡两岸关系中的重大历史事件和重要现实问题为纬，追本溯源，展现了海峡两岸在社会、文化、经济、政治、军事等方面关系的全景图画。[3] 于保中、陈新根《海峡两岸关系发展简史》则是一本通俗读物，简略地探讨了台湾与大陆的历史渊源，以及国民党退踞台湾后两岸关系演变的历史。[4]

台湾学者戚嘉林近年来在大陆出版一系列台湾史著作，在大陆学界获得不少关注。《大陆台湾一百年：台湾前政府官员眼中的大陆台湾百年史》是作者的又一普及读物。作者引证了中国大陆、台湾，以及美国、日本等国家和地区大量解密的第一手资料，展示了在中美、中日、中苏复杂变幻的国际关系中大陆与台湾关系的演变，梳理了国共两党数十年来分合聚首的内幕及各自的发展道路。作者分析了两蒋（蒋介石、蒋经国）台湾四十年，李扁二十年台湾的得与失。书中旁征博引，鲜明地批驳"台独"，维护祖国统一。[5] 台湾学者杨瑞春的《中国国民党大陆工作组织研究（1950—1990）》一书是两岸关系史研究中不可多得的专门史著作。作者根据解密档案，叙述国民党特务在大陆活动的详细情况，比较完整地呈现其组织架构、人事变化及决策机制，披露国民党特务招募、训练及在大陆活动的主要内容。[6]

---

[1] 参见曾品沧《生猪贸易的形成：十九世纪末期台湾北部商品经济的发展（1881—1900）》，《台湾史研究》2014年第2期。
[2] 参见王在希《台湾问题与中华复兴》，九州出版社2014年版。
[3] 参见张春英《台湾问题与两岸关系史》上下册，福建人民出版社2014年版。
[4] 参见于保中、陈新根《海峡两岸关系发展简史》，九州出版社2014年版。
[5] 参见戚嘉林《大陆台湾一百年：台湾前政府官员眼中的大陆台湾百年史》，海南出版社2014年版。
[6] 参见杨瑞春《中国国民党大陆工作组织研究（1950—1990）》，九州出版社2014年版。

台湾对外关系研究也有较多成果。王俊峰著《冷战后台湾地区与东盟各国关系研究》是研究台湾当代对外关系史的专著。作者认为，冷战后台湾地区与东盟各国关系演变具有如下特点与启示：一是冷战结束后，台湾地区与东盟各国关系的主要方面依然是在经贸、人员、科技等非政治性关系；二是双方关系发展呈现出先扬后抑再扬的特点；三是中国大陆实力的增强是维护"一个中国"原则框架的坚强保障。① 汪小平著《美国对台政策的起源与演变（1941—1960）》是研究"美台关系史"的专著。该书主要叙述了战后美国对台政策的历史，同时也叙及抗日战争时期的中美关系与台湾光复的历史，重点论述了战后美国对台政策的起源与演变，从抗战时期中美关系史的角度探讨美国对台政策的调整，及冷战初期两岸对峙状态下美国对台政策的演变。② 对于"美台关系"，朱卫斌、李庆成在《台湾当局与尼克松政府关于中美大使级会谈的交涉》一文中指出，尼克松当政时期，美方向台方的通报隐瞒了最敏感的内容，即美方在台湾问题上的新表述和中美举行高级会谈的事宜。台湾当局向美方提出了交涉与抗议，蒋介石本人也深受打击，不再信任尼克松。尽管尼克松勉力安抚蒋介石，不断重申美国将坚守对台承诺，但都不能减轻蒋的疑虑，"台美关系"也因此变得更为复杂而敏感。③ 詹欣《约束与局限：试述台湾核武器计划与美国的对策》一文认为，1964年中国大陆成功进行第一次核试验后，台湾试图秘密研制核武器以改变现状。对此，美国一方面通过和平使用核能与台湾当局进行合作，另一方面则限制其不得从事浓缩铀的提炼以及核废料的后处理。作者认为，在冷战的背景下，美国并未严格约束台湾研制核武器，因而导致台湾当局不断违背承诺。④

（四）台湾文艺史与文化、教育史

台湾文学、艺术史的研究获得较大关注，无论文学、电影还是戏曲都有涉及。傅蓉蓉《当代台湾文学研究》以台湾60年来的文学创作发展和

---

① 参见王俊峰《冷战后台湾地区与东盟各国关系研究》，九州出版社2014年版。
② 参见汪小平《美国对台政策的起源与演变（1941—1960）》，社会科学文献出版社2014年版。
③ 参见朱卫斌、李庆成《台湾当局与尼克松政府关于中美大使级会谈的交涉》，《台湾研究集刊》2014年第5期。
④ 参见詹欣《约束与局限：试述台湾核武器计划与美国的对策》，《台湾研究集刊》2014年第3期。

文学思潮变换为观照对象，以历史发展为经，以文学思潮更迭为纬，描述当代台湾文学的状况与走向。① 张羽《镜像台湾：台湾文学的地景书写与文化认同研究》是大陆地区研究台湾文学中，自觉使用新理论的一部专著。所谓的"地景书写"，是指文学中的地方风貌和景观书写。作者主要选取那些与文化认同密切相关的地景书写，以不同历史时段的文学作品为基础，并以此探讨近二十年来台湾形象变化的渊源、台湾形象与台湾人的集体记忆和认同变迁等。② 帅震《原乡的面影：20世纪台湾文学中的原乡意识》是一部研究20世纪台湾文学中"原乡意识"的学术专著。作者认为，对原乡的追寻构成了20世纪台湾文学中一种具有内在整合能力的精神趋同性。③ 此书有助于读者从原乡这个角度加深对20世纪台湾文学的整体性认识。陈文新在《刘大杰〈中国文学发展史〉在台湾》一文中认为，20世纪60—80年代，台湾的中国文学史著作的编写，往往潜在地包含着"影响的焦虑"，即如何摆脱刘大杰《中国文学发展史》的"史观"，或者说核心的思路和体例。④

其他台湾文学史论述，如《殖民地现代与诗社传统意识间的乖离——以梁启超的台湾访问为中心》《张我军的"祖国体验"：恋爱和新文学》《论五六十年代台湾新诗的现代与传统》⑤，都不以纯文学研究为主要手段，而是通过文学作品研究台湾社会文化。马泰祥发表两篇台湾殖民地文学研究，该领域在大陆甚少得到关注，以往都是台湾学者所关注。⑥

大陆出版了两本台湾电影史著作。谢建华《台湾电影与大陆电影关系史》是一本描述两岸电影关系史的著作，该书从历史研究和文化研究的双重视角，考察1924年大陆电影到台湾以来，两岸电影80多年的关系发展史。⑦ 李晨《光影时代：当代台湾纪录片史论》，选取当代台湾纪录片作为

---

① 参见傅蓉蓉《当代台湾文学研究》，九州出版社2014年版。
② 参见张羽《镜像台湾：台湾文学的地景书写与文化认同研究》，福建人民出版社2014年版。
③ 参见帅震《原乡的面影：20世纪台湾文学中的原乡意识》，九州出版社2014年版。
④ 参见陈文新《刘大杰〈中国文学发展史〉在台湾》，《齐鲁学刊》2014年第1期。
⑤ 参见王闰梅、王晓刚《殖民地现代与诗社传统意识间的乖离——以梁启超的台湾访问为中心》、刘海燕《张我军的"祖国体验"：恋爱和新文学》、严靖《论五六十年代台湾新诗的现代与传统》，武汉大学台湾研究所编《台湾研究论丛》第1辑，三联书店2014年版。
⑥ 参见马泰祥《殖民地左翼文学刊物的坚持与溃败：〈台湾新文学〉（1935—1937）之文化生产研究》，《台湾研究集刊》2014年第5期。
⑦ 参见谢建华《台湾电影与大陆电影关系史》，人民文学出版社2014年版。

重点文本分析对象,对当代台湾社会转型过程中的文学、文化、影像生产及其美学形式,做了深入和系统的考察。① 徐亚湘考察京剧在台湾的发展经历,指出尽管第二次世界大战前台湾与大陆之间已经出现频繁的艺术交流,但是战后尤其是国民党政权迁台后,台湾京剧出现极大发展。②

近年来,大陆学界对台湾社会文化史的研究有增多的趋势。邹振东《台湾舆论议题与政治文化变迁》是由研究台湾舆论问题来探讨台湾政治的文化专著。由于过去对台湾舆论议题缺乏细化研究,以致一些论著在涉及台湾舆论议题时,往往笼而统之,混为一谈。特别是在有关族群议题方面,研究者往往将"省籍议题""统独议题"当作相同的议题混杂在一起研究,但是其产生的缘起、发展的过程、议题的特点、作用的人群以及对应的政治文化都有明显不同,而且上述议题常常互为表里,互为策应,互为转换。③ 陈建樾在研究台湾光复后国民党当局在原住民地区推行的国语运动时,指出国民党在大陆时期的民族同化政策在台湾得到传承和延续。作者认为,后来原住民运动(国际土著人运动在台湾)的反应也是国民党当局对原住民实行民族同化政策的后果。④ 马英萍在《台籍日本兵问题之史料挖掘与文化省思研究》一文中认为,台湾文化界关于台籍日本兵言论的流变轨迹反映了台湾人从被殖民到"脱殖民"意识形态的演变过程。⑤

台湾学者张素玢《浊水溪三百年——历史·社会·环境》一书在台湾获得极大关注。该书以浊水溪为研究对象,讨论人与环境在历史进程中的动态发展和关系。全书先以浊水溪的自然环境与天然灾害谈起,继而了解官方如何"治水"又"治山",又从大型水利设施、地下水、水力发电、共同引水工程出发,研究地与水资源抢夺的诸多难题。⑥ 林玉茹利用清末至1945年台湾人的日记、报纸及相关文献,撰写《过新年:从传统到现代台湾节庆生活的交错与嫁接(1890—1945)》一文,讨论清末到日据时

---

① 参见李晨《光影时代:当代台湾纪录片史论》,社会科学文献出版社2014年版。
② 参见徐亚湘《时代显影:战后台湾京剧身份的多重转换(1945—1995)》,《文艺研究》2014年第1期。
③ 参见邹振东《台湾舆论议题与政治文化变迁》,九州出版社2014年版。
④ 参见陈建樾《统一国语与建构国族——台湾光复初期山地国语运动的思考脉络》,《西北师大学报》(社会科学版)2014年第3期。
⑤ 参见马英萍《台籍日本兵问题之史料挖掘与文化省思研究》,《台湾研究》2014年第4期。
⑥ 参见张素玢《浊水溪三百年——历史·社会·环境》,台湾卫城出版社2014年版。

期台湾人节庆生活的演变，探讨其变或不变的背景与原因。① 毛绍周《真实与想象的空间交错：以台南大天后宫的建筑形制及功能为例》则收集各相关文献史料，并结合传统建筑空间之理法原则，通过对天后宫的建筑样式分析，研究古建筑的功能和文化内涵。②

有关台湾教育史，在台湾学界，过去研究成果颇多，但是大陆研究成果甚少。尚红娟《台湾地区公民教育发展中"文化认同"变迁之研究（1945—2008）》是近年来大陆少有的台湾教育方面的专著。该书试图以公民科为主轴，通过对台湾地区学校公民教育从"西化"到"本土化"、从"中国化"至"台湾化"的发展历程做全景式的纵向梳理，以此对其塑造"国家认同""文化认同"的功能、途径、效果及发展趋势做深入剖析。③ 另外，王林伟、万齐洲④也就台湾教育史发表了相关论文。

（五）台湾思想史与人物研究

有关台湾思想史研究，汪晖在《两岸历史中的失踪者——〈台共党人的悲歌〉与台湾的历史记忆》一文中，借文学评论，阐发作者的台湾史观。该文以台湾学者蓝博洲所著报告文学体裁的《台共党人的悲歌》为线索，分析了中国革命与台湾现代史的关系。作者认为，在内战与冷战双重构造下，经过二二八事件和20世纪50年代"白色恐怖"，共产主义运动和左翼思想遭到残酷镇压和肃清。作者试图重新勾勒甲午战争以来的台湾史，并针对当代"台独"史观的若干观点展开分析和驳论，指出将历史文献中反复出现的有关"台湾独立"和"自治"的口号连缀为一脉相承的"台独"主张不过是用来掩盖或扭曲历史的方式，而需要探讨的根本问题是，这些"自治运动"及"独立主张"发生在怎样的历史条件下，基于何

---

① 参见林玉茹《过新年：从传统到现代台湾节庆生活的交错与嫁接（1890—1945）》，（台北）《台湾史研究》2014年第1期。
② 参见毛绍周《真实与想象的空间交错：以台南大天后宫的建筑形制及功能为例》，（台北）《台湾史研究》2014年第1期。
③ 参见尚红娟《台湾地区公民教育发展中"文化认同"变迁之研究（1945—2008）》，上海人民出版社2014年版。
④ 参见王林伟《台湾历史教育源流初探——以历史教科书为中心》、万齐洲《浅议台湾版〈中国文化基本教材〉》，武汉大学台湾研究所编《台湾研究论丛》第1辑，三联书店2014年版。

种政治目的，针对哪一个政治秩序和国际关系。①梁敬明在《连横〈台湾通史〉论析：基于学术史的考察》一文指出，纵观《台湾通史》的出版史和相关研究的学术史，实与近代以来中国历史进程相契合，其独特的学术价值和现实意义也逐步彰显，海峡两岸在学术性或学理性上，都有显著的推进和拓展。②

关于清代台湾人物研究，邓孔昭修订旧著《郑成功与明郑台湾史研究》，以《郑成功与明郑在台湾》为名再版。该书叙述了郑成功在闽西北地区的抗清与"延平王"爵号的由来、郑成功对郑芝龙的批判与继承、郑成功收复台湾的战略运筹、郑成功收复台湾期间的粮食供应、从卢若腾诗文看有关郑成功史事、郑成功文化刍论、郑成功如何带兵打仗、郑成功与金门的关系等。③李祖基在《论施琅〈台湾弃留利弊疏〉的背景与动机——兼谈清初台湾的官庄及武职占垦问题》一文中，分析了《台湾弃留利弊疏》中所提出的台湾当留的种种理由，又对施琅设立官庄的情况和清代台湾武职官员拥有庄产的情况进行了细致深入的研究，认为施琅在平台后确实利用各种手段占有了不少田产，其力主保留台湾，不能排除有为私人利益考虑的因素，但他所提留台的种种理由与当时的历史背景完全吻合，是确有事实根据的，对施琅的历史功绩，应当予以肯定。至于施琅占有田产的规模以及施侯租等问题，既不能刻意回避掩盖，也不应人为地肆意夸大。④

日据时期台湾历史人物研究方面，连横、林献堂和后藤新平都是重要研究对象。《〈台湾通史〉与连氏家族：〈台湾通史〉研讨会论文选集》⑤是近年来两岸有关连横及其《台湾通史》研究的一个综合。陈思在《林献堂眼中的国民党与台湾——以灌园先生日记资料为中心》一文中指出，林献堂在台湾回归祖国后，希望国民党能够带领台湾人民摆脱过去遭受剥削压迫的地位，享受民主自由的权利，但事实发展却与他的期望背道而驰，

---

① 参见汪晖《两岸历史中的失踪者——〈台共党人的悲歌〉与台湾的历史记忆》，《文学评论》2014年第5期。
② 参见梁敬明《连横〈台湾通史〉论析：基于学术史的考察》，《台湾研究》2014年第1期。
③ 参见邓孔昭《郑成功与明郑在台湾》（修订版），厦门大学出版社2014年版。
④ 参见李祖基《论施琅〈台湾弃留利弊疏〉的背景与动机——兼谈清初台湾的官庄及武职占垦问题》，《史学月刊》2014年第1期。
⑤ 参见杭州市人民政府地方志办公室、杭州市地方志学会编《〈台湾通史〉与连氏家族：〈台湾通史〉研讨会论文选集》，社会科学文献出版社2014年版。

双方矛盾冲突不断,最终不得不选择黯然离去。① 后藤新平研究向来为学界所关注。日据初期,时任日本内务省卫生局局长的后藤新平提出在台湾实行鸦片渐禁政策,随后强力推行,使鸦片专卖合法化,台湾殖民财政扭亏为盈,为日本本土输送了大量的资金。倪霞《后藤新平殖民扩张思想与台湾鸦片渐禁政策考察》一文,对这一问题进行历史的考察,指出后藤新平实行此政策的真正殖民目的和对台湾社会的影响。②

战后台湾史人物研究主要集中在蒋介石、陈诚等政治人物上。冯琳《试论吴国桢案与孙立人案前后蒋介石之心路》一文认为,国民党撤退台湾之际,为取悦美国,蒋介石重用吴国桢、孙立人,但对其缺乏充分信任。在台湾政治经济基础初定之下,蒋对美援患得患失心态渐有改变,亦不愿对吴、孙继续容忍下去。吴与孙的失势意味着威权体制的强化,同时也是美蒋矛盾的体现,是蒋介石对美国底线的试探。③ 肖如平在《台湾省主席陈诚与蒋介石的合作与冲突》一文中指出,陈诚的权势日益膨胀,集党、政、军、财大权于一身,不仅遭到了政敌之反对,亦引起了蒋介石的疑忌,蒋陈之间冲突不断,在美国的要求下,蒋介石乘机以美援为借口,迫使陈诚让位于吴国桢,既满足了美方之要求,又削弱了陈诚之实权。④

台湾学者林桶法则对蒋介石在 1949 年的所作所为作了深入研究,其所著《1949 大撤退:首次揭秘蒋介石有组织有计划撤退到台湾详情内幕》,深入探讨了学界所关注问题,如蒋介石在面对国共内战的关键时刻为何选择退往台湾,以及何时决定赴台,赴台前又做了那些部署及努力等关键问题。⑤

邵华《徐复观与〈民主评论〉》一文,改变过去新儒家学理视野下的写作套路,主要以梳理徐复观等新儒家学人创办《民主评论》前后的因缘纠葛,显现刊物发展过程中所面临的诸多曲折,如经费筹措的困难,刊物

---

① 参见陈思《林献堂眼中的国民党与台湾——以灌园先生日记资料为中心》,《台湾研究集刊》2014 年第 1 期。
② 参见倪霞《后藤新平殖民扩张思想与台湾鸦片渐禁政策考察》,《东南学术》2014 年第 3 期。
③ 参见冯琳《试论吴国桢案与孙立人案前后蒋介石之心路》,《近代史研究》2014 年第 6 期。
④ 参见肖如平《台湾省主席陈诚与蒋介石的合作与冲突》,《台湾研究集刊》2014 年第 1 期。
⑤ 参见林桶法《1949 大撤退:首次揭秘蒋介石有组织有计划撤退到台湾详情内幕》,九州出版社 2014 年版。

稿源及销路不畅等问题；最后才论述刊物内部作者群思想理念上的分歧。①该文对战后台湾思想、人物研究，提供了新的思路。

（六）台湾史文献资料

在文献资料整理方面，周运中《明末台湾地图的一则新史料》一文通过对古地图的观察，梳理了几个地名在历史上的演变，对研究早期台湾史有参考价值。②中国第一历史档案馆编选的《清代台湾"番地"开发档案》选自馆藏宫中朱批奏折、军机处录副奏折、军机处上谕档等档案，可供台湾少数民族史研究参考。③刘荣平、江卉点校出版的《黄鹤龄集》是研究清代台湾文学史的重要资料。④李祖基整理首任巡台汉御史黄叔璥所撰《南征记程》⑤，为研究巡台御史黄叔璥提供了重要资料。尹全海等整理的《中央政府赈济台湾文献：民国卷》⑥，对研究战后初期台湾经济、文化有参考价值。陈红民、段智峰选辑的《哈佛燕京图书馆藏"蒋廷黻资料"选之往来函件》，选编了1949年前后蒋廷黻与胡适等人的往来函件，反映了他们在国家政权更替之际的思想动态与行动，同时也反映了国民党政权败退台湾初期的状况，对研究战后台湾史有价值。⑦

台湾中研院台史所有几种日记和口述史料问世。《一辈子针线，一甲子教学：施素筠女士访问纪录》是一部关注女性主题的口述史料。施素筠谈及父系和母系家族，以及夫家基隆颜家情况，事无巨细地将所有人脉及关系厘清叙述，对大家族的生活经验描述生动，对时代的社会风俗、女性地位、职业都有观察。⑧《杨水心女士日记》（一、二）是林献堂夫人的日

---

① 参见邵华《徐复观与〈民主评论〉》，《台湾研究集刊》2014年第5期。
② 参见周运中《明末台湾地图的一则新史料》，《福州大学学报》（哲学社会科学版）2014年第1期。
③ 参见中国第一历史档案馆《清代台湾"番地"开发档案》（上、下），《历史档案》2014年第1、2期。
④ 参见刘荣平、江卉点校《黄鹤龄集》，厦门大学出版社2014年版。
⑤ 参见黄叔璥著《南征记程》，李祖基校注，《台湾历史研究》第2辑，社会科学文献出版社2014年版。
⑥ 参见尹全海等《中央政府赈济台湾文献：民国卷》，九州出版社2014年版。
⑦ 参见陈红民、段智峰选辑《哈佛燕京图书馆藏"蒋廷黻资料"选之往来函件》，《民国档案》2014年第3期。
⑧ 参见许雪姬、吴美慧、连宪升、郭月如访问，吴美慧记录《一辈子针线，一甲子教学：施素筠女士访问纪录》，台湾中研院台湾史研究所2014年版。

记，是研究林献堂及日据时期台湾女性史的第一手资料，有很高的史料价值。[1] 堤林数卫1896年自日本山形县来台，担任茶商郭春秧的通译，并依附郭春秧在爪哇的人际网络，经由台湾前往南洋经商，为日据时期南进政策下的具体个案。钟淑敏与笼谷直人合编的《堤林数卫关系文书选辑》，是研究台湾银行的海外经营史，以及在中日关系影响下南洋华人与日本人之间关系的重要资料。[2]

(执笔人：李细珠、汪小平)

---

[1] 参见许雪姬编《杨水心女士日记》（一、二），台湾中研院台湾史研究所2014年版。
[2] 参见钟淑敏、笼谷直人《堤林数卫关系文书选辑》，台湾中研院台湾史研究所、京都大学人文社会科学研究所2014年版。